종합소득세, 양도소득세, 종합부동산세, 부가가치세, 상속세, 증여세 등

세금 해결법

대한세금자료편찬회 저

 법문북스

머리말

인간이 생활하는 사회에는 반드시 세금이 존재하고 있습니다. 세금은 인류가 공동체를 이루고 문명생활을 하는 과정에서 사회공통의 문제를 해결하기 위하여 생겨났습니다. 화폐가 일반화되기 전 오랜기간 동안 국가는 다양한 형태로 세금을 거두어 들여 나라살림에 사용하였습니다.

삼국(고구려·백제·신라)이 고대국가를 형성하는 과정에서 중국으로부터 세금제도가 도입되어 19세기말까지 우리나라의 중심제도가 되었습니다. 특히 고려시대부터 조선시대까지 쌀이나 특산물 등을 세금으로 납부하였으나, 조선 후기 갑오개혁 이후에는 세금을 쌀이나 특산물 대신 화폐로 납부하게 되었습니다. 세금은 시대에 따라 변화해 왔으며 살기 좋은 나라, 더 나아가 글로벌 사회를 만드는 바탕이 되고 있습니다.

이와 같이 오래전부터 생겨 난 세금제도는 산업사회가 급격히 발달한 현대에 와서는 그 종류도 다양해져서 우리나라의 세금도 크게는 국세와 지방세, 직접세와 간접세로 나누어서 국민으로부터 과세·징수하는데, 이는 국가재정을 충당하는 가장 근원적인 재원이 됩니다.

이 책에서는 이렇게 다양하고 복잡한 각종 국세 중 가장 일반

국민이 많이 납부하게 되는 종합소득세, 양도소득세, 종합부동산세, 부가가치세, 상속세, 증여세 등을 문답식으로 해설하고 관련 서식들을 함께 수록하여 누구나 쉽게 이해할 수 있도록 하였습니다.

이러한 자료들은 대법원의 최신 판결례, 국세청의 세목별 정보, 조세심판원의 최신 심판결정례, 대한법률구조공단의 상담사례 및 서식 등을 참고하였으며, 이를 종합적으로 정리·분석하여 일목요연하게 편집하였습니다. 여기에 수록된 상담사례 및 서식들은 개인의 법률문제 해결에 도움을 주고자 게재하였으며, 개개의 세금문제에서 발생하는 구체적 사안은 동일하지는 않을 것이므로 참고자료로 활용하시기 바랍니다.

이 책이 납세절차를 잘 몰라서 억울하게 세금을 납부하였거나 세금의 복잡한 납부절차를 이해하려고 하는 분들과 이들에게 조언을 하고자 하는 실무자에게 큰 도움이 되리라 믿으며, 열악한 출판시장임에도 불구하고 흔쾌히 출간에 응해 주신 법문북스 김현호 대표에게 감사를 드립니다.

2019. 3.
편저자

목 차

【제1장 종합소득세는 누가 납부하나요?】

【제2장 종합부동산세는 누가 납부하나요?】

【제3장 양도소득세는 누가 납부하나요?】

【제4장 부가가치세는 누가 납부하나요?】

【제5장 상속세는 누가 납부하나요?】

【제6장 증여세는 누가 납부하나요?】

제1장

종합소득세는 누가 납부하나요?

제1장 종합소득세는 누가 납부하나요?

1. 신고납부의무자

① 이자소득·배당소득·사업(부동산임대)소득·근로소득·연금소득·기타소득이 있는 사람은 다음해 5월 1일부터 5월 31일(성실신고확인서 제출자는 6월 30일)까지 종합소득세를 신고·납부하여야 합니다.

② 신고납부기한이 공휴일, 토요일인 경우 그 다음날까지 신고납부가 가능합니다.

③ 다음의 경우에 해당되면 종합소득세를 확정신고하지 않아도 됩니다.

　㉮ 근로소득만 있는 사람으로서 연말정산을 한 경우. 다만, 다음에 해당하는 경우는 확정신고하여야 합니다.

　- 2인 이상으로부터 받는 근로소득·공적연금소득·퇴직소득 또는 연말정산대상 사업소득이 있는 경우(주된 근무지에서 종된 근무지 소득을 합산하여 연말정산에 의하여 소득세를 납부함으로써 확정신고 납부할 세액이 없는 경우 제외)

　- 원천징수의무가 없는 근로소득 또는 퇴직소득이 있는 경우(납세조합이 연말정산에 의하여 소득세를 납부한 자와 비거주자연예인 등의 용역제공과 관련된 원천징수절차특례 규정에 따라 소득세를 납부한 경우 제외)

　- 연말정산을 하지 아니한 경우

　㉯ 직전 과세기간의 수입금액이 7,500만원 미만이고, 다른 소득이 없는 보험모집인·방문판매원 및 계약배달 판매원의 사업소득으로서 소속회사에서 연말정산을 한 경우

　- 퇴직소득과 연말정산대상 사업소득만 있는 경우

　- 비과세 또는 분리과세되는 소득만이 있는 경우

　- 연 300만원 이하인 기타소득이 있는 자로서 분리과세를 원하는 경우 등

④ 개인지방소득세도 함께 신고하여야 합니다. 소득세 신고서에 개인지방소득세 신고 내용도 함께 기재하여 신고하고, 세금은 별도의 납부

서에 의해 5월31일(성실신고확인 대상 사업자는 6월30일)까지 납부하면 됩니다.

2. 장부의 비치·기장

① 소득세는 사업자가 스스로 본인의 소득을 계산하여 신고·납부하는 세금이므로, 모든 사업자는 장부를 비치·기록하여야 합니다.

② 간편장부대상자

해당 과세기간에 신규로 사업을 시작하였거나, 직전 과세기간의 수입금액(결정 또는 경정으로 증가된 수입금액을 포함)의 합계액이 아래에 해당하는 사업자를 말합니다. 다만, 전문직사업자는 2007년 1월 1일 이후 발생하는 소득분부터 수입금액에 상관없이 복식부기 의무가 부여됩니다.

업 종 구 분	직전 과세기간 수입금액
① 농업·임업 및 어업, 광업, 도매 및 소매업(상품중개업 제외), 부동산매매업, 그 밖에 아래 ②, ③ 에 해당하지 아니하는 사업	3억원 미만
② 제조업, 숙박 및 음식점업, 전기·가스·증기 및 수도사업, 하수·폐기물처리·원료재생 및 환경복원업, 건설업(비주거용 건물 제외), 운수업, 출판·영상·방송통신 및 정보서비스업, 금융 및 보험업, 상품중개업, 욕탕업	1억5천만원 미만
③ 부동산임대업, 부동산관련서비스업, 전문·과학·기술서비스업, 동산임대업, 사업시설관리·사업지원서비스업, 교육서비스업, 보건 및 사회복지서비스업, 예술·스포츠 및 여가관련 서비스업, 협회 및 단체, 수리 및 기타 개인서비스업(욕탕업 제외), 가구내 고용활용	7천500만원 미만

③ 복식부기의무자

간편장부대상자 이외의 모든 사업자는 재산상태와 손익거래 내용의 변동을 빠짐없이 거래시마다 차변과 대변으로 나누어 기록한 장부를 기록·보관하여야 하며, 이를 기초로 작성된 재무제표를 신고서와 함께 제출하여야 합니다.

④ 장부를 기장하지 않는 경우의 불이익

- 복식부기의무자가 장부를 기장하지 않아 추계신고할 경우 무신고가산세[수입금액의 0.07%와 무신고납부세액의 20%(부정무신고시 40%, 국제거래 수반한 부정무신고시 60%) 중 큰 금액]와 무기장가산세(산출세액의 20%)중 큰 금액을 가산세로 부담하게 됩니다.
- 간편장부대상자는 산출세액의 20%를 무기장가산세로 부담하게 됩니다. 다만, 직전 과세기간의 수입금액이 4,800만원 미만인 사업자 등은 제외됩니다.
- 결손금액이 발생하더라도 이를 인정받지 못합니다.

3. 소득금액계산

① 장부를 비치·기록하고 있는 사업자는 총수입금액에서 필요경비를 공제하여 계산합니다.

② 장부를 비치·기장하지 않은 사업자의 소득금액은 다음과 같이 계산합니다.

㉮ 기준경비율적용 대상자((1), (2) 중 작은 금액)

(1) 소득금액 = 수입금액 - 주요경비* - (수입금액 × 기준경비율[1])

* 주요경비 = 매입비용 + 임차료 + 인건비

(2) 소득금액 = {수입금액 - (수입금액 × 단순경비율)} × 배율[2]

1) : 복식부기의무자의 경우 추계과세 시 기준경비율의 1/2을 적용하여 계산

2) : 2017년 귀속 배율 : 간편장부대상자 2.6배, 복식의 무자 3.2배

㉯ 단순경비율적용 대상자

소득금액 = 수입금액 - (수입금액 × 단순경비율)

4. 신고를 하지 않는 경우의 불이익

① 각종 세액공제 및 감면을 받을 수 없습니다.
② 무거운 가산세를 부담하게 됩니다.
  - 무신고가산세 : ㉮, ㉯ 중 큰 금액
    ㉮ 무신고납부세액 × 20%(부정무신고시 40%, 국제거래부정무신고시 60%)
    ㉯ 수입금액 × 0.07%
  - 무기장가산세(산출세액의 20%)와 동시에 적용되는 경우에는 그 중 가산세액이 큰 가산세를 적용합니다.
  - 납부불성실가산세 = 미납부세액 × 0.03% × 경과일수

5. 신고납부기한

법정신고기한	제출대상서류

다음연도
5월1일 ~ 5월31일
 	
- 성실신고확인서
  제출자는 다음
  연도 5월1일~
  6월30일
  * 신고납부기한이
  토요일, 공휴일인
  경우 그 다음날
 	
- 거주자가 사망한
  경우:상속개시일
  이 속하는 달의
  말일부터 6개월
  이 되는 날까지
 	
- 국외이전을 위해
  출국하는 경우 :
  출국일 전날까지
	1. 종합소득세·농어촌특별세·지방소득세 과세표준확정신고 및 납부계산서
	
	2. 소득공제, 세액공제를 적용 받는 경우
	 - 소득공제신고서, 세액공제신고서
	 - 인적공제, 연금보험료공제, 주택담보노후연금 이자비용공제, 특별소득공제, 자녀세액공제, 연금계좌세액공제 및 특별세액 공제임을 증명하는 다음의 서류
	 - 입양관계증명서 또는 입양증명서(동거 입양자가 있는 경우)
	 - 수급자증명서
	 - 가정위탁보호확인서(위탁아동이 있는 경우)
	 - 가족관계증명서 또는 주민등록표등본
	 - 장애인증명서 또는 장애인등록증(장애인공제 대상인 경우)
	 - 일시퇴거자 동거가족상황표(일시퇴거자가 있는 경우)
	 - 주택담보노후연금 이자비용증명서
	 - 보험료납입증명서 또는 보험료납입영수증
	 - 의료비지급명세서
	 - 교육비납입증명서, 방과후 학교 수업용 도서 구입 증명서
	 - 주민등록표등본, 장기주택저당차입금이 자상환 증명서
	 - 분양계약서 또는 등기사항증명서
	 - 기부금명세서, 기부금영수증
	
	3. 재무상태표·손익계산서와 그 부속서류, 합계잔액 시산표 및 조정계산서(복식부기의무자)
	 - 간편장부 소득금액계산서(간편장부대 상자)
	 - 추계소득금액계산서(기준·단순경비율에 의한 추계신고자)
	 - 성실신고확인서, 성실신고확인비용 세액공제신청서(성실신고확인대상사업자)
	
	4. 공동사업자별 분배명세서(공동사업자)
	5. 영수증수취명세서
	6. 결손금소급공제세액환급신청서
	7. 세액감면신청서
	8. 소득금액계산명세서, 주민등록등본

6. 세율

① 세율 적용 방법 : 과세표준 × 세율 - 누진공제액
② <예시> 2018년 귀속
　　과세표준 30,000,000 × 세율 15% - 1,080,000 = 3,420,000

종합소득세 세율 (2018년 귀속)		(단위 : 원)
과세표준	세율	누진공제
12,000,000 이하	6%	-
12,000,000 초과 46,000,000 이하	15%	1,080,000
46,000,000 초과 88,000,000 이하	24%	5,220,000
88,000,000 초과 150,000,000 이하	35%	14,900,000
150,000,000 초과 300,000,000 이하	38%	19,400,000
300,000,000 초과 500,000,000 이하	40%	25,400,000
500,000,000 초과	42%	35,400,000

7. 가산세

종합소득세 가산세 요약표 (2017년)		
종 류	부과사유	가 산 세 액
무신고	일반무신고	무신고납부세액*20%
	일반무신고 (복식부기의무자)	MAX ① 무신고납부세액*20% 　　　② 수입금액*0.07%
	부정무신고	무신고납부세액*40%(국제거래 수반시 60%)
	부정무신고 (복식부기의무자)	MAX ① 무신고납부세액*40%(국제거래 수반시 60%) 　　　② 수입금액*0.14%
과소신고, 초과환급신고	일반과소신고	일반과소신고납부세액*10%
	부정과소신고	부정과소신고납부세액*40% 　　　(국제거래 수반시 60%)
	부정과소신고 (복식부기의무자)	Max ① 부정과소신고납부세액*40% 　　　(국제거래 수반시 60%) 　　② 부정과소신고 수입금액 　　　*0.14%
무기장	무기장. 미달기장 (소규모사업자제외)	산출세액*(무기장, 미달기장 소득금액/종합소득금액)*20%
납부불성실, 환급불성실	미납·미달납부	미납·미달납부세액*미납기간 *3/10,000 　*미납기간: 납부기한 다음날~자진납부일(납세고지일)
	초과환급	초과환급받은 세액*초과환급기간 *3/10,000 　- 초과환급기간: 환급받은 날의 다음날~자진납부일(납세고지일)
지급명세서 보고불성실	미제출(불분명)	미제출(불명)금액*1%
	지연제출(기한 후 3개월 이내 제출시)	지연제출금액*0.5%

계산서보고 불성실	계산서 허위·누락기재	허위·누락기재 공급가액*1%
	계산서합계표미제출, 허위·누락기재	미제출, 허위·누락기재액*0.5% (기한 후 1월 이내 제출 시 0.3%)
	계산서 미발급, 가공(위장)수수가산세	공급가액*2%
	중도매인에 대한 계산서 보고불성실가산세	[(총매출액*연도별 교부비율)-교부금액]*1%
전자계산서 관련 가산세	전자계산서 외 발급	전자계산서 외의 계산서를 발급한 공급가액*1%
	전자계산서 미전송	미전송 공급가액*1% (직전과세기간 총수입금액 10억원 이상인 개인: 0.3%)
	전자계산서 지연전송	지연전송 공급가액*0.5% (직전과세기간 총수입금액 10억원 이상인 개인: 0.1%)
매입처별 세금계산서 합계표	미제출, 불분명 (복식부기의무자만 해당)	미제출, 불분명분 공급가액*0.5%
	지연제출 (복식부기의무자만 해당)	지연제출(기한 후 1월 이내 제출) 공급가액*0.3%
증빙불비	정규증명 미수취, 허위수취 (소규모사업자 및 추계자 제외)	미수취, 허위수취 금액*2%
영수증수취 명세서미제 출	영수증수취명세서 미제출, 불분명 (소규모사업자 및 추계자 제외)	미제출. 불분명금액*1% (기한 후 1월 이내 제출 시 0.5%)
사업장현황 신고 불성실	의료업, 수의업, 약사업 사업자가 사업장현황 무신고, 수입금액 과소신고	무신고, 과소신고*0.5%
공동사업장 등록 불성실	사업자미등록·허위등록	미등록·허위등록 과세기간의 총수입금액*0.5% (기한 후 1월 이내 등록 시 0.25%)
	손익분배비율허위신고 등	허위신고한 과세기간의 총수입금액*0.1%

사업용 계좌 미사용등	미신고가산세 (복식부기 의무자만 해당)	MAX ① 해당과세기간수입금액*미신 고기간/365*0.2% ② 미사용금액*0.2%
	미사용가산세 (복식부기 의무자만 해당)	미사용금액*0.2%
신용카드 거부	신용카드에 의한 거래를 거부 또는 사실과 다르 게 발급	거부금액 또는 사실과 다르게 발급한 금액*5% (건별 5천원 미만 시 5천원)
현금영수증 불성실	가맹점 미가입	수입금액* 미가입기간/365*1%
	발급거부 또는 사실과 다르게 발급	발급 거부 또는 차액*5% (건별 5천원 미만 시 5천원)
기부금 영수증 불성실	기부금 영수증을 사실과 다르게 발급	불성실기재금액*2%
	기부자별 발급내역 미작 성, 미보관 *상증세법에 의해 가산 세가 부과된 경우 제외	미작성, 미보관금액*0.2%
성실신고확 인서 미제출	성실신고확인대상사업자 가 기한 내 성실신고확 인서를 미제출	산출세액*(사업소득금액/종합소득금 액)*5%
유보 소득계산 명세서제출 불성실 가산세	유보소득명세서 미제출· 불분명	배당가능 유보소득금액*0.5%
원천징수 납부 등 불성실	원천징수세액의 미납 · 미달납부	미납·미달납부세액*(3% + 미납일수 *3/10,000) (한도: 미납·미달납부세액*10%)

※ 신고불성실가산세와 무기장가산세, 성실신고확인서미제출가산세가 동시에
적용되는 경우 큰 금액을 적용하고 같을 경우에는 신고불성실가산세만을
적용한다.

8. 중간예납제도

① 소득세 중간예납은 내년 5월에 낼 소득세를 미리 내는 것이 아니라, 금년 상반기(1.1~6.30)의 소득세에 대해 11월에 내는 것입니다.
② 근로소득자는 매월 급여수령 시 소득세를 원천징수방식으로 납부합니다.
③ 소득세 중간예납을 고지제로 운영하는 것은, 개인 자영업자의 신고에 따른 납세협력비용과 행정비용 등 사회적 비용을 축소하기 위한 취지입니다.
④ 사업실적이 부진하여 일정요건에 해당하면 추계액신고를 할 수 있게 하여, 고지제의 단점을 보완하고 있습니다.

9. 중간예납 납부대상자

① 원칙적으로 종합소득이 있는 거주자와 종합과세 되는 비거주자가 소득세 중간예납 납부대상자입니다.
② 다만, 아래에 해당하는 사람은 중간예납 납부대상에서 제외됩니다.

신규 사업자	2018.1.1. 현재 사업자가 아닌 자로서 2018년 중 신규로 사업을 개시한 사람
휴·폐업자	2018.6.30. 이전 휴·폐업자 2018.6.30. 이후 폐업자 중 수시자납 또는 수시부과한 경우
다음의 소득만이 있는 사람	이자소득·배당소득·근로소득·연금소득 또는 기타소득
	사업소득 중 속기·타자 등 사무지원 서비스업에서 발생하는 소득
	사업소득 중 수시부과하는 소득
	저술가·화가·배우·가수·영화감독·연출가·촬영사 등
	직업선수·코치·심판 등
	독립된 자격으로 보험가입자의 모집, 증권매매의 권유, 저축의 권장 또는 집금 등을 하고 그 실적에 따라 모집수당·권장수당·집금수당 등을 받는 사람

	(후원)방문판매에 따른 판매수당 등을 받는 사람(2017년 귀속분 사업소득 연말정산을 한 경우에 한함)
	주택조합 또는 전환정비사업조합의 조합원이 영위하는 공동사업에서 발생하는 소득
납세조합 가입자	납세조합이 중간예납기간 중(2018.1.1~6.30)에 해당 조합원의 소득세를 매월 원천징수하여 납부한 경우
부동산 매매업자	중간예납기간 중(2018.1.1~6.30)에 매도한 토지 또는 건물에 대하여 토지 등 매매차익예정신고·납부세액이 중간예납기준액의 2분의 1을 초과하는 경우
소액부징 수자	중간예납세액이 30만원 미만인 경우

10. 중간예납세액의 계산

① 아래 산출식에 따라 중간예납세액이 계산되며, 중간예납 대상 납세자에게는 관할세무서에서 납세고지서로 고지합니다.

$$\text{중간예납세액} = \text{중간예납기준액} \times 1/2 - [\text{중간예납기간 중의 토지 등 매매차익 예정신고납부세액}]$$

$$\text{중간예납기준액} = [\text{전년도 중간예납세액 ①} + \text{확정신고 자진납부세액 ②} + \text{결정·경정한 추가납부세액 (가산세포함) ③} + \text{기한후·수정신고 추가자진납부세액 (가산세포함) ④}] - \text{환급세액 ⑤}$$

② 중간예납기준액
  - 2018.11월의 종합소득세 중간예납세액
  - 2019. 5월~6월의 종합소득세 확정신고 자진납부세액
  - 소득세법 제85조에 따른 추가납부세액(가산세액 포함)
  - 국세기본법에 의한 기한후신고납부세액(가산세액 포함)과 추가자진납부세액(가산세액 포함)
  - 소득세법 제85조에 따른 환급세액(국세기본법 제45조의2에 따른 경정청구에 의한 결정이 있는 경우에는 그 내용이 반영된 금액 포함)

11. 중간예납세액의 고지·납부 및 분납

① 중간예납세액의 고지는 당해년도 11월 2일부터 11월 9일 사이에 납세고지서를 관할 세무서에서 발부합니다.

② 중간예납세액의 납부기한은 당해년도 11월 30일까지 입니다.

③ 분납대상은

  ㉮ 분납대상자 : 중간예납세액이 1천만원을 초과하는 경우

  ㉯ 분납가능금액

  - 납부할 세액이 2천만원 이하인 경우 : 1천만원을 초과한 금액

  - 납부할 세액이 2천만원을 초과하는 경우 : 세액의 50%이하의 금액

    예) 30,000,010원인 경우 15,000,000원을 분납할 수 있으므로, 15,000,010원은 11월 30일까지 납부

④ 분납고지세액의 납부기한은 다음 해 1월 31일까지입니다.

⑤ 중간예납세액의 납부 및 분납

  ㉮ 전액 납부하는 경우

  - 납세고지서로 금융기관에 납부하거나 홈택스에서 전자납부합니다.

  * 홈택스 홈페이지 [신고/납부] → [세금납부] → [국세납부] → [납부할 세액 조회납부] → 과세구분이 '고지분'인 건을 선택 → 납부할세액 전액을 납부세액에 입력 → 전자납부 (공인인증서 인증 필요)

  ㉯ 분납할 세액을 제외한 금액을 납부하는 경우

  - 분납할 세액을 제외한 금액을 자진납부서에 기재하여 납부하거나, 납세고지서를 발급받아 납부합니다.

  * 중간예납 고지세액의 전부 또는 일부를 미납한 경우 미납세액 중 분납 가능액에 대하여는 고지가 없었던 것으로 보며, 추후 납세고지서가 발부됩니다.

  - 분납할 세액을 제외한 금액을 홈택스에서 전자납부

  * 홈택스 홈페이지 [신고/납부] → [세금납부] → [국세납부] → [납부할 세액 조회납부] → 과세구분이 '고지분'인 건을 선택 → 납부할세액에서 분납할 세액을 빼고 기한내 납부할 세액만 납부세액에 입력 → [납부서 출력] 클릭하여 출력하거나 [납부하기] 클릭하여 전자납부 (공인인증서 인증 필요)

⑥ 분납세액의 납부
- 분납가능액은 주소지 관할 세무서에서 다음 해 1월 5일부터 1월 10일경에 발부하는 분납분에 대한 납세고지서로 금융회사에 납부하거나 전자납부합니다.
- 분납 사례별 납부방법

중간예납세액	분납 가능액		
1천만원 이하	분납할 수 없음(11.30.까지 전액을 납부하여야 함)		
1천만원 초과 2천만원 미만	**1천만원을 초과하는 금액을 분납할 수 있음**		
	사례)	중간예납세액	분납가능액	11.30내 납부할세액
		12,500,000원	2,500,000원	10,000,000원
		18,000,000원	8,000,000원	10,000,000원
2천만원 초과	**중간예납세액의 50% 이하의 금액을 분납할 수 있음**		
	사례)	중간예납세액	분납가능액	11.30내 납부할세액
		30,000,010원	15,000,000원	15,000,010원
		99,999,990원	49,999,990원	50,000,000원

12. 소득세 중간예납추계액 신고

12-1. 중간예납추계액 신고대상자

① 중간예납세액은 관할세무서에서 고지한 납세고지서에 의하여 납부하는 것이 원칙이나, 아래에 해당하는 경우에는 중간예납세액을 스스로 계산하여 신고 납부할 수 있거나 하여야 합니다.

② 중간예납추계액 신고대상자

㉠ 당해연도 1월 1일부터 6월 30일까지의 종합소득금액에 대한 소득세액(중간예납추계액)이 중간예납기준액의 30%에 미달하는 경우
⇒ 신고·납부할 수 있습니다.

㉡ 중간예납기준액이 없는 거주자가 2018년도의 중간예납기간 중 종합소득이 있는 경우 ⇒ 신고·납부하여야 합니다.

12-2. 중간예납추계액의 계산(다음 순서에 따라 계산)

① 종합소득과세표준 = (중간예납기간의 종합소득금액 × 2) - 이월결손금 - 종합소득공제

② 종합소득산출세액 = 종합소득과세표준×기본세율(6%~42%)

과세표준	세 율	누진공제
1,200만원 이하	6%	-
4,600만원 이하	15%	108만원
8,800만원 이하	24%	522만원
1억5천만원 이하	35%	1,490만원
3억원 이하	38%	1,940만원
5억원 이하	40%	2,540만원
5억원 초과	42%	3,540만원

③ 중간예납추계액 = (종합소득산출세액÷2) - (당해년도 6월 30일까지의 종합소득에 대한 감면세액, 세액공제액, 토지 등 매매차익 예정신고 산출세액·수시부과세액 및 원천징수세액)

④ 중간예납추계액신고서 제출 및 자진납부기한 : 당해연도 11월 30일

13. 종합소득세 관련 서식

[서식 예] 종합소득세 부과처분 취소청구의 소

소　　　장

원　고　○　○　○(주민등록번호)
　　　　○○시 ○○구 ○○길 ○○ (우편번호 ○○○ - ○○○)
피　고　△△세무서장
　　　　○○시 ○○구 ○○길 ○○ (우편번호 ○○○ - ○○○)

종합소득세부과처분 취소청구의 소

청 구 취 지

1. 피고가 원고에 대하여 20○○. ○. ○.자로 결정 고지한 20○○년도 귀속 종합소득세 ○○○원의 부과처분은 이를 취소한다.
2. 소송비용은 피고의 부담으로 한다.
라는 판결을 구합니다.

청 구 원 인

1. 기초사실
　원고는 20○○. ○. ○.부터 20○○. ○. ○.까지 일반건설업 및 부대사업, 주택건설업, 부동산매매 및 임대업 등을 목적으로 하는 소외 ☆☆종합건설주식회사(이하 회사라고만 한다.)의 대표이사로 등재하였습니다.
2. 종합소득세 부과처분
　가. 소외 △○△세무서장은　○○시 ○○구 ○○길 ○○ 소재 회사에 대한 20○○년도 법인세를 추계결정하고 추계소득 ○○○원을 상여로 처분하였습니다.
　나. △○△세무서장은 위 추계소득의 귀속이 분명하지 않다며 추계소득금액 중 원고와 소외 이□□이 공동대표이사로 등재되어 있던

20○○. ○. ○.부터 20○○. ○. ○. 까지 중 2분의1인 52일과 원고가 단독으로 위 회사 대표이사로 등재되어 있던 20○○. ○. ○.부터 20○○. ○. ○.까지 44일을 합한 96일간에 해당하는 ○○○원을 원고에게 귀속된 것으로 하여 위 회사에게 소득금액변경통지를 하였습니다.

다. △○△세무서장은 위 회사가 부도로 폐업하자 원고의 주소지 관할인 피고에게 통보하였습니다.

라. 피고는 △○△세무서장의 과세자료통보에 따라 20○○. ○. ○. 20○○년귀속 종합소득세 ○○○원을 원고에게 결정고지 하였다가 20○○. ○. △○△세무서장이 위 회사에 대한 추계소득금액중 원고 귀속 소득금액을 원고가 단독으로 위 회사의 대표이사로 등재되어 있던 20○○. ○. ○.부터 20○○. ○. ○.까지 44일간에 해당하는 ○○○원으로 변경 통보하자 20○○. ○. ○. 원고에 대한 종합소득세를 ○○○원으로 감액 경정 결정하였습니다.

마. 그러나 피고가 원고에 대한 종합소득세 부과처분은 위법한 처분입니다.

3. 관계법령

가. 법인세법 제67조

법제60조에 따라 각 사업연도의 소득에 대한 법인세의 과세표준을 신고하거나 제66조 또는 제69조에 따라 법인세의 과세표준을 결정 또는 경정할 때 익금에 산입한 금액은 그 귀속자 등에게 상여·배당·기타사외유출·사내유보등 대통령령이 정하는 바에 의하여 처분한다. --- 라고 규정하고 있고,

나. 같은 법 시행령 제106호

법제67조의 규정에 의하여 익금에 산입한 금액의 처분은 다음 각 호의 규정에 의하여 처분한다

(1) 익금에 산입한 금액이 사외에 유출된 것이 분명한 경우에는 그 귀속자에 따라 다음과 같이 이익처분에 의한 상여·배당·기타사외유출로 한다. 다만, 귀속이 불분명한 경우에는 대표자(소액주주등이 아닌 주주등인 임원 및 그 와 제43조 제8항에 따른 특수관계에 있는 자가 소유하는 주식 등을 합하여 해당 법인의 발행주식총수 또는 출자총액의 100분의 30 이상을 소유하고 있는 경우의 그 임원이 법인의 경영을 사실상 지배하고 있는 경우에는 그 자를 대표자로 하고, 대표자가 2명 이상인 경우에는 사실상의 대표

자로 한다.)에게 귀속된 것으로 본다.

(가) 귀속자가 출자자(임원 또는 사용인인 주주등을 제외한다)인 경우에는 그 귀속자에 대한 배당으로 한다.

(나) 귀속자가 임원 또는 사용인인 경우에는 그 귀속자에 대한 상여로 한다.

(다) 귀속자가 법인이거나 사업을 영위하는 개인인 경우에는 기타사외유출로 한다.

(라) 귀속자가 가목 내지 다목외의 자인 경우에는 그 귀속자에 대한 기타소득

4. 처분의 부당성

가. 원고는 20○○. ○. ○.부터 20○○. ○. ○. 기간동안 위 회사의 대표이사로 등재되어 있으나 이는 형식적인 대표자일 뿐 실질적인 대표자가 아닙니다.

(1) 20○○. ○. ○. 위 회사의 주식이동상황명세서에 의하면 대주주인 소외 이□□과 친동생인 이◎◎, 이◇◇의 주식액면가액이 ○○○원(이□□ ○○○원 - 38%, 이◎◎ ○○○원 - 13%, 이◇◇ ○○○원 - 6%)으로 총발행주식 ○○○주 대비 57%를 보유하고 있고, 원고는 위 회사의 주식을 한주도 소유하고 있지 않습니다.

(2) 20○○. ○. ○. 소외 정□□과 위 이□□간에 작성된 회사운영에 관한 주주합의서에는

ㄱ. 위 회사의 업무에 필요한 일체의 서류관리 및 직인, 인감증명 발급, 통장개설, 사용인감의 사용은 정□□이 하고,

ㄴ. 공사수주업무는 정□□이 하되 공사를 수주하여 토목분은 정□□이, 건축부분은 이□□이 책임을 지고 시행하기로 하며, 여기에서 소요되는 공사경비는 각자 부담하고 회사관리비는 회사에서 일정한 비율에 의하여 정산처리하고,

ㄷ. 20○○. ○. ○. 까지 ☆☆종합건설(주)명의로 발행한 모든 어음은 이□□이 책임지기로 하며,

ㄹ. 위 회사의 주식중 50%를 정□□에게 양도하기로 하는 내용 등의 합의를 하였습니다.

(3) 한편 위 회사(대표이사 원고)와 위 정□□, 소외 이□□, 양□□, 이◎◎은 20○○. ○. ○.경

ㄱ. 이□□이 경영한 ○○도 ○○ 사무실에서 근무한 모든 임직원의 체불된 급료, 관리비등 발생한 모든 체불대금은 이□□인묵

이 책임지기로 하며,

ㄴ. 이□□이 발생한 20○○. ○. ○.자 당좌수표 ○○○원, 같은 달 6일 자 당좌수표 ○○○원, 같은 달 7일자 당좌수표 ○○○원, 같은 달 12일자 당좌수표 ○○○원을 정□□이 결재하였으므로 위 회사의 주식 50%의 주주인 이□□(27%), 이◎◎(10%) 및 양□□(13%)의 주식을 20○○. ○. ○.까지 정□□에게 양도하고,

ㄷ. 위 회사가 시행하고 있는 공사 및 모든 현장들의 관리 및 공사대금 수령은 전부 위 회사의 대표이사가 하기로 하고, 공사비를 수령후 그 공사비로 이□□이 발행한 어음을 결재하기로 하며,

ㄹ. 이□□명의로 당좌 개설된 도장은 20○○. ○. ○.부터 정□□이 보관하며 어음이 전부 결재된 후에는 이□□에게 돌려주고,

ㅁ. 회사가 정상화되었을 경우 이□□은 정□□이 투자한 금액 전부와 이에 대한 법정이자를 계산하여 정□□에게 변제한 후 이□□은 회사의 모든 운영권을 다시 인수하기로 하는 합의를 하였습니다.

(4) 위 회사운영에 관한 주주합의서, 합의각서에 보듯이 원고는 위 회사의 주식을 보유하고 있지 아니하고 위 회사의 운영에 관여한 사실이 전혀 없습니다.

나. 위 회사의 운영권

(1) 위 회사는 앞서 본바와 같이 이□□과 그의 형제들이 회사주식 중 57%를 보유하고 있고 실질적으로 위 이□□이 회사를 운영하였습니다. (공사계약, 당좌발행, 회사의 관리 등 모든 제반업무)

(2) 위 회사의 이사들인 김□□, 이□□외 4 등도 원고가 위 회사의 대표이사로서 업무행위를 한 적이 없다고 확인하였습니다.

(3) 위 회사에 운영에 관한 주주합의, 합의를 하였던 정□□은 자신이 원고에게 부탁을 하여 형식상 대표이사로 등재되어 있을 뿐 회사운영 전반에 관하여 일체 관여하지 않았다는 것을 확인하고 있습니다.

다. 결국 피고는 원고가 위 회사의 형식적인 대표자로서 명의만을 빌려주었고, 위 회사의 주식을 보유하고 있지도 않으며, 회사의 운영에 관여한 사실이 없음에도 위 회사에 대한 추계소득금액 중 귀속이 불분명한 경우라고 하면서 20○○. ○. ○.부터 20○○. ○.

○.까지 44일간에 해당하는 ○○○원을 기초로 하여 종합소득세 ○○○원을 부과한 것은 위법한 처분입니다.

5. 따라서 피고의 원고에 대한 이 사건 종합소득세 부과처분은 취소되어야 할 것입니다.

6. 처분을 안날   20○○. ○. ○..
   이의신청일   20○○. 8. 30.
   이의신청결정   20○○. 11. 28.
   심사청구일   20○○. 1. 16.
   심사청구 결정통지를 받은 날   20○○. 3. 13
   심판청구일   20○○. 5. 6.
   심판청구 결정통지를 받은 날   20○○. 5. 3.

입 증 자 료

1. 갑제1호증   법인등기사항증명서
1. 갑제2호증   제적등본
                        (또는, 가족관계등록사항에 관한 증명서)
1. 갑제3호증   주식이동상황명세서
1. 갑제4호증   회사운영에 관한 주주합의서
1. 갑제5호증   합의각서
1. 갑제6호증   내용증명
1. 갑제7호증의 1내지7   각 확인서

첨 부 서 류

1. 소장부본   1부
1. 입증자료   각 1부
1. 납부서   1부

20○○년 ○월 ○일

원   고   ○ ○ ○ (서명 또는 날인)

○ ○ 행 정 법 원 귀 중

■ 참 고 ■

관할법원	※ 아래(1)참조	제소기간	※ 아래(2) 참조
청 구 인	피처분자	피청구인	행정처분을 한 행정청
제출부수	소장 1부 및 상대방수 만큼의 부본 제출	관련법규	행정소송법 제9조 ~ 제34조
불복방법 및 기 간	- 항소(행정소송법 제8조, 민사소송법 제390조) - 판결이 송달된 날로부터 2주일내(행정소송법 제8조, 민사소송법 제396조)		

※ (1) 관할법원(행정소송법 제9조)

  1. 취소소송의 제1심 관할법원은 피고의 소재지를 관할하는 행정법원입니다. 다만, 중앙행정기관 또는 그 장이 피고인 경우의 관할법원은 대법원 소재지의 행정법원입니다.

  2. 토지의 수용 기타 부동산 또는 특정의 장소에 관계되는 처분 등에 대한 취소소송은 그 부동산 또는 장소의 소재지를 관할하는 행정법원에 이를 제기할 수 있습니다.

※ (2) 제소기간(행정소송법 제20조)

  1. 취소소송은 처분 등이 있음을 안 날로부터 90일 이내에 제기하여야 합니다. 다만, 다른 법률에 당해 처분에 대한 행정심판의 재결을 거치지 아니하면 취소소송을 제기할 수 없다는 규정이 있는 때와 그밖에 행정심판청구를 할 수 있는 경우 또는 행정청이 행정심판청구를 할 수 있다고 잘못 알린 경우에 행정심판 청구가 있는 때의 기간은 재결서의 정본을 송달 받은 날로부터 기산합니다.

  2. 취소소송은 처분 등이 있은 날로부터 1년(제1항 단서의 경우는 재결이 있은 날로부터 1년)을 경과하면 이를 제기하지 못함. 다만, 정당한 사유가 있는 때에는 그러하지 아니합니다.

소　　　장

원　고　　○　○　○(주민등록번호)

　　　　　　○○시 ○○구 ○○길 ○○ (우편번호 ○○○ - ○○○)

피　고　　△△세무서장

　　　　　　○○시 ○○구 ○○길 ○○ (우편번호 ○○○ - ○○○)

제2차납세의무자지정처분취소 청구의 소

청　구　취　지

1. 피고가 20○○. ○. ○. 원고에 대하여 결정 고지한 소외 김□□에 대한 종합소득세 20○○. ○. 수시분 금 30,000,300원 가산금 5,000,000원의 제2차납세의무자 지정 처분을 취소한다.
2. 소송비용은 피고의 부담으로 한다.

라는 판결을 구합니다.

청　구　원　인

1. 원고는 19○○. ○. ○. 소외 이□□과 그 소유인 ○○시 ○○구 ○○동 ○○ 대 106㎡(32평) 지상 시멘트블록조 시멘트기와지붕 단층주택 1동 건평 30㎡에 관하여 임대보증금 800만원, 임대기간 19○○. ○. ○.부터 2년간으로 정하여 임대차계약을 맺고 동 보증금을 지급한 후 입주하였습니다.

   원고는 19○○. ○. ○. 동 이□□의 요청에 따라 사업자금조로 금 1,000만원을 이자 월 2푼, 변제기한은 정하지 않고 대여하였습니다.
2. 동 이□□은 19○○. ○.5월 분까지는 이자만 지급하고 그 후부터의 이자를 연체하다가 사업에 실패하여 변제기한을 넘기고 원리금을 변

제하지 못할 뿐 아니라 임대보증금의 반환도 할 수 없는 상태에 이르렀습니다.

원고와 동 이□□은 절충 끝에 19○○. ○. ○. 원고에 대한 위 차용원리금채무와 임대보증금반환채무를 담보하기 위하여 동 이□□ 소유인 위 대지 및 건물에 가등기담보를 설정하였습니다. 동 이□□은 위 채무이행을 미루기만 하기에 원고는 가등기담보를 실행하고자 하였으나 사정에 따라 미루어 오다가 19○○. ○. ○.에 이르러 하는 수 없이 동 이□□와 그 동안의 차용원리금 24,635,000원 및 임대보증금 800만원 합계금 32,635,000원의 대물변제로 위 대지 건물에 대한 소유권을 원고에게 이전하기로 합의를 한 후 본등기를 마쳤습니다.

3. 그런데 피고는 소외 납기 19○○. ○. 수시분 종합소득세 금 30,000,300원 가산금 5,000,000원, 합계금 35,000,300원을 체납하였다하여 19○○. ○. ○. 위 대지·건물에 체납처분으로서의 압류를 하였습니다.

그러나 국세기본법 제42조 제1항 단서에 의하면 그 국세의 납부기한으로부터 1년전에 담보의 목적이 된 양도담보재산에 대하여는 제2차 납세(물적 납세의무)의무의 대상에서 제외하고 있습니다.

그러므로 위 국세납기의 1년전에 위 대지 가옥에 대한 가등기담보권자가 된 원고에 대하여 제2차 납세의무자로 지정한 피고의 처분은 위법부당함이 명백합니다.

4. 원고는 위 지정처분의 취소를 구하고자 20○○. ○. ○. 국세청장에 대하여 심사청구를 하였는데 국세청장은 20○○. ○. ○. 심사청구를 기각하는 결정을 하였습니다. 원고는 20○○. ○. ○. 위 기각 결정에 대하여 국세심판소장에게 심판청구를 하였는데 국세심판소에서는 20○○. ○. ○. 심판청구를 기각하는 결정을 하였습니다.

그러므로 원고는 피고의 위법한 위 지정처분에 대하여 취소를 구하고자 청구에 이르렀습니다.

입 증 방 법

1. 갑 제1호증   임대차계약서
1. 갑 제2호증   차용증
1. 갑 제3호증   대불변제합의서
1. 갑 제4호증 1, 2   심사청구서,결정서
1. 갑 제5호증   감정서
1. 갑 제6호증   등기부등본

첨 부 서 류

1. 위 입증방법   각 1통
1. 소장부본   1통
1. 납부서   1통

20○○년 ○월 ○일
원 고 ○ ○ ○ (서명 또는 날인)

○ ○ 행 정 법 원 귀중

[서식 예] 종합소득세과세처분 취소심판 청구서

종합소득세과세처분 취소심판 청구서			처리기간	수수료
			90일	없 음

청 구 인	① 성 명	김 ○ ○	② 주 민 등 록 번 호 (사업자등록번호)	111111-1111111
	③ 상 호		④ 전 화 번 호	(02) 000-0000
	⑤ 주소 또는 사업장소재지	○○시 ○○구 ○○길 ○○ (우편번호 ○○○ - ○○○)		

⑥ 처 분 청	△△ 세무서장	⑦ 조 사 기 관	

⑧ 처분통지를 받은 날(또는 처분이 있는 것을 처음으로 안 날) : 2012년 12월 1일

⑨ 통지된 사항 또는 처분의 내용(과세처분인 경우에는 연도, 기분, 세목 및 세액 등을 기재합니다) ※ 2012년도 기분 양도소득세 금355,930,720원, 방위세 금71,186,140원 부과처분

⑩ 심사청구를 한 날	2013년 2월 15일	⑪ 심사청구의 결정통지를 받은 날 (결정통지를 받지 못한 경우에는 결정기간이 경과한 날)	2013년 3월 25일

⑫ 불복의 이유(내용이 많은 경우에는 별지에 기재하여 주십시오) 별지 기재와 같습니다.

국세기본법 제69조 및 동법시행령 제55조의 규정에 의하여 위와 같이 심판청구를 합니다.

20○○년 ○월 ○○일

청구인 김 ○ ○ (서명 또는 인)

조세심판원장 귀하

첨부서류: 1. 불복이유서(불복의 이유를 별지로 작성한 경우입니다)
2. 불복이유에 대한 증거서류(첨부서류가 많은 경우 목록을 별도로 첨부하여 주십시오)

위임장	국세기본법 제59조 제1항의 규정에 의하여 아래 사람에게 위 심판청구에 관한 사항을 위임합니다(다만, 심판청구의 취하는 별도의 위임을 받은 경우에 한합니다).				
	위임자(청구인)	대 리 인			
		구 분	성 명	사업장소재지	전화번호
	(서명 또는 인)	세무사 공인회계사 변호사	(서명 또는 인)	(㊞ ○○○-○○○)	

- 26 -

<별지> 불복이유서

불복의 이유

1. 이 사건 과세처분의 경위
(1) 청구인은 청구외 김□□, 이□□와 공동으로(공유지분 각 1/3) 20○○. ○. ○. 별지 부동산목록 순번 1. 기재 ○○시 ○○동 ○○ 외 5필지 부동산을 취득하여, 20○○. ○. ○. 청구외 박□□에게 위 목록의 ○○시 ○○동 ○○, 같은 동 ○○의 ○, 같은 동 ○○의 ○ 부동산을 금198,270,000원에, 같은 해 8. 29. 청구외 최□□에게 같은 동 ○○의 ○ 부동산을 금 90,000,000원에, 같은 해 6. 29. 청구외 정□□에게 같은 동 ○○의 ○ 부동산을 금 50,750,000원에, 같은 해 10. 10. 청구외 유□□에게 같은 동 ○○의 ○ 부동산을 금 205,100,000원에 각 양도하였습니다.

(2) 청구인은 20○○. ○. ○. 별지 부동산목록 순번 2 기재 중 ○○시 ○○동 ○○○ 부동산을, 같은 해 9. 12. 같은 목록 순번 2 기재 중 위 같은 동 ○○○의 ○ 부동산을 청구외 양□□의 이름으로 각 취득하였다가 20○○. ○. ○. 한국토지개발공사에게 위 같은 동 ○○ ○ 부동산을 금 204,869,700원에, 위 같은 동 ○○○의 ○ 부동산을 금 111,830,600원에 각 양도하였습니다. 그리고 위 같은 동 ○○○의 ○ 부동산과 청구인의 남편인 청구외 윤□□이 취득한 위 같은 동 ○○○의 ○, ○, 위 같은 동 ○○○의 ○ 부동산의 실지 취득가액은 금 24,921,000원입니다.

(3) 청구인은 20○○. ○. ○. 청구외 주식회사 ☆☆쇼핑센터로부터 별지 부동산목록 순번 3 기재의 각 부동산을 금 950,000,000원에 취득하여 120○○. ○. ○. 청구외 오□□ 외 2인에게 금 1,300,000원에 양도하고, 같은 해 10. 31. 피청구인에게 그 자산양도차익예정신고를 하면서 위 부동산의 양도에 따른 양도소득세 금 13,784,868원 및 그 방위세 금 2,756,973원을 자진신고 납부하였습니다.

(4) 피청구인은 청구인의 위 인정사실과 같은 부동산의 취득 및 양도를 소득세법시행령 제170조 제4항 제2호 소정의 국세청장이 지정하는 거래로 보아 소득세법 제23조 제4항 단서, 제45조 제1항 제1호 단서의 규정에 따라 실지거래가액에 의하여 그 양도차익 및 양도소득세액을 산출하여야 한다고 인정하여,

(가) 별지 부동산목록 순번 1. 기재 각 부동산의 양도에 관하여 양도가액은 실지거래가액인 금 181,373,333원으로, 취득가액은 소득세법시행령 제170조 제1항 단서, 제115조 제1항 제1호 다목 소득세법시행규칙 제56조의5 제5항 제1호의 규정에 의하여 과세시가표준액에 따라 환산한 가액인 금 31,604,489원으로 결정하여 별지 세금계산서 당초 결정 란 기재와 같이 그 양도소득세 및 방위세액을 산출하고,

(나) 별지 부동산목록 순번 2. 기재 부동산의 양도에 관하여 그 취득가액을 실지양도가액에 양도 및 취득당시의 배율을 적용한 기준시가에 의하여 환산하고, 또한 위 부동산이 토지개발공사에게 양도되어 그 양도소득세가 감면되어야 하나 청구인이 실소유자이면서 청구외 양□□ 이름으로 취득하여 양도하였으므로 청구인의 입장에서 보면 미등기 양도자산이 되어 소득세법 제6조의2의 규정에 따라 감면 배제하고, 소득세법 제70조 제3항 제3호의 규정에 의하여 100분의 75의 세율을 적용하여 별지 세금계산서 당초 결정란 기재와 같이 그 양도소득세 및 방위세액을 산출하고,

(다) 별지 부동산목록 순번 3. 기재 부동산의 양도에 관하여 양도가액 및 취득가액 모두 실지거래가액에 의하여 별지 세금계산서 당초결정란 기재와 같이 그 양도소득세 및 방위세액을 산출하여,

(라) 20○○. ○. ○. 원고에 대하여 위 양도소득세 및 방위세 합계금액인 양도소득세 금 355,930,720원 및 그 방위세 금 71,186,140원의 과세처분을 하였습니다.

(5) 청구인은 위 과세처분에 불복하여 20○○. ○. ○. 국세청장에게 심사청구 하였으나 20○○. ○. ○. 기각되었습니다.

2. 이 사건 처분의 위법

(1) 청구인은, 피청구인이 청구인의 위 각 부동산의 양도에 관하여 소득세법 제23조 제4항 단서, 제45조 제1항 단서, 같은 법 시행령 제170조 제4항 제2호 및 국세청 훈령인 재산제세사무처리규정 제72조 제3항을 적용하여 이 사건 부동산의 취득 및 양도당시의 실지거래가액 및 환산가액에 의한 양도차익을 계산한 다음 이를 바탕으로 이 사건 양도소득세 및 방위세부과처분을 한 것은 그 과세의 근거로 삼고 있는 위 재산제세사무처리규정 조항이 그 성질상 하급행정기관에 대한 조세행정의 운용방침 또는 법령의 해석적용에 관련된 명령(행정규칙)에 불과하여 행정조직 내부에서만 구속력이 있을 뿐 납세의무자인 국

민이나 법원을 기속하는 것이 아닌데다가 위 시행령 제170조 제4항 제2호만으로는 양도소득세의 실지거래가액에 의한 과세요건을 확실하게 규정하고 있다고 볼 수 없으므로 결국 이 사건 과세처분은 아무런 법령상의 근거가 없고, 가사 국세청 훈령인 재산제세조사사무처리규정 제72조 제3항이 소득세법시행령의 위임에 따라 그 내용을 보충하는 법규명령적 효력을 가진다고 하여도 청구인의 위 거래행위는 위 규정이 정하고 있는 5가지 사유 중 어느 하나에도 해당하지 아니하고 청구인은 실수요자로서 이 사건 부동산을 취득하고 양도하였을 뿐이므로 양도소득세 산정의 기본원칙인 기준시가에 의하여 이 사건 양도소득세 및 그 방위세를 산출하여야 하며,

(2) 피청구인이 이 사건 양도차익을 계산함에 있어서 근거로 삼은 소득세법시행령 제170조 제1항 단서의 규정은 소득세법 제23조 제2항, 제4항, 제45조 제1항의 양도차익계산의 기준시가원칙에 위배되고 모법에 위임근거 없이 모법에 규정된 과세요건을 확장한 것으로서 무효의 규정이고, 따라서 위와 같이 무효의 규정을 근거로 한 피청구인의 이 사건 과세처분은 위법하며,

(3) 별지 부동산목록 순번 2. 기재 부동산에 관하여 청구인의 위 부동산의 양도소득세가 전액 면제됨에도 청구인에 대하여 이 사건 과세처분을 함은 위법한 것입니다.

△ △ 세 무 서 장

<별지> 부동산 목록
1. ○○시 ○○구 ○○동 ○○번지의 1 대지 100평방미터
   ○○시 ○○구 ○○동 ○○번지의 2 대지 300평방미터
   ○○시 ○○구 ○○동 ○○번지의 3 대지 200평방미터
   ○○시 ○○구 ○○동 ○○번지의 4 대지 400평방미터
   ○○시 ○○구 ○○동 ○○번지의 5 대지 200평방미터
   ○○시 ○○구 ○○동 ○○번지의 6 대지 300평방미터
2. ○○시 ○○구 ○○동 ○○번지 잡종지 1,250평방미터
3. ○○시 ○○구 ○○동 ○○번지 임야 125,000평방미터

<별지> 세금계산서 : 기재 생략

14. 종합소득세 상담사례

■ 약품 도매상들이 신용카드회사를 지급도관으로 이용하여 지급한 '판매장려금'에 해당한다는 이유로 신고한 종합소득세 중 위 현금액이 누락되었다고 보아 부과처분을 할 수 있는가요?

Q. 의약품 도매상인 갑 주식회사와 을 은행은 '약국운영자인 병이 의약품 구매대금을 의약품 구매전용카드로 결제하면 갑회사가 을 은행에 수수료를 부담하고 을 은행은 병에게 마일리지 또는 캐쉬백포인트(이하 '이 사건 마일리지'라 한다)를 제공하기'로 하는 의약품 구매전용카드 발행 특약을 체결하였습니다. 이에 따라 병은 을 은행으로부터 이 사건 마일리지 중 일부를 현금으로 지급받았습니다. 이에 관할 세무서가 이 사건 마일리지는 갑 회사 등 약품 도매상들이 신용카드회사를 지급도관(支給導管)으로 이용하여 병에게 지급한 '판매장려금'에 해당한다는 이유로 병이 신고한 종합소득세 중 위 현금액이 누락되었다고 보아 종합소득세 등 부과처분을 할 수 있는가요?

A. 위 사안에서 병은 첫째 이 사건 마일리지가 소득세법이 정한 과세대상소득에 해당하지 않으며, 둘째 과세형평에 반하는 위법한 처분이며, 셋째 비과세관행 및 신의칙에 반하는 위법한 처분이라는 주장을 하였습니다. 이에 대하여 법원은 ① 병에게 제공된 캐쉬백포인트는 갑 회사가 을 은행과 체결한 이 사건 특별약정에 따라 갑 회사가 정한 회원 캐쉬백포인트 적립률에 따라 제공된 것이고, 위 특별약정에 따른 캐쉬백포인트의 부담자는 을 은행이 아닌 갑 회사인 이상, 이 사건 마일리지 중 캐쉬백포인트 부분의 실질적 제공자는 을 은행이 아닌 갑 회사이다.

그리고 갑 회사는 결제대금의 약 3.5%에 달하는 가맹점 수수료를 지급하지 않았거나 캐쉬백포인트를 부담하지 않았다면 을 은행은 병에게 결제대금의 3%에 상당하는 마일리지 내지 포인트를 제공하지 않았을 것으로 보이는 점을 고려하면 가맹점 수수료 명목으로 을 은행에 지급된 결제대금의 약 3.5%에 상당하는 금원 중 실질적인 가맹점 수수료는 그 일부에 불과하고, 나머지는 갑 회사가 병에게 지급하는 장려금 성격의 금원으로 보아야 한다.

따라서 이 사건 마일리지는 의약품 도매상인 갑 회사가 의약품을 판매하면서 병에게 지급한 구 소득세법 시행령(2010.2.18.대통령령 제22034호로 개정되기 전의 것, 이하 '소득세법 시행령'이라 한다) 제51조 제3항 제2호에서 정한 '장려금 기타 이와 유사한성질의 금액'으로 병의 사업소득에 해당한다고 판단하였습니다(서울행정법원 2012. 10. 26. 선고 2011구합43591 판결).

② 과세형평에 반한다는 주장에 대하여는 이 사건 마일리지의 실질적 제공자가 갑 회사와 같은 의약품 도매상이고, 이 사건 마일리지의 제공자가 신용카드회사가 아닌 이상, 이를 소득세법 시행령 제51조 제3항 제2호에서 정한 장려금 등으로 보아 과세대상소득에 포함한 세무서의 이 사건 종합소득세 부과처분이 형평의 원칙에 어긋나는 위법한 처분이라고 볼 수 없다는 이유로 병의 주장을 배척하였습니다.

③ 마지막으로 비과세관행 및 신의칙에 반하는 위법한 처분이라는 주장에 대하여는 구 국세기본법(2010.1.1.법률 제9911호로 개정되기 전의 것, 이하 '국세기본법'이라 한다) 제15조는 "납세자가 그 의무를 이행함에 있어서는 신의에 좇아 성실히 하여야 한다. 세무공무원이 그 직무를 수행함에 있어서도 또한 같다."라고, 제18조 제3항은 "세법의 해석 또는 국세행정의 관행이 일반적으로 납세자에게 받아들여진 후에는 그 해석 또는 관행에 의한 행위 또는 계산은 정당한 것으로 보며, 새로운 해석 또는 관행에 의하여 소급하여 과세되지 아니한다."라고 각 규정하고 있다. 조세법률관계에서 과세관청의 행

위에 대하여 국세기본법 제15조, 제18조 제3항의 규정이 정하는 신의칙 내지 비과세의 관행이 성립되었다고 하려면 장기간에 걸쳐 어떤 사항에 대하여 과세하지 아니하였다는 객관적 사실이 존재할 뿐만 아니라 과세관청 자신이 그 사항에 대하여 과세할 수 있음을 알면서도 어떤 특별한 사정에 의하여 과세하지 않는다는 의사가 있고 이와 같은 의사가 대외적으로 명시적 또는 묵시적으로 표시될 것임을 요한다고 해석된다(대법원 1993.7.27.선고 90누10384판결 등 참조).

국세기본법 제18조 제3항 규정에서의 '일반적으로 납세자에게 받아들여진 세법의 해석 또는 국세행정의 관행'이란 비록 잘못된 해석 또는 관행이라도 특정납세자가 아닌 불특정한 일반납세자에게 정당한 것으로 이의 없이 받아들여져 납세자가 그와 같은 해석 또는 관행을 신뢰하는 것이 무리가 아니라고 인정될 정도에 이른 것을 말한다고 할 것이고(대법원 2006.6.29.선고 2005두2858판결), 그러한 해석 또는 관행의 존재에 대한입증책임은 주장자인 납세자에게 있다고 할 것이다(대법원 2003.9.5.선고 2002두4051판결) 라고 전제한 다음, 세무서가 이 사건 마일리지가 과세대상이 아니라는 의사를 대외적으로 표시하거나, 이와 같은 형태의 마일리지에 대하여 과세하지 않는 것이 병이 아닌 불특정한 일반납세자에게 정당한 것으로 이의 없이 받아들여져 납세자가 그와 같은 해석 또는 관행을 신뢰하는 것이 무리가 아니라고 인정될 정도에 이르렀다고 인정하기 부족하고, 달리 이를 인정할 증거가 없다는 이유로 원고의 주장을 배척하였습니다.

결국 세무서는 병이 을 은행으로부터 받은 마일리지 명목의 현금을 사업소득으로 보아 소득세부과처분을 할 수 있습니다.

■ 마일리지 또는 캐시백포인트가 종합소득세(사업소득)에 해당하는지요?

Q. 甲은 약국을 운영하는 자로 의약품 구매전용 신용카드로 의약품 도매상으로부터 의약품을 구매하면서 결제대금의 3%에 해당하는 마일리지를 제공받고, 그 중 일부를 현금으로 지급받았습니다. 갑은 제공받은 마일리지는 사업소득이 아니므로 종합소득세를 신고할 때 이를 포함시키지 않으려고 하는데, 그래도 괜찮을까요?

A. 대법원은 "구 소득세법 시행령 제51조 제3항 제2호는 사업소득에 대한 총수입금액으로 '사업과 관련된 수입금액으로서 사업자에게 귀속되었거나 귀속될 금액'에 해당하는 경우 중 하나를 구체적으로 정한 것이라고 봄이 상당하므로, 사업자가 거래상대방으로부터 직접 받는 장려금뿐만 아니라 제3자를 통하여 간접적으로 받는 수입금액도 그 사업과 관련된 것인 이상 구 소득세법 시행령 제51조 제3항 제2호에 정한 '거래상대방으로부터 받는 장려금 기타 이와 유사한 성질의 금액'으로서 그 사업의 태양에 따른 사업소득에 대한 총수입금액에 해당한다고 보아야 한다(대법원 2016. 12. 29. 선고 2014두205 판결)."고 하여 신용카드 마일리지와 같이 제3자를 통하여 간접적으로 받는 수입금액도 사업소득에 해당한다고 보고 있습니다. 따라서 甲이 제공받은 신용카드 마일리지도 사업과 관련된 수입금액에 해당하므로 종합소득세를 신고할 때 이를 포함시켜야 합니다.

■ 누락된 다른 근로소득이 있는 경우 종합소득세를 부과할 수 있는지요?

Q. 저는 2007년 귀속 근로소득에 대한 원천징수 및 연말정산을 거쳐 근로소득세 8십만원을 납부하였습니다. 그런데○○세무서는 2015.1.4. 회사 대표자인 저에게 상여로 처분된 금액을 토대로 2007년 귀속 종합소득세 3억원의 부과처분을 하였습니다. 세무서에서는 국세기본법상 법정신고기한 내에 과세표준신고서를 제출하지 않은 경우로 보아 7년의 제척기간이 적용된다며 적법하다고 하고 있습니다. 이에 대해서 다툴 수 있을까요?

A. 국세부과의 제척기간에 관하여, 국세기본법에 의하면 제26조의2 제1항 제2호에 의하면 납세자가 법정신고기한까지 과세표준신고서를 제출하지 아니한 경우에는 해당 국세를 부과할 수 있는 날부터 7년간, 제3호에 의하면 제1호·제1호의2 및 제2호에 해당하지 아니하는 경우에는 해당 국세를 부과할 수 있는 날부터 5년간으로 정하고 있습니다.

한편, 근로소득만 있는 거주자가 연말정산에 의하여 소득세를 납부하였으나 연말정산에서 누락된 다른 근로소득이 있는 경우 그 소득세에 대한 부과제척기간과 관련한 사안에서 대법원은 구 국세기본법(2006.12.30.법률 제8139호로 개정되기 전의 것. 이하 '국세기본법'이라고 한다)제26조의2제1항은 무신고와 과소신고를 각각 달리 취급하고 있는 것으로 이해되므로 7년의 부과제척기간을 규정한 국세기본법 제26조의2제1항 제2호는 과세표준확정신고를 하여야 할 의무가 있음에도 아예 그 신고를 하지 아니한 무신고의 경우에 적용되고 과소신고의 경우에는 국세기본법 제26조의2제1항 제3호에 의하여 5년의 부과제척기간이 적용된다고 보아야 하며 이러한 점에다가 구 소득세법(2007.12.31.법률 제8825호로 개정되기 전의 것. 이하 '소득세법'이라고 한다) 제70조 제1항 각 호의 어느 하나에 해당하는 거주자가 원천징수나 연말정산에 의하여 소득세를 납부한 경우에는 같은 호의 소득이 누락되었다고 하더라도 이를 과소신고와 마찬가지로 취급하는 것이 소득세 납부의 간이화와 과세의 편의를 도모하기 위하여 과세표준확정신고의 예외를 규정한 소득세법 제70조 제1항 등의 취지에 부합하는 점 등을 함께 고려하여 보면, 근로소득만 있는 거주자가 연말정산에 의하여 소득세를 납부한 경우에는 연말정산에서 누락된 다른 근로소득이 있다고 하더라도 그 소득세에 대한 부과제척기간은 특별한 사정이 없는 한 5년으로 보아야 할 것이다. 라고 판시한바 있습니다(대법원 2013. 7. 11. 선고 2013두5555 판결).

따라서 귀하는 위 종합소득세부과처분의 취소를 구할 수 있을 것으로 보입니다.

■ 은닉된 국유재산을 정부에 신고하고 정부로부터 받은 보상금이 종합소득세부과 대상이 되는지요?

Q. 갑은 1980년경에 은닉된 국유재산을 발견하여 정부에 신고를 하였고, 재무부장관으로부터 국유재산법 제53조에 근거하여 보상금 명목으로 3천만 원을 지급받았습니다. 이에 대해 세무서는 위 보상금이 소득세법 제25조에서 규정하고 있는 상여금, 상금, 보로금 또는 이에 준하는 금품으로서 기타소득에 해당한다는 이유로 종합소득세 과세처분을 하였습니다. 갑은 위 보상금이 소득세법 제5조에서 규정하고 있는 비과세소득(상훈법에 의한 훈장과 관련하여 수여받는 부상 기타 대통령령이 정하는 상금과 부상)이라는 이유로 위 과세처분의 부당함을 주장할 수 있나요?

A. 위 사안에서 갑은 세무서를 상대로 국유재산법 제53조 의 보상금은 은닉된 국유재산을 발견하여 정부에 신고하여 국가재산으로 환원시킨 선행적 공로에 대하여 국가에서 신고자에게 급여하는 상금이라 할 것이므로 당시 시행되던 소득세법 제5조 제5호 (마), 동법시행령 제13조 제8호의 비과세소득에 해당하는 것이므로 이에 대한 이 건 과세처분은 위법하다고 주장하였습니다.

이에 대해 법원은 국유재산법 제53조에는 은닉된 국유재산 또는 무주의 부동산을 발견하여 정부에 신고한 자에 대하여는 보상금을 지급할 수 있다고 규정하고 있어, 그렇다면 위 보상금은 은닉된 국유재산을 신고하는 때에 있어서 신고자의 노력제공에 대한 대가로서 정부가 신고한 은닉재산가액에 일정한 비율에 의한 금액을 지급하는 것을 말한다 할 것인데 위 소득세법 제5조 제5호 (마)에는 상훈법에 의한 훈장과 관련하여 수여받은 부상에 대하여는 소득세를 부과하지 아니한다고 규정되어 있고, 동법 시행령 제13조 제8호 에는 비과세소득으로서 국가 또는 지방자치단체로부터 수여받은 상금과 부상을 들고 있는바, 여기서 상금과 부상이라 함은 일반적으로 국가가 잘한 일을 칭찬

하는 표적으로 정액으로 주는 돈이나 또한 상장이외에 덧붙여 주는 부상에 한하여 소득세를 비과세하는 것이라고 해석함이 상당하고, 위와 같은 보상금까지 비과세하는 것으로는 보기 어렵고, 오히려 이는 소득세법 제25조 제1항 제1호 소정의 보로금이나 이에 준하는 금액에 해당한다 할 것이어서 위 주장은 이유없다(대구고등법원 1983. 3. 22. 선고 82구231 판결, 대법원 1983.12.27. 선고 83누213 판결)고 판시하였습니다.

따라서 세무서가 갑에게 부과한 종합소득세 과세처분은 적법한 것으로 갑은 그 취소를 구할 수 없습니다.

■ 행정소송 등의 판결이 확정된 후 그 판결의 취지에 따른다는 명목으로 위 과세처분과 과세기간을 달리하는 기간에 대하여 새로운 과세처분을 하는 경우 이 처분은 적법한가요?

Q. 변호사 甲이 의뢰인에게서 착수금 명목으로 2000만원의 선임료를 지급받은 것에 대하여 乙세무서에서는 2000년에 발생한 사업소득으로 보아 종합소득세 부과처분을 하였습니다. 이에 甲이 제기한 종합소득세부과처분취소소송에서 위 돈을 2000년에 발생한 소득으로 볼 수 없다는 이유로 2007. 11. 19.경 패소하자, 乙세무서에서는 2002년에 발생한 사업소득으로 보아 2008. 9. 17.경 甲에게 2002년 귀속 종합소득세를 부과하는 처분을 다시 하였습니다. 5년의 부과제척기간이 지난 뒤에 甲에게 한 乙세무서의 소득세부과처분은 적법한가요?

A. 구 국세기본법(2010. 1. 1.법률 제9911호로 개정되기 전의 것)제26조의2 제1항에서 국세부과권의 일반 제척기간에 관하여 규정한 다음, 제2항에서 국세의 부과에 관한 이의신청·심사청구·심판청구, 감사원법에 의한 심사청구 또는 행정소송법에 의한 소송의 제기가 있는 경우에는 제1항의 규정에도 불구하고 그 결정 또는 판결이 확정된 날부터 1년이 경과하기 전까지는 '해당 결정·판결'에 따라 경정결정이나 그 밖에 필요한 처분을 할 수 있다고 규정하고 있습니다.

위 규정의 당초 입법 취지는 국세에 관한 부과처분이 있은 후에 그 처분에 대한 행정심판 또는 행정소송 등의 쟁송절차가장기간 경과되어 그 결정 또는 판결이 부과제척기간이 지난 후에 확정된 경우에 과세관청이 쟁송절차에서 유리한 결과를 이끌어 낸 납세자에 대하여 그 결정이나 판결에 따른 처분조차도 할 수 없게 되는 불합리한 사태가 발생하는 것을 방지하려는 데에 있었던 점, 조세법규의 해석은 특별한 사정이 없는 한 법문대로 해석하고 그 중에서도 예외규정 내지 특례규정은 더욱 엄격한 해석이 요구되는 점, 확정된 결정이나 판결의 기판력이 미치는 범위는 그 쟁송대상이 되었던 과세단위에 제한될 뿐이고 이를 넘어서 별개의 과세단위에 관련된 판단이 이루어졌다고 하더라도 이러한 판단에 기판력이 있다고 할 수 없으며, 따라서 그러한 판단을 경정결정이나 그 밖에 필요한 처분을 할 수 있는 근거가 되는 위 규정상의 '해당 결정·판결'에 해당한다고 할 수 없는 점 등을 종합해 보면, 비록 위 규정을 오로지 납세자를 위한 것이라고 보아 납세자에게 유리한 결정이나 판결을 이행하기 위한 경우에만 적용된다고 볼 수는 없다고 하더라도, 기간과세에 있어서 확정된 결정 또는 판결에서 다투어진 과세처분과 과세기간을 달리하는기간에 대하여 해당 결정 또는 판결의 취지에 따른다는 명목으로 한 새로운 과세처분에 대해서까지 위 규정에 따른 특례제척기간의 적용을 허용할 수 있는 것은 아니라고 할 것입니다(대법원 2012. 10. 11. 선고 2012두6636 판결).

이 사안의 경우에도 甲에 대한 2002년 귀속 종합소득세에 관한 이 사건 처분은 이를 부과할 수 있는 날인 2003. 6. 1.부터 5년이 경과한 2009. 9. 17. 이루어졌으므로 부과 제척기간을 도과하여 한 처분으로서 위법하며, 구 국세기본법 제26조의2 제2항 제1호에서 행정소송법에 따른 소송에 대한 판결이 있는 경우, 판결이 확정된 날부터 1년이 지나기 전까지는 해당 판결에 따라 경정결정이나 그 밖에 필요한 처분을 할 수 있다고 규정하고 있으나 위 규정이 과세단위를 달리하는 경우에도 적용된다고 볼 수 없으므로 甲에게 한 乙세무서의 소득세부과처분은 위법하다고 할 것입니다.

■ 과세관청이 종합소득세 증액경정처분은 불이익금지원칙에 반하는 행위
인지요?

> Q. 과세관청은 甲의 종합소득세 신고내역에서 매출누락된 수입금액
> 을 추가하여 2008년 내지 2012년 종합소득세 부과처분을 하였
> 습니다. 이에 甲은 위 처분에 불복하여 조세심판원에 심판청구
> 를 하였고 조세심판원은 甲의 주장을 받아들여 2015. 2. 6. 소
> 득금액을 추계하여 과세표준 및 세액을 경정하라는 결정을 내렸
> 습니다. 이에 과세관청은 2008년 내지 2011년 종합소득세는 감
> 액경정처분을 하였으나, 2012년 종합소득세는 당초 고지한
> 2000만원에서 900만원을 추가로 부과하는 증액경정처분을 하였
> 습니다. 위와 같이 과세관청의 2012년 종합소득세 증액경정처분
> 은 불이익금지원칙에 반하는 행위인지요?

A. 국세기본법 제79조 제2항은 조세심판관회의 또는 조세심판관합동회
의는 제81조에서 준용하는 제65조에 따른 결정을 할 때 심판청구를
한 처분보다 청구인에게 불리한 결정을 하지 못한다고 규정하여 불
이익변경금지원칙을 정하고 있습니다.

대법원은 "심판청구에 대한 결정의 한 유형으로 실무상 행해지고 있
는 재조사결정은 재결청의 결정에서 지적된 사항에 관해서 처분청의
재조사결과를 기다려 그에 따른 후속 처분의 내용을 심판청구 등에
대한 결정의 일부분으로 삼겠다는 의사가 내포된 변형결정에 해당하
고, 처분청의 후속 처분에 따라 그 내용이 보완됨으로써 결정으로서
효력이 발생하므로(대법원 2010. 6. 25.선고 2007두12514 전원
합의체 판결 참조), 재조사결정의 취지에 따른 후속 처분이 심판청
구를 한 당초 처분보다 청구인에게 불리하면 법 제79조 제2항의 불
이익변경금지원칙에 위배되어 후속 처분 중 당초 처분의 세액을 초
과하는 부분은 위법하게 된다고 판시한바 있습니다(대법원 2016.
9. 28. 선고 2016두39382 판결)

이 사안의 경우 조세심판원의 2015. 2. 6.자 심판결정은 과세표준과 세액을 산정하기 위한 구체적인 경정기준을 제시하지 아니한 채 소득금액을 추계조사하여 과세표준과 세액을 경정할 것을 명하고 있으므로 재조사결정에 해당하는데, 그에 따른 후속 처분 중 2012년 귀속 종합소득세 부분은 당초 처분보다 불이익하므로, 2012년 귀속 종합소득세 부과처분 중 위와 같이 증액된 부분은 위법하다고 보여집니다.

15. 조세심판원 최근 심판결정례

■ 청구인은 쟁점 사업장의 명의대여자이고 실제 사업자가 아니므로 종합
소득세 과세처분을 취소하여야 한다는 청구주장의 당부

[청구번호] 조심 2018부4571 (2019.01.04)
[결정요지] 청구인은 쟁점 사업장의 대표자로 사업자등록을 하였고, 청구
인 명의의 계좌를 사업에 사용하였으며, 쟁점 사업장의 임대차계약도 청
구인 명의로 한 점, 청구인은 쟁점 사업장과 관련한 부가가치세 및 종합
소득세를 신고하여 왔고, 이 건 과세처분과 관련하여 스스로 수정신고
및 징수유예신청을 하였음에도 처분청의 과세처분이 있음을 기화로 명의
사업자라고 주장하는 것은 납세자의 신의성실에 위배된다고 보는 것이 상
당한 점 등에 비추어 청구인을 쟁점 사업장의 실사업자로 보아 종합소득
세를 과세한 이 건 처분은 잘못이 없음.

■ 청구인들이 영위한 주택신축판매업을 건설업이 아닌 부동산업으로 보아
중소기업 특별세액 감면의 적용을 배제하여 종합소득세를 부과한 처분
의 당부

[청구번호] 조심 2018서4302 (2018.12.19)
[결정요지] 「한국표준산업분류」상 주택신축판매업(주거용 건물 개발 공급
업)은 건설업이 아닌 부동산업으로 분류되는 점, 자신들이 쟁점 주택 건
축공사를 직접 수행하였다는 사실 또는 직접 수행하지 않았더라도 건설
공사에 대한 총괄적인 책임을 지면서 건설공사 분야별로 도급 또는 하도
급을 주어 전체적으로 건설공사를 관리하였다는 사실을 입증할 수 있는
객관적인 증빙을 제시하지 못하고 있는 점 등에 비추어 청구주장을 받아
들이기 어려움.

■ 쟁점 인정이자 상당액을 청구인에게 소득처분하여 종합소득세를 부과한 처분의 당부

[청구번호] 조심 2018서4530 (2018.12.19.)

[결정요지] 쟁점 양수도계약서 및 쟁점 부속합의서에는 청구인의 가지급금 및 인정이자에 관한 합의내용이 존재하지 아니하고 쟁점 부속합의서에 따라 쟁점 주식이 담보로 실제 제공되었는지도 불분명하며 청구인이 상환유예 기간 내인 20◎◎년에 쟁점 법인에 가지급금 등을 상환하였다는 객관적인 증빙의 제시가 없는 점, 가지급금의 상환기간 및 이자율에 대한 쟁점약정서 및 20■■사업연도에 쟁점 인정이자가 상환된 사실을 확인할 수 있는 증빙의 제시가 없는 점 등에 비추어 이 건 처분은 달리 잘못이 없는 것으로 판단됨.

■ 청구인을 국내의 거주자에 해당하는 것으로 보아 종합소득세를 과세한 처분의 당부

[청구번호] 조심 2018서3669 (2018.12.19)

[결정요지] 청구인이 201x년에 어머니에게 생활비를 송금하였고, 수시로 국내에 입국하여 가족과 함께 국내에서 생활한 점, 201x년 서울 아파트를 임차한 후 가족이 모두 전입하였고, 청구인의 배우자 또한 대부분 국내에 거주한 사실이 확인되는 점, 청구인은 프로축구 선수로 활동하면서 수취한 연봉 대부분을 국내로 송금한 점 등에 비추어 처분청이 청구인을 국내의 거주자로 보아 종합소득세를 과세한 처분은 잘못이 없음.

■ 쟁점 이주비가 주택수용에 따른 추가보상금인(양도소득)지 아니면 사례금 등(기타소득)인지 여부

[청구번호] 조심 2018중4388 (2018.12.14.)
[결정요지] 당초 보상금과 쟁점 이주비를 합하여도 인근 유사매매사례가액에 ■■%에 불과한 것으로 나타나 쟁점 이주비의 실질은 낮게 책정된 당초 보상금을 보전하는 차원에서 지급된 추가보상금으로 보이는 점 등에 비추어 쟁점 이주비를 사례금으로 보기보다는 수용에 따른 추가보상금으로 봄이 타당하므로 처분청에서 쟁점 이주비를 사례금으로 보아 청구인들의 종합소득세 경정청구를 거부한 처분은 잘못이 있는 것으로 판단됨.

■ 대표자 가지급금으로 계상된 쟁점 사채 발행대금 중 일부 금액이 회수되지 아니하고 그 귀속이 불분명한 것으로 보아 대표자 상여처분하여 청구인에게 종합소득세를 과세한 처분의 당부

[청구번호] 조심 2017서5119 (2018.12.14)
[결정요지] 쟁점 사채 발행대금이 OOO에게 귀속된 사실이 확인되지 않고, 오히려 그 중 일부가 청구인에게 지급된 것으로 확인되며, 다른 일부는 귀속이 불분명한 점, 쟁점 사채 발행대금이 쟁점 법인의 장부상 대표자 가지급금으로 계상되고 일부가 회수된 것으로 계상된 점, OOO이 쟁점 법인의 실질적 지배자라는 청구구장을 뒷받침할 만한 객관적 증빙이 제시되지 아니한 점 등에 비추어 처분청이 쟁점 상여처분액이 회수되지 아니한 것으로 보아 청구인에게 종합소득세를 과세한 처분은 잘못이 없음.

■ 소득처분된 위법소득(횡령금)을 과세처분 전에 소득발생법인인 법인에게 반환한 경우 종합소득세의 과세대상인지 여부 등

[청구번호] 조심 2018서3432 (2018.12.14)

[결정요지] 쟁점 사용료 중 쟁점 법인 지급분이 현실적으로 쟁점 법인에게 반환되었다 하더라도 같은 금액 상당의 소득처분 금액은 그 귀속자인 청구인의 납세의무가 소멸된 것으로 보기 어렵고 쟁점 사용료와 관련한 법인세의 경정 당시 청구인에게 기타소득 및 배당소득으로 소득처분된 금액에 대한 소득세는 10년의 국세부과제척기간을 적용하는 것이 타당하며 청구인이 이러한 부정행위를 하고 납세의무를 불성실하게 한 것에 대한 책임이 없다고 보기는 어려우므로 이 건 과세처분에 포함된 가산세의 부과를 면제할 정당한 사유가 있다는 청구인의 주장을 받아들이기는 어려움.

■ 청구인이 종합소득세 신고시 이월결손금을 과다하게 공제한 것으로 보아 종합소득세를 경정한 처분의 당부

[청구번호] 조심 2018서3617 (2018.12.14)

[결정요지] 「소득세법」 제45조 제3항 및 제43조는 공동사업에서 소득금액 뿐만 아니라 결손금에 있어서도 동일하다고 봄이 타당하므로, 공동사업자 간 동업계약서 등에서 이익의 분배에 대하여는 정함이 있으나 손실의 분배에 대한 정함이 없다고 하여 달리 보기 어렵다 할 것인 점, 쟁점 사업장에 대한 청구인 지분이 전부(100%)라는 청구주장을 받아들이기 어렵고, 설령, 쟁점 사업장의 청구인 지분이 전부라고 하더라도 청구인이 종합소득금액 산정시 이월결손금을 과다하게 공제받은 사실에는 변함이 없고 청구인도 이월결손금 공제가 정당함을 입증하지 못하고 있으므로 처분청이 해당 년도의 종합소득금액에서 공제한 이월결손금 전액을 차감하여 경정·고지한 쟁점 처분에 잘못이 없음.

■ 쟁점 금액을 비영업대금의 이익으로 보아 종합소득세를 과세한 처분의 당부

[청구번호] 조심 2018광3656 (2018.12.12)

[결정요지] 처분청이 제시한 ◇◇◇의 사채이자 지급내역서상 이체금액이 매월 *백만원으로 일정하고, 비고란에 '이자' 등이 기재된 사실 등에 비추어 쟁점 금액이 쟁점 차용증상 대출금과 관련된 것으로 보이는 점, 합의서에 의하면 20**년 **월 현재 채무잔액이 나타나고 있는 점 등에 비추어 처분청이 쟁점 금액을 비영업대금의 이익으로 보아 종합소득세를 부과한 이 건 처분은 잘못이 없음.

■ 단순경비율의 적용을 배제하고 종합소득세를 과세한 처분의 당부 등

[청구번호] 조심 2018서4382 (2018.12.11)

[결정요지] 사업개시일은 설립등기일이나 사업자등록일 등의 형식적인 기준이 아니라 사업의 준비가 끝나고 본래의 사업목적을 수행하거나 그러할 수 있는 상태인지 실질적인 기준으로 판단하여야 할 것인바, 청구인이 부산물을 일부 판매하였다 하더라도 주택신축판매업을 영위한 청구인의 사업개시일은 쟁점 공동주택을 판매하기 시작한 때로 봄이 타당한 점 등에 비추어 이 건 처분은 달리 잘못 없음.

■ 종합소득세 무신고에 대하여 소득금액을 추계하여 과세한 처분의 당부 등

[청구번호] 조심 2018서3534 (2018.12.07)

[결정요지] 청구인은 근로·사업·기타소득 등의 원천세를 신고한 사실이 없고, (일용)근로·사업소득지급명세서를 제출한 사실이 없는 점, 청구인이 제출한 운송원들에 대한 지급내역은 금융거래내역 등으로 실제로 지급한

사실이 확인되지 아니하는 점 등에 비추어 이 건 처분은 달리 잘못이 없다고 판단됨.

■ 쟁점 금액을 소득세법상의 사례금(기타소득)으로 보아 종합소득세를 부과한 처분의 당부

[청구번호] 조심 2017서2506 (2018.12.06)
[결정요지] 청구인이 제시한 합의서 및 영수증에 쟁점 금액은 정신적·금전적 피해에 대한 보상이라고 기재되어 있고, 신빙성 있어 보이는 점 등에 비추어 처분청이 쟁점 금액을 사례금으로 보아 청구인에게 종합소득세를 과세한 처분은 잘못이라고 판단됨.

■ 청구인이 종합소득세과세표준 확정신고를 하지 아니한 것으로 보아 쟁점 이자소득에 대하여 7년의 국세부과제척기간을 적용하여 종합소득세를 부과한 처분의 당부

[청구번호] 조심 2018서2769 (2018.12.05)
[결정요지] 청구인에게 비영업대금의 이익인 쟁점 이자소득이 발생한 사실이 쟁점외 판결문에 의하여 확인되는 점, 청구인은 근로소득자로서 각 과세연도에 근로소득에 대한 연말정산만을 하고 이자소득이 있는 경우 별도로 하여야 할 종합소득세 확정신고를 한 사실이 없으므로 쟁점 이자소득에 대한 국세부과제척기간은 7년으로 보는 것이 타당하다 할 것이므로 쟁점 이자소득에 대하여 종합소득세를 과세한 이 건 처분은 잘못이 없음.

■ 쟁점 세금계산서를 실물거래없이 수수된 사실과 다른 세금계산서로 보아 필요경비를 부인하여 종합소득세를 과세한 처분의 당부

[청구번호] 조심 2018부0708 (2018.12.03)

[결정요지] 쟁점 세금계산서상 공급가액에 상당하는 금액이 OOO 원장 자료에 수입금액으로 기장된 것으로 나타나는 점, 검찰에서 OOO 기소 시 쟁점 세금계산서를 제외하여 기소하였고 법원도 쟁점 세금계산서를 제외하여 판결한 점, OOO의 매출처 중 일부는 정상거래로 조사된 점 등에 비추어 처분청이 쟁점 세금계산서를 실물거래없이 수수된 사실과 다른 세금계산서로 보아 한 이 건 처분은 잘못이 있음.

■ 쟁점 인정이자 상당액을 청구인에게 소득처분하여 종합소득세를 부과한 처분의 당부

[청구번호] 조심 2018서4530 (2018.12.19)

[결정요지] 쟁점 양수도계약서 및 쟁점 부속합의서에는 청구인의 가지급금 및 인정이자에 관한 합의내용이 존재하지 아니하고 쟁점 부속합의서에 따라 쟁점 주식이 담보로 실제 제공되었는지도 불분명하며 청구인이 상환유예 기간 내인 20◎◎년에 쟁점 법인에 가지급금 등을 상환하였다는 객관적인 증빙의 제시가 없는 점, 가지급금의 상환기간 및 이자율에 대한 쟁점 약정서 및 20ㅇㅇ사업연도에 쟁점 인정이자가 상환된 사실을 확인할 수 있는 증빙의 제시가 없는 점 등에 비추어 이 건 처분은 달리 잘못이 없는 것으로 판단됨.

제2장

종합부동산세는 누가 납부하나요?

제2장 종합부동산세는 누가 납부하나요?

1. 납세의무자

① 다음의 부동산을 보유하고 있는 사람은 종합부동산세를 납부할 의무가 있습니다.
- 주택 : 인별로 소유한 전국 주택의 공시가격 합계액이 6억원을 초과하는 자. 다만, 1세대 1주택자는 9억원을 초과하는자.
- 종합합산토지 : 인별로 소유한 전국 종합합산토지(나대지 등)의 공시가격 합계액이 5억원을 초과하는 자
- 별도합산토지 : 인별로 소유한 전국 별도합산토지(주택을 제외한 건축물의 부속토지 등)의 공시가격 합계액이 80억을 초과하는 자.

유형별 과세대상	공제금액
주택(주택부속토지 포함)	6억 원 (1세대 1주택자 9억 원)
종합합산토지(나대지·잡종지 등)	5억 원
별도합산 토지(상가·사무실 부속토지 등)	80억 원

② 1세대 1주택자란 거주자로서 세대원 중 1명만이 재산세 과세대상인 1주택을 단독으로 소유한 경우를 말합니다.
③ 과세기준일(매년 6월 1일) 현재 국내에 소재한 재산세 과세대상인 주택 및 토지를 유형별로 구분하여 인별로 합산한 결과, 그 공시가격 합계액이 각 유형별로 공제금액을 초과하는 경우 그 초과분에 대하여 과세되는 세금입니다.
④ 1차로 부동산 소재지 관할 시·군·구에서 관내 부동산을 과세유형별로 구분하여 재산세를 부과하고, 2차로 각 유형별 공제액을 초과하는 부분에 대하여 주소지(본점 소재지) 관할세무서에서 종합부동산세를

부과합니다.

⑤ 일정한 요건을 갖춘 임대주택, 미분양주택 등과 주택건설사업자의 주택신축용토지에 대하여는 9월 1일부터 9월 30일까지 합산배제신고하는 경우 종합부동산세에서 과세제외 됩니다.

2. 납부기한

① 납부기간은 매년 12월 1일부터 12월 15일까지 입니다. 다만, 납부기한이 토요일, 공휴일인 경우에는 그 다음에 도래하는 첫 번째 평일을 기한으로 합니다.

② 국세청에서 세액을 계산하여 납세고지서를 발부(신고납부도 가능)하며, 세액의 납부는 일시납부 원칙이나, 분할납부도 가능합니다.

③ 납부할 세액이 다음과 같은 경우에는 분납이 가능합니다.
- 납부할 세액이 500만원을 초과하는 경우에는 납부할 세액의 일부를 납부기한 경과 후 2개월 이내에 납부
- 500만원 초과 1,000만원 이하 : 500만원 초과금액을 분납
- 1,000만원 초과 : 납부할 세액의 100분의 50 이하의 금액을 분납
- 농어촌특별세는 종합부동산세의 분납비율에 따라 분납

3. 세액계산 흐름도

구 분	주택분	종합합산 토지분	별도합산 토지분
Σ 공시가격	Σ 주택 공시가격	Σ 종합합산 토지 공시가격	Σ 별도합산 토지 공시가격
		-	
공제금액 ×	6억원(1주택자 9억)	5억원	80억원
		=	

공정시장가액비율	80%	80%	80%

=

종부세 과세표준	주택분 종합부동산세 과세표준	종합합산 토지분 종합부동산세 과세표준	별도합산 토지분 종합부동산세 과세표준

× × ×

세 율(%)	과세표준	세율	누진공제	과세표준	세율	누진공제	과세표준	세율	누진공제
	6억원 이하	0.5	-	15억원 이하	0.75	-	200억원 이하	0.5	-
	12억원 이하	0.75	150만원	45억원 이하	1.5	1,125만원	400억원 이하	0.6	2,000만원
	50억원 이하	1.0	450만원						
	94억원 이하	1.5	2,950만원	45억원 초과	2.0	3,375만원	400억원 초과	0.7	6,000만원
	94억원 초과	2.0	7,650만원						

=

종합부동산 세 액	주택분 종합부동산세액	토지분 종합합산세액	토지분 별도합산세액

－

공 제 할 재산세액	재산세로 부과된 세액 중 종합부동산세 과세표준금액에 부과된 재산세 상당액 ☞ 과세대상 유형별(주택, 종합합산 토지, 별도합산 토지)로 구분하여 계산

=

산출세액	주택분 산출세액	종합합산 토지분 산출세액	별도합산 토지분 산출세액

세액공제 (%)	장기보유 공제 : 5년 이상(20%), 10년 이상(40%) 연령별 공제 : 60세 이상(10%), 65세 이상(20%), 70세 이상(30%)

－

세부담상한 초과세액	[(전년 재산세+종합부동산세상당액)× 150%]를 초과하는 세액

=

납 부 할 세 액	각 과세유형별 세액의 합계액 [500만원 초과 시 분납 가능(2개월)]

4. 종합부동산세 세율

주택분		종합합산토지분		별도합산토지분	
과세표준	세율	과세표준	세율	과세표준	세율
6억원 이하	0.5%	15억원 이하	0.75%	200억원 이하	0.5%
12억원 이하	0.75%				
50억원 이하	1%	45억원 이하	1.5%	400억원 이하	0.6%
94억원 이하	1.5%	45억원 초과	2%	400억원 초과	0.7%
94억원 초과	2%				

※ 농어촌특별세 : 납부할 종합부동산세액의 20%

5. 가산세

① 종합부동산세를 신고하는 경우에만 다음과 같은 가산세를 부과합니다.
- 신고불성실가산세 : 과소신고가산세 × 10%(부당과소신고 40%)
- 납부불성실가산세 : 무납부세액(미달납부세액) × 납부기한 다음날부터 고지일까지의 기간 × 1만분의 3

② 이자상당가산액 : 합산배제된 임대주택등 또는 주택신축용토지로서 그 요건을 충족하지 아니하여 추징되는 경우에는 다음과 같이 이자상당을 가산액으로 합니다.
- 이자상당가산액 : 경감받은 세액 × 납부기한의 다음달부터 추징할 세액의 고지일까지의 기간 × 1만분의 3

③ 고지세액을 기한 내 납부하지 아니한 때에는 납부기한 다음날에 3%의 가산금이 부과되고, 체납된 종합부동산세 또는 농어촌특별세가 100만원 이상인 때에는 매월 1.2%(60개월 한도) 추가 가산금이 부과됩니다.

6. 합산배제 및 과세특례 신고

① 종합부동산세 과세기준일(6월1일)현재 합산배제주택 및 주택건설용 토지를 보유하고 있는 납세자는 9월16일부터 9월30일까지 [임대(사원용)주택 합산배제(변동)신고서] 및 [주택신축용 토지 합산배제(변동)신고서]를 제출하여야 금년 정기부과고지(12월1일~12월15일)시 정확한 세액이 고지됩니다. 다만, 신고기한이 공휴일, 토요일 등인 경우에는 다음날을 기한으로 합니다.
② 그런데, 2007년 이후에 위 합산배제신고서를 제출한 납세자는 물건변동(추가, 제외)이 없는 경우 제출하지 않아도 되며, 물건 변동이 있는 경우에는 변동분에 대해서만 제출하시면 됩니다.

7. 종합부동산세 관련 서식

[서식 예] 종합부동산세 신고서

(20   년도)종합부동산세 신고서
[ ]정기신고   [ ]기한 후 신고

(앞쪽)

관리번호		-	

납세의무자	성 명 (법인명 또는 단체명)		주민등록번호 (법인등록번호)		
	주 소 (본점 소재지)			연락처	사무실(집)
					휴 대 폰
	법 인 (본점) 사업자등록번호				E - 메일

구 분	합 계	주 택	종합합산토지	별도합산토지
① 과 세 물 건 수				
② 과 세 표 준				
③ 세 율				
④ 종 합 부 동 산 세 액				
⑤ 공 제 할 재 산 세 액				
⑥ 산 출 세 액(④-⑤)				
세액공제액 ⑦ 고 령 자				
⑧ 장 기 보 유 자				
⑨ 세 부 담 상 한 초 과 세 액				
⑩ 결정세액(⑥-⑦-⑧-⑨)				
⑪ 이 자 상 당 가 산 액				
⑫ 신 고 불 성 실 가 산 세				
⑬ 납 부 불 성 실 가 산 세				

⑭ 자 진 납 부 할 세 액 (⑩ + ⑪ + ⑫ + ⑬)	

분납 할 세액	⑮ 현 금 납 부	
	⑯ 물 납	
	⑰ 계 (⑮ + ⑯)	

차 감 납 부 세 액	⑱ 현 금 납 부	
	⑲ 물 납	
	⑳ 계 (⑱ + ⑲)	

농어촌특별세자진납부계산서

㉑ 과 세 표 준(⑩+⑪)	
㉒ 세 율	20 %
㉓ 산 출 세 액(㉑×㉒)	
㉔ 신고불성실가산세	
㉕ 납부불성실가산세	
㉖ 납 부 할 세 액 (㉓ + ㉔ + ㉕)	
㉗ 분 납 할 세 액	
㉘ 차 감 납 부 세 액 (㉖ - ㉗)	

※ 구비서류

1. 종합부동산세 과세표준 계산명세서

2. 세부담상한초과세액 계산명세서

3. 합산배제 임대주택 등 합산배제 신고서(합산배제 임대주택 또는 합산배제 기타주택이 있는 경우에만 제출합니다)

「종합부동산세법」 제16조제3항(정기신고), 「국세기본법」 제45조의3제1항(기한 후 신고) 및 「농어촌특별세법」 제7조제1항(신고·납부 등)에 따라 위와 같이 신고합니다.

년   월   일

신   고   인: (서명 또는 인)

세무서장 귀하

세무대리인	성 명		(인)	사업자등록번호	-	-	전화번호	-

1. ① 과세물건 수: 종합부동산세 과세표준 계산명세서[별지 제3호서식 부표(2)]의 ① 과세물건 수란의 물건 수를 적습니다.

2. ② 과세표준: 종합부동산세 과세표준 계산명세서[별지 제3호서식 부표(2)]의 ⑦ 종합부동산세 과세표준란의 금액을 적습니다.

3. ③ 세율: 아래의 종합부동산세 세율표를 참고하여 과세대상별로 구분하여 ② 과세표준란의 금액에 해당하는 아래의 종합부동산세율을 적습니다.

[종합부동산세 세율표]

주 택			종합합산토지			별도합산토지		
과세표준	세율	누진공제액	과세표준	세율	누진공제액	과세표준	세율	누진공제액
6억원 이하	0.5	0원	15억원 이하	0.75	0원	200억원 이하	0.5	0원
6억원 초과 12억원 이하	0.75	1,500,000원						
12억원 초과 50억원 이하	1.0	4,500,000원	15억원 초과 45억원 이하	1.5	11,250,000원	200억원 초과 400억원 이하	0.6	20,000,000원
50억원 초과 94억원 이하	1.5	29,500,000원						
94억원 초과	2.0	76,500,000원	45억원 초과	2.0	33,750,000원	400억원 초과	0.7	60,000,000원

4. ④ 종합부동산세액: (② 과세표준 × ③ 세율 - 누진공제액)의 금액을 적습니다.

5. ⑤ 공제할 재산세액: 재산세와 종합부동산세가 중복으로 과세되는 세액을 공제하는 란이며, 종합부동산세 과세표준 계산명세서[별지 제3호서식 부표(2)]의 ⑪ 공제할 재산세액란의 금액을 적습니다.

6. ⑦ 고령자 세액공제액: 과세기준일 현재 만 60세 이상인 1세대1주택자에 해당하는 경우 ⑥ 산출세액에 아래의 공제율을 곱한 금액을 적습니다. 다만, 1세대1주택자로서 1주택과 다른 주택의 부속토지를 소유하고 있는 경우에는 (산출세액 × 1주택의 공시가격 / 1주택과 다른 주택의 부속토지의 공시가격 합계액)의 금액에 아래의 공제율을 곱한 금액을 적습니다.

연 령	공 제 율
만 60세 이상 65세 미만	10%
만 65세 이상 70세 미만	20%
만 70세 이상	30%

7. ⑧ 장기보유자 세액공제액: 과세기준일 현재 5년 이상 1세대1주택을 보유한 경우 ⑥ 산출세액에 아래의 공제율을 곱한 금액을 적습니다. 다만, 1세대1주택자로서 1주택과 다른 주택의 부속토지를 소유하고 있는 경우에는 (산출세액 × 1주택의 공시가격 / 1주택과 다른 주택의 부속토지의 공시가격 합계액)의 금액에 아래의 공제율을 곱한 금액을 적습니다.

보유기간	공제율
5년 이상 10년 미만	20%
10년 이상	40%

8. ⑨ 세부담상한초과세액: 세부담상한이 적용되는 경우로서 세부담상한초과세액 계산명세서(별지 제5호서식) ㉑ 세부담상한초과세액란의 금액을 적습니다.

9. ⑪ 이자상당가산액: 「종합부동산세법」 제17조제5항 및 「조세특례제한법」 제104 조의19제3항에 따른 이자상당가산액을 적습니다.

10. ⑫, ㉔ 신고불성실가산세: 「국세기본법」 제47조의3에 따른 가산세를 적습니다.

11. ⑬, ㉕ 납부불성실가산세: 「국세기본법」 제47조의4에 따른 가산세를 적습니다.

12. ㉑ 과세표준: ⑩ 결정세액과 ⑪ 이자상당가산액의 합계금액을 적습니다.

13. ㉗ 분납할 세액: 「농어촌특별세법」 제9조에 따라 분납할 세액을 적습니다.

[서식 예] 종합부동산세 과세표준 계산명세서

(20   년도)종합부동산세 과세표준 계산명세서

(앞쪽)

1. 납세의무자

성 명 (법인명 또는 단체명)		주민등록번호 (법인 등 사업자 등록번호)	-
주 소 (본 점 소 재 지)			

2. 과세표준 계산

구 분		주 택	종합합산토지	별도합산토지
① 과 세 물 건 수				
② 과 세 면 적	토지 ㎡		㎡	㎡
	건물 ㎡			
③ 감 면 후 공 시 가 격				
④ 공 제 금 액		600,000,000	500,000,000	8,000,000,000
⑤ 1세대1주택자 추가공제		300,000,000		
⑥ 공 정 시 장 가 액 비 율				
⑦ 종합부동산세 과세표준 (③-④-⑤) × ⑥				
⑧ 해 당 연 도 재 산 세 액				
⑨ 과세표준 표준세율 재 산 세 액				
⑩ 총 표준세율 재산세액				
⑪ 공 제 할 재 산 세 액 (⑧ × ⑨ / ⑩)				

작 성 방 법

1. ① 과세물건 수: 과세대상 물건명세서(별지 제4호의2서식부터 제4호의4서식까지)의 물건 수를 주택, 종합합산토지 및 별도합산토지별로 각각 적습니다.

2. ② 과세면적: 주택은 주택분 과세대상 물건명세서[별지 제4호의2서식(1)] ① 과세면적란의 토지와 건물의 합계를 적고, 종합합산토지는 시·군·구 별로 작성된 종합합산토지분 과세대상 물건명세서[별지 제4호의3서식(1)] ① 과세면적란의 합계를 더하여 적으며, 별도합산토지는 시·군·구 별로 작성된 별도합산 토지분 과세대상 물건명세서[별지 제4호의4서식(1)] ① 과세면적란의 합계를 더하여 적습니다.

3. ③ 감면 후 공시가격: 주택은 주택분 과세대상 물건명세서[별지 제4호의2서식(1)] ② 감면 후 공시가격란의 합계금액을 적고, 종합합산토지는 시·군·구 별로 작성된 종합합산토지분 과세대상 물건명세서[별지 제4호의3서식(1)] ② 감면 후 공시가격란의 합계금액을 더하여 적으며, 별도합산토지는 시·군·구 별로 작성된 별도합산토지분 과세대상 물건명세서[별지 제4호의4서식(1)] ② 감면 후 공시가격란의 합계금액을 더하여 적습니다. 세부담상한이 적용되는 경우에는 세부담상한초과세액 계산명세서(별지 제5호서식) ① 감면 후 공시가격란의 금액과 동일합니다.

4. ⑤ 1세대1주택자 추가공제: 1세대1주택자에 해당하는 경우 3억원을 추가로 공제합니다.

5. ⑥ 공정시장가액비율: 아래의 과세대상별로 구분한 연도별 공정시장가액비율을 적습니다.

[종합부동산세 공정시장가액비율]

과세대상	2009년	2010년	2011년 이후
주 택	80%	80%	80%
종합합산토지	80%	80%	80%
별도합산토지	70%	75%	80%

6. ⑧ 해당연도 재산세액: 주택은 주택분 과세대상 물건명세서[별지 제4호의2서식(1)] ③ 부과된 재산세액란의 합계금액을 적고, 종합합산토지는 시·군·구 별로 작성된 종합합산토지분 과세대상 물건명세서[별지 제4호의3서식(1)] ③ 부과된 재산세액란의 합계금액을 더하여 적으며, 별도합산토지는 시·군·구 별로 작성된 별도합산토지분 과세대상 물건명세서[별지 제4호의4서식(1)] ③ 부과된 재산세액란의 **합계금액**을 더하여 적습니다.

7. ⑨ 과세표준 표준세율 재산세액: 주택은 [(③ 감면 후 공시가격 - 6억(1세대1주택은 9억)) × 종합부동산세 공정시장가액비율 × 재산세 공정시장가액비율 × 0.4%], 종합합산토지는 [(③ 감면 후 공시가격 - 5억) × 종합부동산세 공정시장가액비율 × 재산세 공정시장가액비율 × 0.5%], 별도합산토지는 [(③ 감면 후 공시가격 - 80억) × 종합부동산세 공정시장가액비율 × 재산세 공정시장가액비율 × 0.4%]의 금액을 적습니다.

8. ⑩ 총표준세율 재산세액: 재산세 과세표준에 아래의 재산세 세율을 적용하여 과세대상별로 구분하여 [재산세 과세표준(= ③ 감면 후 공시가격 × 재산세 공정시장가액비율) × 세율 - 누진공제액]의 금액을 적습니다.

[재산세 세율표]

주 택			종합합산토지			별도합산토지		
과세표준	세 율	누진공제액	과세표준	세 율	누진공제액	과세표준	세 율	누진공제액
6천만원 이하	0.1%	0원	5천만원 이하	0.2%	0원	2억원 이하	0.2%	0원
6천만원 초과 1억5천만원 이하	0.15%	30,000원	5천만원 초과 1억원 이하	0.3%	50,000원	2억원 초과 10억원 이하	0.3%	200,000원
1억5천만원 초과 3억원 이하	0.25%	180,000원	1억원 초과	0.5%	250,000원	10억원 초과	0.4%	1,200,000원
3억원 초과	0.4%	630,000원						

8. 조세심판원 최근 심판결정례

■ **쟁점 토지의 개별공시지가 산정이 잘못되었으므로 종합부동산세 부과처분이 위법하다는 청구주장의 당부**

[청구번호] 조심 2018소4637 (2018.12.17)

[결정요지] 부동산의 개별공시지가에 이의가 있으면 「부동산 가격공시에 관한 법률」 제11조에 따라 시장·군수 또는 구청장에게 이의를 신청하는 등의 방법으로 구제를 받아야 하는 것이고, 종합부동산세 과세처분에 대한 다툼에서 개별공시지가 산정의 부당함을 이유로 하는 것은 타당하지 않은 점 등에 비추어 청구주장을 받아들이기는 어렵다고 판단됨.

■ **쟁점 토지에 대하여 「종합부동산세법」상 종합합산과세대상 토지분 종합부동산세를 부과한 처분의 당부**

[청구번호] 조심 2018중3889 (2018.11.28)

[결정요지] 관할 지방자치단체장이 쟁점 토지에 대하여 부과한 재산세에 대하여 청구법인은 별도의 불복절차 없이 납부하여 이 건 종합부동산세 부과의 기초가 되는 선행조세인 재산세가 확정된 점 등에 비추어 쟁점 처분은 달리 잘못 없음.

■ **종합부동산세 심판청구의 적법 여부**

[청구번호] 조심 2018서4603 (2018.11.28)

[결정요지] 청구법인들은 「국세기본법」 제45조의2 제1항 본문에서 정한 경정청구를 할 수 있는 자에 해당한다고 볼 수 없는 점, 청구법인들은 처분청으로부터 2014년 귀속 종합부동산세 납세고지서를 수령한 날로부

터 90일이 경과한 20■■.■.■. 경정청구를 제기하였고 이와 같이 경정청구기간이 도과한 후에 제기한 경정청구는 부적법하여 과세관청은 이에 대하여 과세표준 및 세액을 결정 또는 경정하거나 거부처분을 할 의무가 없다고 할 것인바, 처분청의 경정청구 각하 통지는 단순한 민원회신에 불과하므로 심판청구의 대상이 되는 거부처분으로 볼 수 없는 점 등에 비추어 볼 때, 이 건 심판청구는 불복의 대상이 되는 처분이 존재하지 아니하여 부적법한 청구로 판단됨.

■ 청구인이 쟁점 토지를 직접 사용하지 않은 것으로 보아 종합부동산세를 과세한 처분의 당부

[청구번호] 조심 2018서1150 (2018.11.22)
[결정요지] 청구인이 동일한 주장으로 제기한 재산세의 심판청구에서 특별한 사정이 없는 한 제3자로 하여금 쟁점 토지를 사용하도록 하는 것은 직접 사용에 해당하지 않는다고 결정된 점, 「종합부동산세법」 제6조에 따라 종합부동산세의 부과 등은 지방세법을 준용하는 것이고, 쟁점 토지는 「지방세법」 제106조의 규정에 따라 별도합산과세대상 토지로 재산세가 부과된 점 등에 비추어 이 건 처분은 달리 잘못이 없는 것으로 판단됨.

■ 쟁점 학교용지 등이 재산세 분리과세대상으로 종합부동산세 비과세 대상에 해당하는지 여부 등

[청구번호] 조심 2018중2358 (2018. 9. 17)
[결정요지] 쟁점 학교용지등 중 학교용지는 나대지로 재산세 종합합산과세가 이루어졌고, 나머지 견본주택용지는 건축물의 부속토지로 재산세 별도합산과세가 이루어졌으므로 쟁점 학교용지 등은 과세기준일 현재 '주택건설사업에 제공되고 있는 토지'로 보기 어려운 점, 청구법인은 쟁점상업시

설용지가 「지방세법 시행령」 제101조의 '별도합산과세대상 토지의 범위'에 해당된다는 사실을 입증할 수 있는 기타 객관적인 증빙을 충분히 제시하지 못하고 있는 점 등에 비추어 청구주장을 받아들이기 어려움.

■ 쟁점 시설이 청구법인의 고유업무에 "직접 사용"되는 부동산인지 여부

[청구번호] 조심 2018서1055 (2018. 8. 28)
[결정요지] 쟁점 시설은 부동산 임대용으로서 부동산(토지 및 건물) 임대의 경우 청구법인의 목적사업으로 규정되어 있지 아니하고, 쟁점시설에 대한 선행 세목인 재산세 부과처분이 유지되는 이상 처분청이 쟁점시설에 대하여 종합부동산세를 과세한 처분은 잘못이 없다고 판단됨.

■ 종합부동산세 계산시 공제되는 재산세액을 종합부동산세 공정시장가액비율과 재산세 공정시장가액비율을 모두 적용하여 산정한 처분의 당부

[청구번호] 조심 2018서2366 (2018. 7. 18)
[결정요지] 「종합부동산세법」에서 과세기준금액 초과분 공시가격에 종합부동산세 공정시장가액비율을 적용한 금액을 종합부동산세의 과세표준으로, 「지방세법」에서 시가표준액에 재산세 공정시장가액비율을 적용한 금액을 재산세 과세표준으로 하도록 각각 규정하고 있고, 2015.11.30. 「종합부동산세법 시행령」의 개정으로 종합부동산세액에서 공제되는 재산세액을 규정한 같은 령 제4조의2 및 제5조의3 제1항·제2항의 각 계산식에서 분자에 해당하는 '종합부동산세 과세기준금액 초과분에 대하여 재산세로 부과된 세액'은 '종합부동산세 과세기준금액 초과분 공시가격에 종합부동산세 공정시장가액비율을 곱하고 다시 재산세 공정시장가액비율 및 재산세 표준세율을 적용한 금액'으로 규정하였으며, 이는 2015.11.30.부터 시행되고 있는 점 등에 비추어 처분청이 관련 규정에 부합해 '공제되는 재산세액'을 계산하여 종합부동산세를 과세한 이 건 처분은 잘못이

없는 것으로 판단됨.

■ 쟁점 토지가 종합부동산세 과세대상이 아니라는 청구주장의 당부

[청구번호] 조심 2018서1830 (2018. 7. 10)

[결정요지] 쟁점 토지는 청구법인이 건축법 제43조에 따라 조성한 공개 공지로서 일반인들의 휴식을 위한 소공원 형태로 건물진입부와 조형물, 쉼터, 정원 등은 현황상 건물 입주자 및 고객의 휴식 공간과 해당 건축물의 개방감과 안정성을 확보하고 고객을 유치하기 위한 목적으로 조성된 것으로 보이는 점, 국가·지방자치단체 등이 쟁점 토지를 1년 이상 공용 또는 공공용으로 사용한 사실을 입증할 수 있는 자료 등을 청구법인이 제출한 사실이 없는 점 등에 비추어 쟁점 토지를 종합부동산세 과세대상이 아닌 도로 또는 국가·지방자치단체가 1년 이상 공용 등으로 사용한 재산으로 보기는 어렵다고 보이므로 종합부동산세를 과세한 이 건 처분은 잘못이 없음.

■ 종합부동산세 세부담 상한을 계산함에 있어 직전 연도에 합산배제(미분양된 후 5년 미경과 주택)되어 종합부동산세액이 없는 경우 이를 기준으로 세부담 상한을 산정할 수 있는지 여부

[청구번호] 조심 2017서5009 (2018. 7. 5)

[결정요지] 종부세법 시행령 제5조 제2항 및 제3항 등에 따라 직전 연도에 종합부동산세 과세표준합산주택이 아닌 경우에 과세표준합산주택으로 보아 직전 연도 「지방세법」과 직전 연도 종부세법을 적용하여 과세표준액을 산출한 후 주택에 대한 총세액 상당액을 계산하여 세부담의 상한을 계산하는 것이 합리적인 점 등에 비추어 청구법인의 경정청구를 거부한 이 건 처분은 잘못이 없음.

■ 청구인이 쟁점 주택을 소유하고 청구인과 배우자가 다른 주택의 부속토지를 공유하는 경우 「종합부동산세법」상 1세대 1주택으로 보아 추가공제(3억원)를 적용하여야 하는지 여부 등

[청구번호] 조심 2018서2336 (2018. 6. 29)
[결정요지] 「종합부동산세법 시행령」 제2조의3에서 "1세대 1주택자"를 세대원 중 1명만이 주택분 재산세 과세대상인 1주택만을 소유한 경우라고 규정한바, 청구인은 배우자와 함께 다른 주택의 부속토지를 소유하여 각각 재산세 과세대상에 해당하므로, 청구인을 「종합부동산세법」에서 규정하는 1세대 1주택자로 보기는 어렵다 할 것임.

■ 종합부동산세 합산배제신고 이행을 과세표준신고서 제출로 볼 경우, 쟁점 경정청구가 법정신고기한 후 5년 이내에 제기한 적법한 경정청구라는 청구주장의 당부 등

[청구번호] 조심 2018서0959 (2018. 6. 22)
[결정요지] 「종합부동산세법」이 납세의무자에게 합산배제신고의무를 부과하고 있다 하더라도 합산배제신고의 이행을 과세표준신고서의 제출과 동일한 것으로 볼 수 없는 점, 청구법인이 종합부동산세의 과세표준 신고를 이행하지 않아 쟁점 세액에 대한 경정청구는 「국세기본법」 제45조의2 제1항 단서 규정을 따라 90일 이내에 제기하여야 하는 점, 청구법인이 제시하는 대법원 판결은 법령에 대한 다른 해석으로서 그 판결이 후발적 경정청구 사유에 해당한다고 보기 어려운 점 등에 비추어 처분청이 쟁점 경정청구를 거부한 처분은 잘못이 없음.

■ 재산세와 종합부동산세의 공정시장가액비율 중 적은 비율만을 적용하여 종합
부동산세액에서 공제할 재산세액을 계산하여야 한다는 청구주장의 당부 등

[청구번호] 조심 2018서1074 (2018. 5. 24)

[결정요지] 「종합부동산세법」이 납세의무자에게 합산배제 신고의무를 부과
하고 있다 하더라도 합산배제 신고서를 제출한 것을 과세표준 신고서의
제출과 동일한 것으로 보기 어려운 점 등에 비추어 처분청이 종합부동산
세 고지서를 수령한 날로부터 90일이 넘어 제기한 심판청구는 부적법한
것에 해당함. 종합부동산세 과세표준 신고서를 제출한 귀속년도의 경우,
「종합부동산세법 시행령」 제4조의2, 제5조의3 제1항 및 제2항의 각 산식
중 분자에 해당하는 '주택분/토지분 과세표준에 대하여 주택분/토지분 재
산세 표준세율로 계산한 재산세 상당액'이라 함은 과세기준금액 초과분
공시가격에 종합부동산세 공정시장가액비율을 곱하여 산정한 종합부동산
세 과세표준 상당액에 다시 재산세 공정시장가액비율 및 재산세 표준세율
을 적용한 금액이라고 할 것이므로 청구주장을 받아들이기 어려움.

■ 쟁점 토지가 종합부동산세 비과세대상이라는 청구주장의 당부

[청구번호] 조심 2018서1125 (2018. 5. 18)

[결정요지] 쟁점 토지 중 삼거리의 횡단보도와 연결되어 있는 곳의 동서
방향에는 폭 1.8미터의 공도가 개설되어 있고, 남북방향(쟁점 건물의 주
차장 입구 방향)에는 별도의 공도가 없으나, 주차장 진입로에 의하여 횡
단보도가 없이 단절되어 있어 일반인들의 자유로운 통행이 어려운 것으
로 보이는 점, 쟁점 토지는 쟁점 건물 내 이용자들과 입주사 직원들의
보행 및 휴식공간 등에 우선적으로 사용되는 것이고, 일반시민들을 위한
통행 및 휴식공간의 확보 등의 기능은 부차적인 것으로 볼 수 있는 점
등에 비추어 쟁점 토지를 종합부동산세 과세대상으로 보아 종합부동산
세를 과세한 이 건 처분은 잘못이 없음.

■ 쟁점 토지에 대한 종합부동산세 납세의무자를 청구법인으로 보아 과세한 처분의 당부

[청구번호] 조심 2018서1213 (2018. 5. 14)
[결정요지] 청구법인은 쟁점 토지에 대해 매매를 등기 원인으로 하여 청구법인 명의로 소유권이전 등기를 하고 신탁등기를 한 후 과세기준일 이후 분할을 등기 원인으로 하여 그 조합원들에게 소유권이전등기가 각각 경료된 사실이 쟁점 토지의 등기부등본 등에 의하여 확인되는 점 등에 비추어 이 건 처분 과세기준일 현재 종합부동산세의 납세의무자를 청구법인으로 보아 종합부동산세를 과세한 이 건 처분은 잘못이 없음.

■ 쟁점 토지가 재산세 과세기준일 현재 별도합산과세대상인 '건축 중인 건축물'의 부속토지에 해당하는지 여부

[청구번호] 조심 2017서2814 (2018. 5. 3)
[결정요지] 청구법인은 2016년도 재산세 과세기준일 현재 터파기공사 등 본격적인 건축공사에 착공하지 아니한 채 가설휀스 및 가설방음벽설치 등 건축공사 착공을 위한 준비작업만 한 것에 불과하므로 처분청이 쟁점 토지에 대하여 2016년도 재산세 과세기준일 현재 '건축 중인 건축물의 부속토지'에 해당하지 않는 것으로 보아 종합합산과세대상으로 구분하여 이 건 종합부동산세를 부과한 처분은 달리 잘못 없음.

■ 청구조합이 보유한 재산세 과세대상 주택(쟁점 주택)에 대하여 종합부동산세 및 농어촌특별세를 부과한 처분의 당부

[청구번호] 조심 2018서1054 (2018. 5. 2)
[결정요지] 쟁점 주택은 재산세 과세대상으로 보아 재산세가 부과되었

고, 주택에 대한 종합부동산세는 과세기준일 현재 재산세 과세대상주택에 대하여 부과되는 것이며, 쟁점 주택 중 멸실처리되어 재산세 부과가 취소된 주택에 대해서는 처분청이 종합부동산세 및 농어촌특별세 과세를 취소한 점, 이 건 농어촌특별세는 종합부동산세액에 대하여 부과된 것으로 취득세 감면분 농어촌특별세 적용대상이 아닌 점 등에 비추어 처분청이 쟁점 주택에 대하여 종합부동산세 및 농어촌특별세를 과세한 이 건 처분은 잘못이 없음.

■ 쟁점 토지를 별도합산과세대상 토지에서 제외하는 것이 타당한지 여부

[청구번호] 조심 2018부0555 (2018. 4. 25)

[결정요지] 쟁점 건축물은 존치기간이 2017.5.16. 만료되고, 2017년도 재산세 과세기준일이 도과한 후인 2017.10.27.에서야 존치기간이 연장되었으므로 쟁점 토지는 2017년 귀속 종합부동산세 과세기준일 현재 「지방세법 시행령」 제101조 제1항 단서조항의 "「건축법」 등 관계 법령에 따라 허가 등을 받아야 할 건축물로서 허가 등을 받지 아니한 건축물의 부속토지"에 해당한다 할 것이므로 쟁점 토지를 별도합산과세대상에서 제외되는 종합합산과세대상인 토지로 구분하여 종합부동산세를 과세한 이 건 처분은 달리 잘못이 없음.

■ 20◇◇년 귀속 종합부동산세 및 농어촌특별세의 부과처분에 대하여 쟁점 토지를 종합합산과세대상으로 보아 종합부동산세 및 농어촌특별세를 부과한 처분이 적법한지 여부 등

[청구번호] 조심 2018전0768 (2018. 4. 13)

[결정요지] 관할 지방자치단체장인 ◎◎시장이 쟁점 토지를 종합합산과세대상 토지로 분류하여 과세하였고 처분청도 이에 따라 종합부동산세를 과

세한 점, 청구인이 제출한 증빙자료만으로는 쟁점 토지가 분리과세대상 토지라고 판단하기 어려운 점 등에 비추어 처분청이 쟁점 토지를 종합합산과세대상이라고 보아 청구인에게 20◇◇년 귀속 종합부동산세 및 농어촌특별세를 부과한 이 건 처분은 달리 잘못이 없는 것으로 판단됨.

■ 청구인을 1세대 1주택자에 해당하지 아니하는 것으로 보아 종합부동산세 계산시 3억원 추가공제, 연령별 세액공제, 보유기간별 세액공제를 하지 아니한 처분의 당부

[청구번호] 조심 2018서0795 (2018. 4. 13)
[결정요지] 쟁점 아파트를 청구인과 청구인의 배우자와 공동으로 소유하고 있는 이 건의 경우에는 「종합부동산세법」상 1세대 1주택자에 해당하지 아니하는 것으로 해석하는 것이 타당한 점, 1세대 1주택자에 해당하지 아니하는 청구인에 대해서는 연령별 세액공제 및 보유기간별 세액공제 대상에 해당하지 아니하는 것으로 보이므로 3억원 추가공제, 연령별 세액공제, 보유기간별 세액공제를 배제하고 종합부동산세를 과세한 처분은 달리 잘못이 없음.

■ 종합부동산세 과세표준 합산배제대상인 쟁점 미분양주택이 사후적으로 쟁점 투자신탁의 존립기간 요건을 충족하지 못하게 되었다 하더라도 이를 추징하는 명문규정이 없으므로 종합부동산세를 추징하는 것은 부당하다는 청구주장의 당부

[청구번호] 조심 2017서4893 (2018. 4. 12)
[결정요지] 청구주장에 따를 경우, 「종합부동산세법」 제17조 제5항에 열거되어 있지 않은 합산배제대상주택 등이 추후 요건을 못 갖추게 될 경우에도 종합부동산세를 징수할 수 없게 되어 조세형평에 어긋나는 점, 같은

조 제1항에서 종합부동산세를 새로 부과할 필요가 있는 경우에는 다시 부과·징수할 수 있다고 규정하고 있는 점 등에 비추어 처분청이 쟁점투자신탁의 존립기간(5년 이내) 요건을 충족하지 못하자 쟁점 미분양주택을 과세표준에 다시 합산하여 종합부동산세를 과세한 처분은 잘못이 없음.

■ 청구인이 쟁점주택 1호를, 배우자가 다른 주택의 부속토지를 소유한 경우, 종합부동산세법상 1세대 1주택으로 보아 추가공제를 적용하여야 하는지 여부

[청구번호] 조심 2018서0828 (2018. 4. 9)
[결정요지] 종합부동산세법 시행령 제2조의3에서 "1세대 1주택자"를 세대원 중 1명만이 주택분 재산세 과세대상인 1주택만을 소유한 경우라고 규정하고 있는바, 청구인은 배우자와 함께 다른 주택의 부속토지를 소유하여 각각 재산세 과세대상에 해당하는 점 등에 비추어 청구주장을 받아들이기 어려움.

■ 과세기준일 현재 쟁점 토지상의 건축물이 철거되지 아니하였으므로 별도합산과세대상이라는 청구주장의 당부

[청구번호] 조심 2017서3102 (2018. 3. 19)
[결정요지] 종합부동산세는 지방세인 재산세의 후행 세목으로 재산세와 동일하게 과세대상 토지를 분류하고 있는바, 처분청은 쟁점 토지를 종합합산 과세대상으로 구분한 지자체의 과세자료에 따라 이 건 종합부동산세를 과세한 점, 청구법인은 쟁점 토지를 종합합산과세대상으로 재산세를 부과한 OO시장의 처분에 대해 불복기간 내에 불복을 제기하지 아니하여 재산세 부과처분이 확정된 점 등에 비추어 처분청의 이 건 처분은 잘못이 없음.

■ 과세기준일 현재 상속등기가 이행되지 아니하고 사실상의 소유자를 신고하지 아니한 쟁점 토지에 대하여 상속인 중 연장자인 청구인에게 종합부동산세 등을 과세한 처분의 당부

[청구번호] 조심 2018중0299 (2018. 3. 2.)

[결정요지] 쟁점 토지는 피상속인이 2014.9.11.사망하여 상속이 개시된 재산으로서, 상속인들 중 가장 연장자인 청구인이 쟁점 토지의 재산세 납세의무자에 해당하는 점, 쟁점 토지가 종합합산과세대상으로 공시가격이 5억원을 초과하는 점 등에 비추어 처분청이 청구인을 쟁점 토지의 주된 상속자로 보아 종합부동산세 등을 과세한 이 건 처분은 잘못이 없음.

■ 쟁점 주택은 사람이 거주하지 아니하는 폐가이므로 주택으로 보아 종합부동산세를 과세한 것이 부당하다는 청구주장의 당부

[청구번호] 조심 2018서0100 (2018. 2. 28)

[결정요지] 쟁점 주택에 사람이 거주하지 아니하여 단전·단수가 된 상태라는 것만으로 쟁점 주택이 훼손되어 재산적 가치가 없다거나 사실상 주거기능을 완전히 상실하였다고 보기 어려운 점, 쟁점 주택이 철거명령을 받았거나 철거보상계약이 체결된 주택에 해당하지 아니하여 「지방세법」 제109조 제3항 제5호에 따른 비과세 대상으로 보기도 어려운 점 등에 비추어 쟁점 주택은 여전히 재산세 과세대상인 주택에 해당한다고 보이므로 이 건 처분은 잘못이 없는 것으로 판단됨.

■ 학술단체인 청구법인이 고유목적에 직접 사용하는 쟁점 부동산에 대하여 종합부동산세를 과세한 처분의 당부

[청구번호] 조심 2018서0292 (2018. 2. 20)
[결정요지] 관할 구청장이 쟁점 부동산을 재산세 비과세 및 면제 대상으로 본 것이 잘못된 사실을 확인하여 재산세를 과세하였으므로 쟁점 부동산에 대한 재산세가 취소되지 않은 이상 처분청이 쟁점 부동산에 대하여 종합부동산세를 과세한 이 건 처분은 잘못이 없음.

■ 과세예고통지를 생략하고 한 이 건 부과처분은 무효이므로 취소되어야 한다는 청구주장의 당부

[청구번호] 조심 2017서4112 (2017. 12. 20)
[결정요지] 「국세기본법 시행령」 제12조의3 제1항 및 제2항의 문언을 종합적으로 해석해 보면 원칙적으로 종합부동산세의 국세부과제척기간의 기산일은 과세기준일이지만, 공제·면제· 비과세 또는 낮은 세율의 적용 등에 따른 세액을 의무불이행 등의 사유로 징수하는 경우 동 추징세액에 대한 국세부과제척기간의 기산일은 "해당 공제세액 등을 징수 할 수 있는 사유가 발생한 날"로 보는 것이 합리적이라 할 것인바, 「조세특례제한법」 제104조의19 제3항에 의하여 이 건 2012년 귀속 종합부동산세 등의 추징 사유(쟁점 토지의 취득일부터 5년 이내에 사업계획의 승인을 받지 못한 경우)가 발생한 2016년 7월 및 2016년 12월을 국세부과제척기간의 기산일로 보는 것이 타당함.

제3장

양도소득세는 누가 납부하나요?

제3장 양도소득세는 누가 납부하나요?

1. 양도소득세

① 양도소득세란 개인이 토지, 건물 등 부동산이나 주식의 양도 또는 분양권과 같은 부동산에 관한 권리를 양도함으로 인하여 발생하는 이익(소득)을 과세대상으로 하여 부과하는 세금을 말합니다.

② 양도소득세는 과세대상 부동산 등의 취득일부터 양도일까지 보유기간 동안 발생된 이익(소득)에 대하여 일시에 양도시점에 과세하게 됩니다.

③ 따라서 부동산 양도로 인하여 소득이 발생하지 않았거나 오히려 손해를 본 경우에는 양도소득세가 과세되지 않습니다.

2. 양도소득세의 과세대상

① 양도소득세가 과세되는 자산의 범위는 다음과 같습니다.
- 부동산 : 토지·건물(무허가·미등기 건물도 과세대상 포함)
- 부동산에 관한 권리 : 부동산을 취득할 수 있는 권리, 지상권, 전세권, 등기된 부동산임차권
- 주식 등 : 상장법인의 주식 등으로서 당해법인의 대주주양도분과 장외시장 양도주식, 비상장주식
- 기타자산 : 사업용 고정자산과 함께 양도하는 영업권, 특정시설물 이용권·회원권, 특정주식, 부동산과다보유법인 주식 등
- 파생상품 : 「자본시장과 금융투자업에 관한 법률」 제5조제 2항 제1호 및 제3호에 따른 장내파생상품 중 코스피200 선물·옵션, 미니코스피200 선물·옵션

② 양도소득세 과세대상이 되는 양도의 범위는 다음과 같습니다.

양도로 보는 경우	- 양도라 함은 자산의 소유권이전을 위한 등기 등록에 관계없이 매매·교환, 법인에 현물출자 등으로 자산이 유상(대가성)으로 사실상 소유권 이전되는 경우를 말합니다. - 증여자의 부동산에 설정된 채무를 부담하면서 증여가 이루어지는 부담부증여에 있어서 수증자가 인수하는 채무상당액은 그 자산이 사실상 유상양도되는 결과와 같으므로 양도에 해당합니다.
양도로 보지 않는 경우	- 신탁해지를 원인으로 소유권 원상회복 되는 경우, 공동소유 토지를 소유자별로 단순 분할 등기하는 경우, 도시개발법에 의한 환지처분으로 지목 또는 지번이 변경되는 경우 등을 말합니다. - 또한, 배우자 또는 직계존비속간 매매로 양도한 경우에는 증여한 것으로 추정되어 양도소득세가 과세되지 않고 증여세가 과세됩니다.

③ 양도소득세는 조세정책적 목적으로 비과세하거나 감면되는 경우가 있습니다.

비과세되는 경우	- 1세대가 양도일 현재 국내에 1주택을 보유하고 있는 경우로서 2년이상 보유한 경우에는 양도소득세가 과세되지 않습니다. → 양도 당시 실지거래가액이 9억원 초과하는 고가주택은 제외됩니다. → 17.08.03. 이 후 취득한 지정지역의 경우 2년 거주요건 있습니다. → 주택에 딸린 토지가 도시지역 안에 있으면 주택정착 면적의 5배까지, 도시지역 밖에 있으면 10배까지를 양도소득세가 과세되지 않는 1세대1주택의 범위로 보게 됩니다.
감면되는 경우	- 장기임대주택, 신축주택 취득, 공공사업용 토지, 8년이상 자경농지 등의 경우 감면요건을 충족한 때에는 양도소득세가 감면됩니다.

3. 양도소득세의 신고·납부

3-1. 예정신고

① 부동산을 양도한 경우에는 양도일이 속하는 달의 말일부터 2개월 이내에 주소지 관할세무서에 예정신고·납부를 하여야 합니다.

② 예를 들어, 2019년 1월 5일 잔금을 지급받았다면 양도소득세 예정신고·납부기한은 2019년 3월 31일까지입니다.

③ 양도시기는 원칙이 대금청산일입니다. 예외적으로 대금청산일 전 소유권이전등기를 한 경우에는 등기접수일이 양도시기가 됩니다.

④ 예정신고를 하지 않으면 납부할 세액의 20%인 무신고가산세와 1일 0.03%의 납부불성실가산세가 부과됩니다.

3-2. 확정신고

① 당해연도에 부동산 등을 여러 건 양도한 경우에는 그 다음해 5월 1일부터 5월 31일 사이에 주소지 관할세무서에 확정신고를 하여야 합니다.

② 다만, 1건의 양도소득만 있는 자가 예정신고를 마친 경우 확정신고를 하지 않아도 됩니다.

③ 예정신고나 확정신고를 하지 않은 때는 정부에서 결정·고지하게 되며, 신고·납부를 하지 않은 경우 무신고가산세 20% (또는 40%), 납부불성실가산세 1일 0.03% 를 추가 부담하게 됩니다.

3-3. 양도소득세 분할납부

납부할 세액이 1천만원을 초과하는 경우 납부할 세액의 일부를 납부기한 경과 후 2개월이내에 나누어 낼 수 있습니다.

구분	분할납부할 수 있는 세액
납부할 세액이 2천만원 이하일 경우	1천만원을 초과하는 금액
납부할 세액이 2천만원을 초과하는 경우	납부할 세액의 1/2 이하의 금액

4. 양도소득세의 신고기한

양도소득세의 법정신고기한은 다음과 같습니다.

소득종류	구분	법정신고기한
토지 또는 건물, 부동산에 관한 권리, 기타자산	예정	양도일이 속하는 달의 말일부터 2개월
	확정	양도일이 속하는 연도의 다음연도 5.1 ~ 5.31일까지
토지거래계약 허가구역 안에 있는 토지를 양도함에 있어서 토지거래계약허가를 받기 전에 대금을 청산 한 경우	예정	그 허가일이 속하는 달의 말일부터 2개월
	확정	그 허가일이 속하는 연도의 다음연도 5.1 ~ 5.31일까지
주식 또는 출자지분 (신주인수권 포함)	예정	양도일이 속하는 반기의 말일부터 2개월
	확정	양도일이 속하는 연도의 다음연도 5.1 ~ 5.31일까지

※ 부담부증여시 예정신고 기한 : 증여일이 속하는 달의 말일부터 3개월

5. 양도소득세 세액 계산 흐름도

양 도 가 액	부동산 등의 양도당시 실지거래가액
▬	
취 득 가 액	부동산 등의 취득당시 실지거래가액을 확인할 수 없는 경우 매매사례가액, 감정가액, 환산취득가액 적용 가능함
필 요 경 비	실가: 설비비·개량비, 자본적지출액, 양도비매매 사례가액, 감정가액, 환산취득가액은 기준시가의 3% 적용
═	
양 도 차 익	양도가액 - 취득가액 - 필요경비

장기보유특별공제

(토지·건물의 양도차익) × 공제율

보유기간	3년~	4년~	5년~	6년~	7년~	8년~	9년~	10년~
1세대 1주택 외	10%	12%	15%	18%	21%	24%	27%	30%
1세대 1주택	24%	32%	40%	48%	56%	64%	72%	80%

양도소득금액	양도차익 - 장기보유특별공제
▬	
양 도 소 득 기 본 공 제	250만원 (미등기 양도자산은 적용 배제)
═	
양 도 소 득 과 세 표 준	양도소득금액 - 양도소득기본공제
×	
세 율	양도소득세율표 참조
═	
산 출 세 액	양도소득과세표준 × 세율
세액공제 + 감면 세액	외국납부세액공제와 조세특례제한법 상 감면세액
⇓	
자진납부할세액	산출세액 - (세액공제+감면세액)

6. 양도소득세 세율 변동 연혁표

■ 부동산, 부동산에 관한 권리, 기타자산

자산	구 분		'04.1.1.~ '08.12.31.	'09.1.1.~ '09.3.15.	'09.3.16.~ '13.12.31.	'14.1.1.~ '17.12.31	'18.1.1. ~3.31.	'18.4.1.~
토지· 건물, 부동 산에 관한 권리	보유 기간	1년 미만	50%			50%[1),3)]		
		2년 미만	40%		40%[1)]	40%[1),4)]		
		2년 이상	기본세율					
	분양권		기본세율				50%[6)]	
	1세대 2주택 이상 (1주택 + 1조합원 입주권 포함)인 경우의 주택		기본세율 ('07년부 터 50%)	기본세율 (2년 미만 단기 양도시 해당 단기양도세율 적용)				보유기간 별세율(단,조정 대상지역[7)] 내 ⇒기본세 율+10%p
	1세대 3주택 이상 (주택+조합원 입주권 합이 3이상 포함)인 경우의 주택		60% (입주권 포함 3 이상인 경우 '06년 부터 60%)	45% (1년 미만 보유시 50%)	보유기간 별세율 (단,지정 지역[2)] ⇒기본 세율 + 10%p)	보유기간별세율 (단 지정지역 ⇒기본세율+10%p)[8)]		보유기간 별세율(단,조정 대상지역[7)] 내 ⇒기본세 율+20%p
	비사업용 토지		'07년부터 60%			보유기간별세율 (단, 지정지역 ⇒기본세율+10%p)[5)]		
	미등기양도자산		70%					
기타자산			보유기간에 관계없이 기본세율					

- 82 -

1) 2 이상의 세율에 해당하는 때에는 각각의 산출세액 중 큰 것(기본세율 + 10%p 와 40 or 50% 경합시 세액 큰 것 적용)
2) '12.5.15. 주택지정지역(강남, 서초, 송파) 해제 / '08.11.7. 토지지정지역 해제
3) 주택(이에 딸린 토지 포함) 및 조합원입주권을 양도하는 경우 40% ☞ '14.1.1.부터 적용
4) 주택(이에 딸린 토지 포함) 및 조합원입주권을 양도하는 경우 기본세율 ☞ '14.1.1.부터 적용
5) '16.1.1. 이후 모든 지역의 비사업용토지 ☞ 비사업용 토지 세율(소법 §104①8, 기본세율 + 10%p)
6), 7) 조정대상지역('18.3월 현재) 서울시 전역, 부산시(해운대·연제·동래·남·부산진 및 수영, 기장군), 경기도[과천시·광명시·성남시·고양시·남양주시·하남시 및 화성시(반송동·석우동, 동탄면 금곡리·목리·방교리·산척리·송리·신리·영천리·오산리·장지리·중리·청계리 일원에 지정된 택지개발지구로 한정한다)], 세종시(행정중심복합도시건설예정지역)
8) '17.8.3. 주택 지정지역 지정(용산·성동·노원·마포·양천·강서·영등포·서초·강남·송파·강동·세종시)

■ '18.4.1. 이후 양도분 다주택자 중과 및 비사업용 토지 세율적용 상세내용

구 분			보유기간	세 율	비 고
주택 (입주권 포함)	2주택	조정대상지역	1년 미만	40%	中 세액 큰 것
				기본세율 + 10%p	
		일반지역	1년 미만	40%	(경합없음)
			2년 미만	기본세율	
	3주택	조정대상지역	1년 미만	40%	中 세액 큰 것
				기본세율+20%p	
		지정지역	1년 미만	40%	中 세액 큰 것
				기본세율+10%p	
			2년 미만	기본세율+10%p	(경합없음)
		일반지역	1년 미만	40%	(경합없음)
			2년 미만	기본세율	
비사업용 토지		지정지역 ('18.1.1.이 후 모든 지역)	1년 미만	50%	中 세액 큰 것
				비사업용토지세율 +10%p	
			2년 미만	40%	中 세액 큰 것
				비사업용토지세율 +10%p	
		일반지역	1년 미만	50%	(경합없음)
			2년 미만	40%	

■ 비사업용 토지 세율

양도 시기	2009.3.16.~ 2015.12.31[1)	2016.1.1.~ [2)			2018.1.1.~ [2)		
		과세표 준	세율	누진공 제	과세표 준	세율	누진공 제
세율	본세율 [1년(2년) 미만 보유 단기세율 적용] * 소법('14.1.1. 개정 전)§104⑥ * 소법 부칙 ('14.1.1. 제 12169호)§20	1,200 만원 이하	16%	-	1,200 만원 이하	16%	-
		4,600 만원 이하	25%	108만원	4,600 만원 이하	25%	108만원
		8,800 만원 이하	34%	522만원	8,800 만원 이하	34%	522만원
		1.5 억원 이하	45%	1,490만원	1.5 억원 이하	45%	1,490만원
		5억원 이하	48%	1,940만원	3억원 이하	48%	1,940만원
		5억원 초과	50%	2,940만원	5억원 이하	50%	2,540만원
					5억원 초과	52%	3,540만원

1) 지정지역에 있는 비사업용 토지는 기본세율+10%p로 추가과세
하였으나, 해당 기간동안 지정지역 없음
2) 2009.3.16.~2012.12.31.까지 취득한 자산을 양도하는 경우에는 기
본세율 적용[소법 부칙(제9270호, '08.12.26.)§14]

■ 주식

구 분			~ '15.12.31.	'16.1.1.~ '17.12.31.	'18.1.1.~		
대주주	중소기업	상장·비상장	10%	20%	과세표준[1]	세 율	누진공제
	중소기업 외	상장·비상장	20%		3억이하	20%	-
					3억초과	25%	1천5백만원
		1년 미만 보유	30%				
대주주 외	중소기업	상장&장외거래 비상장	10%				
	중소기업 외	상장&장외거래 비상장	20%				

※ 증권예탁증권(DR : Depositary Receipts)은 '11.1.1. 이후 양도 분부터 과세

* 중소기업의 대주주 주식을 '16.1.1. 이후 양도하는 분부터는 20%

1) 중소기업 주식 등은 '19. 1. 1. 이후 양도분부터 적용

■ 파생상품 등

과세시기	과세대상	세 율	비 고
2016.1.1.이후 양도분	코스피 200 선물·옵션	20% (탄력세율 5% → 10% [1]	장내파생상품
	해외파생상품		장외파생상품 일부포함
2016.7.1.이후 양도분	미니코스피 200 선물·옵션		장내파생상품
2017.4.1.이후 양도분	코스피 200 주식워런트 증권		파생결합증권

1) '18.4.1. 양도분부터 탄력세율 10%

■ 기본세율

'10년 ~ '11년			'12년 ~ '13년			'14년 이후		
과표	세율	누진공제	과표	세율	누진공제	과표	세율	누진공제
1,200만원 이하	6%	-	1,200만원 이하	6%	-	1,200만원 이하	6%	-
4,600만원 이하	15%	108만원	4,600만원 이하	15%	108만원	4,600만원 이하	15%	108만원
8,800만원 이하	24%	522만원	8,800만원 이하	24%	522만원	8,800만원 이하	24%	522만원
8,800만원 초과	35%	1,490만원	3억원 이하	35%	1,490만원	1.5억원 이하	35%	1,490만원
			3억원 초과	38%	2,390만원	1.5억원 초과	38%	1,940만원

'17년 이후			'18년 이후		
과표	세율	누진공제	과표	세율	누진공제
1,200만원 이하	6%	-	1,200만원 이하	6%	-
4,600만원 이하	15%	108만원	4,600만원 이하	15%	108만원
8,800만원 이하	24%	522만원	8,800만원 이하	24%	522만원
1.5억원 이하	35%	1,490만원	1.5억원 이하	35%	1,490만원
5억원 이하	38%	1,940만원	3억원 이하	38%	1,940만원
5억원 초과	40%	2,940만원	5억원 이하	40%	2,540만원
			5억원 초과	42%	3,540만원

7. 양도소득세 가산세

종 류	부과사유	가 산 세 액
신고불성실 가산세	일반과소신고 초과환급신고	과소(초과)신고 납부(환급)세액×10%
	단순무신고	무신고 납부세액×20%
	부당무신고 부당과소신고[주1)]	무(과소)신고 납부세액×40%
납부불성실 가산세	미납.미달납부	미납·미달납부세액*미납기간*3/10,000 (미납기간:납부기한 다음날~자진납부일 또는 고지일)
기장불성실 가산세	대주주 등의 주식 또는 출자지분 양도[주2)]	1. 일반적인 경우 : 산출세액*무기장 또는 탈루한 소득금액/양도소득금액*10% 2. 산출세액이 없는 경우: 무기장 또는 탈 루한 거래금액*7/10,000
환산취득가액 가산세	건물신축취득 후 5년이내 양도	환산취득가액(건물분) × 5%

주1) 부당한 방법(국세기본법 시행령 제12조의2)
  1. 이중장부의 작성 등 장부의 거짓 기장
  2. 거짓증빙 또는 거짓문서의 작성 및 수취
  3. 장부와 기록의 파기
  4. 재산을 은닉하거나 소득·수익·행위·거래의 조작 또는 은폐
  5. 그 밖에 국세를 포탈하거나 환급 공제받기 위한 사기 그 밖의 부정한
     행위
주2) 신고불성실가산세와 기장불성실가산세가 동시에 적용되는 경우에는 그
     중 큰 금액에 해당하는 가산세만 적용하고 위 가산세의 금액이 같을
     경우에는 신고불성실가산세액만을 적용

8. 양도소득과세표준 신고 및 납부계산서

[서식 예] (년 귀속)양도소득과세표준 신고 및 납부계산서

※ 2010. 1. 1. 이후 양도분부터는 양도소득세 예정신고를 하지 않으면 가산세가 부과됩니다.　　　　　　(1쪽)

관리번호　　　　　-	(년 귀속)양도소득과세표준 신고 및 납부계산서 ([ ]예정신고, [ ]확정신고, [ ]수정신고, [ ]기한 후 신고)

① 신 고 인 (양도인)	성　　　　명		주 민 등 록 번 호		내·외국인	[ ]내국인, [ ]외국인
	전 자 우 편 주　　　　소		전　　화 번　　호		거 주 구 분	[ ]거주자, [ ]비거주자
	주　　　　소				거 주 지 국	거주지국코드

② 양 수 인	성　　　　명	주민등록번호	양도자산 소재지	지　　분	양도인과의 관계

③ 세율구분	코　　　　드	양도소득세 합　　　계	국내분 소계	-	-	국외분 소계	지방소득세
④ 양 도 소 득 금 액							
⑤ 기신고·결정·경정된 양 　도 소 득 금 액 합 계							
⑥ 소득감면대상 소득금액							
⑦ 양 도 소 득 기 본 공 제							
⑧ 과　　세　　표　　준 　(④ + ⑤ - ⑥ - ⑦)							
⑨ 세　　　　　　　　율							
⑩ 산　　출　　세　　액							
⑪ 감　　면　　세　　액							
⑫ 외 국 납 부 세 액 공 제							
⑬ 예정신고납부세액공제							
⑭ 원 천 징 수 세 액 공 제							
⑮ 가산세	무 (과 소) 신 고						
	납 부 불 성 실						
	기 장 불 성 실 등						
	계						
⑯ 기신고·결정·경정세액, 조정공제							
⑰ 납 부 할 세 액 　(⑩-⑪-⑫-⑬-⑭+⑮-⑯)							
⑱ 분 납 (물 납) 할 세 액							
⑲ 납 부 세 액							
⑳ 환 급 세 액							

농어촌특별세 납부계산서		신고인은 「소득세법」 제105조(예정신고)·제110조(확정신고), 「국세기본법」 제45조(수정신고)·제45조의3(기한 후 신고), 「농 어촌특별세법」 제7조 및 「지방세법」 제103조의5·제103조의7에 따라 신고하며, 위 내용을 충분히 검토하였고 신고인이 알고 있는 사실 그대로를 정확하게 적었음을 확인합니다. 　　　　　　　　　　　　　　　　　　　　　　　년　　월　　일 　　　　　신고인　　　　　　　　　　(서명 또는 인)
㉑ 소득세　　　감면세액		
㉒ 세　　　　　　　　율		
㉓ 산　　출　　세　　액		
㉔ 수 정 신 고 가 산 세 등		
㉕ 기신고·결정·경정세액		

- 89 -

㉖ 납 부 할 세 액		환급금 계좌신고 (환급세액 2천만원 미만인 경우)		세무대리인은 조세전문자격자로서 위 신고서를 성실하고 공정하게 작성 하였음을 확인합니다.	
㉗ 분 납 할 세 액					
㉘ 납 부 세 액		㉚ 금 융 기 관 명		세무대리인	(서명 또는 인)
㉙ 환 급 세 액		㉛ 계 좌 번 호		**세무서장** 귀하	

첨부서류	1. 양도소득금액계산명세서(부표 1, 부표 2, 부표 2의2, 부표 2의3 중 해당하는 것) 1부 2. 매매계약서(또는 증여계약서) 1부 3. 필요경비에 관한 증빙서류 1부 4. 감면신청서 및 수용확인서 등 1부 5. 그 밖에 양도소득세 계산에 필요한 서류 1부	접수일 인
담당공무원 확인사항	1. 토지 및 건물등기사항증명서 2. 토지 및 건축물대장 등본	

세무대리인	성명(상호)		사업자번호		전화번호	

(2쪽)

작 성 방 법

1. 관리번호는 작성자가 적지 않습니다.
2. ① 신고인(양도인)란: 성명란은 외국인이면 영문으로 적되 여권에 기록된 영문성명 전부(full name)를 적습니다. 주민등록번호란은 국내거소신고번호를 부여받은 재외국민 또는 외국국적동포이면 국내거소신고증상의 국내거소신고번호를 적고, 외국인이면 외국인등록표상의 외국인등록번호를 적으며, 상기 번호를 부여받지 않은 경우에는 여권번호를 적습니다. 내·외국인 및 거주구분의 □안에 "√"표시를 하고, 거주지국 및 거주지국코드는 양도인이 비거주자에 해당하는 경우에 국제표준화기구(ISO)가 정한 국가별 ISO코드 중 국명 약어 및 국가코드를 적습니다.
3. ② 양수인란: 양도물건별로 적되, 양수인이 공동으로 양수한 경우에는 양수인별 지분을 적고, 양수인이 다수인 경우에는 별지로 작성합니다. 양수인이 외국인인 경우 주민등록번호란에는 ①을 참고하여 외국인등록번호 등을 적습니다.
   ※ 양도인과의 관계 예시: 타인, 배우자, 자, 부모, 형제자매, 조부모, 손자·손녀 등
4. ③ 세율구분란: 주식의 경우에는 주식양도소득금액계산명세서(별지 제84호서식 부표 2)의 ③ 주식종류코드란의 세율이 같은 자산(기타자산 주식 및 국외주식은 제외합니다)을 합산하여 적습니다.
5. ⑥ 소득감면대상 소득금액란: 양도소득세액의 감면을 「소득세법」 제90조제2항(소득금액 차감방식)을 적용하여 계산하는 경우 양도자산의 감면소득금액을 적습니다.
6. ⑦ 양도소득기본공제란: 해당 연도 중 먼저 양도하는 자산의 양도소득금액에서부터 차례대로 공제하며, 미등기양도자산의 경우에는 공제하지 않습니다(부동산 등, 주식, 파생상품 등은 각각 연 250만원을 공제합니다).
7. ⑩ 산출세액란·⑪ 감면세액란·⑫ 외국납부세액공제란 및 ⑬ 예정신고납부세액공제란: 해당 신고분까지 누계금액을 적습니다.
   ※ ⑪ 감면세액란은 「소득세법」 제90조제1항(세액감면방식)에 따라 계산한 세액을 적습니다.
8. ⑬ 예정신고납부세액공제란: (직전까지 예정신고납부세액공제 누계액)+(금회 예정신고세액 중 기한 내 납부할 세액× 공제율)의 방법으로 계산한 금액을 적습니다. ※ 2010.12.31.까지 양도분에 한함
9. ⑭ 원천징수세액공제란: 비거주자의 양도소득에 대하여 양수인이 원천징수한 세액을 적습니다.
10. ⑮ 가산세란: 산출세액에 기한 내 신고·납부 불이행에 따른 무(과소)신고(일반무신고 20%, 부당무신고 40%, 일반과소신고 10%, 부당과소신고 40%·납부불성실(1일 3/10,000)·기장불성실 등 가산세(환산가액 적용에 따른 가산세 (취득가액의 5%)는 기장불성실 등 가산세 란에 기재) 계산한 금액을 적습니다.

11. ⑯ 기신고, 결·경정세액, 조정공제란: 기신고세액(누계금액으로서 납부할 세액을 포함합니다), 무신고 결정·경정 결정된 경우 총결정세액(누계금액을 말합니다)을 적고, 국외전출세의 경우에는 국외전출 후 양도에 따른 조정공제세액을 적습니다.

12. ⑰ 납부할 세액란부터 ⑳ 환급세액란까지: 금회 신고·납부할 세액 등을 적습니다.

13. 환급금 계좌신고(⑮·⑯)란: 송금받을 본인의 예금계좌를 적습니다. 다만, 환급세액이 2천만원 이상인 경우에는「국세기본법 시행규칙」에 따른 계좌개설(변경)신고서(별지 제22호서식)에 통장 사본을 첨부하여 신고해야 합니다.

14. 지방소득세의 경우 과세표준란은 ⑧ 양도소득세 과세표준 합계란의 금액을 적고, 세율 ~ 환급세액란은「지방세법」,「지방세기본법」,「지방세특례제한법」에 따라 계산한 금액을 적습니다.

15. 아래 과세대상자산 및 세율에서 "차"와"카", "파"와"하", "더"와"러", "머"와"버"는 각각 소득세법 제104조 제1항 후단 규정을, "어"와"저", "처"와"커", "퍼"와"허"는 각각 소득세법 제104조 제4항의 규정을, "도"와"로", "보"와"소"는 각각 소득세법 제104조 제7항의 규정을 적용하여 계산한 양도소득 산출세액이 큰 세율을 적용합니다.

과세대상자산 및 세율

세 율 구 분	코 드	세 율
1. 「소득세법」 제94조제1항제1호 및 제2호(토지·건물 및 부동산에 관한 권리)		
가. 1세대2주택(부수토지 포함), '09.1.1. 이후 양도분	1-10	6~40%('18.1.1.이후 6~42%)
나. 1주택과 1조합원입주권을 보유한 경우 1주택, '09.1.1. 이후 양도분	1-10	6~40%('18.1.1.이후 6~42%)
다. 1세대3주택이상에 해당하는 주택(부수토지 포함), '09.3.16. 이후 양도분	1-10	6~40%('18.1.1.이후 6~42%)
라. 1세대3주택이상에 해당하는 주택(부수토지 포함), '09.1.1.~09.3.15.취득 및 양도분	1-25	45%
마. 비사업용토지, '09.3.16.~'12.12.31.취득하여 양도분	1-10	6~40%('18.1.1.이후 6~42%)
바. 비사업용토지, '09.1.1.~'09.3.15.취득 및 양도분	1-26	60%
사. 주택과 조합원입주권수의 합이 3 이상인 경우의 주택, '09.3.16. 이후 양도분	1-10	6~40%('18.1.1.이후 6~42%)
아. 주택과 조합원입주권수의 합이 3이상인 경우의 주택, '09.1.1~'09.3.15.취득 및 양도분	1-28	45%
자. 2년 이상 보유 토지·건물 및 부동산에 관한 권리, 1년 이상 보유 주택 및 조합원입주권	1-10	6~40%('18.1.1.이후 6~42%)
차. 1년 이상 2년 미만 보유 토지·건물 및 부동산에 관한 권리, (주택 및 조합원입주권 제외)	1-15	40%
카. 1년 이상 2년 미만 보유 토지·건물 및 부동산에 관한 권리, (주택 및 조합원입주권 제외)	1-16	6~40%('18.1.1.이후 6~42%)
타. 1년 미만 보유 토지·건물 및 부동산에 관한 권리	1-20	50%
파. 1년 미만 보유 주택 및 조합원입주권	1-40	40%
하. 1년 미만 보유 주택 및 조합원입주권	1-39	6~40%('18.1.1.이후 6~42%)
거. 미등기 양도	1-30	70%
너. 2년 이상 보유 비사업용토지	1-11	16~50%('18.1.1.이후 16~52%)
더. 1년 이상 2년 미만 보유 비사업용토지	1-35	40%
러. 1년 이상 2년 미만 보유 비사업용토지	1-12	16~50%('18.1.1.이후 16~52%)
머. 1년 미만 보유 비사업용토지	1-36	50%
버. 1년 미만 보유 비사업용토지	1-14	16~50%('18.1.1.이후 16~52%)

(좌측: 국내자산)

작 성 방 법

과세대상자산 및 세율

세 율 구 분	코 드	세 율
서. 2년 이상 보유 지정지역 내 비사업용토지('18.1.1.이후 양도분)	1-31	26~62%
어. 1년 이상 2년 미만 보유 지정지역 내 비사업용토지('18.1.1.이후 양도분)	1-37	40%
저. 1년 이상 2년 미만 보유 지정지역 내 비사업용토지('18.1.1.이후 양도분)	1-32	26~62%
처. 1년 미만 보유 지정지역 내 비사업용토지('18.1.1.이후 양도분)	1-38	50%
커. 1년 미만 보유 지정지역 내 비사업용토지('18.1.1.이후 양도분)	1-34	26~62%
터. 1년 이상 보유한 지정지역 내 1세대3주택 이상에 해당하는 주택 또는 주택과 조합원입주권 수의 합이 3 이상인 경우 (~'18.3.31. 양도분)	1-71	16~50% ('18.1.1.이후 16~52%)
퍼. 1년 미만 보유한 지정지역 내 1세대3주택 이상에 해당하는 주택 또는 주택과 조합원입주권 수의 합이 3 이상인 경우 (~'18.3.31. 양도분)	1-73	40%
허. 1년 미만 보유한 지정지역 내 1세대3주택 이상에 해당하는 주택 또는 주택과 조합원입주권 수의 합이 3 이상인 경우 (~'18.3.31. 양도분)	1-72	16~50% ('18.1.1.이후 16~52%)
고. 조정대상지역 내 주택의 입주자로 선정된 지위 ('18.1.1.이후 양도분)	1-21	50%
노. 1년 이상 보유 1세대 2주택 또는 1주택과 1조합원입주권을 보유한 경우로서 조정대상지역 내 해당주택('18.4.1.이후 양도분)	1-51	16~52%
도. 1년 미만 보유 1세대 2주택 또는 1주택과 1조합원입주권을 보유한 경우로서 조정대상지역 내 해당주택('18.4.1.이후 양도분)	1-53	40%
로. 1년 미만 보유 1세대 2주택 또는 1주택과 1조합원입주권을 보유한 경우로서 조정대상지역 내 해당주택('18.4.1.이후 양도분)	1-52	16~52%
모. 1년 이상 보유 1세대 3주택 또는 주택과 조합원입주권 수의 합이 3 이상 보유한 경우로서 조정대상지역 내 해당주택('18.4.1.이후 양도분)	1-56	26~62%
보. 1년 미만 보유 1세대 3주택 또는 주택과 조합원입주권 수의 합이 3 이상 보유한 경우로서 조정대상지역 내 해당주택('18.4.1.이후 양도분)	1-58	40%
소. 1년 미만 보유 1세대 3주택 또는 주택과 조합원입주권 수의 합이 3 이상 보유한 경우로서 조정대상지역 내 해당주택('18.4.1.이후 양도분)	1-57	26~62%
오. 비사업용토지 과다보유법인 주식	1-11	16~50%('18.1.1.이후 16~52%)

(좌측 세로: 국내자산)

	(상장,비상장)	
2. 「소득세법」 제94조제1항제3호(주식 또는 출자지분)		
가. 중소기업 외의 법인의 대주주가 1년 미만 보유한 주식	1-70	30%
나. 중소기업법인주식('16.1.1.이후 양도분부터 대주주제외)	(1-62, 1-42)	10%
다. 중소기업 법인의 대주주 보유주식('16.1.1.이후 양도분부터), 중소기업 외의 법인의 주식('18.1.1.이후 양도분부터 대주주 제외)	(1-61, 1-41)	20%
라. 중소기업 외의 법인의 대주주 보유주식('18. 1. 1.이후 양도분)	(1-63 1-43)	20~25%
3. 「소득세법」 제94조제1항제4호(기타자산)		
가. 주식	1-10	6~40%('18.1.1. 이후 6~42%)
나. 주식 외의 것	1-10	6~40%('18.1.1. 이후 6~42%)
다. 비사업용토지 과다보유법인 주식 '09.1.1.~'09.3.15. 취득 및 양도분	1-27	60%
라. 비사업용토지 과다보유법인 주식 '09.3.16. 이후 양도분	1-10	6~40%('18.1.1. 이후 6~42%)
4. 「소득세법」 제94조제1항 제5호(파생상품 등)	1-80	5%('18.3.31. 이전)
	1-81	10%('18.4.1. 이후)
5. 「조세특례제한법」 제98조(미분양주택에 대한 과세특례)	1-92	20%
6. 「소득세법」 제11절 거주자의 출국시 국내 주식등에 대한 과세특례(국외전출세)	1-93	20%
국외자산 1. 「소득세법」 제118조의2제1호 및 제2호(토지·건물, 부동산에 관한 권리)	2-10	6~40%('18.1.1. 이후 6~42%)
2. 「소득세법」 제118조의2제3호(주식 또는 출자지분)		
가. 중소기업의 주식	2-42	10%
나. 가목 외의 주식	2-41	20%
4. 「소득세법」 제118조의2제5호(기타자산)		
가. 주식	2-10	6~40%'(18.1.1. 이후 6~42%)
나. 주식 외의 것	2-10	6~40%('18.1.1. 이후 6~42%)

[서식 예] 양도소득세 부과처분 취소청구의 소(주택용지 양도)

소 장

원 고 ○ ○ ○(주민등록번호)
　　　 ○○시 ○○구 ○○길 ○○ (우편번호 ○○○ - ○○○)
피 고 △△세무서장
　　　 ○○시 ○○구 ○○길 ○○ (우편번호 ○○○ - ○○○)

양도소득세부과처분취소 청구의 소

청 구 취 지

1. 피고가 원고에 대하여 한 양도소득세 금 ○○○원의 부과처분은 이를 취소한다.
2. 소송비용은 피고의 부담으로 한다.
라는 판결을 구합니다.

청 구 원 인

1. 피고는 20○○. ○. ○. 원고에 대하여 양도소득세 금○○○원을 부과
처분하였으므로, 즉 원고가 소외 ○○주택조합에 국민주택용지를 양도
하므로 인하여 발생한 양도소득에 대하여 금○○○원의 양도소득세
를 부과한 것입니다.
2. 그러나 국가 지방자치단체 대한주택공사 토지개발공사 등에게 주택
법 제9조 제1항의 등록의무가 면제되는 것은 등록은 하지 않아도 등
록업자와 동일한 지위를 갖게하려는 취지로 볼 수 있는데 주택조합
도 동일하게 등록의무가 면제될 뿐만 아니라 주택법 제10조 제2항은
주택조합은 등록업자와 공동사업주체로 보고 있으므로 주택조합도
주택법 제9조 제1항의 주택건설등록업자와 동일한 지위를 가지므로
주택조합이 주택건설등록업자가 아니라는 이유로 국민주택의 건설용
지를 양도하므로서 발생한 양도소득을 조세감면규제법이 정하는 양
도소득세 면제대상이 아니라는 판단하에 부과된 이 사건 토지에 대
한 과세처분은 흠결이 있어 위법하므로 취소되어야 할 것입니다.

첨 부 서 류

1. 소장부본   1통
1. 납부서   1통

20○○년   ○월   ○일

원   고   ○ ○ ○   (서명 또는 날인)

○ ○ 행 정 법 원 귀 중

■ 참 고 ■

관할법원	※ 아래(1)참조	제소기간	※ 아래(2) 참조
청 구 인	피처분자	피청구인	행정처분을 한 행정청
제출부수	소장 1부 및 상대방수 만큼의 부본 제출	관련법규	행정소송법 제9조 ~ 제34조
불복방법 및 기 간	- 항소(행정소송법 제8조, 민사소송법 제390조) - 판결이 송달된 날로부터 2주일내(행정소송법 제8조, 민사소송법 제396조)		

※ (1) 관할법원(행정소송법 제9조)
  1. 취소소송의 제1심 관할법원은 피고의 소재지를 관할하는 행정법원임. 다만, 중앙
     행정기관 또는 그 장이 피고인 경우의 관할법원은 대법원 소재지의 행정법원임
  2. 토지의 수용 기타 부동산 또는 특정의 장소에 관계되는 처분 등에 대한 취소소송
     은 그 부동산 또는 장소의 소재지를 관할하는 행정법원에 이를 제기할 수 있음
※ (2) 제소기간(행정소송법 제20조)
  1. 취소소송은 처분 등이 있음을 안 날로부터 90일 이내에 제기하여야 함. 다만, 다
     른 법률에 당해 처분에 대한 행정심판의 재결을 거치지 아니하면 취소소송을 제
     기할 수 없다는 규정이 있는 때와 그밖에 행정심판청구를 할 수 있는 경우 또는
     행정청이 행정심판청구를 할 수 있다고 잘못 알린 경우에 행정심판 청구가 있는
     때의 기간은 재결서의 정본을 송달 받은 날로부터 기산함.
  2. 취소소송은 처분 등이 있은 날로부터 1년(제1항 단서의 경우는 재결이 있은 날로
     부터 1년)을 경과하면 이를 제기하지 못함. 다만, 정당한 사유가 있는 때에는 그
     러하지 아니함.

소 　 　 장

원　고　○　○　○(주민등록번호)
　　　　○○시 ○○구 ○○길 ○○ (우편번호 ○○○ - ○○○)
피　고　△△세무서장
　　　　○○시 ○○구 ○○길 ○○ (우편번호 ○○○ - ○○○)

양도소득세 등 부과처분 취소청구의 소

청 구 취 지

1. 피고가 원고에게 20○○. ○. ○. 자로 한 20○○년도 6기 수시분 양도소득세 ○○○원과 교육세 ○○○원의 부과처분을 취소한다.
2. 소송비용은 피고의 부담으로 한다.
라는 재판을 구합니다.

청 구 원 인

1. ○○시 ○○구 ○○길 ○○ 아파트를 계약금 ○○○원을 지급하고, 채권 ○○○원을 매입하여 분양받았다가 이 권리를 20○○. ○. ○.에 소외 김□□에게 ○○○만원에 양도하였습니다.
2. 따라서 원고가 위 아파트를 분양 받음에 있어서 소요된 비용은 계약금과 채권액을 합친 ○○○원이고 양도가액 ○○○원에서 이를 공제하면 양도차액은 ○○○원이므로, 이 양도차액을 기준으로 하여 양도소득세와 교육세를 부과하여야 합니다.
3. 그런데 피고는 원고에 대하여 20○○. ○. ○.에 양도소득세를 ○○○원, 교육세로 ○○○원 합계 ○○○원을 부과하였으니 이는 부당하므로 취소되어야 합니다.
4. 원고는 위 부과처분고지서를 20○○. ○. ○.에 수령한 후 20○○. ○. ○.에 위와 같은 사유로 국세청장에게 심사청구를 하였으나, 20○. ○. ○.에 기각되었으므로 원고는 20○○. ○. ○.에 국세심판소에

위 같은 사유로 심판청구를 하였으나, 20○○. ○. ○.에 기각되었으므로 본소를 제기합니다.

첨 부 서 류

1. 소장부본   1통
1. 납부서   1통

20○○년 ○월 ○일

원 고 ○ ○ ○ (서명 또는 날인)

○ ○ 행 정 법 원 귀중

[서식 예] 양도소득세 부과처분 무효확인 청구의 소

소 장

원 고   ○ ○ ○(주민등록번호)
          ○○시 ○○구 ○○길 ○○ (우편번호 ○○○ - ○○○)
피 고   △△세무서장
          ○○시 ○○구 ○○길 ○○ (우편번호 ○○○ - ○○○)

양도소득세부과처분무효확인 청구의 소

청 구 취 지

1. 피고가 20○○. ○. ○. 원고에 대하여 한 양도소득세 금 ○○○원의 부과처분은 무효임을 확인한다.
2. 소송비용은 피고의 부담으로 한다.
라는 판결을 구합니다.

청 구 원 인

1. 처분의 경위
  가. 원고의 전 남편이던 소외 강□□는 ○○가정법원에 원고와의 이혼소송이 계속되어 있던 20○○. ○.경 △△세무서에 '원고가 타인명의를 빌려 별지목록 기재 부동산을 분양 받아 이를 전매하여 양도소득세를 탈세하고는 전매차익 8억원을 가지고 가출하였다'는 내용의 진정을 한 후, △△세무서에 출석하여 같은 내용의 진술을 하였습니다(갑제1호증 : 조사복명서).
  나. 이에 △△세무서는 위 소외인을 불러 위 진정내용을 조사하였고, 피고는 20○○. ○. ○. 별지목록 기재 각 부동산에 관하여 실질적인 양도인을 원고로 인정하여 원고에 대하여 금 ○○○원의 양도소득세를 결정·고지하였습니다(갑제2호증의 1:양도소득세 결정결의서, 갑제2호증의 2:양도소득금액 결정내역서).

2. 이 사건 청구의 경위

가. 원고는 19○○. ○. ○.경 소외 강□□와 결혼하여 두 자녀를 두고 생활하던 중, 20○○. ○.경 위 소외인의 상습적인 폭행을 견디지 못하고 두 자녀를 데리고 가출하여 ○○도 ○○시 ○○길 ○○에 월세방을 얻어 생활하고 있었습니다. 원고는 위 가출 직후인 20○○. ○. ○. 서울가정법원에 위 소외인을 상대로 이혼 및 재산분할 등 청구의 소송을 제기하여 20○○. ○. ○. 일부승소 판결을 받았으나 위 소외인이 이에 항소하여 결국 20○○. ○. ○. 서울고등법원에서 일부 승소판결을 받고 위 판결이 확정되었습니다(갑제3호증의 1, 2:각 판결문).

나. 그 후 원고는 20○○. ○. 말경 원고 소유로 되어있던 ○○시 ○○구 ○○길 ○○ ☆☆아파트 3층 303호의 등기부등본을 확인하게 되었는데 확인결과 △△세무서가 20○○. ○. ○. 위 부동산에 압류등기를 한 사실을 처음 알게 되었습니다. 이에 원고는 △△세무소에 압류경위를 문의하였는바, △△세무소의 설명은 위 소외인이 '원고가 타인명의를 빌려 별지목록 기재 부동산을 분양 받아 이를 전매하여 양도소득세를 탈세하고는 전매차익 8억원을 가지고 가출하였다'는 내용의 진정을 하여 이를 근거로 이 사건 양도소득세 부과처분을 하였다는 것이었습니다.

3. 양도소득세 부과처분의 무효

가. 납세의무자가 아닌 자에 대한 과세처분

(1) 피고는 원고가 별지목록 기재 부동산의 양도자라고 하여 이 사건 양도소득세 부과처분을 하였습니다. 그러나 원고는 별지목록 기재 부동산을 취득했던 사실도 또한 그 양도과정에 관여한 바도 전혀 없습니다. 심지어 그 존재조차도 이 사건 양도소득세 부과처분을 계기로 알게 된 것입니다(갑4호증의 1, 2:각 등기부등본).

(2) 위 소외인은 원고와 이혼소송 계속 중, 원고에게 악감정을 품고 △△세무서에 위와 같은 내용의 허위진정을 하였던 것인데 △△세무서는 원고를 불러 원고의 전매사실을 문의하여 봄이 없이 만연이 위 소외인의 진정내용만으로 원고에게 이 사건 양도소득세 부과처분을 하였던 것입니다. 또한 위 진정내용에 대한 조사과정에서 △△세무서는 위 소외인의 진술과 별지목록 기재 부동산의 양수인들의 진술이 일치하지 아니하여 위 진정내용이 신빙성이 없다고 조

사하였음에도 불구하고 귀속연도를 19○○.경으로 하여 추정세액으로 금 ○○○원을 부과하는 이 사건 양도소득세 부과처분을 하였습니다(갑제1호증:조사복명서, 갑제5호증:사실내용확인요구).

(3) 결국, 이 사건 양도소득세 부과처분은 납세의무자가 아닌 자에 대한 처분으로 그 하자가 중대하고도 명백하여 당연무효의 처분입니다.

나. 송달의 부적법성

(1) 피고는 20○○. ○. ○. 이 사건 양도소득세 납세고지서를 ○○시 ○○구 ○길동 ○○ ☆☆아파트 303호로 송달하였습니다. 그러나 위 송달당시, 원고는 위 장소에 거주하지도 않았으며 위 장소가 원고의 주민등록지도 아니었습니다.

(2) 원고는 20○○. ○.경까지 ○○시 ○○구 ○○길 ○○에 거주하며 주민등록을 두고 있었습니다. 그러던 중 원고는 20○○. ○.경 위 주소지를 가출하게 되었고 이 후 ○○도 ○○시 ○○길 ○○소재 월세방에서 생활하고 있었습니다. 당시 원고는 이혼소송 등 신변문제로 주민등록 전출신고를 하지 않고 있었는데, 위 소외인의 신고로 원고의 위 주소지 주민등록이 20○○. ○. ○. 직권말소되었습니다(갑제6호증:주민등록초본).

(3) 그런데 위 소외인은 자신 혼자 ○○시 ○○구 ○○길 ○○ ☆☆아파트 3동 303호로 이사한 후 전입신고를 하였는데, △△세무서는 위 동아아파트 3동 303호로 이 사건 양도소득세 납세고지서를 송달하였고 위 소외인이 이를 수령한 것입니다. 따라서 원고는 위 양도소득세 납세고지서를 송달받지 못하여 위 세금부과사실을 전혀 알 수 없었습니다(갑제7호증:사실증명).

(4) 결국 이 사건 양도소득세 부과처분은 부적법한 송달에 의한 것으로서 그 하자가 중대하고 명백하여 당연무효의 처분입니다.

4. 확인의 이익

가. 원고는 20○○. ○. ○. 수원지방법원에 위 소외인 소유인 ○○시 ○○구 ○○길 ○○ ★★아파트 105-1052 부동산에 대하여 처분금지가처분을 하여 둔 상태입니다. 원고는 위 소외인에 대한 확정판결에 기해 위자료 금○○○원, 재산분할 금○○○원, 양육비 금○○○원 등을 지급 받고자 위 가처분을 하였고, 20○○. ○. ○. 강제경매절차가 개시되었습니다(20○○타경○○○○5). 위 경매절차에 따라 위 소외인 소유의 위 부동산은 ○○○원에 낙찰 되었고, 위

금원에서 임차보증금 ○○○원 등을 공제한 잔액이 원고에게 배당될 것으로 보입니다. 그런데 피고는 이 사건 양도소득세 부과처분에 기해 원고의 위 가처분채권을 압류하여 배당받으려 하고 있습니다(갑제8호증:경위서, 갑제9호증:등기부등본). 현재 위 경매절차에 따라 원고는 금 ○○○원을 배당받았으나 위 법원은 위 △△세무서의 압류에 따라 이를 공탁해 둔 상태입니다(갑제10호증:배당표).

나. 결국 원고는 위 당연무효의 양도소득세 부과처분의 외관에 따라 그 재산이 현실적으로 집행될 위험성이 계속하여 상존하고 있으므로, 원고는 위 양도소득세 부과처분의 무효 확인을 구할 이익이 있다고 할 것입니다.

5. 결 론

결국, 피고가 20○○. ○. ○. 원고에 대하여 한 이 사건 양도소득세 부과처분은 당연 무효이므로 원고는 이의 확인을 구하고자 이 사건 청구에 이르게 된 것입니다.

입 증 방 법

1. 갑제1호증   조사복명서
1. 갑제2호증의 1   양도소득세 결정결의서
1. 갑제2호증의 2   양도소득금액 결정내역서
1. 갑제3호증의 1, 2   각 판결문
1. 갑4호증의 1, 2   각 등기사항증명서
1. 갑제5호증   사실내용확인요구
1. 갑제6호증   주민등록초본
1. 갑제7호증   사실증명
1. 갑제8호증   경위서
1. 갑제9호증   등기사항증명서
1. 갑제10호증   배당표

첨 부 서 류

1. 위 입증방법   각 1통
1. 소장부본   1통

1. 납부서   1통

20○○년   ○월   ○일

원   고   ○   ○   ○   (서명 또는 날인)

○ ○ 행 정 법 원   귀중

[별 지]

부동산의 표시

1. ○○시 ○○구 ○○동 ○○ ◎◎아파트 ○○-○○호(42평형)
2. ○○도 ○○시○○동○○○◎◎아파트 ○○-○○호(48평형). 끝.

9. 양도소득세 상담사례

■ 양도소득세를 경정처분한 경우 불복절차 행사기간은 언제부터 기산하나요?

Q. 甲은 2005년 11월 8일 종로세무서로부터 양도소득세 2억 원의 부과처분을 받은 후 이에 불복하여 심사청구를 거쳐 심판청구를 하였는데, 국세심판원은 2006년 3월 30일 위 처분 중 일부가 위법하다면서 감액하여 그 과세표준과 세액을 경정경정 하였습니다. 이에 종로세무서는 위 국세심판원의 심판결정에 따라 2006년 4월 25일 당초처분인 2억 원의 양도소득세부과처분을 1억원으로 감액경정 결정하여 甲에게 통지하였습니다. 그러나 甲은 위 경정처분 또한 위법하다면서 이에 불복절차를 밟으려 하는데, 이 경우 어떤 처분을 기준으로 하여야 하는지요?

A. 행정청이 일정한 처분을 한 뒤에 그 처분을 감축(감액) 또는 확장(증액)하는 경우가 있습니다. 이는 과세처분 등 각종 부담금부과처분의 경우에 자주 볼 수 있으나 그 외 징계처분이나 영업정지처분 등 제재처분에서도 찾아 볼 수 있습니다.

이러한 경우 처음의 처분을 당초처분, 뒤의 처분을 경정처분이라 하는데, 어느 것을 전심절차나 행정소송의 대상으로 하여야 하는지 문제됩니다.

판례는 확장(증액)경정처분과 감축(감액)경정처분을 나누어 달리 취급하고 있는데, 확장경정처분을 한 경우 확장경정처분은 종전의 처분이 후의 확장경정처분에 흡수되므로 후의 경정처분만이 전심절차나 행정소송의 대상이 되며(대법원 1992. 8. 14. 선고 91누13229 판결, 2000. 9. 8. 선고 98두16149 판결, 2000. 9. 22. 선고 98두18510 판결), 감축경정처분은 당초처분의 일부취소에 해당하므로 일부 취소된 당초처분을 대상으로 그 전심절차나 제소기간 준수여부를 정하여야 한다고 하였습니다(대법원 2009. 5. 8. 선고 2006두 16403 판결).

위 사안은 감축(감액)경정처분의 경우로 당초처분의 일부의 효력을 취소하는 처분이기 때문에 감축경정처분으로 감액되고 남은 당초의 처분이 전심절차나 행정소송의 대상이 됩니다. 즉, 위 사안에서 종로세무서가 2005년 11월 8일 甲에 대해서 한 2억 원의 양도소득세 부과처분이 일부 취소되어 1억 원으로 감축된 것이므로 2005년 11월 8일을 기준으로 전심절차(심사청구 및 심판청구)나 행정소송의 기간준수 여부를 판단하여야 합니다.

따라서 위 사안의 경우 2005년 11월 8일을 기준으로 90일 이내에 처분청(종로세무서)에 심사청구를 하고, 이에 불복할 경우 심사결정서 송달일 이후 90일 이내에 국세심판원에 심판청구를 하고, 이 심판결정에 불복이 있는 경우 심판결정의 재결서 송달일 이후 90일 이내에 행정소송을 제기하여야 합니다. 만약, 甲이 감축(감액)경정처분을 새로운 처분으로 보고 전심절차나 제소기간을 정하게 되면 이는 부적법한 것이 되어 각하되는 것을 면하지 못할 것입니다.

참고로 수차의 경정처분이 있는 경우도 위의 이론이 그대로 적용됩니다. 예를 들면 2005년 5월 1일자로 800만원의 당초 과세처분을 하였다가, 2005년 6월 15일자로 1,000만원으로 증액하는 처분을 하고, 다시 같은 해 7월 20일자로 900만원으로 감액하는 과세처분을 하였을 경우 전심절차나 행정소송의 대상이 되는 것은 6월 15일자의 처분이나 그 대상인 과세처분의 내용은 900만원으로 감액된 것입니다. 즉, 6월 15일자 1,000만원의 과세처분이 전심절차나 행정소송의 대상이 되는 것입니다(대법원 1996. 7. 30. 선고 95누 6328 판결, 1998. 5. 26. 선고 98두3211 판결).

한편「국세기본법」제22조의2은 당초처분과 경정처분의 관계에 대하여 규정하고 있는데, 그 제1항은 "세법에 따라 당초 확정된 세액을 증가시키는 경정(更正)은 당초 확정된 세액에 관한 이 법 또는 세법에서 규정하는 권리·의무관계에 영향을 미치지 아니한다." 제2항은 "세법에 따라 당초 확정된 세액을 감소시키는 경정은 그 경정으로 감소되는 세액 외의 세액에 관한 이 법 또는 세법에서 규정하는 권리·의무관계에 영향을 미치지 아니한다."라고 규정하고 있습니다.

위 제2항의 내용은 감액경정처분에 대한 기존의 대법원판결의 입장을 재확인한 것에 불과하므로 사안의 경우 위 규정에 따르더라도 여전히 2005년 11월 8일의 당초처분을 기준으로 전심절차나 행정소송의 기간준수 여부를 판단하여야 합니다. 다만, 증액경정처분에 관한 위 제1항의 해석에 대해서는 견해의 대립이 있는데 아직 이에 대한 대법원 판례는 없는 것으로 보입니다.

■ 경매로 부동산소유권을 이전한 경우 양도소득세가 부과되는지요?

Q. 저는 친구 甲의 채무에 대한 담보로 제 소유 부동산에 근저당권을 설정해 주었습니다. 그런데 甲이 채무를 변제하지 않아 위 부동산이 경매되면서 매각대금은 모두 채권자들에게 배당되었을 경우에도 양도소득세가 부과되는지요?

A. 양도소득세의 과세대상이 되는 '자산양도'란 자산에 대한 등기 또는 등록에 관계없이 매도, 교환, 법인에 대한 현물출자 등으로 인하여 그 자산이 유상으로 사실상 이전되는 것을 말합니다(소득세법 제88조 제1항). 그런데 부동산 경매 시 물상보증인 소유의 부동산소유권이 이전된 경우 양도소득의 귀속자 및 주채무자의 무자력으로 인한 구상권행사의 사실상 불능이 양도소득의 귀속에 영향을 미치는지, 또한 매각된 토지의 소득세법상 양도시기가 문제됩니다.

이에 관하여 판례는 "근저당실행을 위한 임의경매에 있어서 경락인은 담보권의 내용을 실현하는 환가행위로 인하여 목적부동산의 소유권을 승계취득 하는 것이므로, 비록 임의경매의 기초가 된 근저당설정등기가 제3자의 채무에 대한 물상보증으로 이루어졌다 하더라도 경매목적물의 양도인은 물상보증인이고 경락대금도 경매목적물의 소유자인 물상보증인의 양도소득으로 귀속되는 것이고, 물상보증인의 채무자에 대한 구상권은 납부된 경락대금이 채무자가 부담하고 있는 피담보채무의 변제에 충당됨에 따라 그 대위변제의 효과로서 발생하는 것이지 경매의 대가적 성질에 따른 것은 아니기 때문에 채무자의 무자력으로 인하여 구상권의 행사가 사실상 불가능하게 되었다고 하더라도 그러한 사정은 양도소득을 가리는 데는 아무런 영향이 없다."라고 하였습니다(대법원 1991. 5. 28. 선고 91누360 판결, 2000. 7. 6. 선고 2000두1508 판결).

그리고 담보권실행을 위한 경매에 있어서 매수인이 매각대금을 완납한 때에 원래의 소유자는 그 소유권을 잃고 매수인이 소유권을 취득하는 것이므로, 담보권실행경매절차를 통하여 매각된 토지의 소득세법상 양도시기는 매각대금완납일이 될 것입니다(대법원 1997. 7. 8. 선고 96누15770 판결, 1999. 10. 26. 선고 98두2669 판결).

따라서 귀하의 위 부동산이 경매절차에서 매각으로 인하여 소유권이 이전되었고, 귀하에게 돌아갈 매각대금잔액이 전혀 없다거나, 甲의 무자력으로 귀하의 구상권 행사가 불가능하다고 하여도 그러한 사유만으로는 양도소득세가 비과세되는 것은 아니며, 자산의 양도시기는 매각대금완납일이라 할 것입니다.

■ 명의수탁자가 신탁자의 승낙없이 양도한 때 양도소득세는 누가 부담하여야 하는지요?

Q. 저희 문중은 문중원인 甲에게 임야의 등기명의를 신탁해두었습니다. 그런데 甲과 통정한 甲의 허위채권자인 乙이 위 임야에 대한 강제경매를 신청하여 매각되었습니다. 이 경우 양도소득세는 누가 부담하여야 하는지요?

A. 국세기본법 제14조 제1항은 "과세의 대상이 되는 소득, 수익, 재산, 행위 또는 거래의 귀속이 명의일 뿐이고 사실상 귀속되는 자가 따로 있는 때에는 사실상 귀속되는 자를 납세의무자로 하여 세법을 적용한다."라고 규정하여 실질과세의 원칙을 정하고 있습니다.

그런데 명의신탁된 재산을 수탁자가 신탁자의 위임이나 승낙 없이 임의로 양도하고 양도소득이 신탁자에게 환원되지 아니한 경우, 양도소득세의 납세의무자는 누구인지에 관하여 판례는 "명의신탁된 재산의 법형식적인 소유명의는 수탁자에게 있으나, 실질적인 소유권은 신탁자에게 있으므로, 신탁자가 자신의 의사에 의해 신탁재산을 양도하는 경우에는 그가 양도소득을 사실상 지배, 관리, 처분할 수 있는 지위에 있어 양도소득세의 납세의무자가 된다고 하겠지만, 수탁자가 신탁자의 위임이나 승낙 없이 임의로 명의신탁 재산을 양도하였다면 그 양도주체는 수탁자이지 신탁자가 아니고, 양도소득이 신탁자에게 환원되지 않는 한, 신탁자가 양도소득을 사실상 지배, 관리, 처분할 수 있는 지위에 있지도 아니하므로 '사실상 소득을 얻은 자'로서 양도소득세의 납세의무자가 된다고 할 수 없고, 수탁자가 임의로 허위채무부담을 통한 강제경매의 방법으로 명의신탁재산을 처분하자 신탁자가 채권가압류, 손해배상청구소송 및 강제집행 등 강제적인 방법을 통하여 그 경락대금의 일부를 불법행위로 인한 손해배상으로 수령한 경우, 양도소득이 신탁자에게 환원된 것으로 볼 수 없다."라고 하였습니다(대법원

1999. 11. 26. 선고 98두7084 판결).

또한, 최근에 판례는 "명의수탁자가 명의신탁자의 위임이나 승낙 없이 임의로 처분한 명의신탁재산으로부터 얻은 양도소득을 명의신탁자에게 환원하였다고 하기 위하여는, 명의수탁자가 양도대가를 수령하는 즉시 전액을 자발적으로 명의신탁자에게 이전하는 등 사실상 위임사무를 처리한 것과 같이 명의신탁자가 양도소득을 실질적으로 지배, 관리, 처분할 수 있는 지위에 있어 명의신탁자를 양도의 주체로 볼 수 있는 경우라야 하고, 특별한 사정이 없는 한 단지 명의신탁자가 명의수탁자에 대한 소송을 통해 상당한 시간이 경과한 후에 양도대가 상당액을 회수하였다고 하여 양도소득의 환원이 있다고 할 수는 없다."라고 하였습니다(대법원 2014. 9. 4. 선고 2012두10710 판결).

따라서 위 사안에 있어서도 양도소득이 신탁자인 귀하 문중에게 환원되지 않는 한, 양도소득세의 납부의무자는 甲이 될 것이며, 비록 명의신탁자인 귀하 문중이 甲·乙을 상대로 불법행위로 인한 손해배상을 청구하거나 그 배상을 받거나, 양도소득 상당액을 소송을 통하여 상당한 기간이 경과한 후에 회수하였다면 그 경우 명의신탁부동산양도에 따른 양도소득이 신탁자인 귀하 문중이 양도소득을 사실상 지배, 관리 처분할 수 있는 지위에 있다고 볼 수는 없어 양도소득세의 납부의무자는 여전히 甲이라고 볼 수 있습니다.

■ 양도소득세부과처분의 심사청구를 하였을 경우 이에 대한 심사청구는
   적법한 것인가요?

Q. 甲은 이혼한 전남편이 집에 찾아오는 것을 피하기 위하여 2007
   년경부터 고향선배 주소지에 주민등록을 옮겨 놓았고, 위 주소
   지는 그 선배가 경영하는 목욕탕 건물이 위치한 토지에 연접하
   여 있어서 평소에 위 주소지에 배달되는 우편물은 모두 위 목욕
   탕의 계산대로 배달이 되어 계산대에 근무하는 선배 또는 그의
   며느리나 목욕탕의 여종업원이 이를 수령하여 왔으며 甲은 가끔
   씩 들려서 이를 수취하여 간 사실이 있습니다. 乙세무서는 양도
   소득세 과세표준확정신고서에 나온 위 주소지로 甲에 대한 양도
   소득세 납부고지서를 위 주소지로 발송하였고, 2015. 4. 17.
   목욕탕 종업원이 받아두었다가 2015. 6. 24. 甲에게 전해주었
   는데 甲은 뒤늦게 2015. 8. 11.에 이르러서야 양도소득세부과
   처분의 심사청구를 구하였습니다. 甲의 양도소득세부과처분에
   대한 심사청구는 적법한 것인가요?

A. 국세기본법 제61조 제1항은, 심사청구는 당해 처분이 있을 것을 안
   날(처분의 통지를 받은 때는 그 받은 날)로부터 90일내에 하여야
   한다고 규정하고 있습니다.
   이 사안의 경우 甲이 이혼한 전남편이 집에 찾아오는 것을 피하기
   위하여 고향선배 주소지에 주민등록을 옮겨 놓았고, 위 주소지는 그
   선배가 경영하는 목욕탕 건물이 위치한 토지에 연접하여 있어서 평
   소에 위 주소지에 배달되는 우편물은 모두 위 목욕탕의 계산대로 배
   달이 되어 계산대에 근무하는 선배 또는 그의 며느리나 목욕탕의 여
   종업원이 이를 수령하여 왔고 甲에게 배달되는 우편물도 마찬가지로
   위 목욕탕의 계산대로 배달되면 계산대 옆에 따로 마련된 우편물 수
   취함에 넣어 두었다가 甲이 가끔씩 들려서 이를 수취하여 가도록 하

였다면, 甲은 자신에게 발송되는 우편물의 수령권한을 위 주민등록지에 거주하면서 그와 연접한 곳에서 위 목욕탕을 경영하는 고향선배와 그 가족들 및 위 목욕탕의 계산대에서 근무하는 종업원에게 위임하였다고 볼 수 있습니다(대법원 1997. 9. 12. 선고 97누3934 판결).

결국 甲으로부터 우편물의 수령권한을 위임받은 위 종업원이 위 납세의무자에 대한 양도소득세 납부고지서를 수령한 때에 동 납부고지서가 납세의무자에게 적법하게 송달된 것으로 보아야 하므로 2015. 4. 17. 적법한 송달이 있었던 것이고, 그로부터 90일이 경과한 뒤인 2015. 8. 11.에 이르러서야 이 사건 부과처분에 대한 심사청구를 제기한 것은 부적법하다고 할 것입니다.

■ 1세대 1주택 소유자의 주택을 양도한 경우 양도소득세가 면제되는지요?

Q. 저는 1세대 1주택의 소유자인데 제 주택을 처분하고자 합니다. 어떠한 경우에 양도소득세가 면제되는지요?

A. 양도소득세의 비과세를 규정하고 있는 「소득세법」 제89조 제1항 제 3호에서 "대통령령으로 정하는 1세대 1주택"이란 거주자 및 그 배우자가 그들과 동일한 주소 또는 거소에서 생계를 같이 하는 가족과 함께 구성하는 1세대(이하 "1세대"라 한다)가 양도일 현재 국내에 1주택을 보유하고 있는 경우로서 해당 주택의 보유기간이 2년 이상 인 것을 말합니다(같은 법 시행령 제154조 제1항).

이 경우 주택에 부수되는 토지로서 건물이 정착된 면적에 지역별로 대통령령이 정하는 배율을 곱하여 산정한 면적이내의 토지의 양도로 인하여 발생하는 소득도 함께 양도소득세 비과세 대상이 됩니다. 주택에 딸린 토지가 도시지역 안에 있으면 주택 정착면적(수평투영면적)의 5배까지, 도시지역 밖에 있으면 10배까지 양도소득세가 과세되지 않는 1세대 1주택의 범위로 보게 됩니다(같은 법 시행령 제154조 제7항). 그리고 세대의 판정은 주민등록표에 따름을 원칙으로 하되 주민등록이 사실과 다른 경우에는 그 실질내용에 따릅니다. 그러나 다음과 같은 경우에는 보유기간이나 거주기간의 제한을 받지 아니합니다(같은 법 시행령 제154조 1항 단서).

1. 「민간임대주택에 관한 특별법」 제2조제2호에 따른 민간 건설임대주택 또는 「공공주택 특별법」 제2조제1호의2에 따른 공공건설임대주택을 취득하여 양도하는 경우로서 해당 건설임대주택의 임차일부터 해당 주택의 양도일까지의 기간 중 세대전원이 거주(기획재정부령으로 정하는 취학, 근무상의 형편, 질병의 요양, 그 밖에 부득이한 사유로 세대의 구성원 중 일부가 거주하지 못하는 경우를 포함한다) 한 기간이 5년이상인 경우

2. 다음 각 목의 어느 하나에 해당하는 경우. 이 경우 가목에 있어서는

그 양도일 또는 수용일부터 5년 이내에 양도하는 그 잔존주택 및 그 부수토지를 포함하는 것으로 한다.

1) 주택 및 그 부수토지(사업인정 고시일 전에 취득한 주택 및 그 부수토지에 한한다)의 전부 또는 일부가 「공익사업을 위한 토지 등의 취득 및 보상에 관한 법률」에 의한 협의매수·수용 및 그 밖의 법률에 의하여 수용되는 경우

2) 「해외이주법」에 따른 해외이주로 세대전원이 출국하는 경우. 다만, 출국일 현재 1주택을 보유하고 있는 경우로서 출국일부터 2년 이내에 양도하는 경우에 한한다.

3) 1년 이상 계속하여 국외거주를 필요로 하는 취학 또는 근무상의 형편으로 세대전원이 출국하는 경우. 다만, 출국일 현재 1주택을 보유하고 있는 경우로서 출국일부터 2년 이내에 양도하는 경우에 한한다.

3. 1년이상 거주한 주택을 기획재정부령으로 정하는 취학, 근무상의 형편, 질병의 요양, 그 밖에 부득이한 사유로 양도하는 경우

한편, 다음과 같은 경우에는 특례로서 1세대 1주택으로 보아 양도소득세 비과세 대상에 포함시키고 있습니다.

1) 국내에 1주택을 소유한 1세대가 그 주택(이하 이 항에서 "종전의 주택"이라 한다)을 양도하기 전에 다른 주택을 취득(자기가 건설하여 취득한 경우를 포함한다)함으로써 일시적으로 2주택이 된 경우 종전의 주택을 취득한 날부터 1년 이상이 지난 후 다른 주택을 취득하고 그 다른 주택을 취득한 날부터 3년 이내에 종전의 주택을 양도하는 경우

2) 상속받은 주택과 그 밖의 주택(이하 이 항에서 "일반주택"이라 한다)을 국내에 각각 1개씩 소유하고 있는 1세대가 일반주택을 양도하는 경우

3) 공동상속주택(상속으로 여러 사람이 공동으로 소유하는 1주택을 말하며, 피상속인이 상속개시 당시 2 이상의 주택을 소유한 경우에는 같은 법 시행령 제155조 제2항 각 호의 순위에 따른 1주택을 말

한다)외의 다른 주택을 양도하는 때에는 당해 공동상속주택은 당해 거주자의 주택으로 보지 아니함. (다만, 상속지분이 가장 큰 상속인의 경우는 예외)

4) 1주택을 보유하고 1세대를 구성하는 자가 1주택을 보유하고 있는 60세 이상의 직계존속(배우자의 직계존속을 포함한다)을 동거봉양하기 위하여 세대를 합침으로써 1세대가 2주택을 보유하게 되는 경우 합친 날부터 5년 이내에 먼저 양도하는 주택

5) 1주택을 보유하는 자가 1주택을 보유하는 자와 혼인함으로써 1세대가 2주택을 보유하게 되는 경우 그 혼인한 날부터 5년 이내에 먼저 양도하는 주택

6) 「문화재보호법」제2조 제2항의 규정에 의한 지정문화재 및 같은 법 제53조 제1항에 따른 등록문화재인 주택과 그밖의 주택을 국내에 각각 1개씩 소유하고 있는 1세대가 일반주택을 양도하는 경우

7) 다음 각 호의 어느 하나에 해당하는 주택으로서 「수도권정비계획법」제2조제1호에 따른 수도권(이하 이 조에서 "수도권"이라 한다) 밖의 지역중 읍지역(도시지역안의 지역을 제외한다) 또는 면지역에 소재하는 주택(이하 이 조에서 "농어촌주택"이라 한다)과 그 밖의 주택(이하 이 항 및 제11항부터 제13항까지에서 "일반주택"이라 한다)을 국내에 각각 1개씩 소유하고 있는 1세대가 일반주택을 양도하는 경우

① 상속받은 주택(피상속인이 취득후 5년이상 거주한 사실이 있는 경우에 한한다)

② 이농인(어업에서 떠난 자를 포함한다)이 취득일후 5년이상 거주한 사실이 있는 이농주택

③ 영농 또는 영어의 목적으로 취득한 귀농주택

8) 기획재정부령으로 정하는 취학, 근무상의 형편, 질병의 요양, 그 밖에 부득이한 사유로 취득한 수도권 밖에 소재 하는 주택과 그 밖의 주택(이하 이 항에서 "일반주택"이라 한다)을 국내에 각각 1개

씩 소유하고 있는 1세대가 일반주택을 양도하는 경우

9) 귀농으로 인하여 세대전원이 농어촌주택으로 이사하는 경우에는 귀농후 최초로 양도하는 1개의 일반주택

10) 제154조제1항을 적용할 때 「건축법 시행령」 별표 1 제1호다목에 해당하는 다가구주택은 한 가구가 독립하여 거주할 수 있도록 구획된 부분을 각각 하나의 주택으로 본다. 다만, 해당 다가구주택을 구획된 부분별로 양도하지 아니하고 하나의 매매단위로 하여 양도하는 경우에는 그 전체를 하나의 주택으로 본다.

12) 장기임대주택과 그 밖의 1주택을 국내에 소유하고 있는 1세대가 거주주택을 양도하는 경우. 그러나 다음의 경우에는 1세대 1주택이라도 양도소득세가 과세됩니다.

첫째, 1세대 1주택이라도 등기 이전을 하지 않고 파는 이른바 '미등기전매'의 경우에는 양도소득세가 부과됩니다.

그리고 이때는 양도차익의 70%(소득세법 제104조 제1항 제10호)에 해당되는 가장 무거운 세금을 내게 됩니다. 다만 「건축법」에 의한 허가를 받지 않아 등기를 할 수 없는 무허가 건물은 미등기 전매의 경우로 보지 않으므로 그것이 1세대 1주택에 해당되면 세금을 물지 않게 됩니다.

둘째, 「소득세법」제89조 제1항 제3호에서는 고가주택에 관하여 1세대 1주택이라도 양도소득세 비과세를 인정하지 않습니다. 같은 법 시행령 제156조는 "가액이 대통령령이 정하는 기준을 초과하는 고가주택'이라 함은 주택 및 이에 부수되는 토지의 양도 당시의 실지거래가액의 합계액(1주택의 일부를 양도하는 경우에는 실지거래가액 합계액에 양도하는 부분의 면적이 전체주택면적에서 차지하는 비율을 나누어 계산한 금액을 말한다)이 9억원을 초과하는 것을 말한다."라고 하고 있습니다.

■ 명의신탁부동산을 양도한 경우 누가 양도소득세의 납세의무를 지게 되는지요?

Q. 甲문중은 문중원인 저에게 문중소유 임야의 등기명의를 신탁해 두었습니다. 그런데 최근 甲문중에서 문중원의 결의를 거친 후 위 임야를 乙에게 양도하였습니다. 그러나 甲문중에서는 위 임야의 양도소득세에 관하여는 처리해 줄 기미가 보이지 않는데 이 경우 누가 양도소득세의 납세의무를 지게 되는지요?

A. 국세기본법 제14조 제1항은 "과세의 대상이 되는 소득·수익·재산·행위 또는 거래의 귀속이 명의일 뿐이고 사실상 귀속되는 자가 따로 있는 때에는 사실상 귀속되는 자를 납세의무자로 하여 세법을 적용한다."라고 규정하여 실질과세의 원칙을 정하고 있습니다.

그리고 명의신탁 부동산을 양도한 경우 양도소득세의 납세의무자는 누가 되는지에 관하여 판례는 "부동산을 제3자에게 명의신탁한 경우 명의신탁자가 부동산을 양도하여 그 양도로 인한 소득이 명의신탁자에게 귀속되었다면, 국세기본법 제14조 제1항 등에서 규정하고 있는 실질과세의 원칙상 당해 양도소득세의 납세의무자는 양도의 주체인 명의신탁자이지 명의수탁자가 그 납세의무자가 되는 것은 아니고, 명의신탁된 부동산의 양도로 인한 자산양도차익 예정신고·납부를 해야 하는 자는 양도의 주체인 명의신탁자라고 할 것이므로, 명의수탁자의 명의로 신고·납부한 것은 납세의무자의 적법한 신고·납부로 볼수 없다."라고 하여 명의수탁자명의의 신고부분에 대한 예정신고납부세액공제를 배제하고 신고·납부불성실가산세를 부과한 처분을 적법하다고 판단한 경우가 있습니다(대법원 1993. 9. 24. 선고 93누517 판결, 1997. 10. 10. 선고 96누6387 판결, 대법원 2003. 12. 12. 선고 2003다30616 판결).

따라서 위 사안에서도 위 임야의 양도로 인한 양도소득세는 명의신탁자인 甲문중이 부담하여야 할 것으로 보이므로 귀하는 甲문중에 대하여 예정신고를 하도록 권유해보고, 만약 귀하에게 양도소득세가 부과될 경우에는 귀하는 명의수탁자임을 소명할 자료를 제출하여 다투어야 할 것으로 보입니다.

■ 부동산에 대한 매각대금은 채권자가 전부 가져가 매각대금으로 얻은 이
득은 하나도 없는데, 양도소득세 부과처분은 적법한가요?

Q. 저의 배우자 甲은 3년 전 사망하였습니다. 甲은 재산으로 땅이
한 필 있었으나, 그 부동산을 담보로 甲의 채무가 너무 많아 감
당할 수 없어서, 상속인인 저와 저의 자녀 乙은 당시 법원에 한
정승인 신고를 하여 한정승인 심판을 받았습니다.

그런데 얼마 전 세무서에서 저와 乙에게 세금을 부과하라는 처
분을 받았습니다. 이유를 알고 보니, 甲이 소유하고 있던 부동
산의 근저당권자 丙이 그 부동산에 대하여 상속인인 저와 乙을
대위하여 상속등기를 하고 법원에서 부동산 임의경매 개시결정
을 받은 뒤 부동산 경매절차에서 매수인 丁에게 경락이 되었는
데, 과세관청에서는 丁에게 경락이 된 것이 부동산의 양도에 해
당한다고 보아 저와 乙에게 양도소득세를 부과한 것이었습니다.
이 부동산에 대한 매각대금은 甲의 채권자가 전부 가져가 제가
매각대금으로 얻은 이득은 하나도 없는데, 저와 乙이 양도소득
세 부과 처분을 받은 것이 적법한가요?

A. 소득세법 제4조 제1항 제3호에서 양도소득을 "자산의 양도로 발생
하는 소득"이라고 규정하고 있으며, 같은 법 제88조 제1항에서는
"양도"의 정의에 관하여 "자산에 대한 등기 또는 등록과 관계없이
매도, 교환, 법인에 대한 현물출자 등으로 인하여 그 자산이 유상으
로 사실상 이전되는 것을 말한다"고 규정하고 있는데, 이 사안에서
는 저당권 실행을 위한 부동산 임의경매가 소득세법 제4조 제1항
제3호 , 제88조 제1항 의 양도소득세 과세대상인 '자산의 양도'에
해당하는지 여부와 부동산의 소유자가 한정승인을 한 상속인이라도
양도소득의 귀속자로 보아야 하는지 여부가 문제됩니다.
대법원은 "저당권의 실행을 위한 부동산의 임의경매는 담보권의 내

용을 실현하여 현금화하기 위한 행위로서 소득세법 제4조 제1항 제3호, 제88조 제1항의 양도소득세 과세대상인 '자산의 양도'에 해당하고, 이 경우 양도소득인 매각대금은 부동산의 소유자에게 귀속되며, 그 소유자가 한정승인을 한 상속인이라도 그 역시 상속이 개시된 때로부터 피상속인의 재산에 관한 권리의무를 포괄적으로 승계하여 해당 부동산의 소유자가 된다는 점에서는 단순승인을 한 상속인과 다르지 않으므로 위 양도소득의 귀속자로 보아야 함은 마찬가지이다."고 보아, 한정승인을 한 상속인들이 피상속인으로부터 상속받은 부동산에 관하여 상속개시 전에 설정된 근저당권 실행을 위하여 임의경매절차가 진행되어 그 매각대금이 모두 상속채권자들에게 배당되는 바람에 전혀 배당을 받지 못하였다고 하더라도, 매각된 부동산의 양도인은 상속인들이고, 그 매각대금이 상속채권자들에게 교부되어 상속채무가 변제됨으로써 상속인들은 상속으로 인하여 부담하게 된 상속채무의 소멸이라는 경제적 효과를 얻었으므로, 위 임의경매에 대한 부동산의 매각에 대하여 상속인들에게 양도소득세를 부과한 이 사건 처분이 실질과세의 원칙에 위배되어 위법하다고 볼 수 없다고 판시한 바 있습니다(대법원 2012. 9. 13. 선고 2010두13630 판결 참조).

그렇다면, 비록 귀하와 귀하의 자녀께서 경매의 매각대금으로 얻은 이익이 하나도 없다고 하더라도 소득세법상 '양도'가 인정되므로 양도소득세 부과 처분은 적법한 것으로 보입니다.

■ 부동산을 양도한 것은 명의신탁을 해지한 것으로 유상양도한 것이 아닌 경우 이 처분을 소송으로 취소할 수 있나요?

Q. 저는 2010. 12. 1. 제 소유의 부동산을 甲에게 이전하고, 2010. 12. 5. 세무서에 위 부동산 양도신고를 하였더니, 산출된 양도소득금액에서 자진납부할 경우 공제될 예정신고 납부세액 1,000만원을 뺀 나머지 금액 6,000만원이 실제 납부할 양도소득금액으로 산출되었습니다.

그런데 사실 이 부동산을 양도한 것은 명의신탁의 해지를 원인으로 한 것이어서 저는 양도소득세를 납부하지 않았고, 그러자 세무서에서는 2011. 6. 1.에 위 예정신고 납부세액 공제를 적용하지 않고 산출한 7,000만원을 납부하라는 납세고지서를 발부하였습니다. 이 부동산을 양도한 것은 명의신탁을 해지한 것으로 유상양도한 것이 아닙니다. 이 처분을 소송으로 취소할 수 있나요?

A. 이 사안은 세무관청에서 귀하에게 납세고지서를 발부한 행위가 취소소송의 대상이 되는 과세처분으로 볼 수 있는지가 문제됩니다. 양도소득세는 신고납세제도를 취하고 있으므로, 납세의무자가 그 과세표준과 세액을 신고하는 때에 세액이 확정되는 것이고 납세의무자는 신고와 함께 세액을 납부할 의무가 발생합니다.

판례는 신고납세방식의 경우 "납세의무자가 과세표준과 세액의 신고 납세의무자가 과세표준과 세액의 신고만 하고 세액을 납부하지 않아 과세관청이 위 신고한 사항에 대하여 아무런 경정 없이 신고된 내용과 동일하게 이를 납부하도록 고지한 것은 확정된 조세의 징수를 위한 징수처분일 뿐, 취소소송의 대상이 되는 과세처분으로 볼 수는 없다"고 판시한 바 있습니다(대법원 2004. 9. 3. 선고 2003두8180 판결 참조).

그렇다면 세무서의 귀하에 대한 처분은 징수처분일 뿐 과세처분이라 볼 수 없어, 종전 신고내용의 착오가 있음을 전제로 국세기본법 제45조의2 규정에 의한 경정청구를 할 수 있음은 별론으로 하고, 세무서의 2011. 6. 1.자 납세고지가 부과처분에 해당함을 전제로 그 취소를 구할 수는 없을 것으로 보입니다.

■ 재산분할로 부동산소유권 이전 시 양도소득세 부과되는지요?

Q. 저는 甲과의 혼인생활을 파기하여 이혼하려고 합니다. 재산분할
  에 관하여는 甲과 합의하여, 다른 부동산은 甲이 가지고 甲의
  명의로 1년 전에 분양받은 아파트를 제 명의로 소유권이전을 받
  으려고 하는바, 이 경우에도 양도소득세가 부과되는지요?

A. 양도소득세에 있어서의 양도란 자산에 대한 등기 또는 등록에 관계없
  이 양도, 교환, 법인에 대한 현물출자 등으로 인하여 그 자산이 유상
  으로 사실상 이전되는 것을 말합니다(소득세법 제88조 제1항).
  그런데 이혼을 할 경우 재산분할의 방편으로 이루어진 자산 이전이
  양도소득세 과세대상인 유상양도에 해당하는지에 관하여 판례는 "민
  법 제839조의2에 규정된 재산분할제도는 혼인 중에 부부 쌍방의 협
  력으로 이룩한 실질적인 공동재산을 청산·분배하는 것을 주된 목적으
  로 하는 것인바, 이와 같이 협의이혼시에 실질적인 부부공동재산을
  청산하기 위하여 이루어지는 재산분할은 그 법적 성격, 분할대상 및
  범위 등에 비추어 볼 때 실질적으로는 공유물분할에 해당하는 것이라
  고 봄이 상당하므로, 재산분할의 방편으로 행하여진 자산의 이전에
  대하여는 공유물분할에 관한 법리가 준용되어야 할 것이므로, 이혼시
  재산분할의 일환으로 부부 각자의 소유명의로 되어 있던 각 부동산을
  상대방에게 서로 이전하였다고 하여도 특별한 사정이 없는 한, 공유
  물분할에 관한 법리에 따라 그와 같은 부동산의 이전이 유상양도에
  해당한다고 볼 수 없고, 또한 재산분할이 이루어짐으로써 분여자의
  재산분할의무가 소멸하는 경제적 이익이 발생한다고 하여도, 이러한
  경제적 이익은 분할재산의 양도와 대가적 관계에 있는 자산의 출연으
  로 인한 것이라 할 수 없으므로, 재산분할에 의한 자산의 이전이 양
  도소득세 과세대상이 되는 유상양도에 포함되지 않는다."라고 하였습
  니다(대법원 1998. 2. 13. 선고 96누14401 판결).

따라서 이혼을 할 경우 재산분할의 방편으로 이루어진 자산 이전은 양도소득세 과세대상인 유상양도에 해당하지 않습니다. 그러나 이혼을 할 경우에도 위자료 또는 자녀양육비에 대한 대가로 자산이 이전된 경우에는 양도소득세 과세대상이 되는 유상양도에 포함됩니다(대법원 1996. 11. 22. 선고 96누11440 판결, 2003. 11. 14. 선고 2002두6422 판결).

참고로 이혼 시 위자료 부분과 재산분할 부분이 특정되지 아니한 채 자산이 이전된 경우, 양도소득세의 과세대상이 되는 위자료 부분의 입증책임에 관하여 판례는 "과세처분의 위법을 이유로 그 취소를 구하는 행정소송에서 과세요건의 존재에 대한 입증책임이 처분청에 있는 것과 마찬가지로, 협의이혼 또는 재판상 화해나 조정에 의한 이혼을 하면서 위자료와 재산분할, 자녀양육비 등의 각각의 액수를 구체적으로 정하지 아니한 채 자산을 이전한 경우 그 자산 중 양도소득세의 과세대상이 되는 유상양도에 해당하는 위자료 및 자녀양육비의 입증책임도 원칙적으로는 처분청에 있고, 다만 이 때 처분청이 위자료나 자녀양육비의 액수까지 구체적으로 주장·입증할 필요는 없고, 단지 그 액수를 정할 수 있는 자료를 법원에 제출하는 것으로 충분하며, 이에 대하여 법원은 이와 같은 자료를 토대로 혼인기간, 파탄의 원인 및 당사자의 귀책사유, 재산정도 및 직업, 당해 양도자산의 가액 등 여러 사정을 참작하여 직권으로 위자료나 자녀양육비의 액수를 정하여야 한다."라고 하였습니다(대법원 2002. 6. 14. 선고 2001두4573 판결).

■ 법률상 부부의 일방이 제3자와 내연관계를 맺어 부부가 별거하고 있는 경우, 양도소득세 면세요건인 '1세대 1주택'의 '1세대'에 해당하는지요?

Q. 저는 두 아이를 키우고 있는 엄마입니다. 저는 두 아이와 제 소유의 주택에서 살았는데, 아이들이 자라면서 넓은 공간이 필요하여 살던 집을 팔고 이사를 가게 되었습니다. 이 때문에 세무서에서 양도소득세를 내라는 고지를 받았습니다. 그런데, 제가 알기로 1세대 1주택의 경우에는 양도소득세가 면제된다고 알고 있고, 저희 남편은 저와 이혼만 하지 않았지 다른 여자와 바람을 피워 아예 그 여자와 같이 살고 있어 저와 별거 중인데, 세무서에서는 1세대 2주택에 해당한다는 이유로 양도소득세 부과처분을 하였나 봅니다. 이러한 경우에도 양도소득세 부과처분이 적법한 것인가요?

A. 소득세법 89조 제1항 제3호 가목에서 대통령령으로 정하는 1세대 1주택에 해당하는 주택과 이에 딸린 주택부수토지의 양도로 발생하는 소득에 대하여는 양도소득세를 과세하지 않는다고 규정하고 있습니다. 그런데 위와 같이 혼인을 하였으나, 법률상 부부의 일방이 제3자와 내연관계를 맺어 부부가 별거하고 있는 경우, 법률상 부부의 일방과 상대방이 1세대를 구성하는지 여부가 문제됩니다.

대법원은 "거주자는 원칙적으로 그 배우자와 함께 1세대를 구성하는 것으로 하면서 가족이 거주자와 1세대를 구성하기 위하여서는 거주자 또는 그 배우자와 동일한 주소 또는 거소에서 생계를 같이 할 것을 요구하는 것과는 달리 거주자의 배우자가 거주자와 1세대를 구성하는 데에는 배우자라는 것 외에 아무런 제한을 두지 아니하고 있고, 배우자가 사망하거나 이혼한 경우 등 예외적인 경우에만 배우자 없이도 세대를 구성할 수 있도록 하고 있으므로 세법 규정의 엄격해석의 원칙상 거주자의 배우자는 그 배우자라는 사실만으로 거주자와 1세대를 구성한다고 새길 수밖에 없다."고 보아 거주자의 배우자가 거주자와 사실상 동거하고 생계를 같이하는 경우에만 거주자와 동일한 세대를 구성한다고 볼 수 없다고 판시한 바 있습니다 (대법원 1998. 05. 29. 선고 97누19465 판결 참조).

그러므로 귀하는 법률상의 배우자와 1세대를 구성하게 되므로, 법률상 배우자가 주택을 소유하고 있다면 양도소득세 비과세 대상인 1세대 1주택에 해당하지 아니하여 과세관청의 양도소득세 부과처분은 적법한 것으로 보입니다.

■ 무효인 매매계약의 이행으로 매매대금 등을 수수하여 그대로 보유하고 있는 경우 양도소득세과세 대상이 되는지요?

Q. 저는 2005. 4. 18. 경 甲과 사이에 토지거래허가구역 내에 위치한 甲 소유 토지에 관하여 대금 20억8천8십만원 중 계약금 2억원은 계약 당일, 잔금 18억8천8십만원은 2005. 5. 15. 각 지급하되, 매수인을 '乙(저의 딸) 외 7인'으로 하는 내용의 매매계약(이하 '이 사건 매매계약'이라 한다)을 체결하였습니다. 그 후 저는 丙과의 사이에 아래와 같이 매매대금 27억4천1백만원에 위 토지에 관한 전매계약을 체결하고, 최종매수인 丙과 甲을 직접 당사자로 하는 토지거래허가를 받아 아래와 같이 위 토지에 관하여 최종매수인 丙 명의의 소유권 이전등기를 마쳐주었습니다. 그런데 세무서는 2009. 1. 10. 제가 위 토지를 丙에게 전매한 것이 자산이 사실상 유상으로 이전된 양도로서 양도소득세 과세대상에 해당한다는 이유로 저에게 양도차익 6억6천2십만원에 해당하는 2005년도 귀속 양도소득세 686,832,460원을 부과하는 처분을 하였습니다. 저는 위 양도소득세 부과처분의 취소를 구할 수 있는지요?

A. 국토계획법이 정한 토지거래허가구역 내 토지를 매도하고 대금을 수수하였으면서도 토지거래허가를 배제하거나 잠탈할 목적으로 매매가 아닌 증여가 이루어진 것처럼 가장하여 매수인 앞으로 증여를 원인으로 한 이전등기까지 마친 경우 또는 토지거래허가구역 내 토지를 매수하였으나 그에 따른 토지거래허가를 받지 않고 이전등기를 마치지도 않은 채 토지를 제3자에게 전매하여 매매대금을 수수하고서도 최초 매도인이 제3자에게 직접 매도한 것처럼 매매계약서를 작성하고 그에 따른 토지거래허가를 받아 이전등기까지 마친 경우, 이전등기가 말소되지 않은 채 남아 있고 매도인 또는 중간 매도인이 수수

한 매매대금도 매수인 또는 제3자에게 반환하지 않은 채 그대로 보유하고 있는 때에는 예외적으로 매도인 등에게 자산의 양도로 인한 소득이 있다고 보아 양도소득세 과세대상이 된다고 보는 것이 타당하다는 것이 대법원의 견해입니다(대법원 2011. 7. 21. 선고 2010두23644 전원합의체 판결 참조).

위 판례에서 매매 등 계약이 처음부터 국토의 계획 및 이용에 관한 법률(이하 '국토계획법'이라 한다)에서 정한 토지거래허가를 배제하거나 잠탈할 목적으로 이루어진 경우와 같이, 위법 내지 탈법적인 것이어서 무효임에도 당사자 사이에서는 매매 등 계약이 유효한 것으로 취급되어 매도인 등이 매매 등 계약의 이행으로 매매대금 등을 수수하여 그대로 보유하고 있는 경우에는 종국적으로 경제적 이익이 매도인 등에게 귀속되고, 그럼에도 매매 등 계약이 법률상 무효라는 이유로 매도인 등이 그로 말미암아 얻은 양도차익에 대하여 양도소득세를 과세할 수 없다고 보는 것은 매도인 등으로 하여금 과세 없는 양도차익을 향유하게 하는 결과로 되어 조세정의와 형평에 심히 어긋난다고 판시하고 있는바, 이러한 견해에 의한다면, 귀하께서 양도차익 등을 그대로 보유하고 있어 종국적으로 그 경제적 이익이 귀하에게 귀속된다고 보이므로 양도소득세 부과가 가능하다고 할 것이고, 따라서 취소를 구하기 어려울 것으로 보입니다.

■ 강제경매절차의 기초가 된 경매부동산에 관한 채무자 명의의 등기가 원
  인무효인 경우, 양도소득세를 과세할 수 있는지요?

Q. 제 소유 임야에 대하여 강제경매절차가 개시되어 2008. 10.8.
   대금 122,100,000원에 甲에게 매각되고 그 명의로 소유권이전
   등기까지 마쳐졌습니다. 이에 ○○세무서는 강제경매절차를 통
   하여 매각대금 상당의 이익이 귀속되었다고 보아 저에게 양도소
   득세를 부과하였습니다. 그런데 위 토지의 이전 소유자인 乙의
   소유권이전등기가 구 국유재산법에 반하여 무효라점이 밝혀졌습
   니다. 위 양도소득세부과처분에 대하여 다툴 수 있을까요?

A. 소득세법 제88조에서는 거주자의 소득의 하나인 동법 제4조 제1항
   제3호의 양도소득에 관하여, "양도"란 자산에 대한 등기 또는 등록과
   관계없이 매도, 교환, 법인에 대한 현물출자 등으로 인하여 그 자산
   이 유상으로 사실상 이전되는 것을 말한다고 규정하고 있습니다.
   양도소득세는 자산의 양도로 인한 소득에 대하여 과세되는 것인데,
   외관상 자산이 강제경매절차에 의하여 양도된 것처럼 보이더라도,
   강제경매절차의 기초가 된 경매부동산에 관한 채무자 명의의 등기가
   원인무효인 때에는, 매수인은 경매부동산의 소유권을 취득할 수 없
   고 강제경매절차를 통하여 채무자에게 돌아간 이익이 있으면 원칙적
   으로 원상회복으로 반환의 대상이 될 수 있을 뿐이므로, 이 경우
   특별한 사정이 없는 한 채무자에게 매각대금상당의 양도소득이 귀속
   되었다고 보아 양도소득세를 과세할 수는 없다고 할 것입니다.
   따라서 위 양도소득세부과처분이 위법함을 다툴 수 있을 것으로 보
   입니다(대법원 2016. 8. 18. 선고 2014두10981 판결 참조)

■양도소득이 명의신탁자에게 환원되지 않은 경우, 명의신탁자가 양도소득
세의 납세의무자인지요?

Q. 갑은 2003. 11. 8. 사망한 모친으로부터 토지 15필지를 상속받
았습니다. 그러나 위 토지와 관련하여 친척들 간에 상속 분쟁이
벌어지려하자 갑은 위 토지를 형부인 을에게 명의신탁을 하였습
니다. 이후 을은 갑의 동의 없이 위 15필지 토지를 약 18억 원
에 전부 타에 처분하여 소유권을 이전시켜 주었습니다. 이에 대
하여 갑은 을을 상대로 위 15필지의 시가 상당에 해당하는 금원
을 부당이득으로 반환하라는 소송을 제기하여 5억 원을 지급받
기로 조정을 하였습니다. 관할세무서는 갑이 을을 통하여 토지
를 처분하였고, 5억 원 상당의 양도소득을 얻었다고 보아 갑에
게 양도소득세를 부과할 수 있는가요?

A. 명의신탁자가 자신의 의사에 의해 명의신탁재산을 양도하는 경우에
는 그가 양도소득을 사실상 지배, 관리, 처분할 수 있는 지위에 있
다고 할 것이어서 양도소득의 납세의무자가 된다고 할 것이지만 명
의수탁자가 명의신탁자의 위임이나 승낙 없이 임의로 명의신탁재산
을 양도하였다면 그 양도주체는 명의수탁자이지 명의신탁자가 아니
고 양도소득이 명의신탁자에게 환원되지 않는 한 명의신탁자가 양도
소득을 사실상 지배, 관리, 처분할 수 있는 지위에 있지 아니하므로
'사실상 소득을 얻은 자'로서 양도소득세의 납세의무자가 된다고 할
수 없다는 것이 판례의 태도입니다(대법원 1999. 11.26.선고 98두
7084판결 등 참조).
위 사안에서 양도소득세부과처분을 받은 갑은 관할세무서를 상대로
양도소득세부과처분 취소소송을 제기하였고, 법원은 ① 명의수탁자가
명의신탁자의 위임이나 승낙 없이 임의로 처분한 명의신탁재산으로부
터 얻은 양도소득을 명의신탁자에게 환원하였다고 하기 위해서는, 명

의수탁자가 양도대가를 수령하는 즉시 그 전액을 자발적으로 명의신탁자에게 이전하는 등 사실상 위임사무를 처리한 것과 같이 명의신탁자가 양도소득을 실질적으로 지배, 관리, 처분할 수 있는 지위에 있어 명의신탁자를 양도의 주체로 볼 수 있는 경우라야 하고, 특별한 사정이 없는 한 단지명의신탁자가 명의수탁자에 대한 소송을 통해 상당한 시간이 경과한 후에 양도대가 상당액을 회수하였다고 하여 양도소득의 환원이 있다고 할 수는 없으며, ② 을은 이 사건 토지의 양도대가를 수령하는 즉시 자발적으로 갑에게 이전한 것이 아니라 갑이 제기한 소송절차에서 상당한 시간이 경과한 후에 조정 성립에 따라 양도대가 상당액을 지급한 것에 불과하므로, 그 양도소득이 명의신탁자인 갑에게 환원되었다고 할 수 없고, 따라서 갑이 이 사건 토지의 양도 당시 그 양도소득을 실질적으로 지배, 관리, 처분할 수 있는 지위에 있었다거나 이 사건 토지에 관한 양도의 주체가 된다고 볼 수 없으므로, 갑은 양도소득세의 납세의무자가 될 수 없다고 판시하였습니다(대법원 2014. 9. 4. 선고 2012두10710 판결).

따라서 위 판례 법리에 따르면 관할세무서는 갑이 을과의 소송절차에서 득한 5억 원을 양도소득이라고 보아 이에 대핸 양도소득세를 부과할 수 없습니다.

■ 부동산매매계약이 매수인의 채무불이행을 이유로 해제된 경우 양도소득세 부과대상이 되는 '자산의 양도'에 해당하는지요?

Q. 저는 1년 전에 소유하고 있던 부동산을 甲에게 매도하였습니다. 부동산 매매계약을 체결할 때 甲이 사정을 하여 甲이 중도금을 납입할 때에 소유권이전등기를 미리 경료해 주었습니다. 그런데 甲이 잔금지급기일이 2개월이 넘도록 잔대금을 지급하지 않아 저는 매매계약을 해제하였습니다. 그런데 세무서에서 저에게 양도소득세를 내라는 처분을 하였습니다. 이러한 과세처분이 적법한 처분인가요?

A. 소득세법 제88조 제1항에서는 양도의 개념에 관하여 "자산에 대한 등기 또는 등록과 관계없이 매도, 교환, 법인에 대한 현물출자 등으로 인하여 그 자산이 유상으로 사실상 이전되는 것"을 말한다고 규정하고 있습니다.

판례는 "매수인이 잔대금지급채무를 이행하지 아니하여 매도인이 매매계약을 해제하였다면, 위 매매계약의 효력은 소급하여 상실되었다고 할 것이므로 매도인에게 양도로 인한 소득이 있었음을 전제로 한 양도소득세부과처분은 위법하다"고 보아 "건물에 대한 매매계약의 해제 전에 부가가치세부과처분이 이루어졌다 하더라도 해제의 소급효로 인하여 매매계약의 효력이 소급하여 상실되는 이상 부가가치세의 부과 대상이 되는 건물의 공급은 처음부터 없었던 셈이 되므로, 위 부가가치세부과처분은 위법하다"고 판시한 바 있습니다(대법원 2002.9.27. 선고 2001두5989 판결 참조).

그렇다면, 과세관청의 귀하에 대한 처분은 부적법한 것으로 보입니다.

■ 혼인으로 1세대 2주택이 된 비거주자의 주택 양도 시 양도소득세의 비과세대상이 되는지요?

Q. 甲은 1주택을 보유한 비거주자로서 혼인 전에는 「소득세법 시행령」(2009. 2. 4. 대통령령 제21301호로 개정·시행되기 전의 것) 제154조제1항제2호나목 또는 다목을 적용받을 수 있었는데 1주택을 보유하는 자와 혼인함으로써 1세대 2주택이 된 상황에서 비거주자인 상태로 비거주자 본인 소유의 1주택을 그 혼인한 날부터 2년 이내에 양도하는 경우 같은 법 시행령 제155조제5항을 적용하여 양도소득세를 비과세할 수 있는지요?

A. 1주택을 보유한 비거주자가 1주택을 보유하는 자와 혼인함으로써 1세대 2주택이 된 상황에서 비거주자인 상태로 비거주자 본인 소유의 1주택을 그 혼인한 날부터 2년 이내에 양도하는 경우 「소득세법 시행령」(2009. 2. 4. 대통령령 제21301호로 개정·시행되기 전의 것) 제155조제5항을 적용하여 양도소득세를 비과세할 수는 없습니다.

「소득세법」의 법체계는 과세단위인 개인을 거주자와 비거주자로 나누고 있고, 거주자에 대한 납세의무와 비거주자에 대한 납세의무를 구분하고 있으며, 「소득세법」(2008. 12. 26. 법률 제9270호로 일부 개정되어 2009. 1. 1. 시행되기 전의 것을 말하며, 이하 "구 소득세법"이라 함) 제121조제2항에서는 건물 등의 양도로 인하여 발생하는 국내원천소득이 있는 비거주자에 대해서는 거주자와 동일한 방법으로 과세하도록 규정하고 있는데, 여기서 양도소득세의 "과세"란 그 취지상 특별한 사정이 없는 한 양도가액, 양도소득금액, 양도소득과세표준, 세액 등을 계산하여 양도소득세를 부과한다는 의미로 이해하여야 할 것이어서 "1세대"라는 용어를 사용하고 있다고 하여 비거주자의 적용을 배제하는 것은 아니라고 할 것입니다.

그러나, 구 소득세법 제89조제1항제3호와 「소득세법 시행령」(2009.

2. 4. 대통령령 제21301호로 일부 개정되어 2009. 2. 4. 시행되기 전의 것을 말하며, 이하 "구 소득세법 시행령"이라 함) 제154조는 비과세되는 양도소득에 관한 규정이고 비과세는 기본적으로 양도소득에 대한 과세의 문제가 아니라는 점에서 이는 거주자에 한정하여 적용하여야 할 필요성이 있다고 할 것(서울행정법원 2010. 9. 9. 선고 2010구단5472 판례, 서울행정법원 2009. 4. 9. 2008구단 14695 판례, 서울고등법원 2009. 11. 3. 2009누10576 판례 참조)입니다.

또한, 구 소득세법 제89조제1항제3호는 거주자의 양도소득에 대한 납세의무에 관한 장에 규정되어 있고, 양도소득세 비과세의 대상이 되는 1세대 1주택의 정의와 범위를 대통령령으로 정하도록 포괄적으로 위임하고 있는데, 구 소득세법 시행령 제154조제1항에서는 1세대의 범위에 관하여 거주자가 구성하는 세대로 규정하고 있고, 비거주자에 대한 1세대 1주택의 양도소득에 대하여 양도소득세를 과세할지 여부는 조세정책상의 문제라고 할 것이므로, 같은 항 제2호나목 및 다목과 같이 거주자의 지위에서 비거주자의 지위로 변경되는 경우로서 양도소득세 비과세 적용요건의 확장이 있다고 볼 수 있는 특별한 규정이 없는 한 1세대 1주택으로서 양도소득세 비과세의 대상이 되기 위해서는 주택의 양도 당시 납세의무자인 그 주택의 소유자가 거주자이어야 할 것(서울행정법원 2010. 6. 10. 선고 2010구단 88 판례, 서울고등법원 2006. 8. 17. 선고 2005누23260 판례 참조)입니다.

그런데, 이 사안의 경우 1주택을 보유한 비거주자가 비록 혼인 전에는 구 소득세법 시행령 제154조제1항제2호나목 또는 다목을 적용받을 수 있었다고 하더라도, 같은 규정에 따라 본인 소유의 1주택에 대한 양도일을 기준으로 할 때에는 이미 혼인한 상태이므로, 혼인관계에 있는 부부를 포함한 세대전원이 출국한 경우로서 출국일 현재

1주택을 보유하고 있다는 요건과 출국 일부터 2년 이내에 양도하는 요건을 모두 충족하는 경우가 아닌 이상 1세대 1주택의 양도소득세 비과세에 대한 확장된 적용요건인 구 소득세법 시행령 제154조제1항제2호나목 또는 다목의 요건을 충족하는 비거주자라고 할 수 없습니다.

그리고 이와 같이 해당 요건을 충족하지 못한 상태에서 보유하고 있던 1주택을 양도하는 비거주자는 해당 주택의 양도 당시 소유자가 거주자일 것을 전제로 하는 1세대 1주택에 대한 양도소득세 비과세 규정을 적용받을 수는 없다고 할 것입니다.

위와 같은 사항을 종합하여 보면, 구 소득세법 시행령 제155조제5항은 구 소득세법 제89조제1항제3호에 따라 1세대 1주택의 양도소득세 비과세에 관하여 필요한 사항을 정한 규정으로서 구 소득세법 제89조제1항제3호 및 구 소득세법 시행령 제154조제1항의 적용을 전제로 하는 규정인바, 구 소득세법 시행령 제154조제1항제2호나목 또는 다목의 요건을 충족하지 못한 상태에서 보유하고 있던 1주택을 양도하는 비거주자는 주택의 양도 당시 그 소유자가 거주자일 것을 전제로 하는 1세대 1주택에 대한 양도소득세 비과세 규정인 구 소득세법 제89조제1항제3호 및 구 소득세법 시행령 제154조제1항을 적용받을 수 없다고 할 것이므로, 해당 비거주자에게 구 소득세법 시행령 제155조제5항 또한 적용된다고 볼 수 없다고 할 것입니다.

따라서, 1주택을 보유한 비거주자가 1주택을 보유하는 자와 혼인함으로써 1세대 2주택이 된 상황에서 비거주자인 상태로 비거주자 본인 소유의 1주택을 그 혼인한 날부터 2년 이내에 양도하는 경우 구 소득세법 시행령 제155조제5항을 적용하여 양도소득세를 비과세할 수는 없습니다.

■ 공익사업용 토지 등에 대한 양도소득세 감면을 받을 수 있는지요?

Q. 甲은 국립공원 내 토지를 소유하고 있다가 이를 국가에 매도하였습니다. 당시 「자연공원법」 제19조에 따른 공원사업 시행계획의 결정·고시 없이 담당 공무원과 협의 하에 매도한 경우 해당 甲은 「조세특례제한법」 제77조에 따른 공익사업용 토지 등에 대한 양도소득세 감면을 받을 수 있는지요?

A. 「자연공원법」 제76조에 따라 공원관리청이 국립공원을 보존·관리하기 위하여 국립공원 내에 있는 토지를 같은 법 제19조에 따른 공원사업 시행계획의 결정·고시 없이 그 소유자와 협의하여 매수한 경우 해당 소유자(매도인)는 「조세특례제한법」 제77조에 따른 공익사업용 토지 등에 대한 양도소득세 감면을 받을 수 없다고 할 것입니다.

「조세특례제한법」 제77조제1항 각 호 외의 부분에서는 "해당 토지 등이 속한 사업지역에 대한 사업인정고시일(사업인정고시일 전에 양도되는 경우에는 그 양도일)부터 소급하여 2년 이전에 취득한 토지 등을 2012년 12월 31일 이전에 양도함으로써 발생하는 소득"에 대하여 양도소득세의 일부를 감면한다고 하고 있는바, 공익사업법 제2조제7호에 따르면, "사업인정"은 "공익사업을 토지 등을 수용하거나 사용할 사업으로 결정하는 것"으로 정의되어 있고, 같은 법 제20조에서는 사업시행자가 토지 등을 수용하거나 사용하려면 국토해양부장관의 사업인정을 받도록 하고, 같은 법 제25조에서는 사업인정 고시가 된 후에는 사업에 지장을 줄 우려가 있는 토지의 형질변경을 하지 못하고 건축물의 건축·대수선 등을 하려면 허가를 받아야 하는 등 해당 토지 등의 보전의무가 발생할 뿐만 아니라, 사업인정을 받은 사업시행자는 같은 법 제26조에 따라 토지조서 및 물건조서의 작성, 보상계획의 공고·통지 및 열람, 보상액의 산정과 토지소유자 및 관계인과의 협의 절차를 거치되, 이러한 협의가 성립되지 않거나 협의를 할 수 없으면 같은 법 제28조에 따라 토지수용위원회에 재결을 신청할 수 있게 되어 결국 같은 법 제34조·제40조·제43조·제45조에 따라 토지수용위원회가 재결한 바에 따라 보상금 지급과 토지 또는 물건의 인도 등이 이루어져 수용의 개시일에 토지나 물건에 대한 소유권 등의 권리가 취득·소멸 및 제한되게 됩니다.

이와 관련하여 대법원 1995. 12. 5. 선고 95누4889 판결에서도 사업인정은 건설부장관이 공익사업의 시행자에게 그 후 일정한 절차를 거칠 것을 조건으로 하여 일정한 내용의 수용권을 설정해 주는 행정처분의 성격을 띠는 것으로서, 그 사업인정을 받음으로써 수용할 목적물의 범위가 확정되고 수용권자로 하여금 목적물에 대한 현재 및 장래의 권리자에게 대항할 수 있는 일종의 공법상의 권리로서의 효력을 발생시키는 것 이어서 공익사업의 시행자는 사업인정의 효력이 발생하는 사업인정의 고시가 있은 날 이후에는 위 수용권을 바탕으로 먼저 피수용자와 협의를 하여 수용할 목적물을 취득하고 협의가 성립되지 아니하거나 협의를 할 수 없을 때에는 재결에 의하여 수용할 목적물을 취득하게 되는 것으로 보고 있습니다.

또한, 조세법률주의의 원칙상 과세요건이나 비과세요건 또는 조세감면요건을 막론하고 조세법규의 해석은 특별한 사정이 없는 한 법문대로 해석할 것이고 합리적 이유 없이 확장해석하거나 유추해석하는 것은 허용되지 아니하며, 특히 감면요건 규정 가운데에 명백히 특혜규정이라고 볼 수 있는 것은 엄격하게 해석하는 것이 조세공평의 원칙에도 부합하는바(대법원 2003. 1. 24. 선고 2002두9537 판결), 「조세특례제한법」 제77조제1항의 취지는 공익사업의 원활한 수행 지원 및 공익사업용으로 수용되는 부득이한 점을 감안한 세부담 완화 차원에서 공익사업용 토지 등에 대하여 양도소득세를 감면하여 과세의 공평을 기하고 조세정책을 효율적으로 수행하기 위한 것으로, 「자연공원법」 제19조·제22조에 따라 사업인정 및 사업인정의 고시로 보는 공원사업 시행계획이 없었고, 같은 법 제76조는 자연공원을 보전·관리하기 위하여 필요한 경우 자연공원에 있는 토지와 그에 정착된 물건을 그 소유자와 협의하여 매수할 수 있게 한 것으로 토지의 수용이 직접 전제된 것은 아니라 할 것이므로, 이 조에 따라 공원관리청과 해당 소유자가 그 의사에 따라 협의하여 매매하는 경우까지 「조세특례제한법」 제77조제1항에 따른 양도소득세 감면 대상으로 볼 수는 없다고 할 것입니다(조세심판원 2010. 3. 11. 선고 2009서3489판결, 서울행정법원 2010. 9. 10. 선고 2010구단 11200 판결, 서울고등법원 2011. 4. 14. 선고 2010누34592 판결 참조).

따라서, 「자연공원법」 제76조에 따라 공원관리청이 국립공원을 보존·관리하기 위하여 국립공원 내에 있는 토지를 같은 법 제19조에 따른 공원사업 시행계획의 결정·고시 없이 그 소유자와 협의하여 매수한 경우 해당 소유자(매도인)는 「조세특례제한법」 제77조에 따른 공익사업용 토지 등에 대한 양도소득세 감면을 받을 수 없다고 할 것입니다.

■ 과세처분에 취소사유의 하자가 존재하는 경우 민사소송에서 그 효력을
부인할 수 있는지요?

Q. 등기부상으로 토지가 A 소유이지만, 이는 사실 명의신탁을 받은
것에 불과하고 실질적으로는 B가 소유자입니다.
그런데 해당 토지가 C에게 양도되었는데, 양도소득세가 A에게
부과되었습니다. A는 자기에게 부과된 세금이므로 자기가 내야
하는 것인 줄 알았는데, 알아보니 A가 낼 필요가 없다고 하여
부당이득반환청구소송을 제기하였습니다. A가 이 소송에서 과세
처분이 위법하다는 것을 주장할 수 있을까요?

A. 명의신탁된 재산의 법형식적인 소유명의는 수탁자에게 있으나 실질
적인 소유권은 신탁자에게 있으므로 신탁자가 자신의 의사에 의해
신탁재산을 양도하는 경우에는 그가 양도소득을 사실상 지배, 관리,
처분할 수 있는 지위에 있어 양도소득세의 납세의무자가 될 것입니
다(대법원 1999. 11. 26.선고 98두7084판결참조). 따라서 원칙적
으로 명의수탁자인 A는 양도소득세부과대상이 아닙니다.
이렇게 양도소득세부과대상이 아닌 대상을 상대로 한 세금부과는 위
법한 것이라고 할 수 있습니다. 그런데 대법원은 이러한 세금부과처
분에 관하여 "양도소득세 부과처분을 받은 자가 양도된 토지의 실질
적인 소유자가 아닌 명의수탁자에 불과하다 하여도 양도 당시 토지
의 등기부상 소유명의가 명의수탁자 앞으로 되어 있었고 또 그 등기
에 명의신탁관계가 등재되어 있지 아니한 이상, 제3자에 불과한 과
세관청으로서는 특별한 사정이 없는 한 위 토지에 관한 소유권이전
등기를 믿고 그에 따라 과세처분을 할 수밖에 없다 할 것이어서, 위
과세처분이 등기부상의 명의수탁자에 불과한 자에게 양도소득세를
부과한 것이라고 하더라도 그 하자가 중대·명백하다고 할 수 없으므
로 위 과세처분이 무효라는 주장은 그 자체로 이유 없다"고 하여 해

당처분은 무효라고 보기는 어렵고 취소사유에 해당한다고 볼 수 있습니다(대법원 1997. 11. 28. 선고 97누13627 판결).

이렇게 과세처분이 취소사유에 불과한 경우에 부당이득반환청구소송에서 처분의 위법성을 주장할 수 있는 지에 대하여 대법원은 "과세처분이 당연무효라고 볼 수 없는 한 과세처분에 취소할 수 있는 위법사유가 있다 하더라도 그 과세처분은 행정행위의 공정력 또는 집행력에 의하여 그것이 적법하게 취소되기 전까지는 유효하다 할 것이므로, 민사소송절차에서 그 과세처분의 효력을 부인할 수 없다"고 판시한 바 있습니다(대법원 1999.8.20.선고 99다20179판결).

이와 같은 판례의 태도에 따르면, 취소사유에 불과한 본 처분을 부당이득반환청구소송에서 바로 처분의 무효를 주장하기는 어려울 것으로 판단됩니다.

■ 부동산 양도행위에 대하여 양도소득세 이외에 부가가치세를 부과하는 것은 중복과세에 해당하는 것 아닌가요?

Q. 甲은 부동산매매업을 영위하는 자입니다. 甲은 얼마 전 자신 소유의 부동산을 乙에게 매도하였는데, 양도소득세 부과처분과는 별도로 부가가치세 부과처분까지 받았습니다. 甲의 부동산 양도행위에 대하여 양도소득세 이외에 부가가치세를 부과하는 것은 중복과세에 해당하는 것 아닌가요?

A. 대법원은 "부동산의 거래행위가 부가가치세의 과세요건인 부동산매매업에 해당하는지 여부는 그 거래행위가 수익을 목적으로 하고, 그 규모, 횟수, 태양 등에 비추어 사업활동으로 볼 수 있는 정도의 계속성과 반복성이 있는지 여부 등을 고려하여 사회통념에 비추어 가려져야 할 것이고, 그 판단을 함에 있어서는 단지 당해 양도의 목적으로 된 부동산에 대한 것뿐만 아니라, 양도인이 보유하는 부동산 전반에 걸쳐 당해 양도가 행하여진 시기의 전후를 통한 모든 사정을 참작하여야 할 것이며, 건물 양도행위가 부가가치세의 과세대상인 부동산매매업을 영위한 경우에 해당하는 이상 그 양도로 인한 소득에 대한 소득세와는 별도로 부가가치세를 납부할 의무가 있으므로, 피고가 원고의 이 사건 건물 양도행위에 대하여 당초 양도소득세 및 방위세 부과처분을 하였다 하더라도 이 사건 부가가치세 부과처분이 중복과세로 위법하다고 할 수는 없다(대법원 1997. 4. 25. 선고 96누18557 판결)."라고 판시하고 있습니다.

따라서 甲의 부동산 양도행위가 부동산매매업에 따른 거래행위라면, 부동산 거래에 따른 양도소득세 이외에 부가가치세가 함께 부과되어도 중복과세에는 해당하지 않는다고 할 것입니다.

■ 양도소득세 부과처분에 대해서 취소소송을 제기할 수 있는가요?

Q. 저는 2000년경 甲으로부터 아파트를 실제로는 2억원에 매수하였는데, 매도인의 요구에 의해서 매매대금을 1억원으로 하는 다운계약서를 작성하였습니다. 이후 2013년경 위 아파트를 다시 乙에게 금 3억원에 매도하였습니다. 그런데 세무서에서는 저의 양도차익을 2억원으로 보고 이에 대한 양도세부과처분을 하였습니다. 저는 이에 양도세부과처분 다투고자 합니다. 행정소송법 제18조 제1항에 의하면 "취소소송은 법령의 규정에 의하여 당해 처분에 대한 행정심판을 제기할 수 있는 경우에도 이를 거치지 아니하고 제기할 수 있다"고 되어 있는데, 저는 바로 위와 같은 양도소득세 부과처분에 대해서 양도소득세 부과처분취소소송을 제기할 수 있는가요?

A. 국세기본법 제 56조 ②항에 의하면, 제55조에 규정된 위법한 처분에 대한 행정소송은 「행정소송법」제18조제1항 본문, 제2항 및 제3항에도 불구하고 이 법에 따른 심사청구 또는 심판청구와 그에 대한 결정을 거치지 아니하면 제기할 수 없다고 되어 있습니다.
따라서 해당처분이 있음을 안날로부터 90일 이내(이의신청을 거친 경우 이의신청에 대한 결정 통지를 받은 날부터 90일 이내)에 심사청구 혹은 심판청구를 할 수 있고, 심사청구 또는 심판청구에 대한 결정의 통지를 받은 날부터 90일 이내에 위 양도소득세 부과처분취소를 구하는 소를 제기하여야 할 것입니다.

■ 비과세결정을 실지조사 후 번복하여 다시 과세처분을 하는 것이 신의성
  실의 원칙에 반하는지요?

Q. 갑은 1987년도에 그 소유 토지 중 5필지를 양도하고 관할세무
  서에 인천 북구청장이 발행한 농지세미과세증명과 허위로 작성
  된 자경확인서를 제출하여 현지 상황을 모르는 관할세무서장으
  로 하여금 갑이 8년 이상 자경하였다고 사실을 오인케 하여 양
  도소득세 비과세결정을 받았습니다. 그러나 1988년도에 나머지
  소유 토지 6필지를 양도하는 과정에서 부동산투기혐의자로 분
  류되어 실지조사를 한 결과 8년 이상 자경한 사실이 없음이 확
  인되어 양도소득세부과처분이 내려졌습니다. 이 경우 갑은 농지
  과세증명이나 미과세증명만으로 비과세 처리하는 것이 국세행정
  의 확립된 관행이라는 이유로 과세처분결정의 취소를 구할 수
  있는가요?

A. 국세기본법 제18조 제3항에서는 "세법의 해석 또는 국세행정의 관
  행이 일반적으로 납세자에게 받아들여진 후에는 그 해석 또는 관행
  에 의한 행위 또는 계산은 정당한 것으로 보며, 새로운 해석 또는
  관행에 의하여 소급하여 과세되지 아니한다."고 규정하고 있습니다.
  위 비과세관행 규정의 해석과 관련하여 대법원 판례는 '국세기본법
  제18조 제3항 에서 말하는 비과세관행이 성립되었다고 하려면 상당
  한 기간에 걸쳐 그 사항에 대하여 과세하지 아니하였다는 객관적
  사실이 존재하여야 할 뿐 아니라 과세관청이 그 사항에 대하여 과
  세할 수 있음을 알면서도 어떤 특별한 사정에 의하여 과세하지 않
  는다는 의사가 있고 이와 같은 의사가 명시적 또는 묵시적으로 표
  시되어야 하는 것이고(당원 1990.10.10. 선고, 89누3816 판결 참
  조), 과세관청이 비과세대상에 해당하는 것으로 잘못 알고 일단 비
  과세결정을 하였으나 그 후 과세표준과 세액의 탈루 또는 오류가

있는 것을 발견한 때에는, 이를 조사하여 결정할 수 있다 할 것이다.'는 입장입니다. 법원은 질문 내용과 같은 주장에 대하여 '세무서장이 제출된 을류농지세미과세증명과 허위로 작성된 자경확인서에 의하여 각 8년 이상 자경한 농지의 양도로 오인하여 비과세 결정을 하였다가 그 후에 실지조사로 비자경 농지의 양도였음이 밝혀져 각 양도소득에 대하여 과세처분을 한 경우, 위와 같이 농지세과세 증명이나 미과세증명 만으로 비과세 처리하는 것이 국세행정의 확립된 관행이라고 할 수 없으며, 과세관청이 위와 같은 경위로 비과세 결정을 번복하고 다시 과세처분을 한 사실만 가지고 그 과세처분이 신의성실의 원칙에 반하여 위법하다고 할 수 없다.'고 판시하여 결국 갑의 양도소득세부과처분의 취소 주장을 배척하였습니다(대법원 1991. 10. 22. 선고 90누9360 전원합의체 판결).

따라서 갑은 농지과세증명이나 미과세증명만으로 비과세 처리하는 것이 국세행정의 확립된 관행이라는 이유로 국세기본법 제18조 제3항에 근거하여 과세처분결정의 취소를 구할 수는 없습니다.

■ 상속을 포기한 자도 국세 등 납세의무를 승계하는 자로 보아 상속받은 재산에 대하여 양도소득세를 부담해야 하는지요?

Q. 갑은 양도소득세를 체납한 채 2010. 6. 12. 사망하였고, 갑의 처인 을은 2010. 6. 22. 보험수익자로서 갑의 사망으로 보험금 3억 원을 수령하고 2010. 8. 31. 그 중 갑이 보험계약자로서 부담한 보험료에 상당하는 2억 1,900만 원(이하 '이 사건 보험금'이라 합니다)에 대한 상속세를 신고하였습니다. 한편 을은 2010. 7. 7. 상속포기 신고를 하여 2010. 7. 15. 그 신고 수리의 심판을 받았습니다. 이에 대하여 관할 세무서는 이 사건 보험금이 상속세 및 증여세법 제8조에 따른 상속재산이고, 국세기본법 제24조 제1항에 의하여 그 한도에서 갑의 양도소득세 납세의무가 을을 비롯한 상속인들에게 승계되는 것으로 보아 2010. 12. 9. 을에게 2008년 귀속 양도소득세 2억 1,900만 원을 부과할 수 있나요?

A. 국세기본법 제24조 제1항은 "상속이 개시된 때에 그 상속인(수유자를 포함한다) 또는 민법 제1053조 에 규정된 상속재산관리인은 피상속인에게 부과되거나 그 피상속인이 납부할 국세·가산금과 체납처분비를 상속으로 받은 재산의 한도에서 납부할 의무를 진다."라고 규정하고 있습니다.

위 사안에 대하여 법원은 '① 원래 상속을 포기한 자는 상속포기의 소급효에 의하여 상속개시 당시부터 상속인이 아니었던 것과 같은 지위에 놓이게 되는 점(민법 제1042조), 상속세 및 증여세법(이하 '상증세법'이라 합니다) 제3조 제1항은 상속세에 관하여는 상속포기자도 상속인에 포함되도록 규정하고 있으나 이는 사전증여를 받은 자가 상속을 포기함으로써 상속세 납세의무를 면하는 것을 방지하기 위한 것으로서, ② 국세기본법 제24조 제1항에 의한 납세의무 승계자와 상증세법 제3조 제1항에 의한 상속세 납세의무자의 범위가 서로 일치하여야 할 이유는 없는 점, ③ 조세법률주의의 원칙상 과세요건은 법률로써 명확하게 규정하여야 하고 조세법규의 해석에 있어서도 특별한 사정이 없는 한 법문대로 해석하여야 하며 합리적 이유 없이 확장해석하거나 유추해석하는 것은 허용되지 않는 점 등을 근거로, 적법하게 상속을 포기한자는 국세기본법 제24조 제1항이 피상속인의 국세 등 납세의무를 승계하는 자로 규정하고 있는 '상속인'에는 포함되지 않는다고 보아야 한다.

또한 상증세법 제8조 제1항은 피상속인의 사망으로 인하여 지급받는 생명보험 또는 손해보험의 보험금으로서 피상속인이 보험계약자가 된 보험계약에 의하여 지급받는 보험금이 실질적으로 상속이나 유증 등에 의하여 재산을 취득한 것과 동일하다고 보아 상속세 과세대상으로 규정하고 있으나, 상증세법 제8조가 규정하는 보험금의 경우 보험수익자가 가지는 보험금지급청구권은 본래 상속재산이아니라 상속인의 고유재산이므로, 상증세법 제8조 가 규정하는 보험금 역시 국세기본법 제24조 제1항이 말하는 '상속으로 받은 재산'에는 포함되지 않는다고 보아야 한다(대법원 2013. 5. 23. 선고 2013두1041 판결).'고 판시하였습니다.

위 판례의 법리에 따르면 을은 상속을 포기하였을 뿐만 아니라 보험금은 상속재산에 해당하지 않기 때문에 세무서는 을에게 양도소득세 부과처분을 할 수 없습니다.

■ 양도소득세의 과세누락이 상당기간 지속된 경우 비과세관행이 성립된 것인지요?

Q. 저는 주택을 매매하기 이전에 관할 세무서의 상담직원에게 양도소득세가 부과되는지에 관하여 상담한 결과 양도소득세과세대상이 아니라는 말을 듣고 주택을 매도하였습니다. 그런데 양도소득세가 5년이 다되어 가도록 과세되지 않다가 양도소득세가 부과되었습니다. 이 경우 비과세관행이 적용되어 과세를 면할 수는 없는지요?

A. 국세기본법」제18조 제3항은 "세법의 해석이나 국세행정의 관행이 일반적으로 납세자에게 받아들여진 후에는 그 해석이나 관행에 의한 행위 또는 계산은 정당한 것으로 보며, 새로운 해석이나 관행에 의하여 소급하여 과세되지 아니한다."라고 규정하고 있습니다.

그런데 조세법률관계에서 신의성실의 원칙과 비과세관행의 적용요건에 관하여 판례는 "일반적으로 조세법률관계에서 과세관청의 행위에 대하여 신의성실의 원칙이 적용되기 위하여는 과세관청이 납세자에게 신뢰의 대상이 되는 공적인 견해표명을 하여야 하고, 또한 국세기본법 제18조 제3항에서 말하는 비과세관행이 성립하려면 상당한 기간에 걸쳐 과세를 하지 아니한 객관적 사실이 존재할 뿐만 아니라, 과세관청 자신이 그 사항에 관하여 과세할 수 있음을 알면서도 어떤 특별한 사정 때문에 과세하지 않는다는 의사가 있어야 하며, 위와 같은 공적 견해나 의사는 명시적 또는 묵시적으로 표시되어야 하지만, 묵시적 표시가 있다고 하기 위하여는 단순한 과세누락과는 달리 과세관청이 상당기간 비과세 상태에 대하여 과세하지 않겠다는 의사표시를 한 것으로 볼 수 있는 사정이 있어야 하고, 이 경우 특히 과세관청의 의사표시가 일반론적인 견해표명에 불과한 경우에는 위 원칙의 적용을 부정하여야 한다."라고 하였습니다(대법원 2001.

4. 24. 선고 99두5412 판결, 2001. 4. 24. 선고 2000두5203 판결, 2002. 11. 8. 선고 2001두4849 판결 2009. 12. 24. 선고 2008두15350 판결).

그리고 비과세관행의 적용요건에 관하여 "비과세관행은 과세관청의 공적 견해의 표시 또는 국세행정의 관행이 특정한 납세자가 아닌 불특정한 일반의 납세자에게 이의 없이 받아들여지고 납세자가 이를 신뢰하는 것이 무리가 아니라고 인정될 정도에 이른 경우에 적용되는 것"이라고 하였습니다(대법원 1993. 5. 25. 선고 91누9893 판결).

또한, "주택매매에 앞서 과세관청의 민원상담직원으로부터 아무런 세금도 부과되지 아니할 것이라는 말을 들은 바 있고, 매매 후 과세관청이 양도소득세를 비과세처리 하였으나 약 5년 후 과세처분을 하였다 하더라도 국세기본법 제15조나 제18조 제3항에 위배된다고 할 수 없다."라고 하였습니다(대법원 1993. 2. 23. 선고 92누12919 판결).

따라서 위 사안에 있어서도 귀하가 비과세관행을 들어 양도소득세의 비과세를 주장하기는 어려울 것으로 보입니다.

Q. 甲은 乙에게 토지 등을 양도한 후 2002. 11. 6. 양도소득세 신고를 하였고, 乙이 다시 제3자에게 이를 양도한 후 양도소득세 신고를 한 사실이 있습니다. 과세관청은 2011. 6. 3. 甲이 신고한 실지양도가액과 乙이 신고한 실지취득가액이 다르다며 실지양도가액을 부인하고 甲에게 양도소득세 부과처분을 하였습니다. 부과제척기간으로부터 8년이나 지나서 과세처분한 것도 효력이 있나요?

A. 구 국세기본법(2010. 1. 1.법률 제9911호로 개정되기 전의 것)제26조의2제1항은 '납세자가 사기 기타 부정한 행위로써 국세를 포탈하거나 환급·공제받는 경우'(제1호)나 '납세자가 법정신고기한 내에 과세표준신고서를 제출하지 아니한 경우'(제2호)등을 제외하고는 원칙적으로 국세부과의 제척기간을 해당 국세를 부과할 수 있는 날부터 5년간으로 규정하고 있습니다(제3호). 그리고 구 국세기본법 시행령(2002. 12. 30.대통령령 제17830호로 개정되기 전의 것)제12조의3 제1항 제1호, 구 소득세법(2009.12.31.법률 제9897호로 개정되기 전의 것)제110조 제1항 에 의하면, 양도소득세의 경우 해당 연도의 양도소득금액에 대한 과세표준과 세액의 확정신고기한은 다음 연도 5월 31일이므로, 그 부과제척기간은 다음 연도 6월 1일부터 기산됩니다.

대법원은 국세부과의 제척기간이 도과된 후에 이루어진 과세처분은 무효라고 판시하고 있는 바(대법원 1999.6.22.선고 99두3140판결, 대법원 2009.5.28.선고 2007두24364판결), 이 사안의 경우에도 이 사건 처분은 그 부과제척기간의 기산일인 2003. 6. 1.부터 5년이 경과한 2011. 6. 3.에 이루어졌고, 甲이 신고한 이 사건 토지의 실지양도가액이 사실에 부합하는 것임을 알 수 있으며, 특별히 부과제척기간을 연장할 만한 사유도 없습니다.

따라서 甲의 이 사건 토지 양도에 관한 양도소득세의 부과제척기간은 5년으로 보아야 하므로, 이 사건 처분은 국세부과의 제척기간이 도과된 후에 이루어진 과세처분으로서 무효라고 보아야 할 것입니다.

■ 과세관청을 믿고 이의신청을 취하하였는데, 느닷없이 양도소득세를 내라고 합니다. 이 처분이 적법한 처분인가요?

Q. 저의 남편은 1999년에 사망하여 남편이 소유하고 있던 논을 상속받았는데, 위 논에 대하여 토지구획정리사업이 시행되어 위 논을 甲토지로 환지받았습니다. 그 후 저는 2003년경 A라는 사람에게 토지를 양도한 다음 과세관청에 양도소득세 예정신고를 하였다가, 8년 이상 자경한 농지에 대하여는 양도소득세 감면을 받는다는 말을 듣고 甲토지에 관한 양도소득세 감면을 신청하였습니다.

이에 과세관청은 저의 남편이 자경하였다는 사실에 대한 증빙이 부족하다는 이유로 위 감면신청을 받아들이지 아니하고 저에게 양도소득세 전액을 부과하는 처분을 하였습니다. 저는 양도소득세 부과처분에 불복하여 이의신청을 하자, 과세관청은 저의 남편이 甲토지를 8년 이상 자경한 것으로 인정하여 위 양도소득세 부과처분을 직권 취소하였고, 저는 이의신청을 취하하였습니다.

그런데 3년이 지난 뒤 과세관청은 甲토지가 양도소득세 감면 대상 토지에 해당하지 않는다는 이유로 저에게 종전과 동일한 내용으로 양도소득세를 납부하라는 처분을 내렸습니다. 저는 과세관청을 믿고 이의신청을 취하하였는데, 느닷없이 양도소득세를 내라고 하니 당황스럽습니다. 이 양도소득세 부과처분이 적법한 처분인가요?

A. 유사한 사안에 관련하여 대법원은 "과세처분에 관한 불복절차과정에서 과세관청이 그 불복사유가 옳다고 인정하고 이에 따라 필요한 처분을 하였을 경우에는, 불복제도와 이에 따른 시정방법을 인정하고 있는 구 국세기본법(2007. 12. 31. 법률 제8830호로 개정되기 전의 것) 제55조 제1항, 제3항 등 규정들의 취지에 비추어 동일

사항에 관하여 특별한 사유 없이 이를 번복하고 다시 종전의 처분을 되풀이할 수는 없는 것이므로, 과세처분에 관한 이의신청 절차에서 과세관청이 이의신청 사유가 옳다고 인정하여 과세처분을 직권으로 취소한 이상 그 후 특별한 사유 없이 이를 번복하고 종전 처분을 되풀이하는 것은 허용되지 않는다"고 보아, "사건의 대상이 된 토지가 대규모 개발사업지역에 속하는지 여부에 관한 사항은 종전 처분을 직권으로 취소할 당시 판단의 대상이 되었던 사유이므로, 과세관청이 특별한 사유 없이 종전 처분을 직권으로 취소한 것을 번복하고 다시 종전과 동일한 내용으로 한 위 과세처분은 위법하다"고 판시한 바 있습니다(대법원 2010.9.30.선고 2009두1020 판결 참조).

그렇다면 과세관청이 종전과 동일한 내용으로 내린 처분은 위법한 처분에 해당하는 것으로 보입니다.

10. 조세심판원 최근 심판결정례

■ 청구인이 신청한 농지대토감면을 부인하여 양도소득세를 과세한 처분의 당부

[청구번호] 조심 2018소3180 (2019.01.04)
[결정요지] 쟁점 토지는 면적이 132㎥에 불과하고, 청구인이 계약직 공무원으로 근무하여 일반직 공무원에 비해 시간적인 여유가 있었을 것으로 보여 근무외 시간을 활용하여 쟁점 토지를 직접 경작하는데 무리가 없었을 것으로 보이며, 2008년 및 2012년에 촬영한 종전토지의 항공사진을 보더라도, 종전 토지 중 건물 부분 이외의 부분이 농지로 경작된 것으로 보여 청구인이 쟁점 토지를 경작한 사실을 부인하기는 어려운 것으로 보임.

■ 쟁점 임대주택이 장기임대주택 양도소득세 감면대상에 해당하는지 여부

[청구번호] 조심 2018소3566 (2019.01.04)
[결정요지] 청구인은 쟁점 감면요건의 충족사실을 입증할 증빙자료를 제시하지 못한 채 계좌거래내역서, 개인확인서, 전력요금납부내역서, 최근의 임대차계약서의 일부만을 제출하여 쟁점감면 요건의 충족여부가 확인되지 아니하므로 쟁점 감면의 대상에 해당한다고 보기 어려움.

■ 쟁점 아파트의 양도가 1세대 1주택 비과세 적용대상인지 여부

[청구번호] 조심 2018소3346 (2019.01.04)
[결정요지] 쟁점외 주택에 무단점유자들이 주거에 사용하고 있었을 뿐만 아니라 관할 지방자치단체장이 쟁점외 주택을 주택으로 보아 매년 개별

주택가격을 산정·공시하였고, 매년 주택분 재산세 등을 과세하였으며 건축물대장상 목구조의 주택으로 등재된 점 등에 비추어 처분청이 쟁점외 주택을 청구인이 소유하는 주택으로 보아 이 건 1세대 1주택 비과세 적용의 판단에 있어 보유 주택수에 산입하고 양도소득세를 결정·고지한 처분은 달리 잘못이 없음.

■ **지정지역 공고 이전 매매계약이 체결된 쟁점 주택의 양도에 대하여 양도소득세 기본세율이 적용되어야 한다는 청구주장의 당부**

[청구번호] 조심 2018소4795 (2019.01.04)

[결정요지] 쟁점 주택은 대금청산일 당시 지정지역에 소재한 1세대 3주택 이상에 해당하는 주택이고, 달리 쟁점 주택 양도 당시 시행중이던 법령상 지정지역으로 지정되기 전에 매매계약을 체결한 다주택자에 대해 중과세율 적용을 배제하거나 종전규정을 적용한다는 경과 규정이 존재하지 아니하는 점 등에 비추어 쟁점 주택 양도에 대해 중과세율을 적용하여 양도소득세를 과세한 이 건 처분은 잘못이 없음.

■ **쟁점 오피스텔 12개호가 주택신축판매업의 재고자산이라 1세대 1주택 비과세 적용시 주택수에서 제외되어야 한다는 청구주장의 당부**

[청구번호] 조심 2018서4693 (2019.01.03)

[결정요지] 쟁점 오피스텔은 사용승인일 이전에 이미 미분양된 8개호에 주민등록 전입신고가 되어 있던 점, 청구인이 사업자등록시 부동산매매업과 부동산임대업을 함께 등록한 점, 쟁점 오피스텔 중 소유권이 이전된 일부 오피스텔을 청구인이 다시 매입하여 임대하여 온 점 등에 비추어 청구인은 쟁점 오피스텔 신축 당시부터 분양 목적뿐만 아니라 보유·임대 목적도 있었던 것으로 보이는 점 등에 비추어 처분청이 청구인이 보유하

고 있던 쟁점 오피스텔 12개호를 사실상 임대로 전환된 주택으로 보아 청구인에게 1세대 1주택 비과세 특례의 적용을 배제하여 양도소득세를 과세한 처분은 잘못이 없음.

■ 쟁점 임야의 양도가 조특법 제77조 제1항 제1호 및 제3호에 따른 양도소득세 감면대상이라는 청구주장의 당부

[청구번호] 조심 2018중4064 (2019.01.03)
[결정요지] 쟁점 임야의 양도 당시 양수자가 사업시행자로 변경 지정되지 아니하여 쟁점 임야를 공익사업의 시행자에게 양도하였다고 볼 수 없는 점 등에 비추어 이 건 처분은 달리 잘못이 없는 것으로 판단됨.

■ 쟁점 건물의 양도차익에 대하 소득구분 등

[청구번호] 조심 2018중4097 (2019.01.03)
[결정요지] 청구인은 부동산매매업자로 사업자등록하였다고 주장하면서도 발생한 부동산 매매에 대하여는 사업소득으로 자진 신고한 사실이 없는 반면, 양도소득으로 신고한 경우는 4건이 확인되는 점, 당초 쟁점 건물 양도에 따른 어떠한 신고의무도 이행하지 않은 채, 처분청의 고지처분을 받은 후 사업소득이라고 주장하고 있는 점 등에 비추어 이 건 처분은 달리 잘못이 없는 것으로 판단됨.

■ 쟁점 토지를 양도하면서 변제한 피상속인의 체납세액 및 재산세 납부액을 양도차익 계산 시 필요경비로 공제하여야 한다는 청구주장의 당부

[청구번호] 조심 2018중2443 (2018.12.27)

[결정요지] 청구인이 쟁점 토지 양도에 따른 필요경비로 보아야 한다고 제출한 내역 중 부동산중개수수료 등은 이 건 양도소득세 산정 시 이미 필요경비로 반영된 것으로 보이는 점, 피상속인의 지방세 체납액을 변제한 것과 쟁점 토지에 대한 재산세 납부액은 양도소득세의 필요경비로 인정되는 비용에 해당하지 아니하는 점 등에 비추어 볼 때, 피상속인의 체납세액 변제액 및 재산세 납부액 등을 쟁점 토지의 필요경비로 인정하여 달라는 청구주장은 받아들이기 어려운 것으로 판단됨.

■ **상속받은 쟁점 토지의 소급감정가액을 취득가액으로 하여 쟁점토지 양도에 대한 양도소득세를 계산하여야 한다는 청구주장의 당부**

[청구번호] 조심 2018부2192 (2018.12.26)
[결정요지] 쟁점 감정가액은 상속개시일(평가기준일)인 2015. 10.26.부터 6개월 이상 지난 2017.6.12. 및 2017.6.13. 소급하여 감정평가한 가액이어서 이를 시가로 인정하기 어렵다 할 것이므로 동 감정가액을 시가로서 취득가액으로 보아야 한다는 청구주장을 받아들이기 어려움.

■ **아파트의 양도에 따른 양도소득세 부과에 근거하여 한 지방소득세 부과처분이 적법한지 여부**

[청구번호] 조심 2018지1290 (2018.12.26)
[결정요지] 청구인은 이 건 아파트의 양도에 따른 양도소득세가 부당하므로 이 건 지방소득세 또한 취소되어야 한다고 주장하나, 이 건 지방소득세는 이 건 양도소득세액을 과세표준으로 하고 있고, 이 건 심리일 현재까지 동 부과처분이 그대로 유지되고 있으므로 청구주장을 받아들이기 어려움.

■ 쟁점 토지의 실질소유자가 청구인이고, 청구인이 지급받은 손해배상금을 양도소득에 해당한다고 보아 양도소득세를 과세한 처분의 당부

[청구번호] 조심 2018서1623 (2018.12.26)
[결정요지] 청구인을 쟁점 토지의 실질 소유자로 보고, 손해배상금으로 지급받은 쟁점 금액을 쟁점 토지 양도에 대한 양도소득으로 보아 처분청이 양도소득세를 부과한 이 건 처분은 달리 잘못이 없다 할 것이나, 쟁점 토지를 양도할 당시 그 취득에 관한 등기가 불가능하였다고 볼 수 있다 하겠으므로 처분청이 쟁점 토지를 미등기 양도자산으로 보아 「소득세법」 제104조 제1항 제10호의 세율을 적용하여 양도소득세를 부과한 이 건 처분은 잘못이 있는 것으로 판단됨.

■ 쟁점 토지 현물출자계약이 합의해제되었으므로 양도소득세 부과처분은 취소되어야 한다는 청구주장의 당부 등

[청구번호] 조심 2018중1921 (2018.12.20)
[결정요지] 청구인은 20○○.○.○○.자 현물출자계약 중 쟁점토지에 대한 현물출자 부분을 20◎◎.◎.◎.에 이르러서 해제 및 원상복구할 수 없고, 다만 쟁점법인으로부터 탈퇴하거나, 쟁점 법인의 해산청구를 한 후 20◎◎.◎.◎.을 기준으로 잔여재산분배청구를 할 수 있을 뿐인 점, 계약은 전부해제가 원칙이고, 일부해제는 일부해제로 목적 달성이 가능한 경우 예외적으로 허용되는 것인바, 쟁점 토지에 대한 출자계약의 일부해제를 인정할 경우 쟁점 법인에 남은 자산을 볼 때 조합원 총 ㅁ인이 집단재배 및 공동작업 등의 목적 사업을 영위하는 것이 불가능한 것으로 판단되는 점 등에 비추어 청구주장을 받아들이기 어려운 것으로 판단됨.

■ 증여세 부과처분이 무효이므로 해당 증여세를 물납하여 발생한 주식 양
도에 대한 소득세 부과처분이 위법하다는 청구주장의 당부

[청구번호] 조심 2017서4280 (2018.12.20)
[결정요지] 청구인은 당초 부과된 명의신탁재산의 증여 의제에 따른 증여
세 과세에 대하여 불복절차를 거치지 아니한 채 물납신청에 따라 해당
주식을 물납하여 이에 대한 증여세 부과가 확정된 점, 청구인은 당초 증
여세 부과처분의 부당함에 대하여 주장하고 있으나 이를 입증할 금융증
빙자료 등 구체적이고 객관적인 자료를 제시하고 있지 못한 점 등에 비
추어 당초 증여세 부과처분이 중대하고 명백한 하자가 있어 무효라고
볼 수 없어 처분청이 청구인에게 물납한 주식에 대한 양도소득세를 부과
한 처분은 달리 잘못이 없다고 판단됨.

■ 회생절차 개시 전 양도한 부동산에 대하여 양도소득세를 취소하여 달라
는 청구주장의 당부

[청구번호] 조심 2018전4660 (2018.12.20)
[결정요지] 이 건 조세채권은 회생절차개시 전에 이미 납세의무가 성립한
회생채권임에도 청구인은 이를 회생채권자의 목록에 기재하지 아니한 점,
양도소득세를 신고하지 아니하고 채권자목록에 관할 세무서장을 누락하
여 회생절차가 진행된 이상 회생계획에 포함되어 있지 아니하다는 이유
로 그 책임을 면하는 것으로 해석하기는 어려워 보이는 점, 쟁점 부동산
의 소유권이 임의경매를 원인으로 하여 이전된 경우에도 양도소득세 과
세대상에 해당하고 경락대금을 청구인이 배당받았는지 여부 등은 양도
소득세 과세에 영향을 미치지 아니하는 점 등에 비추어 청구주장을 받아
들이기 어려운 것으로 판단됨.

■ 쟁점 건물을 양도 당시 주택이 아닌 것으로 보아 1세대 1주택 비과세 특례의 적용을 배제하여 양도소득세를 부과한 처분의 당부

[청구번호] 조심 2018서4046 (2018.12.19)

[결정요지] 청구인 및 임차인 모두 양도부동산으로 주거를 이전하기 위하여 주민등록 전입신고를 한 사실이 없는 점, 임차인이 임차면적으로 신고한 사업장 면적이 양도부동산 전체면적과 일치하는 점, 청구인은 양도부동산 양도 당시 쟁점 건물이 주거용으로 사용되었다는 임차인의 사실확인서를 제출하지 못하고 있고, 그 다음으로 양도부동산을 임차한 자도 양도부동산 건물 전체를 음식점으로 사용한 것으로 나타나는 점 등에 비추어 쟁점 건물은 청구인의 양도 당시 주택이 아닌 것으로 보이므로 1세대 1주택 비과세 특례의 적용을 배제하여 청구인에게 양도소득세를 부과한 이 건 과세처분은 달리 잘못이 없는 것으로 판단됨.

■ 쟁점 건물의 2~3층을 주택으로 보아 1세대 1주택 비과세를 적용하여 양도소득세를 과세하여야 한다는 청구주장의 당부

[청구번호] 조심 2018중4533 (2018.12.19)

[결정요지] 청구인이 제출한 증빙만으로는 쟁점 건물의 양도당시 2, 3층이 실제 주택임이 입증된다고 단정하기 어려운 점, 이를 주택으로 볼 경우 6, 7층과 같이 주택이 4층 이상으로 「건축법 시행령」 별표 1 제1호 다목의 다가구주택에 해당하지 아니하여 「소득세법 시행령」 제155조 제15항 단서에 따라 1세대 1주택의 특례 규정을 적용하기 어렵고, 단독주택으로 보는 다가구주택의 규모를 벗어나 사실상의 공동주택에 해당됨으로써 각 호별로 과세되는 점 등에 비추어 처분청이 쟁점 건물의 6, 7층만을 주택으로 보아 이 건 양도소득세를 과세한 처분은 잘못이 없음.

■ 양도주택에 대해 1세대 1주택 비과세 요건을 충족하지 못하였다고 보아 청구인에게 이 건 양도소득세를 과세한 처분의 당부

[청구번호] 조심 2018전4300 (2018.12.19)
[결정요지] 쟁점부동산은 언제든지 주거용으로 사용될 수 있도록 전기레인지, 냉장고, 에어컨, TV 등이 설비되어 있는 점, 양도주택의 양도일 현재 쟁점 부동산의 입주자 관리카드에는 주거용으로 임대한 것으로 기록되어 있고, 실제 입주자 ○○○은 쟁점 부동산에 주민등록이 되어 있었으며 확정일자를 받은 사실이 있는 점 등에 비추어 처분청이 양도주택 양도 당시 쟁점 부동산을 주택으로 보아 양도주택에 대한 1세대 1주택 비과세 적용을 배제하고 청구인에게 이 건 양도소득세를 과세한 처분은 잘못이 없음.

■ 청구인이 쟁점 농지에서 자경한 사실이 없는 것으로 보아 양도소득세 감면규정 적용을 배제하여 양도소득세를 과세한 처분의 당부

[청구번호] 조심 2018부3731 (2018.12.19)
[결정요지] 쟁점 농지의 양도와 관련한 법령인 조특법 제69조 및 같은 법 시행령 제66조에 의하면 거주자가 그 소유농지에서 농작물의 경작 또는 다년성 식물의 재배에 상시 종사하거나 농작업의 2분의 1 이상을 자기의 노동력에 의하여 경작 또는 재배하는 것을 요건으로 하고 있어 타인이 경작한 쟁점농지에 대하여 자경감면을 적용하기 어려우므로 청구주장을 받아들이기 어려움.

■ 부동산 매매계약에 따라 잔금청산 및 소유권이전등기를 경료하였다고 동 계약을 합의해제하고 당초 소유권이전등기를 말소한 경우 양도소득세 과세대상에 해당하는지 여부

[청구번호] 조심 2018전4317 (2018.12.19)

[결정요지] 이 건의 경우 합의해제의 사유 등이 명확하지 아니하고, 당초 매매로 인한 소유권이전등기일로부터 약 *년 **개월이 경과한 시점에서야 합의해제를 원인으로 당초 소유권이전등기가 말소(환원)된 것으로 나타나는 점, 이 건은 선행계약과 관련된 조건이 이행되지 아니하면 나머지를 체결하지 아니하겠다는 것으로 잔금청산 및 소유권이전이 별개로 진행되는 등 통상적인 상대방의 채무불이행으로 인한 합의해제와는 그 형태가 다른 점 등에 비추어 쟁점 계약이 합의해제가 되었다고 보기는 어려우므로 쟁점 토지가 유상이전되어 양도소득세 과세대상에 해당한다고 보아 경정청구를 거부한 이 건 처분은 잘못이 없음.

■ 쟁점 토지를 양도일 현재 축사용지로 볼 수 있는지 여부

[청구번호] 조심 2018중3930 (2018.12.18)

[결정요지] 청구인이 축산업을 영위하였음을 입증하기 위하여 제시한 증빙자료 대부분이 20**년까지의 자료로 그 이후부터 양도일까지의 기간을 입증할 수 있는 자료는 제시되지 아니하였고, 쟁점 토지의 항공사진을 살펴보더라도 축사 또는 창고로 보이는 건물 1동이 소재하고 있고 동 토지 및 그 연접한 토지상에 재활용폐자원 등으로 보이는 것이 적치되어 있는 모습이 촬영되어 있으나, 사료용 작물을 재배하는 초지는 발견되지 아니하는 점 등에 비추어 쟁점 토지 양도에 대하여 축사용지에 대한 양도소득세 감면을 적용하지 아니하여 양도소득세를 과세한 이 건 처분은 잘못이 없음.

■ 쟁점 부동산은 실제 청구인 등 개인(명의자)이 아닌 쟁점 단체(비영리민간단체)의 자산이므로 청구인에게 쟁점 부동산 양도에 따른 양도소득세를 과세한 처분은 부당하다는 청구주장의 당부

[청구번호] 조심 2018중3746 (2018.12.18)

[결정요지] 쟁점 토지 취득 당시 비영리단체 미등록 및 금융기관 대출 등을 이유로 부득이 쟁점 단체가 아닌 개인(공동)명의로 등기하였다는 청구주장에 수긍이 가는 점, 「국세기본법」제14조 제1항에는 과세의 대상이 되는 소득, 수익, 재산, 행위 또는 거래의 귀속이 명의일 뿐이고 사실상 귀속되는 자가 따로 있을 때에는 사실상 귀속되는 자를 납세의무자로 하여 세법을 적용하도록 규정하고 있는 점 등에 비추어 처분청이 쟁점 부동산을 쟁점 단체가 아닌 청구인 등 개인(명의자)의 재산으로 보아 청구인에게 쟁점 부동산 양도에 따른 양도소득세를 과세한 처분은 잘못이 있음.

■ 청구인이 쟁점 주택 양도 당시 독립세대를 구성하였으므로 1세대 일시적 2주택에 따른 양도소득세 비과세 대상이라는 청구주장의 당부

[청구번호] 조심 2018서4280 (2018.12.14)

[결정요지] 청구인은 ○○아파트에서 거주한 사실을 입증할 수 있는 객관적 증빙을 제출하지 못하고 있는 점, 처분청이 확인한 바에 따르면 교통카드 이용내역상 ○○아파트 인근에서 승하차한 사실이 없고, 오히려 부모의 주소지와 근무처에서 주로 승·하차한 것으로 확인되는 점, 청구인이 다수의 인터넷쇼핑몰 거래를 하였음에도 ○○아파트로 우편물이나 택배가 수령된 내역이 확인되지 않는 점 등에 비추어 처분청이 청구인이 쟁점주택 양도 당시 부친과 동일세대를 구성하고 있었다고 보아 양도소득세 비과세 특례 적용을 배제하고 양도소득세를 과세한 처분은 달리 잘못이 없다고 판단됨.

■ 청구인이 종합소득세 신고시 이월결손금을 과다하게 공제한 것으로 보아 종합소득세를 경정한 처분의 당부

[청구번호] 조심 2018서3617 (2018.12.14)

[결정요지]「소득세법」제45조 제3항 및 제43조는 공동사업에서 소득금액 뿐만 아니라 결손금에 있어서도 동일하다고 봄이 타당하므로, 공동사업자 간 동업계약서 등에서 이익의 분배에 대하여는 정함이 있으나 손실의 분배에 대한 정함이 없다고 하여 달리 보기 어렵다 할 것인 점, 쟁점 사업장에 대한 청구인 지분이 전부(100%)라는 청구주장을 받아들이기 어렵고, 설령, 쟁점 사업장의 청구인 지분이 전부라고 하더라도 청구인이 종합소득금액 산정시 이월결손금을 과다하게 공제받은 사실에는 변함이 없고 청구인도 이월결손금 공제가 정당함을 입증하지 못하고 있으므로 처분청이 해당 년도의 종합소득금액에서 공제한 이월결손금 전액을 차감하여 경정·고지한 쟁점 처분에 잘못이 없음.

■ 처분청 세무공무원의 안내와 달리 청구인에게 양도소득세를 과세한 처분이 신의성실의 원칙에 위배되는지 여부

[청구번호] 조심 2018서4175 (2018.12.14)

[결정요지] 일반적으로 조세법률관계에서 과세관청의 행위에 대하여 신의성실의 원칙이 적용되기 위해서는 과세관청이 납세자에게 신뢰의 대상이 되는 공적인 견해를 표명하여야 하고, 그 입증책임은 그 주장자인 납세자에게 있다할 것인바, 세무공무원의 안내는 일반적인 상담행위에 불과한 것으로 과세관청의 공적인 견해표명으로 볼 수 없는 것이므로 처분청이 신의성실의 원칙을 위반하였다는 청구주장을 받아들이기 어렵다고 판단됨.

■ 피상속인 채무에 따른 임의경매절차에 의해 상속재산이 매각됨에 따라 한정상속인인 청구인에게 부과된 양도소득세를 징수하기 위하여 청구인의 고유재산을 압류한 처분이 타당한지 여부 등

[청구번호] 조심 2018광3600 (2018.12.12)

[결정요지] 이 건 양도소득세와 같이 상속재산이 경매절차에 의해 매각됨에 따라 발생하는 양도소득세는 '상속에 관한 비용' 중 청산비용에 해당한다고 봄이 타당하고 상속재산의 매각 등으로 인하여 발생하는 조세채무의 성격을 '상속에 관한 비용'으로 해석하지 아니할 경우 상속인이 한정승인을 하였음에도 불구하고 실질적으로 상속으로 받은 재산의 범위를 초과하여 상속으로 인한 채무를 부담하게 되는 결과가 발생하게 되어 한정승인 취지에 반하게 되는 점 등에 비추어 상속재산이 피상속인의 채무에 따른 경매절차에 의해 매각됨에 따라 청구인에게 부과된 양도소득세는 상속으로 인하여 받은 상속재산 한도 내에서 지급할 의무가 있다 할 것임.

■ 청구인과 부모를 동일세대로 보아 1세대 1주택 비과세 적용을 배제하여 양도소득세를 과세한 처분의 당부

[청구번호] 조심 2018서3758 (2018.12.11)

[결정요지] 청구인이 쟁점외 주택②에서 부모와 함께 거주하였다고 보더라도 쟁점주택 양도일 현재 30세 이상으로 2010년부터 일정한 근로소득이 있었고, 청구인의 아버지도 별도의 근로소득이 있어 청구인이 별도의 생활자금으로 독립하여 생계를 유지한 것으로 보이는 점 등에 비추어 청구인과 청구인의 부모를 같은 주소 또는 거소에서 생계를 같이 하는 1세대로 보기는 어렵다 할 것이므로 처분청이 쟁점 주택 양도에 대하여 청구인과 청구인의 부모를 동일세대로 보아 이 건 양도소득세를 과세한 처분은 잘못이 있는 것으로 판단됨.

■ 8년 이상 자경농지에 해당하므로 양도소득세 전액을 감면하여야 한다는 청구주장의 당부

[청구번호] 조심 2018중4011 (2018.12.11)
[결정요지] 2015.12.15. 법률 제13560호로 개정된 같은 법 제133조 제1항에서는 같은 법 제69조에 따라 감면받을 양도소득세액의 합계액이 과세기간별로 1억원을 초과하는 경우에는 그 초과하는 부분에 상당하는 금액은 감면하지 아니한다고 규정하고 있고, 개정법률 부칙에서 2016.1.1. 이후 양도하는 분부터 적용하도록 규정하고 있는바, 경정청구를 거부한 처분은 잘못이 없는 것으로 판단됨.

■ 청구인이 쟁점 토지분양권을 취득하였다가 양도한 것인지 아니면 중개한 것인지 여부 등

[청구번호] 조심 2018중4024 (2018.12.10)
[결정요지] 청구인에게 중개수수료만 귀속되었다는 사실이 금융증빙 등에 의해 입증되지 않는 점, 청구인이 매수자로부터 매매대금을 직접 수령하고 이 중 일부 금액을 양도자에게 전달한 사실이 영수증을 통해 확인되는 점, 쟁점 매매계약서에 청구인이 매도자로 되어 있는 점, 부동산 등을 매수하여 전매한 자가 전매로 인한 이익을 얻고자 매도인과 최종 매수인 사이에 직접 매매계약을 체결한 것처럼 매매계약서를 작성하고 자신의 명의가 나타나지 않게 한 행위는 사기 기타 부정한 행위에 해당하는 점 등에 비추어 청구인이 쟁점 토지분양권을 취득하여 양도한 것으로 보아 10년의 부과제척기간을 적용하여 이 건 양도소득세를 과세한 처분은 잘못이 없음.

■ 숙박업의 사업장으로 이용되고 있는 쟁점 부동산을 사실상 주택으로 보아 1세대 1주택 비과세를 배제하여 양도소득세를 부과한 처분의 당부

[청구번호] 조심 2018서3892 (2018.12.10)

[결정요지] 쟁점 부동산은 여관 및 유흥업소가 밀집한 곳에 소재하고 전 소유자들도 쟁점 부동산을 여관업의 사업장으로 계속 이용하였으며, 청구인의 배우자가 여관 관리인을 두면서 여관이나 생활형숙박시설 형태로 숙박업을 영위하여 온 사실이 쟁점 부동산의 공부상 현황, 영업신고증, 숙박업의 사업자등록 및 부가가치세 신고현황 등에 의하여 구체적으로 확인되는 점, 쟁점 부동산은 한국관광공사가 지정하는 우수중저가 숙박업소로 인증받아 심리일 현재에도 정상적인 숙박업 영업을 하고 있음이 인터넷 검색으로 확인되는 점 등에 비추어 볼 때, 청구인의 남편이 쟁점 부동산을 숙박업(여관업이나 생활형 숙박시설)의 사업장으로 이용하고 있다고 봄이 타당하므로 이 건 처분에는 잘못이 있는 것으로 판단됨.

■ 농지대토에 대한 양도소득세 감면을 적용하여야 한다는 청구주장의 당부

[청구번호] 조심 2018부2153 (2018.12.07)

[결정요지] 청구인이 종전토지 양도당시 이를 재촌하면서 자경하고 있었다고 보이지 아니하므로 처분청이 종전 토지 양도에 대하여 조특법 제70조에 따른 농지대토에 대한 양도소득세 감면을 적용하여야 한다는 청구인의 이 건 경정청구를 거부한 처분은 달리 잘못이 없음.

■ 쟁점 농지의 양도에 대해 자경농지에 대한 감면적용을 배제하여 양도소득세를 과세한 처분의 당부

[청구번호] 조심 2018전4346 (2018.12.06)

[결정요지] 항공사진상 양도일 현재 쟁점 농지 이용상황을 농지로 보기는 어려운 점, 양도일 현재 쟁점 농지가 농지에 해당된다 하더라도 8년간 재촌·자경요건을 갖추었다고 보기 어려운 점 등에 비추어 처분청이 쟁점 농지 양도에 대하여 자경농지에 대한 감면적용을 배제하여 청구인들에게 양도소득세를 과세한 처분은 잘못이 없음.

■ 사업시행자의 매도청구소송이라는 부득이한 사유로 신규주택 취득 후 3년 이내에 조합원입주권을 양도하지 못하였으므로 양도소득세가 비과세되어야 한다는 청구주장의 당부

[청구번호] 조심 2018부3640 (2018.12.06)
[결정요지] 소득세법 시행령 제155조 제18항 제4호는 다른 주택을 취득한 날부터 3년이 되는 날 현재 '주택재건축사업의 시행으로 현금으로 청산을 받아야 하는 토지 등 소유자가 사업시행자를 상대로 제기한 현금청산금 지급을 구하는 소송절차가 진행 중인 경우'만을 부득이한 사유로 규정하고 있을 뿐, '사업시행자가 토지 등 소유자를 상대로 제기한 매도청구소송이 진행 중인 경우'를 부득이한 사유로 규정하고 있지 않으므로 이를 부득이한 사유로 인정할 경우 비과세 요건을 임의로 확장해석하거나 유추해석하는 것이 되는 점 등에 비추어 청구주장을 받아들이기 어려움.

■ 청구인이 쟁점 농지를 실제로 8년 이상 자경하였는지 여부

[청구번호] 조심 2018서2925 (2018.12.04)
[결정요지] 청구인이 쟁점 농지를 휴농지로 보유하고 있다가 200x년에서야 매실나무를 심은 것으로 보이는 점, 지장물 보상조서 등에 따르면 매실나무가 6년생으로 평가되었고, 이에 대한 청구인의 이의제기가 없었던 점, 청구인이 자경을 했다고 볼 만한 객관적 입증자료를 제시하지 못하

고 있는 점 등에 비추어 처분청이 자경 감면을 배제하여 양도소득세를 과세한 처분은 잘못이 없음.

■ 쟁점 주택이 1세대1주택 비과세 적용시 주택 수에서 제외되는 장기임대 주택에 해당하는지 여부

[청구번호] 조심 2018전3941 (2018.12.04)

[결정요지] 양도주택의 양도 직전에 주민등록을 변경하고, 임대사업자 등록 및 특수관계인과 임대차계약을 체결한 사실 등이 확인되나 우편배달원 및 이웃주민의 진술내용, 처분청의 불시 방문 당시 쟁점 주택에 청구인 소유의 차량이 주차되어 있었던 사실, 세무조사결과통지서 교부 당시 송달서에 기재한 교부장소가 쟁점 주택이었던 사실 등으로 미루어 청구인과 배우자는 임대차계약 체결 이후에도 쟁점 주택에 계속하여 거주한 것으로 보이는바, 양도주택에 대한 양도소득세를 회피하기 위하여 형식적으로 사업자등록 및 임대차계약 등을 한 것으로 판단되는 점 등에 비추어 청구주장을 받아들이기 어려운 것으로 판단됨.

제4장

부가가치세는 누가 납부하나요?

제4장 부가가치세는 누가 납부하나요?

1. 납세의무자

① 부가가치세란 상품(재화)의 거래나 서비스(용역)의 제공과정에서 얻어지는 부가가치(이윤)에 대하여 과세하는 세금이며, 사업자가 납부하는 부가가치세는 매출세액에서 매입세액을 차감하여 계산합니다.

> 부가가치세 = 매출세액 - 매입세액

② 부가가치세는 물건 값에 포함되어 있기 때문에 실지로는 최종소비자가 부담하는 것입니다. 이렇게 최종소비자가 부담한 부가가치세를 사업자가 세무서에 납부하는 것입니다.

③ 그러므로, 부가가치세 과세대상 사업자는 상품을 판매하거나 서비스를 제공할 때 거래금액에 일정금액의 부가가치세를 징수하여 납부해야 합니다.

2. 과세기간 및 신고납부

① 부가가치세는 6개월을 과세기간으로 하여 신고·납부하게 되며, 각 과세기간을 다시 3개월로 나누어 중간에 예정신고기간을 두고 있습니다.

과세기간	과세대상기간		신고납부기간	신고대상자
제1기 1.1~6.30	예정신고	1.1~3.31	4.1~4.25	법인사업자
	확정신고	1.1~6.30	7.1~7.25	법인·개인일반 사업자
제2기 7.1~12.31	예정신고	7.1~9.30	10.1~10.25	법인사업자
	확정신고	7.1~12.31	다음해 1.1~1.25	법인·개인일반 사업자

※ 일반적인 경우 법인사업자는 1년에 4회, 개인사업자는 2회 신고

② 개인사업자(일반과세자) 중 사업부진자, 조기 환급발생자는 예정신고
와 예정 고지세액납부 중 하나를 선택하여 신고 또는 납부할 수 있
습니다.

③ 개인 간이과세자는 1년을 과세기간으로 하여 신고·납부하게 됩니다.

과세기간	신고납부기간	신고대상자
1.1~12.31	다음해 1.1~1.25	개인 간이사업자

3. 부가가치세 사업구분

구 분	기준금액	세액 계산
일반과세자	1년간의 매출액 4,800만원 이상	매출세액(매출액의 10%) - 매입세액 = 납부세액
간이과세자	1년간의 매출액 4,800만원 미만	(매출액×업종별 부가가치율×10%) - 공제세액 = 납부세액 ※ 공제세액 = 세금계산서에 기재된 매입세액 × 해당업종의 부가가치율

4. 간이과세자의 업종별 부가가치율

업 종	부가가치율 (2018년)
전기·가스·증기 및 수도 사업	5%
소매업, 음식점업, 재생용 재료수집 및 판매업	10%
제조업, 농·임·어업, 숙박업 운수 및 통신업	20%
건설업, 부동산임대업, 기타 서비스업	30%

5. 세율

구 분	과세표준 (업종구분)	세 율	업 종 별 부가가치율
일반과세자	모든 업종	10%	-
간이과세자	전기·가스·증기·수도	10%	5%
	소매업, 음식점업, 재생용 재료수집 및 판매업	10%	10%
	제조업, 농업·임업 및 어업, 숙박업, 운수 및 통신업	10%	20%
	건설업, 부동산임대업, 기타서비스업	10%	30%

6. 세액계산 흐름도

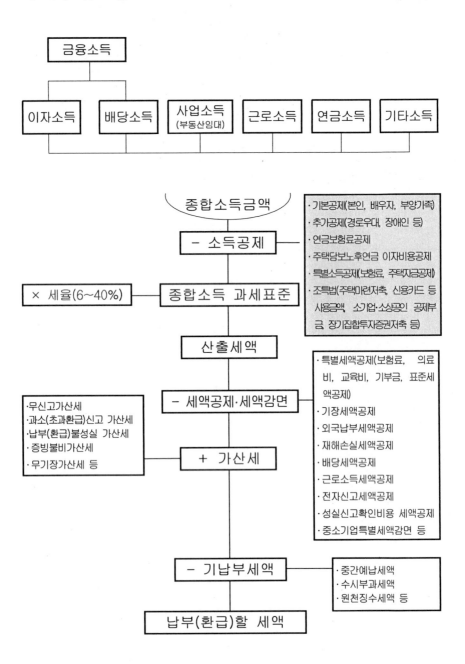

① 일반과세자 (2018년)

| 매출세액 | 가 = (1) + (2) + (3) + (4) |

(1) 과세분 　　　　세금계산서 교부분 + 기타 매출분

(2) 영세율(수출) 　　세금계산서 교부분 + 기타 매출분

(3) 예정신고 누락분

(4) 대손세액 가감

| 매입세액 | 나 = (5) + (6) + (7) - (8) |

(5) 세금계산서 수취분 　일반 매입분 - 수출기업 수입부가세 납부유예분 + 고정자산 매입분

(6) 예정신고 누락분

(7) 기타공제매입세액 　신용카드매출전표 등 + 의제매입세액 + 재활용폐자원등 매입세액
　　　　　　　　　　+ 과세사업 전환 매입세액 + 재고매입세액 + 변제대손세액
　　　　　　　　　　+ 외국인 관광객에 대한 환급세액

(8) 공제받지 못할 매입세액

| 납부(환급)세액 | 다 = 가 - 나 |

| 경감·공제세액 | 라 = (9) + (10) |

(9) 신용카드 매출전표 발행공제 등

(10) 기타 경감·공제세액 　전자신고세액공제 + 택시운송사업자 경감세액 + 현금영수증사업자
　　　　　　　　　　　세액공제

| 예정신고 미환급세액 | 마 |

| 예정고지세액 | 바 |

| 사업양수자의 대리납부 기납부세액 | 사 |

| 매입자 납부특례 기납부세액 | 아 |

| 가산세액 | 자 |

| 차가감 납부(환급) 세액 | 다 - 라 - 마 - 바 - 사 - 아 + 자 |

② 간이과세자 (2018년)

| 매출세액 | 가 = (1) + (2) + (3) |

(1) 과세분   매출금액 × 업종별 부가가치율 × 세율(10/100)

(2) 영세율 적용분

(3) 재고납부세액

| 공제세액 | 나 = (4) + (5) + (6) + (7) + (8) |

(4) 매입세금계산서 등 수취세액 공제   매입세금계산서상 매입세액 × 업종별 부가가치율

(5) 의제매입세액공제   면세농산물 등의 가액 × 공제율
     * 음식업 8/108 또는 9/109, 과세유흥장소·제조업 4/104

(6) 매입자발행 세금계산서 세액공제

(7) 전자신고세액공제

(8) 신용카드매출전표 등 발행세액 공제

| 매입자 납부특례 기납부세액 | 다 |

| 예정고지(신고) 세액 | 라 |

| 가산세액 | 마 |

| 차가감 납부(환급) 세액 | 가 - 나 - 다 - 라 + 마 |

7. 신고납부기한

사업자 구분	기분	법정신고기한	제출대상서류
일반과 세자	1기 예정	4. 1 ~ 4. 25	1. 부가가치세(예정 또는 확정)신고서 **[아래 항목은 해당하는 경우에만 제출]** 2. 매출처별세금계산서합계표
	1기 확정	7. 1 ~ 7. 25	3. 매입처별세금계산서합계표 4. 영세율 첨부서류 5. 대손세액공제신고서 6. 매입세액 불공제분 계산근거 7. 매출처별계산서합계표 8. 매입처별계산서합계표 9. 신용카드매출전표등수령명세서
	2기 예정	10.1 ~ 10. 25	10. 전자화폐결제명세서(전산작성분 첨부가능) 11. 부동산임대공급가액명세서 12. 건물관리명세서 13. 현금매출명세서 14. 주사업장 총괄납부를 하는 경우 「사업장별 부가가치세 과세표준 및 납부세액(환급세액) 신고 명세서」
	2기 확정	다음해 1. 1 ~ 1. 25	15. 사업자단위과세를 적용받는 사업자의 경우 「사업자단위과세의 사업장별 부가가치세과세표준 및 납부세액(환급세액) 신고명세서」 16. 건물 등 감가상각자산취득명세서 17. 의제매입세액공제신고서 18. 그 밖의 필요한 증빙서류
간이과 세자	1.1~ 12.3 1 (1년)	다음해 1. 1 ~ 1. 25	1. 부가가치세(예정 또는 확정)신고서 **[아래 항목은 해당하는 경우에만 제출]** 2. 매입처별 세금계산서합계표 3. 매입자 발행 세금계산서합계표 4. 영세율 첨부서류(영세율 해당자) 5. 부동산 임대공급가액 명세서(부동산임대업자) 6. 사업장현황명세서 (음식, 숙박, 기타 서비스 사업자가 확정신고 시 제출) 7. 의제매입세액 공제신고서 8. 그 밖에 「부가가치세법 시행규칙」 제74조에 따른 해당 서류

8. 가산세

① 가산세의 종류 (2018년)

종 류	사 유	가산세액 계산
(1) 미등록 및 타인명의 등록 가산세	사업개시일부터 20일 이내에 사업자등록을 하지 않은 경우나 타인명의로 등록한 경우	공급가액×1%
(2) 세금계산서(전자세금계산서 포함) 지연발급* * 공급시기가 속하는 과세기간에 대한 확정신고 기한까지 발급		공급가액×1%
(3) 세금계산서의 필요적 기재사항 부실기재 가산세		공급가액×1%
(4) 세금계산서(전자세금계산서 포함) 미발급가산세 * 전자세금계산서 의무발급자가 전자 외로 발급한 경우 공급가액의 1%		공급가액×2%
(5) 가공세금계산서 발급(수취) 가산세, 자료상에 대한 가산세		공급가액×3%
(6) 위장세금계산서 발급(수취) 가산세		공급가액×2%
(7) 세금계산서등의 공급가액 과다기재 발급(수취) 가산세		공급가액×2%
(8) 경정기관 확인 신용카드 매출전표 등 가산세	경정기관의 확인을 거쳐 신용카드 등의 매입세액을 공제받는 경우	공급가액×1%
(9) 매출처별세금계산서합계표 불성실가산세	① 미제출 · 부실기재	공급가액×0.5%
	② 지연제출	공급가액×0.3%
(10) 매입처별세금계산서합계표 불성실가산세	① 매입세금계산서 지연수취	공급가액×0.5%
	② 합계표의 미제출·부실기재로 경정시 세금계산서 등에 의하여 매입세액 공제 받는 경우	
	③ 합계표의 공급가액을 과다기재하여 매입세액 공제 받은 경우	
(11) 신고불성실가산세	① 무신고	부당 무신고	해당세액×40%
		일반 무신고	해당세액×20%
	② 과소신고	부당 과소신고	해당세액×40%
		일반 과소신고	해당세액×10%
	③ 초과환급신고	부당 초과환급	해당세액×40%
		일반 초과환급	해당세액×10%
(12) 납부불성실가산세	① 미달납부(초과환급 받은) 세액	미달납부(초과환급)세액 ×(3/10,000) × 일수
(13) 현금매출명세서 가산세	① 현금매출명세서 미제출가산세	미제출 또는 부실기재 금액×1%
	② 부동산임대공급가액명세서 미제출가산세	
(14) 영세율 과세표준신고 불성실가산세	① 과세표준의 무신고·과소신고	공급가액×0.5%
	② 영세율첨부서류 미제출	
(15) 매입자 납부특례 거래계좌 미사용에 대한 가산세	① 거래계좌 미사용	제품가액 × 10%
	② 거래계좌 지연입금	지연입금 세액×(3/10,000)× 일수
(16) 대리납부 불성실가산세	대리납부의 불이행	미납세액×3% + 미납세액 × (3/10,000)× 일수 [한도 : 10%]

② 전자세금계산서 발급명세 지연전송 또는 미전송가산세

종 류		사 유	가산세액 계산
(17)전자세금계산서 발급명세 지연전송가산세	법인	전자세금계산서 발급의무 사업자가 전자세금계산서 발급일의 다음날(토요일 또는 공휴일인 경우 그 다음날)이 경과한 후 공급시기가 속하는 과세기간 말의 다음달 11일까지 발급명세를 전송한 경우	공급가액×0.5%
	개인 (의무발급자)		
(18)전자세금계산서 발급명세 미전송가산세	법인	전자세금계산서 발급의무 사업자가 전자세금계산서 발급일의 다음날(토요일 또는 공휴일인 경우 그 다음날)이 경과한 후 공급시기가 속하는 과세기간 말의 다음 달 11일까지 발급명세를 미전송한 경우	공급가액×1%
	개인 (의무발급자)		

③ 가산세 중복 적용 배제

(1) 적용분 (2),(3),(8),(9),(17),(18) 배제

(2),(3),(8),(17),(18) 적용분 (9) 배제

(4),(5),(6),(7) 적용분 (1),(9),(10) 배제

(2),(4) 적용분 (3),(17),(18) 배제

(3) 적용분 (17),(18) 배제

(6)(위장발급) 적용분 (4)(미발급) 배제

9. 부가가치세 관련 서식

[서식 예] 일반과세자 부가가치세 신고서

일반과세자 부가가치세　[ ]예정 [ ]확정
　　　　　　　　　　　　[ ]기한후과세표준　　　신고서
　　　　　　　　　　　　[ ]영세율 등 조기환급

※ 뒤쪽의 작성방법을 읽고 작성하시기 바랍니다.　　　　　　　　　　(4쪽 중 제1쪽)

관리번호					처리기간　즉시			

신고기간	년 제 기 (월 일 ~ 월 일)						

사업자	상 호 (법인명)		성 명 (대표자명)		사업자등록번호	–	–
	생년월일		전화번호		사업장	주소지	휴대전화
	사업장 주소				전자우편주소		

❶ 신 고 내 용

구 분				금 액	세율	세 액
과세표준 및 매출세액	과세	세금계산서 발급분	(1)		10 / 100	
		매입자발행 세금계산서	(2)		10 / 100	
		신용카드·현금영수증 발행분	(3)		10 / 100	
		기타(정규영수증 외 매출분)	(4)		10 / 100	
	영세율	세금계산서 발급분	(5)		0 / 100	
		기 타	(6)		0 / 100	
	예 정 신 고 누 락 분		(7)			
	대 손 세 액 가 감		(8)			
	합 계		(9)		㉮	
매입세액	세금계산서 수취분	일 반 매 입	(10)			
		수출기업 수입분 납부유예	(10-1)			
		고정자산 매입	(11)			
	예 정 신 고 누 락 분		(12)			
	매입자발행 세금계산서		(13)			
	그 밖의 공제매입세액		(14)			
	합 계 (10)-(10-1)+(11)+(12)+(13)+(14)		(15)			
	공제받지 못할 매입세액		(16)			
	차 감 계 (15)-(16)		(17)		㉯	
납 부 (환 급)세 액 (매 출 세 액 ㉮ – 매 입 세 액 ㉯)					㉰	
경감·공제세액	그 밖의 경감·공제세액		(18)			
	신용카드매출전표등 발행공제 등		(19)			
	합 계		(20)		㉱	
예 정 신 고 미 환 급 세 액			(21)		㉲	
예 정 고 지 세 액			(22)		㉳	
사업양수자의 대리납부 기납부세액			(23)		㉴	
매입자 납부특례 기납부세액			(24)		㉵	
가 산 세 액 계			(25)		㉶	
차감·가감하여 납부할 세액(환급받을 세액)(㉰-㉱-㉲-㉳-㉴-㉵+㉶)			(26)			
총괄 납부 사업자가 납부할 세액(환급받을 세액)						

❷ 국세환급금 계좌신고 (환급세액이 2천만원 미만인 경우)	거래은행	은행 지점	계좌번호	

❸ 폐 업 신 고	폐업일		폐업 사유	

❹ 과 세 표 준 명 세					「부가가치세법」 제48조·제49조 또는 제59조와 「국세기본법」 제45조의3에 따라 위의 내용을 신고하며, 위 내용을 충분히 검토하였고 신고인이 알고 있는 사실 그대로를 정확하게 적었음을 확인합니다.
업 태	종목	생산요소	업종 코드	금 액	년 월 일 신고인: (서명 또는 인)
(27)					**세무대리인은 조세전문자격자로서 위 신고서를 성실하고 공정하게 작성하였음을 확인합니다.**
(28)					세무대리인: (서명 또는 인)
(29)					
(30)수입금액제외					**세무서장 귀하**
(31)합 계					첨부서류 뒤쪽 참조

세무대리인	성 명		사업자등록번호		전화번호	

신고인 제출서류	1. 매출처별 세금계산서합계표 2. 매입처별 세금계산서합계표 3. 매입자발행 세금계산서합계표 4. 영세율 첨부서류 5. 대손세액 공제신고서 6. 매입세액 불공제분 계산근거 7. 매출처별 계산서합계표 8. 매입처별 계산서합계표 9. 신용카드매출전표등 수령명세서 10. 전자화폐결제명세서(전산작성분 첨부 가능) 11. 부동산임대공급가액명세서 12. 건물관리명세서(주거용 건물관리의 경우는 제외합니다) 13. 현금매출명세서 14. 주사업장 총괄 납부를 하는 경우 사업장별 부가가치세 과세표준 및 납부세액(환급세액) 신고명세서 15. 사업자 단위 과세를 적용받는 사업자의 경우에는 사업자 단위 과세의 사업장별 부가가치세 과세표준 및 납부세액(환급세액) 신고명세서 16. 건물 등 감가상각자산 취득명세서 17. 의제매입세액 공제신고서 18. 그 밖에 필요한 증명서류	수수료 없음
담당공무원 확인사항	사업자등록증(사업을 폐업하고 확정신고하는 사업자의 경우에는 해당 서류를 제출하게 하고 이를 확인)	

행정정보 공동이용 동의서

본인은 이 건 업무처리와 관련하여 담당 공무원이 「전자정부법」 제36조제1항에 따른 행정정보의 공동이용을 통하여 위의 담당 공무원 확인 사항을 확인하는 것에 동의합니다. *동의하지 않는 경우에는 신고인이 직접 관련 서류를 제출해야 합니다.

신고인   (서명 또는 인)

작 성 방 법

※ 이 신고서는 한글과 아라비아 숫자로 적고, 금액은 원 단위까지 표시합니다.

████ 표시란은 사업자가 적지 않습니다.

❶ 신고내용란

(1) ~ (4): 해당 신고대상기간에 부가가치세가 과세되는 사업실적 중 세금계산서 발급분은 (1)란에, 매입자로부터 받은 매입자발행 세금계산서의 금액과 세액은 (2)란에, 신용카드매출전표등 발행분과 전자화폐수취분은 (3)란에, 세금계산서 발급의무가 없는 부분 등 그 밖의 매출은 (4)란에 적습니다(금액에 세율을 곱하여 세액란에 적습니다).

(5)·(6): 해당 신고대상기간에 영세율이 적용되는 사업실적 중 세금계산서 발급분은 (5)란에, 세금계산서 발급의무가 없는 부분은 (6)란에 적습니다.

(7): 예정신고를 할 때 누락된 금액을 확정신고할 때 신고하는 경우에 적으며, 4쪽 중 제3쪽 (36)합계란의 금액과 세액을 적습니다.

(8): 부가가치세가 과세되는 재화 또는 용역의 공급에 대한 외상매출금 등이 대손되어 대손세액을 공제받는 사업자가 적으며, 대손세액을 공제받는 경우에는 대손세액을 차감표시(△)하여 적고, 대손금액의 전부 또는 일부를 회수하여 회수금액에 관련된 대손세액을 납부하는 경우에는 해당 납부 세액을 적습니다.

(10)·(10-1)·(11): 발급받은 세금계산서상의 공급가액 및 세액을 고정자산 매입분(11)과 그 외의 매입분(10)으로 구분 집계하여 각각의 난에 적고, 「부가가치세법 시행령」 제91조의2제8항에 따라 재화의 수입에 대한 부가가치세 납부유예를 승인받아 납부유예된 세액을 (10-1)란에 적습니다.

(12): 예정신고를 하였을 때 누락된 금액을 확정신고하는 경우에 적으며, 4쪽 중 제3쪽 (39)합계란의 금액과 세액을 적습니다.

(13): 매입자가 관할 세무서장으로부터 거래사실확인 통지를 받고 발행한 매입자발행 세금계산서의 금액과 세액을 적습니다.

(14): 발급받은 신용카드매출전표등의 매입세액, 면세농산물등 의제매입세액, 2018 평창 동계올림픽대회 및 동계패럴림픽대회 관련 사업자에 대한 의제매입세액, 2019 광주 세계수영선수권대회 관련 사업자에 대한 의제매입세액, 재활용폐자원 등에 대한 매입세액, 재고매입세액, 변제대손세액, 외국인 관광객 숙박용역에 대한 환급세액 또는 외국인 관광객 미용성형 의료용역에 대한 환급세액이 있는 사업자가 적으며, 4쪽 중 제3쪽 (48)합계란의 금액과 세액을 적습니다.

(16): 발급받은 세금계산서의 매입세액 중 공제받지 못할 매입세액, 과세사업과 면세사업에 공통으로 사용된 공통매입세액 중 면세사업등과 관련된 매입세액 또는 대손처분받은 세액이 있는 사업자가 적으며, 4쪽 중 제3쪽 (52)합계란의 금액 및 세액을 적습니다.

(18): 택시운송사업자 경감세액 등[4쪽 중 제3쪽 (58)합계란의 금액]을 적습니다.

(19): 개인사업자(직전 연도의 과세공급가액이 10억원을 초과하는 사업자는 제외)로서 소매업자, 음식점업자, 숙박업자 등「부가가치세법 시행령」제73조제1항 및 제2항에 따른 사업자가 신용카드 및 전자화폐에 의한 매출이 있는 경우에 적으며, 금액란에는 신용카드매출전표 발행금액 등과 전자화폐 수취금액을, 세액란에는 그 금액의 13/1,000에 해당하는 금액(연간 1,000만원을 한도로 합니다)을 적습니다.

(21): 예정신고를 할 때 일반환급세액이 있는 것으로 신고한 경우 그 환급세액을 적습니다.

(22): 해당 과세기간 중에 예정고지된 세액이 있는 경우 그 예정고지세액을 적습니다.

(23): 「부가가치세법 시행령」제95조제5항에 따라 사업양수자가 국고에 납입한 부가가치세액을 적습니다.

(24): 「조세특례제한법 시행령」제106조의9제5항 및 제106조의13제4항에 따른 부가가치세 관리기관이 국고에 직접 입금한 부가가치세액을 적습니다.

(25): 신고한 내용에 가산세가 적용되는 경우가 있는 사업자만 적으며, 4쪽 중 제3쪽 (77)합계란의 세액을 적습니다.

❷ 국세환급금계좌란

(26)란에 "환급받을 세액"이 발생한 사업자가 적으며, 2천만원 이상인 경우에는 별도로 "계좌개설신고서"를 제출해야 합니다.

❸ 폐업신고란

사업을 폐업하고 확정신고하는 사업자만 적습니다.

❹ 과세표준 명세란

(27) ~ (31): 과세표준 합계액(9)을 업태, 종목, 생산요소별로 적되, 생산요소는 임의적 기재사항으로 2015. 1. 1. 이후 신고분부터 적습니다. (30)수입금액제외란은 고정자산매각, 직매장공급 등 소득세수입금액에서 제외되는 금액을 적고, (31)란의 합계액이 (9)란의 금액과 일치해야 합니다.

※ 이 쪽은 해당 사항이 있는 사업자만 사용합니다.
※ 뒤쪽의 작성방법을 읽고 작성하시기 바랍니다.

사업자등록번호 ☐☐☐-☐☐-☐☐☐☐☐ *사업자등록번호는 반드시 적으시기 바랍니다.

		구 분			금 액	세율	세 액
예정신고 누락분 명세	(7)매출	과세	세 금 계 산 서	(32)		10 / 100	
			기 타	(33)		10 / 100	
		영세율	세 금 계 산 서	(34)		0 / 100	
			기 타	(35)		0 / 100	
		합 계		(36)			
	(12)매입	세 금 계 산 서		(37)			
		그 밖의 공제매입세액		(38)			
		합 계		(39)			

		구 분			금 액	세율	세 액
(14) 그 밖의 공제 매입세액 명세	신용카드매출전표등 수령명세서 제출분	일 반 매 입		(40)			
		고정자산매입		(41)			
	의 제 매 입 세 액			(42)		뒤쪽 참조	
	재활용폐자원 등 매입세액			(43)		뒤쪽 참조	
	과 세 사 업 전 환 매 입 세 액			(44)			

구 분			금 액	세율	세 액
재 고 매 입 세 액		(45)			
변 제 대 손 세 액		(46)			
외국인 관광객에 대한 환급세액		(47)			
합 계		(48)			

(16) 공제받지 못할 매입세액 명세	구 분		금 액	세율	세 액
	공제받지 못할 매입세액	(49)			
	공통매입세액 면세사업등분	(50)			
	대 손 처 분 받 은 세 액	(51)			
	합 계	(52)			

(18) 그 밖의 경감·공제 세액 명세	구 분		금 액	세율	세 액
	전 자 신 고 세 액 공 제	(53)			
	전자세금계산서 발급세액 공제	(54)			
	택 시 운 송 사 업 자 경 감 세 액	(55)			
	현금영수증사업자 세액공제	(56)			
	기 타	(57)			
	합 계	(58)			

(25) 가산세 명세	구 분			금 액	세 율	세 액
	사 업 자 미 등 록 등		(59)		1 / 100	
	세 금 계 산 서	지연발급 등	(60)		1 / 100	
		지연수취	(61)		5 / 1,000	
		미발급 등	(62)		뒤쪽 참조	
	전자세금계산서 발급명세 전송	지연전송	(63)		5 / 1,000	
		미전송	(64)		1 / 100	
	세금계산서 합계표	제출 불성실	(65)		5 / 1,000	
		지연제출	(66)		3 / 1,000	
	신고 불성실	무신고(일반)	(67)		뒤쪽참조	
		무신고(부당)	(68)		뒤쪽참조	
		과소·초과환급신고(일반)	(69)		뒤쪽참조	
		과소·초과환급신고(부당)	(70)		뒤쪽참조	
	납 부 불 성 실		(71)		뒤쪽참조	
	영세율 과세표준신고 불성실		(72)		5 / 1,000	
	현금매출명세서 불성실		(73)		1 / 100	
	부동산임대공급가액명세서 불성실		(74)		1 / 100	
	매입자 납부특례	거래계좌 미사용	(75)		뒤쪽참조	
		거래계좌 지연입금	(76)		뒤쪽참조	
	합 계		(77)			

면세사업 수입금액	업 태	종 목	코 드 번 호	금 액
(78)				

- 183 -

(79)										
(80)	수입금액 제외									
				(81)합 계						

계산서 발급	(82) 계산서 발급금액	
및 수취 명세	(83) 계산서 수취금액	

작성방법

(7), (12) 예정신고 누락분 명세란

(32) ~ (35), (37)·(38): 4쪽 중 제1쪽 (7)란, (12)란의 예정신고 누락분을 합계하여 적은 경우 그 예정신고 누락분의 명세를 적습니다. 다만, 매입자발행 세금계산서는 세금계산서란에 포함하여 적습니다.

(14) 그 밖의 공제매입세액 명세란

(40)·(41): 사업과 관련한 재화나 용역을 공급받고 발급받은 신용카드매출전표 등을 신용카드매출전표등 수령명세서에 작성하여 제출함으로써 매입세액을 공제하는 경우에 일반매입과 고정자산매입을 구분하여 적습니다.

(42): 면세농산물등을 원재료로 제조·창출한 재화 또는 용역이 과세되어 의제매입세액을 공제받는 사업자는 금액란에는 「부가가치세법 시행규칙」 별지 제15호서식의 면세농산물등의 매입가액을, 세액란에는 공제할 세액을 적고, 「조세특례제한법」 제104조의28제5항에 따라 매입세액을 공제받는 사업자는 금액란에는 「조세특례제한법 시행규칙」 별지 제64호의24서식의 매입가액을, 세액란에는 공제할 세액을 적고, 「조세특례제한법」 제104조의29제1항에 따라 매입세액을 공제받는 사업자는 금액란에는 「조세특례제한법 시행규칙」 별지 제64호의25서식의 매입가액을, 세액란에는 공제할 세액을 적습니다.

(43): 재활용폐자원 등에 대한 매입세액을 공제받는 사업자가 적고, 금액란에는 재활용폐자원 등의 취득가액을, 세액란에는 「조세특례제한법 시행규칙」 별지 제69호서식(1) 재활용폐자원 및 중고자동차 매입세액 공제신고서(갑)의 공제할 세액을 적습니다.

(44): 면세사업등에 사용하는 감가상각자산을 과세사업에 사용하거나 소비하는 경우 취득 시 공제하지 않은 매입세액을 공제받는 경우에 적습니다.

(45): 간이과세자에서 일반과세자로 변경된 사업자가 그 변경되는 날 현재의 재고품등에 대하여 매입세액을 공제받는 경우에 적습니다.

(46): 공급받은 재화나 용역에 대한 외상매입금, 그 밖에 매입채무가 대손확정되어 매입세액을 불공제받은 후 대손금액의 전부 또는 일부를 변제한 경우 변제한 대손금액에 관련된 대손세액을 적습니다.

(47): 「조세특례제한법 시행령」 제109조의2제6항에 따른 특례적용관광호텔 사업자 또는 같은 영 제109조의3제8항에 따른 특례적용의료기관 사업자가 공제받을 부가가치세액을 적습니다.

(16) 공제받지 못할 매입세액 명세란

(49): 발급받은 세금계산서 중 매입세액을 공제받지 못할 세금계산서의 공급가액, 세액의 합계액을 적습니다.

(50): 부가가치세 과세사업과 면세사업 등에 공통으로 사용하는 공통매입세액 중 면세사업 등 해당 분으로 안분 계산한 공급가액과 세액을 적습니다.

(51): 부가가치세가 과세되는 재화 또는 용역을 공급받고 매입세액을 공제받은 외상매입금 그 밖에 매입채무가 폐업 전에 대손이 확정되어 거래상대방이 대손세액을 공제받은 경우 관련 대손처분을 받은 세액을 적습니다.

(18) 그 밖의 경감·공제세액 명세란

(53): 「조세특례제한법」 제104조의8제2항에 따른 전자신고 세액공제 금액(10,000원)을 확정신고할 때 적습니다.

(54): 전자세금계산서를 발급하고 발급명세를 국세청에 전송한 경우 공제세액(발급건당 200원씩 연간 100만원 한도)을 적습니다.

(55): 일반택시운송사업자만 적고, 4쪽 중 제1쪽 ㉖란에 적은 납부세액의 99/100에 해당하는 금액을 적습니다.

(56): 「조세특례제한법」 제126조의3에 따른 현금영수증사업자에 대한 부가가치세 공제액을 적습니다.

(25) 가산세 명세란

(59): 사업자등록을 하지 않거나 타인의 명의로 등록한 경우 또는 타인 명의의 사업자등록을 이용한 경우 그 공급가액과 세액을 적습니다.

(60): 세금계산서 발급시기를 경과하여 발급하거나 세금계산서의 필요적 기재사항의 전부 또는 일부가 착오 또는 과실로 적혀 있지 않거나 사실과 다른 경우 그 공급가액과 세액을 적습니다.

(61): 재화 또는 용역의 공급시기 이후에 발급받은 세금계산서로서 해당 공급시기가 속하는 과세기간의 확정 신고 기한까지 발급받아 매입세액공제를 받은 경우 그 공급가액과 세액을 적습니다.

(62): 세금계산서를 발급하지 않거나 재화 또는 용역의 공급 없이 세금계산서등을 발급 및 수취하거나 실제로 재화 또는 용역을 공급하는 자 및 공급받는 자가 아닌 자의 명의로 세금계산서 등을 발급 및 수취하거나 재화 또는 용역의 공급가액을 과다 하게 기재하여 세금계산서 등을 발급 및 수취한 경우 그 공급가액과 세액을 적습니다.
  - 세금계산서를 발급하지 않은 경우 : 공급가액의 2%,
  - 재화 또는 용역의 공급 없이 세금계산서등을 발급 및 수취한 경우 : 세금계산서등에 적힌 금액의 3%,
  - 실제로 재화 또는 용역을 공급하는 자 및 공급받는 자가 아닌 자의 명의로 세금계산서 등을 발급 및 수취하거나 재화 또 는 용역의 공급가액을 과다하게 기재하여 세금계산서 등을 발급 및 수취한 경우 : 공급가액의 2%

(63): 전자세금계산서 발급 의무 사업자가 전자세금계산서 발급일의 다음 날이 경과한 후 재화 또는 용역의 공급시기가 속하는 과 세기간 말의 다음 달 11일(토요일 또는 공휴일인 경우는 그 다음 날)까지 세금계산서 발급명세를 전송한 경우 그 공급가액과 세액을 적습니다.

(64): 전자세금계산서 발급 의무 사업자가 전자세금계산서 발급일의 다음 날이 경과한 후 재화 또는 용역의 공급시기가 속하는 과세 기간 말의 다음 달 11일(토요일 또는 공휴일인 경우는 그 다음 날)까지 세금계산서 발급명세를 전송하지 않은 경우 그 공급가 액과 세액을 적습니다.

(65): 「부가가치세법」 제60조제6항 및 제7항에 해당하는 경우(매출·매입처별 세금계산서합계표를 미제출·부실기재 등) 그 공급가액과 세액을 적습니다. 다만, 「부가가치세법」 제60조제6항제3호에 해당하는 경우는 (66)번에 적습니다.

(66): 매출처별 세금계산서합계표를 각 예정신고와 함께 제출하지 않고 해당 예정신고기간이 속하는 과세기간의 확정신고와 함께 제출하는 경우 그 공급가액과 세액을 적습니다.

(67)·(68):「국세기본법」 제47조의2에 따라 법정신고기한까지 신고하지 않은 납부세액과 그 가산세액을 적습니다.
  - 부정행위에 따른 부당 무신고가산세: 납부세액의 40%, - 그 외 일반 무신고가산세: 납부세액의 20%
  ※ 법정신고기한이 지난 후 1개월 이내에 기한 후 신고·납부한 경우 가산세액의 50%, 1개월 초과 6개월 이내 20% 감면

(69)·(70):「국세기본법」 제47조의3에 따라 과소신고한 납부세액 또는 초과신고한 환급세액과 그 가산세액을 적습니다.
  - 부정행위에 따른 부당 과소·초과환급신고 가산세: 납부세액의 40%, - 그 외 일반 과소·초과환급신고 가산세 납부세액의 10%
  ※ 법정신고기한이 지난 후 6개월 이내에 수정신고한 경우 가산세액의 50%, 6개월 초과 1년 이내 20%, 1년 초과 2년 이내 10% 감면

(71):「국세기본법」 제47조의4에 따라 납부하지 않거나 미달하게 납부한 세액 및 환급신고해야 할 환급세액을 초과한 환급세액과 그 가산세액을 적으며, 가산세액은 $\frac{3 \times (경과일수)}{10,000}$ 입니다.
  ※ 경과일수는 당초 납부기한의 다음 날부터 납부일까지 또는 환급받은 날의 다음 날부터 납부일까지의 기간의 일수를 말합니다.

(72): 영세율이 적용되는 과세표준을 신고하지 않거나 미달하게 신고한 경우 그 공급가액과 세액을 적습니다.

(73): 현금매출명세서를 제출해야 할 사업자가 그 명세서를 제출하지 않거나 사실과 다르게 적은 경우 그 공급가액과 세액을 적습니다.

(74): 부동산임대공급가액명세서를 제출해야 할 사업자가 그 명세서를 제출하지 않거나 사실과 다르게 적은 경우 그 공급가액과 세액을 적습니다.

(75):「조세특례제한법」 제106조의4제7항 및 제106조의9제6항에 따라 금지금 및 구리 스크랩등 거래계좌를 사용하지 않고 결제받은 경우 그 가산세액을 적으며, 가산세율은 제품가액의 100분의 10에 해당하는 금액입니다.

(76):「조세특례제한법」 제106조의4제8항 및 제106조의9제7항에 따라 거래시기에 부가가치세액을 거래계좌에 입금하지 않은 경우 공급일(공급일이 세금계산서 발급일보다 빠른 경우 세금계산서 발급일)의 다음 날부터 부가가치세 입금일까지 기간에 대한 가산세액을 적으며, 가산세액은 지연입금액×$\frac{3 \times (경과일수)}{10,000}$ 입니다.

| 면세사업 수입금액란, 계산서 발급 및 수취 명세란 |

(78)·(79): 부가가치세가 면제되는 사업의 수입금액을 업태, 종목별로 구분하여 적습니다.
(80): 수입금액 제외란은 고정자산 매각 등 종합소득세 수입금액에서 제외되는 금액을 적습니다.
(81): 수입금액 합계액을 적습니다.
(82): 부가가치세가 과세되지 않은 재화 또는 용역을 공급하고 발급한 계산서의 합계액을 적습니다.
(83): 거래상대방으로부터 발급받은 계산서의 합계액을 적습니다.

[서식 예] 부가가치세 부과처분 취소청구의 소(제조업)

소   장

원   고   주식회사 ○○
　　　　　　○○시 ○○구 ○○길 ○○ (우편번호 ○○○ - ○○○)
　　　　　　대표이사 ○　○　○
피   고   △△세무서장
　　　　　　○○시 ○○구 ○○길 ○○ (우편번호 ○○○ - ○○○)

부가가치세부과처분 취소청구의 소

청 구 취 지

1. 피고가 20○○. ○. ○. 원고에 대하여 한 19○○. 1기분 20,000,000
   원, 19○○. 2기분 20,000,000원, 19○○. 1기분 20,000,000원, 19
   ○○. 2기분 20,000,000원의 부과처분은 이를 취소한다.
2. 소송비용은 피고가 부담한다.
라는 판결을 구합니다.

청 구 원 인

1. 이 사건 부과처분의 경우
　가. 원고는 ○○시 ○○구 ○○길 ○○에서 (주)○○이라는 상호로 19
　　　○○. ○. ○. 개업한 빙과류 제조업체입니다.
　　　그런데 소외 (주)☆☆제과의 임가공위탁업체인 ★★제과(주)의 부
　　　도로 인하여 농산물 유통공사가 위 (주)☆☆제과의 사업장에 경매
　　　를 신청하자 원고는 공장시설물 일체를 19○○. ○. ○. 낙찰받게
　　　되었습니다.
　　　그러자 피고는 원고가 (주)☆☆제과의 시설물 등을 낙찰받기 전인
　　　19○○. ○. ○. 미리 법인을 설립하여 사업을 영위하면서 인수작
　　　업을 추진한 점과 (주)☆☆ 제과의 주주는 100% 가족들로 구성되
　　　었고 원고 회사의 주주도 가족이 95% 의 지분을 소유한 점, (주)

☆☆제과의 종업원 8명중 7명이 원고회사에 고용된 점, 납품처인 ★★제과(주)와는 제품위탁 생산기본계약서를 체결하여 납품을 계속할 수 있는 권리를 인수한 점 등에 비추어 상호만 변경되었을 뿐 원고가 위 (주)☆☆제과의 모든 사업을 포괄적으로 양수하였다고 볼 수 있다고 하여 주된 납세자인 (주)☆☆제과의 체납세액 부가가치세 (19○○. 1기분 2,000만원, 같은 해 2기분 2,000만원, 19○○. 1기분 2,000만원, 같은 해 2기분 2,000만원) 합계 금 8,000만원에 대하여 20○○. ○. ○. 원고를 2차 납세의무자로 지정하고 납부통지서에 의하여 부과고지를 하였습니다.

나. 그러나 원고는 이에 불복하여 20○○. 7. 13. 이의신청을 거쳐 20○○. 10. 13. 심사청구를 하였는 바, 국세청에서는 20○○. 12. 8. 피고가 부과한 부가가치세 중 경정 결정된 19○○. 1기분 부가가치세 2,000만원 부분을 취소하였으며 원고는 위 내용의 결정서를 20○○. 12. 8. 수령하였습니다.

2. 부과처분의 위법성

가. 국세기본법 제41조(사업양수인의 제2차 납세의무) 제1항은 「사업의 양도·양수가 있는 경우에 양도일 이전에 양도인의 납세의무가 확정된 당해사업에 관한 국세·가산금과 체납처분비를 양도인 재산으로 충당하여도 부족이 있는 때에는 대통령령이 정하는 사업의 양수인은 그 부족액에 대하여 양수한 재산의 가액을 한도로 제2차 납세의무를 진다」고 규정하고,

같은법 시행령 제22조(사업의 양도·양수의 범위)에는 「법 제41조에서 대통령이 정하는 사업의 양수인이라 함은 사업장별로 그 사업에 관한 모든 권리(미수금에 관한 것을 제외한다)와 모든 의무(미지급금에 관한 것을 제외한다)를 포괄적으로 승계한 자를 말한다」고 규정하고 있으며,

같은법 시행령 제23조(사업양수인의 제2차 납세의무의 한계) 제2항에는 「법 제41조 제2항에서 양수한 재산의 가액이라 함은 다음 각호의 가액을 말한다.

1. 사업의 양수인이 양도인에게 지급하였거나 지급하여야 할 금액이 있는 경우에는 그 금액

2. 제1호의 규정에 의한 금액이 없거나 불분명한 경우에는 양수한 자산 및 부채를 상속세 및 증여세법 제60조 내지 66조의 규정을

준용하여 평가한 후 그 자산총액에서 부채총액을 공제한 가액」이라고 규정하고 있으며,

또한 같은법 기본통칙 4-2-25…41(사업의 양도·양수로 보지 아니하는 경우)에는 「다음 각호의 "1"에 해당하는 경우에는 사업의 양도·양수로 보지 아니한다」

① 영업에 관한 일부의 권리와 의무를 승계한 경우

② 강제집행절차에 의하여 경락된 재산을 양수한 경우

③ 보험업법에 의한 자산등의 강제이전의 경우라고 규정하고 있습니다.

  나. 원고는 (주)☆☆제과와 사업에 관한 양도·양수를 한 바 없으며 전혀 다른 법인체이고 다만 공장시설물 일체를 제3자인 농산물유통공사가 신청한 경매에 의하여 취득하였으므로 사업의 양수인이 아닌 것입니다.

3. 따라서 피고는 원고를 제2차 납세의무자로 보아 원고에 대하여 한 이 사건 과세처분은 위법 부당하므로 그 취소를 구하고자 이건 청구에 이른 것입니다.

입 증 방 법

1. 갑제1호증   결정서
1. 갑제2호증의 1내지 6   납세고지서
1. 갑제3호증   낙찰허가결정

첨 부 서 류

1. 위 입증방법   각 1통
1. 소장부본   1통
1. 납부서   1통

20○○년   ○월   ○일

원   고   ○ ○ ○   (서명 또는 날인)

○ ○ 행 정 법 원 귀 중

■ 참 고 ■

관할법원	※ 아래(1)참조	제소기간	※ 아래(2) 참조
청 구 인	피처분자	피청구인	행정처분을 한 행정청
제출부수	소장 1부 및 상대방수 만큼의 부본 제출	관련법규	행정소송법 제9조 ~ 제34조
불복방법 및 기 간	항소(행정소송법 제8조, 민사소송법 제390조) - 판결이 송달된 날로부터 2주일내(행정소송법 제8조, 민사소송법 제396조)		

※ (1) 관할법원(행정소송법 제9조)
 1. 취소소송의 제1심 관할법원은 피고의 소재지를 관할하는 행정법원임. 다만, 중앙행정기관 또는 그 장이 피고인 경우의 관할법원은 대법원 소재지의 행정법원임.
 2. 토지의 수용 기타 부동산 또는 특정의 장소에 관계되는 처분 등에 대한 취소소송은 그 부동산 또는 장소의 소재지를 관할하는 행정법원에 이를 제기할 수 있음.
※ (2) 제소기간(행정소송법 제20조)
 1. 취소소송은 처분 등이 있음을 안 날로부터 90일 이내에 제기하여야 함. 다만, 다른 법률에 당해 처분에 대한 행정심판의 재결을 거치지 아니하면 취소소송을 제기할 수 없다는 규정이 있는 때와 그밖에 행정심판청구를 할 수 있는 경우 또는 행정청이 행정심판청구를 할 수 있다고 잘못 알린 경우에 행정심판 청구가 있는 때의 기간은 재결서의 정본을 송달 받은 날로부터 기산함.
 2. 취소소송은 처분 등이 있은 날로부터 1년(제1항 단서의 경우는 재결이 있은 날로부터 1년)을 경과하면 이를 제기하지 못함. 다만, 정당한 사유가 있는 때에는 그러하지 아니함.

[서식 예] 부가가치세 부과처분 취소청구의 소(수시분)

소 장

원 고 ○○공업주식회사
　　　　　　○○시 ○○구 ○○길 ○○
　　　　　대표이사 ○ ○ ○
피 고 △△세무서장
　　　　　　○○시 ○○구 ○○길 ○○

부가가치세부과처분 취소청구의소

청 구 취 지

1. 피고가 20○○. ○. ○.자로 원고에 대하여 한 20○○. 수시분 부가가
치세 ○○○원의 부과처분은 이를(을) 취소한다.
2. 소송비용은 피고가 부담한다.
라는 판결을 구합니다.

청 구 원 인

1. 피고는 20○○. ○. ○. 원고에 대하여 20○○. 수시분 부가가치세 금
○○○원의 부과처분을 하였습니다. 즉, 원고가 영국의 소외 ☆☆주
식회사로부터 유리 제조기술인 플루우트공법 및 그 기술에 관한 도
면을 인수하는 대가 즉, 노하우 휘(knowhow fee)로서 19○○. ○.
○. 금○○○원을 지급하자 부가가치세법 제34조에 의거 금○○○원
을 부가가치세 및 그 가산세로 산출, 고지하여 이 사건 부과 처분을
하였던 것입니다.
2. 그러나 위 노하우의 공급은 부가가치세의 부과대상인 부가가치세법
제7조 제1항의 용역의 공급에 해당되지 않습니다. 노하우는 원래의
소유자가 기술비결을 비밀인 상태로 가지고 있는 동안만 사실상 전
유물로 사용 실시함에 그치고 이를 실시하는 동안에도 이러한 기술
을 타인이 개발하거나 원소유자로부터 다시 도입 사용하더라도 이를
독점적, 배타적인 권리로서 주장할 수 없는 것이므로 부가가치세법

제7조 제1항 소정의 권리에 해당된다고 할 수 없습니다. 따라서 노하우의 제공을 부가가치세의 과세대상인 용역의 공급에 해당하는 것으로 보고 한 이 사건 과세처분은 그 내용에 있어 흠이 있어 위법하여 취소하여야 할 것입니다.

첨 부 서 류

1. 소장부본   1통
1. 납부서   1통

20○○년   ○월   ○일
원   고   ○○공업주식회사
대표이사   ○ ○ ○   (서명 또는 날인)

○ ○ 행 정 법 원 귀중

[서식 예] 부가가치세 부과처분 무효확인의 소

소   장

원   고   ○ ○ ○(주민등록번호)
            ○○시 ○○구 ○○길 ○○ (우편번호 ○○○ - ○○○)
피   고   △△세무서장
            ○○시 ○○구 ○○길 ○○ (우편번호 ○○○ - ○○○)

부가가치세부과처분무효확인의 소

청 구 취 지

1. 피고가 20○○. ○. ○.자로 원고에 대하여 한 20○○년 수시 분 부
   가가치세 10,234,560원의 부과처분은 무효임을 확인한다.
2. 소송비용은 피고의 부담으로 한다.
라는 판결을 구합니다.

청 구 원 인

1. 원고는 피고로부터 20○○. ○. ○.자로 소외 ☆☆ 주식회사의 과점
   주주임을 이유로 제2차 납세의무자로 지정되었으니 회사의 체납 부
   가가치세 10,234,560원을 납부하라는 부과처분을 받았습니다.
2. 그러나 피고는 소외 ☆☆주식회사에 대한 납세고지서를 그 본점 소
   재지로 발송하였다가 수취인 불명으로 반송되어 오자 그 대표이사인
   원고 이○○의 주소지 등을 확인하여 보지도 아니한 채 곧바로 공시
   송달한 사실이 있습니다. 법인에 대한 송달은 본점 소재지에서 그 대
   표이사가 이를 수령할 수 있도록 해야하고 그와 같은 송달이 불능인
   경우에는 법인등기부등본을 조사하여 본점 소재지의 이전 여부 및
   대표이사의 변경 여부나 대표이사의 법인등기부상의 주소지 등을 확
   인하여 그에게 송달하였는데도 그 송달이 불능인 경우에 비로소 공
   시송달을 해야 할 것이므로 피고는 공시송달의 요건을 갖추지 않은
   채 송달을 하였다할 것입니다.

3. 따라서, 피고의 송달은 공시송달의 요건을 갖추지 못한 경우에 해당하여 위법한 송달이라 할 것이고 이로 인한 주된 납세의무자에 대한 납세고지의 효력이 발생되지 않는다 할 것이므로 주된 납세의무자의 납세의무가 확정되지 않은 이상 보충적인 제2차 납세의무자인 원고의 납세의무도 발생할 여지가 없다 할 것입니다.

첨 부 서 류

1. 소장부본   1부
1. 납 부 서   1부

20○○년   ○월   ○일

원   고   ○ ○ ○   (서명 또는 날인)

○ ○ 행 정 법 원   귀중

10. 부가가치세 상담사례

■ 사업자가 부가가치세 상당액을 직접 징수할 권리가 있는지요?

Q. 저는 甲에게 물품을 공급하기로 하는 계약을 체결하면서 그 거래와 관련하여 부과되는 부가가치세는 당연히 甲이 부담하게 되는 것으로 생각하고 부가가치세를 누가 부담할 것인지에 대하여 계약서상에 명시적인 기재를 하지 않았습니다. 그런데 甲은 위 물품을 공급받은 후 계약서상에 기재된 물품대금만을 지급하고 부가가치세 상당액을 지급하지 않고 있습니다. 이 경우 저는 甲에게 부가가치세 상당액을 청구할 수 없는지요?

A. 부가가치세법 제31조는 "사업자가 재화 또는 용역을 공급하는 경우에는 제29조제1항에 따른 공급가액에 제30조에 따른 세율을 적용하여 계산한 부가가치세를 재화 또는 용역을 공급받는 자로부터 징수하여야 한다."라고 규정하고 있습니다.

그리고 사업자가 같은 법 제31조를 근거로 공급을 받는 자로부터 부가가치세 상당액을 직접 징수할 사법상 권리가 있는지에 관하여 판례는 "부가가치세법 제3조 제1호는 사업상 독립적으로 재화 및 용역을 공급하는 자(사업자)를 부가가치세 납세의무자로 하고 있으므로, 그 거래 상대방인 공급을 받는 자는 이른바 재정학상의 담세자(擔稅者)에 불과하고 조세법상의 납세의무자가 아니며, 부가가치세법 제31조의 사업자가 재화 또는 용역을 공급하는 때에는 부가가치세를 그 공급을 받는 자로부터 징수하여야 한다는 규정은 사업자로부터 징수하고 있는 부가가치세 상당액을 공급을 받는 자에게 차례로 전가시킴으로써 궁극적으로 최종소비자에게 이를 부담시키겠다는 취지를 선언한 것으로, 그 규정이 있다 하여 공급을 받는 자가 거래의 상대방이나 국가에 대하여 직접 부가가치세를 지급하거나 납부할 의무가 있다고 볼 수 없다."라고 하였습니다(대법원 1997. 4. 25. 선고 96다40677 판결, 2002. 11. 22. 선고 2002다38828 판결, 대법원 2004. 2. 13. 선고 2003다49153 판결).

다만, 거래당사자 사이에 부가가치세 부담에 관한 별도의 약정이 있는 경우, 사업자가 공급을 받는 자에게 부가가치세 상당액의 지급을 직접 청구할 수 있는지에 관하여 판례는 "거래당사자 사이에 부가가치세를 부담하기로 하는 약정이 따로 있는 경우에는 사업자는 그 약정에 기하여 공급을 받는 자에게 부가가치세 상당액의 지급을 직접 청구할 수 있는 것으로, 부가가치세의 부담에 관한 위와 같은 약정은 반드시 재화 또는 용역의 공급 당시에 있어야 하는 것은 아니고, 공급 후에 한 경우에도 유효하며, 또한 반드시 명시적이어야 하는 것은 아니고 묵시적인 형태로 이루어질 수도 있다."라고 하였습니다 (대법원 1999. 11. 12. 선고 99다33984 판결, 2004.2.13. 선고 2003다49153 판결).

그리고 일반적으로 재화나 용역의 공급이 수반되는 거래를 하는 경우, 그 거래대금 속에 부가가치세가 포함되어 있는지 아니면 공급을 받는 자가 공급하는 자에게 별도로 부가가치세를 지급하여야 하는지에 관한 약정을 하게 되고, 그에 대한 명시적인 약정이 없는 경우에는 쌍방의 지위, 거래에 이른 경위, 대금액수, 거래 후의 태도, 거래계의 관행 등을 종합적으로 고려하여 당사자가 의도한 진정한 의사를 객관적으로 밝혀낼 수밖에 없다고 할 것입니다.

따라서 사업자인 귀하로서는 묵시적으로 甲이 부가가치세를 부담하기로 하는 약정이 따로 있다고 볼 수 있는 사정이 없었다면, 「부가가치세법」제31조를 근거로 공급을 받는 甲으로부터 부가가치세 상당액을 직접 징수할 사법상의 권리는 없는 것으로 보입니다.

■ 사업자가 공급을 받는 자로부터 부가가치세를 직접 징수할 권리가 있는지요?

Q. 甲은 乙에게 건축공사를 도급하였는데, 공사대금을 정하면서 부가가치세에 관하여 특별히 정한 바가 없습니다. 그럼에도 불구하고 乙은 甲에게 부가가치세는 당연히 甲이 부담하여야 한다고 하면서 乙이 위 공사로 인하여 납부하게 될 부가가치세상당액을 甲에게 청구하였습니다. 이 경우 甲이 부가가치세상당액을 乙에게 지급하여야 하는지요?

A. 부가가치세 납세의무자에 관하여 부가가치세법에서 사업목적이 영리이든 비영리이든 관계없이 사업상 독립적으로 재화(재산적 가치가 있는 모든 유체물과 무체물) 또는 용역(재화 이외의 재산적 가치가 있는 모든 역무 및 그 밖의 행위)을 공급하는 자(사업자)는 이 법에 의하여 부가가치세를 납부할 의무가 있다고 하고 있으며(부가가치세법 제2조 제3호, 제3조 제1호), 거래징수에 관하여, 사업자가 재화 또는 용역을 공급하는 경우에는 부가가치세법 제29조 제1항에 따른 공급가액에 동법 제30조에 따른 세율을 적용하여 계산한 부가가치세를 재화 또는 용역을 공급받는 자로부터 징수하여야 한다고 규정하고 있습니다(부가가치세법 제31조).
그런데 사업자가 「부가가치세법」 제31조를 근거로 공급을 받는 자로부터 부가가치세 상당액을 직접 징수할 사법상 권리가 있는지 여부에 관한 판례를 보면, 구 부가가치세법(1976. 12. 22. 법률 제2934호로 제정되고, 2008. 12. 26. 법률 제9268호로 개정되기 전의 것) 제2조 제1항은 사업상 독립적으로 재화 및 용역을 공급하는 자를 부가가치세 납세의무자로 하고 있으므로, 그 거래상대방인 공급을 받는 자는 이른바 재정학상의 담세자에 불과하고 조세법상의 납세의무자가 아니며, 구 부가가치세법(1976. 12. 22. 법률 제

2934호로 제정되고, 2008. 12. 26. 법률 제9268호로 개정되기 전의 것) 제15조의 사업자가 재화 또는 용역을 공급하는 때에는 부가가치세를 그 공급을 받는 자로부터 징수하여야 한다는 규정은 사업자로부터 징수하고 있는 부가가치세 상당액을 공급을 받는 자에게 차례로 전가시킴으로써 궁극적으로 최종소비자에게 이를 부담시키겠다는 취지를 선언한 것으로, 그 규정이 있다 하여 공급을 받는 자가 거래상대방이나 국가에 대하여 직접 부가가치세를 지급하거나 납부할 의무가 있다고 볼 수 없다고 하였으며(대법원 1997. 4. 25. 선고 96다40677 판결, 2002. 11. 22. 선고 2002다38828 판결), 건축공사의 수급인이 공사를 완성한 후에 공사도급거래에 따른 부가가치세를 납부하였더라도 이는 그 건축용역의 공급자로서 자기의 납세의무를 이행한 것일 뿐 거래상대방인 도급인이 납부하여야 할 부가가치세를 대위납부 한 것으로는 볼 수 없으므로, 도급인에 대하여 위 부가가치세 상당액을 구상할 수 없다고 하였습니다(대법원 1993.8.13. 선고 93다13780 판결).

다만, 거래당사자 사이에 부가가치세를 부담하기로 하는 약정이 따로 있는 경우, 사업자는 그 약정에 기초하여 공급을 받는 자에게 부가가치세 상당액의 지급을 청구할 수 있는 것이고, 부가가치세 부담에 관한 그러한 약정은 반드시 재화 또는 용역의 공급당시에 있어야 하는 것은 아니고 공급 후에 한 경우에도 유효하며, 또한 반드시 명시적이어야 하는 것은 아니고 묵시적인 형태로 이루어질 수도 있다고 하였습니다(대법원 2004. 2. 13. 선고 2003다49153 판결, 2006. 7. 13. 선고 2004다7408 판결).

따라서 위 사안에서는 공사도급계약을 체결할 때 부가가치세에 관하여 특별하게 정함이 없는 경우로서 乙이 甲에게 위 공사도급거래에 따른 부가가치세 상당액을 청구하기 어려울 것으로 보입니다.

■ 임차인이 부담하기로 한 부가가치세액이 상가건물 임대차보호법 제2조 제2항 에 정한 '차임'에 포함되는지요?

Q. 상가건물의 임차인 甲이 임대인과 임대차계약을 체결하면서 부가가치세액을 임차인이 부담하기로 약정한 경우 그것이 상가건물 임대차보호법 제2조 제2항의 적용범위를 판단함에 있어 요구되는 요건인 '차임'에 해당하나요?

A. 우리 판례는 이와 관련하여 "임차인이 부담하기로 한 부가가치세액이 상가건물 임대차보호법 제2조 제2항에 정한 '차임'에 포함되는지 여부에 관하여 보건대, 부가가치세법 제2조, 제13조, 제15조 에 의하면 임차인에게 상가건물을 임대함으로써 임대용역을 공급하고 차임을 지급받는 임대사업자는 과세관청을 대신하여 임차인으로부터 부가가치세를 징수하여 이를 국가에 납부할 의무가 있는바, 임대차계약의 당사자들이 차임을 정하면서 '부가세 별도'라는 약정을 하였다면 특별한 사정이 없는 한 임대용역에 관한 부가가치세의 납부의무자가 임차인이라는 점, 약정한 차임에 위 부가가치세액이 포함된 것은 아니라는 점, 나아가 임대인이 임차인으로부터 위 부가가치세액을 별도로 거래징수할 것이라는 점 등을 확인하는 의미로 해석함이 상당하고, 임대인과 임차인이 이러한 약정을 하였다고 하여 정해진 차임 외에 위 부가가치세액을 상가건물 임대차보호법 제2조 제2항에 정한 '차임'에 포함시킬 이유는 없다."라고 판시한 바 있습니다 (수원지방법원 2009. 4. 29. 선고 2008나27056 판결).

따라서 위 판례 법리에 의할 때 임차인이 부담하기로 한 부가가치세액은 동법 제2조 제2항의 '차임'에 해당하지 않을 것으로 사료됩니다.

■ 부가가치세는 임차인이 부담하기로 했는데 이 경우 임대분양금에서 매월 공제하는 월세상당액은 부가가치세를 내야 하나요?

Q. 저희는 ○○시에 지하상가를 기부채납하고 무상사용권을 받은 사용권자들입니다. 사용권을 받은 점포들을 임대분양하고 임차인으로 부터 받은 임대분양금을 매월 균등하게 월수로 나누어 공제처리하면서 그 부가가치세는 임차인이 부담하기로 했는데 이런 경우 임대분양금에서 매월 공제하는 월세상당액은 부가가치세를 내야하나요?

A. 판례는 "원고가 지하상가 등을 시에 기부채납하고 20년간 무상으로 사용하기로 약정하여 점포들을 임대분양함에 있어 원고와 각 임차인 사이에 원고가 임차인으로부터 받은 임대분양금을 임대기간의 월수로 나누어 매월 균등하게 공제처리함으로써 임대기간 종료 후에는 반환할 필요가 없도록 하되 매월 공제되는 금액에 대한 부가가치세는 임차인이 부담하기로 약정하였다면 위 임대용역의 공급자인 원고가 임대분양금에서 매월 공제하는 월세 상당액은 부가가치세의 과세대상이 된다 할 것이고, 이때는 부가가치세법시행령 제49조의2 제1항 소정의 사업자가 그 점용허가를 받아 임대하고 임대보증금을 받은 경우가 아니어서 임대면적에 상응하는 건설비 상당액을 임대보증금으로 보지 아니한다고 규정한 위 조항 후문의 적용을 받을 여지가 없다."고 판단하고 있습니다.

따라서 매월 공제하는 월세 상당액은 부가가치세의 과세대상이 된다 할 것입니다.

■ 부가세를 포함한 매매대금지급의무와 소유권이전등기의무가 동시이행관계인지요?

Q. 저는 부동산분양업을 하면서 甲에게 매매대금 2억원에 분양하기로 하는 아파트분양계약을 체결하면서 甲이 부가가치세 2,000만원까지 납부하기로 약정을 하였으나, 甲은 위 부가가치세 2,000만원은 지급하지 않고, 매매대금 2억원만 지급한 채 위 아파트에 대한 소유권이전등기를 해달라고 요구하기에, 저는 부가가치세까지 납부하여야 소유권이전등기를 해줄 수 있다고 하자, 甲은 매매대금을 모두 지급하였으므로 이와 동시이행관계에 있는 저는 소유권이전등기의무를 해주어야 한다면서 저를 상대로 소유권이전등기청구소송을 제기하였습니다. 제가 부가가치세 2,000만원을 지급받지 아니한 상태에서 소유권이전등기를 해주어야 하는 것인지요?

A. 쌍무계약에서 동시이행의 항변권은 공평의 관념과 신의칙에 입각하여 각 당사자가 부담하는 채무가 서로 대가적 의미를 가지고 관련이 되었을 때 그 이행에 있어서 견련관계를 인정하여, 당사자 일방은 상대방이 채무를 이행하거나 이행제공을 하지 아니한 채 당사자 일방의 채무이행을 청구할 때에는 자기의 채무이행을 거절할 수 있도록 하는 제도인바(민법 제536조), 이러한 제도취지에서 볼 때 당사자가 부담하는 각 채무가 쌍무계약에 있어 고유의 대가관계가 있는 채무가 아니라고 하더라도 구체적인 계약관계에서 각 당사자가 부담하는 채무에 관한 내용에 따라 그것이 대가적 의미가 있어 이행상의 견련관계를 인정하여야 할 사정이 있는 경우에는 동시이행항변권을 인정할 수 있습니다(대법원 2006. 6. 9. 선고 2004다24557 판결).

또한, 관련 판례를 보면, 부동산매매계약에 있어 매수인이 부가가치세를 부담하기로 약정한 경우, 부가가치세를 매매대금과 별도로 지급하기로 했다는 등의 특별한 사정이 없는 한 부가가치세를 포함한 매매대금전부와 부동산의 소유권이전등기의무가 동시이행의 관계에 있다고 봄이 상당하다고 하였으며(대법원 2006. 2. 24. 선고 2005다 58656, 58663 판결), 부동산매수인이 매매목적물에 관한 근저당권의 피담보채무를 인수하는 한편 그 채무액을 매매대금에서 공제하기로 약정한 경우, 매수인이 인수하기로 한 채무는 매매대금지급채무에 갈음한 것으로서 매도인이 그 채무를 대신 변제하였다면 그로 인한 매수인의 매도인에 대한 구상채무는 인수채무의 변형으로서 매매대금지급채무에 갈음한 것의 변형이므로, 매수인의 구상채무와 매도인의 소유권이전의무는 대가적 의미가 있어 이행상 견련관계에 있다고 인정되고, 따라서 양자는 동시이행의 관계에 있다고 해석함이 공평의 관념 및 신의칙에 합당하다고 하였습니다(대법원 2007. 6. 14. 선고 2007다3285 판결).

귀하의 경우에도 甲이 부가가치세를 매매대금과 별도로 지급하기로 하였다는 특별한 사정이 없는 한 甲의 부가가치세 2,000만원 및 매매대금 2억원 합계 2억 2,000만원을 지급할 의무와 귀하의 소유권이전등기의무는 동시이행관계에 있는 것이므로, 위 소송에서 甲이 부가가치세를 매매대금과 별도로 지급하기로 하였다는 특별한 사정이 밝혀지지 않는 이상(물론 그러한 특별한 사정에 대하여는 甲이 입증하여야 할 것임) 귀하의 소유권이전등기의무와 甲의 부가가치세 지급의무는 동시이행관계에 있다고 할 것입니다.

따라서 귀하는 甲으로부터 부가가치세 2,000만원을 지급받음과 동시에 甲에게 소유권이전등기를 해주면 될 것입니다.

■ 변호사보수에 부과되는 부가가치세가 소송비용에 포함되는지요?

Q. 항소심법원이 저에게 소송총비용을 부담을 명하는 판결을 선고
하였고, 위 판결은 확정되었습니다. 상대방은 제1심과 항소심에
서 소송대리인으로 변호사를 선임하였는데, 변호사보수로 지급
하였다는 금액 중에는 부가가치세도 포함되어 있었습니다. 위
부가가치세 부분도 제가 상환해야 할 소송비용액에 포함될 수
있나요?

A. 서울고등법원은 2012. 10. 22. 자 2012라1384 결정에서 ① 변호
사보수는 면세 대상이었는데 이후 부가가치세법 개정에 따라 변호사
보수에 대하여도 부가가치세를 부과하게 되었으나, '변호사보수의 소
송비용산입에 관한 규칙'(이하 '보수규칙'이라고 합니다)은 부가가치
세법 개정 이후에도 변호사보수에 부과되는 부가가치세 취급과 관련
하여 특별한 규정을 두고 있지 않은 점, ② 당사자가 소송과 관련하
여 변호사에게 지급하였거나 지급할 보수는 총액이 민사소송법 제
109조 제1항 및 보수규칙에서 정한 기준에 의하여 산정된 금액범위
내에 있는 이상 명목 여하에 불구하고 모두 소송비용에 포함되는
점, ③ 부가가치세법에 따라 당사자가 변호사에게 소송대리를 위임
하고 변호사로부터 소송대리라는 인적용역을 제공 받는 경우 당사자
는 변호사가 납부하여야 할 부가가치세를 부담하여야 하고, 당사자
가 변호사에게 지급하기로 한 보수에 부가가치세를 포함하기로 하는
약정이 있는 경우에는 변호사가 부가가치세 상당액 지급을 구할 사
법상 청구권도 갖는 점을 볼 때 소송대리를 위한 변호사 선임과 변
호사보수에 대한 부가가치세 부담은 분리될 수 없다는 점, ④ 당사
자 입장에서는 부가가치세 역시 소송과 관련하여 변호사에게 지급한
기타 보수와 다를 바 없는 비용이고, 변호사 역시 당사자로부터 부
가가치세를 포함한 변호사보수를 받더라도 즉시 부가가치세를 납부

하거나 다른 보수와 분리하여 보관할 의무가 있는 것이 아니라는 점, 등을 들어 부가가치세가 포함된 변호사보수가 지급된 경우 보수규칙에서 정한 금액 범위 안에 있는 이상 전부를 소송비용에 포함되는 변호사보수로 보는 것이 타당하다고 보았습니다.

위 하급심 판례의 법리에 비추어 볼 때, 상대가 지급한 변호사보수가 보수규칙에서 정한 금액 범위 안에 있는 이상 부가가치세 부분도 귀하가 상환해야 할 소송비용액에 포함될 것으로 보입니다.

■ 부가가치세 환급세액 지급청구가 당사자소송의 대상인지요?

Q. 甲은 乙로부터 乙이 국가에 대하여 가지는 부가가치세 환급세액 지급청구권을 양수받았습니다. 그러나 국가는 甲에게 부가가치세 환급세액을 지급하지 않고 있는 상황입니다. 이에 대하여 甲은 국가에 대하여 어떤 절차를 통하여 양수받은 부가가치세환급청구를 할 수 있는가요?

A. 종래 대법원 판례는 부가가치세 환급세액을 비롯한 국세환급금 지급청구는 민사소송의 대상이라고 판시한바 있습니다(대법원 1990. 2. 13. 선고 88누6610 판결 등).

그러나 최근 대법원 전원합의체 판결을 통하여 "...부가가치세법령의 내용, 형식 및 입법 취지 등에 비추어 보면, 납세의무자에 대한 국가의 부가가치세 환급세액 지급의무는 그 납세의무자로부터 어느 과세기간에 과다하게 거래징수 된 세액 상당을 국가가 실제로 납부받았는지와 관계없이 부가가치세법령의 규정에 의하여 직접 발생하는 것으로서, 그 법적 성질은 정의와 공평의 관념에서 수익자와 손실자 사이의 재산상태 조정을 위해 인정되는 부당이득 반환의무가 아니라 부가가치세법령에 의하여 그 존부나 범위가 구체적으로 확정되고 조세 정책적 관점에서 특별히 인정되는 공법상 의무라고 봄이 타당하다. 그렇다면 납세의무자에 대한 국가의 부가가치세 환급세액 지급의무에 대응하는 국가에 대한 납세의무자의 부가가치세 환급세액 지급청구는 민사소송이 아니라 행정소송법 제3조 제2호에 규정된 당사자소송의 절차에 따라야 한다."라고 판시하여(대법원 2013. 3. 21. 선고 2011다95564 전원합의체 판결), 부가가치세 환급세액 지급청구의 경우 민사소송의 형태가 아닌 행정소송의 한 유형인 당사자소송의 형태로 지급을 구하여야 한다고 판시한바 있습니다.

따라서 甲은 당사자소송 절차를 통하여 양수받은 부가가치세 환급세액 지급청구를 할 수 있을 것으로 보여집니다.

■ 과세관청이 타인 명의로 사업자등록을 한 자가 발행한 세금계산서를 사실과 다른 세금계산서로 보아 거래상대방에게 부가가치세를 과세한 사례가 없는 경우 이에 대하여 다툴 수 있을까요?

Q. 제가 운영하는 甲인주식회사가 인테리어 업체들에서 세금계산서를 교부받았는데, 세금계산서의 '상호'란에는 인테리어 업체들의 상호가, '성명'란에는 인테리어 업체들을 실제 운영하는 乙 대신 乙에게 명의를 대여한 丙 등의 성명이 기재되어 있었습니다. 甲 회사 등이 관련 매입세액을 매출세액에서 공제하여 부가가치세를 신고·납부하였습니다. 그런데 ??세무서에서는 위 세금계산서는 공급자의 기재가 사실과 다른 세금계산서에 해당한다고 보아 甲 회사에 부가가치세 등 부과처분을 하였습니다. 그런데 과세관청이 타인 명의로 사업자등록을 한 자가 발행한 세금계산서를 사실과 다른 세금계산서로 보아 거래상대방에게 부가가치세를 과세한 사례가 거의 없었습니다. 이에 대하여 다툴 수 있을까요?

A. 부가가치세법 제 32조 제1항 제1호는 세금계산서의 필요적 기재사항 중 하나로 공급하는 사업자의 등록번호와 성명 또는 명칭을 규정하고 있고, 동법 제39조 제1항 제2호는. 세금계산서 또는 수입세금계산서를 발급받지 아니한 경우 또는 발급받은 세금계산서 또는 수입세금계산서에 제32조제1항제1호부터 제4호까지의 규정에 따른 기재사항(이하 "필요적 기재사항"이라 한다)의 전부 또는 일부가 적히지 아니하였거나 사실과 다르게 적힌 경우의 매입세액은 매출세액에서 공제하지 아니한다고 규정하면서 다만, 대통령령으로 정하는 경우의 매입세액은 공제할 수 있도록 하고 있고 그 위임에 따라 부가가치세법 시행령 제75조 제2호는 세금계산서의 필요적 기재사항 중 일부가 착오로 사실과 다르게 적혔으나 그 세금계산서에 적힌 나머지 필요적 기재사항 또는 임의적 기재사항으로 보아 거래사실이

확인되는 경우를 공제가 허용되는 사유로 들고 있습니다. 그러나 위 세금계산서는 '공급하는 사업자의 성명'이 사실과 다르게 적힌 세금계산서에 해당하고 위 시행령 상 필요적 기재사항 중 일부가 착오로 사실과 다르게 적힌 경우에 해당하지 아니하므로 세금계산서의 매입세액은 매출세액에서 공제될 수 없다고 보여 집니다.

한편, 대법원 견해에 의하면 국세기본법 제18조 제3항에 규정된 비과세관행이 성립하려면, 상당한 기간에 걸쳐 과세를 하지 아니한 객관적 사실이 존재할 뿐만 아니라,과세관청 자신이 그 사항에 관하여 과세할 수 있음을 알면서도 어떤 특별한 사정 때문에 과세하지 않는다는 의사가 있어야 하며 위와 같은 공적 견해나 의사는 명시적 또는 묵시적으로 표시되어야 하며, 묵시적 표시가 있다고 하기 위하여는 단순한 과세누락과는 달리 과세관청이 상당기간의 불과세 상태에 대하여 과세하지 않겠다는 의사표시를 한 것으로 볼 수 있는 사정이 있어야 합니다(대법원 2012.12. 13.선고 2011두3913판결 등 참조).

과세관청이 타인 명의로 사업자등록을 한 자가 발행한 세금계산서를 사실과 다른 세금계산서로 보아 거래상대방에게 부가가치세를 과세한 사례가 거의 없었다는 사정만으로는 과세관청이 이러한 경우 과세하지 않는다는 의사를 명시적 또는 묵시적으로 표시한 것으로 볼 수 없으므로, 과세관청의 비과세관행이 성립되었다고 볼 수 없다고 할 것이어서 위 부과처분에 관하여 다투기는 어렵다고 보여 집니다 (대법원 2016. 10. 13. 선고 2016두43077 판결)

■ 고객들에게 도박에 참여할 수 있는 기회를 제공하고 이에 대한 대가로서 금전을 지급받은 경우 부가가치세 과세대상에 해당하나요?

Q. 저는 정보통신망에 구축된 시스템 등을 통하여 고객들에게 도박에 참여할 수 있는 기회를 제공하고 이에 대한 대가로서 금전을 지급받아 왔는데요. 이러한 거래가 부가가치세 과세대상 거래에 해당하나요?

A. 부가가치세는 재화나 용역이 생산·제공되거나 유통되는 모든 단계에서 창출된 부가가치를 과세표준으로 하여 부과하는 조세이므로, 부가가치가 새롭게 창출되는 재화나 용역의 유통단계가 있으면 부가가치세가 부과되는 것이 원칙입니다. 도박은 참여한 사람들이 서로 재물을 걸고 우연한 사정이나 사태에 따라 재물의 득실을 결정하는 것이므로 도박행위는 일반적으로 부가가치를 창출하는 것이 아니므로 부가가치세 과세대상에 해당하지 않습니다. 그러나 도박사업을 하는 경우 고객이 지급한 돈이 단순히 도박에 건 판돈이 아니라 사업자가 제공하는 재화 또는 용역에 대한 대가에 해당한다면 부가가치세 과세대상에 해당하게 됩니다.
따라서 스포츠 도박 사업자가 정보통신망에 구축된 시스템 등을 통하여 고객들에게 도박에 참여할 수 있는 기회를 제공하고 이에 대한 대가로서 금전을 지급받는 경우에는 비록 그 행위가 사행성을 조장하더라도 재산적 가치가 있는 재화 또는 용역의 공급에 해당하므로 부가가치세 과세대상으로 보게 됩니다(대법원 2017.4. 7. 선고 2016도19704 판결).

■ 실제로는 상품의 거래 없이 투자금의 수수만 있는 것으로 볼 수 있는 경우 부가가치세의 과세표준에 포함시킬 수 있는지요?

Q. 甲은 투자자들로부터 신용카드 등을 이용하여 일정한 금액을 투자하고 단기간 내에 원금을 초과하는 금액을 회수하거나 또 다른 투자자를 모집하여 수당을 받을 목적으로 형식상 물수건 제조기를 220만원에 매매하는 방식으로 투자금을 받았으며, 투자자들은 물수건 제조기를 받아 사용한 사실은 없습니다. 형식상 매매의 방식을 취한 이러한 경우에도 신용카드매출액이 부가가치세의 과세표준에 포함되나요?

A. 외관상 재화의 공급이 있는 것처럼 보이는 경우에도 그것이 재화의 공급을 가장하거나 빙자한 것에 불과하고 실제로는 상품의 거래 없이 투자금의 수수만 있는 것으로 볼 수 있는 경우에는 부가가치세의 과세원인이 되는 재화의 공급이 있었다고 볼 수 없으며, 이에 해당하는지 여부는 당해 재화의 객관적 가치 및 그에 따른 공급가액이 합리적인 가액인지, 공급을 받는 자가 실제로 그 재화를 사용·소비할 의도가 있었는지, 당사자 사이에 투자금의 회수가 예정되어 있었는지 여부 등 제반 사정을 종합적으로 고려하여 개별적·구체적으로 판단하여야 합니다(대법원 2008. 12. 24. 선고 2006두13497 판결).

사안의 경우 甲과 투자자 사이의 그 거래형태에 비추어 볼 때 투자자들로서는 신용카드 등을 이용하여 일정한 금액을 투자하고 단기간 내에 원금을 초과하는 금액을 회수하거나 또 다른 투자자를 모집하여 수당을 받는 데에 목적이 있었을 뿐 물수건제조기의 사용·소비에 목적이 있었다고 보기 어렵고, 투자자들이 甲으로부터 물수건제조기를 실제로 인도받아 사용·소비한 일이 없을 뿐만 아니라 甲으로서도 투자자들과의 사이에 매매된 것으로 처리된 수량에 상응한 물수건제조기를 구입하여 확보해 두지도 않은 점 등에 비추어 보면, 甲이 투자자들로부터 자금을 모집함에 있어 물수건제조기를 1대당 2,200,000원에 매매한다는 내용의 상품구매계약서를 작성하는 등의 매매방식을 취한 것은 형식에 불과하고 그 실질은 물수건제조기를 매개로 한 투자금의 유치에 해당하는 바, 사정이 이와 같다면 재화의 공급이 있었다고 보기는 어려운 이상 투자자들이 물수건제조기의 구입대금 명목으로 결제한 이 사건 신용카드매출액을 부가가치세의 과세표준에 포함시킬 수 없다고 할 것입니다.

■ 자신이 부가가치세 면세사업을 했다는 이유로 부가가치세 부과처분의
취소를 구할 수 있나요?

Q. 갑은 복권판매업, 복권판매대행업 등을 목적으로 하는 회사로서
1994. 6.경 을 기술금융 회사와 사이에 을 회사가 발행하는 기
술개발복권에 대한 판매대항계약을 체결하여 복권판매를 대항하
고 판매량에 비례하여 수수료를 지급받아 왔습니다. 한편,
1996. 5.경 이후 기존 계약의 내용을 변경하여 미판매복권을
복권발행자인 을 회사에 반품할 수 있도록 하였습니다. 이에 대
하여 관할 세무서는 갑이 부가가치세 면세대상인 복권판매업을
영위한 것이 아니라 부가가치세 과세대상인 복권판매대행용역을
한 것으로 보아 을 회사로부터 받는 수수료에 대하여 부가가치
세를 부과하였습니다. 이에 대하여 갑은 자신이 부가가치세 면
세사업을 했다는 이유로 부가가치세 부과처분의 취소를 구할 수
있나요?

A. 부가가치세법 제12조 제1항 제8호에 의하면, '우표(수집용 우표를
제외한다)·인지·증지·복권과 공중전화'에 관한 재화 또는 용역의 공
급에 대하여는 부가가치세를 면제한다고 규정하고 있습니다. 갑은
위 규정에 따라 자신이 행하는 사업은 부가가치세 부과 대상이 아
니라고 주장하였지만 법원은 이 사건 계약에 있어 기술금융이 복권
판매업무를 주도하게 되어 있는 점, 갑은 계약서상 문언과는 달리
미판매복권을 기술금융에 반품함으로써 판매실적 저조로 인한 위험
을 전혀 부담하지 아니한 점, 갑이 복권판매량에 비례하는 대가를
취득한 것은 판매대행수수료를 지급받은 것과 다르지 아니한 점, 갑
은 기술금융의 자회사로서 복권판매에 관한 업무뿐만 아니라 소매인
모집 및 관리, 소액당첨금 지급, 복권판매촉진 등 기술금융을 위한
업무도 수행한 점 등에 비추어, 갑이 부가가치세 면세대상인 복권판

매업을 영위한 것이 아니라 과세대상인 복권판매대행용역을 공급하고 매매차익의 취득이라는 형식을 빌려 대행수수료를 지급받은 것이라고 판단하였습니다(대법원 2004. 2. 13. 선고 2002두12144 판결). 따라서 갑은 관할 세무서의 부가가치세 부과 처분의 취소를 구할 수 없습니다.

■ 공유건물을 공유자와 공동으로 양도한 부동산매매업자에게 그 건물 전부의 양도에 따른 부가가치세를 부과한 처분이 타당한지요?

Q. 부동산매매업자인 갑은 1983. 8. 25.부터 1988. 11. 18.까지의 기간 동안 을과 공동하여 10여 채의 건물을 신축한 후 7채의 건물을 매도하였습니다. 한편, 위와 같이 매도한 7채의 건물 중 1채의 건물은 을과 1/2씩 공유지분을 갖고 있었던 공유건물이었고, 을도 자신의 공유지분인 1/2에 해당하는 소유권을 처분하였습니다. 이에 대하여 관할세무서는 부가가치세법상 공동사업에 관한 연대납세의무 규정에 따라 을도 갑과 같은 부동산매매업자라고 판단하여 을이 납부하여야 할 부가가치세까지 포함하여 갑에게 부과처분을 내릴 수 있는지요?

A. 부가가치세법 제2조 제1항에서는 "영리목적의 유무에 불구하고 사업상 독립적으로 재화 또는 용역을 공급하는 자는 이 법에 의하여 부가가치세를 납부할 의무가 있다."라고 규정하고 있고, 동법 시행규칙 제1조 제1항에서는 "부동산의 매매(건물을 신축하여 판매하는 경우를 포함한다) 또는 그 중개를 사업목적으로 나타내어 부동산을 판매하거나, 사업상의 목적으로 1과세기간 중에 1회 이상 부동산을 취득하고 2회 이상 판매하는 경우에는 부동산매매업을 영위하는 것으로 본다."고 규정하고 있으며, 국세기본법 제25조 제1항에서는 "공유물·공동사업 또는 당해 공동사업에 속하는 재산에 관계되는 국세·가산금과 체납처분비는 그 공유물 또는 공동사업자가 연대하여 납부할 의무를 진다."고 규정하고 있습니다.

위 사안에서 법원은 '① 갑은 1983.8.25.부터 1988.11.18.까지 약 5년간에 10회에 걸쳐 10개의 부동산을 연이어 신축 취득하여 그 중 7회에 걸쳐 7개의 부동산을 양도한 사실을 인정하고서 그 부동산의 보유기간이 짧게는 20일 내지 길게는 9개월 사이의 단기간인 점과 그밖에 그 부동산들의 규모 등 제반사정에 비추어 보면, 갑이 이 사건 부동산들을 신축하여 매도한 행위는 수익을 목적으로 한 사업활동으로 볼 수 있을 정도의 계속성과반복성이 있었다고 보는 것이 상당하고, 따라서 세무서가 갑의 위 부동산매매를 부가가치세법시행규칙 제1조 제1호의 부동산매매업과 소득세법 제20조 제1항 , 같은 법 시행령 제36조 제3호가 정하는 부동산매매업에 각 해당한다고 보아 위 각 세법 소정의 부가가치세와 종합소득세부과처분을 적법한 것이라고 판단하였고, ② 그러나 위 을은 단 1회 위 7번 건물의 1/2지분을 처분한 것에 불과하였던 것으로 위 을을 부가가치세법시행규칙 제1조 제1항 소정의 부동산매매업자라고 볼 수는 없다 할 것이고 또 그가 사업자로 인정되는 갑과 공동으로 그 지분을 처분하였다고 하더라도 그와 같은 사정만으로 위 을이 부동산매매업자로 되는 것은 아니므로 갑을 위 부동산에 관한 공유물 또는 공동사업 등에 관한 연대납세의무자로 볼 수 없다 할 것이니 위 을의 지분부분에 대한 부가가치세까지 포함하여 원고에게 부과한 위 부가가치세부과처분은 위 을의 지분부분에 한하여 위법하다'고 판시하였습니다(대법원 1990. 5. 22. 선고 90누1311 판결).

따라서 관할세무서는 부가가치세법상 공동사업에 관한 연대납세의무 규정에 따라 을도 갑과 같은 부동산매매업자라고 판단하여 을이 납부하여야 할 부가가치세까지 포함하여 갑에게 부과처분을 내릴 수는 없습니다.

■ 사기편취금액에 대한 부가가치세 부과처분이 적법한지요?

Q. 甲회사는 프렌차이즈사업, 한방병원 및 의원업 등을 목적으로 설립된 회사로서 甲회사의 대표자는 설립 이후 불특정다수의 사람들을 상대로 인터넷 사이트 등을 통하여 무점포 형식의 프렌차이즈 가맹점을 모집하는데, 가맹비로 1가맹점 가입자가 150만원을 현금이나 신용카드로 내면 가맹점주가 되는 동시에 甲의 계약직 사원이 되며, 甲의 계약직 사원이 되면 사원가입과 동시에 20만원 내지 30만원 상당의 금산수삼 한 세트와 50만원 상당의 최상급 보약 한재를 증정받고, 평생 甲의 부속한방병원에서 진찰, 물리치료, 침, 뜸, 부항, 온열치료기 등의 치료시설을 무료로 이용할 수 있는 혜택을 받을 수 있다고 속여 가맹비 명목으로 1억원을 편취하여 사기죄로 처벌받은 사실이 있습니다. 이에 과세관청은 甲회사에 가맹비에 대하여 부가가치세를 부과하였는데, 이 처분은 적법한 것인가요?

A. 부가가치세법 제1조에 따라 부가가치세는 1. 재화 또는 용역의 공급 또는 2. 재화의 수입이 있는 경우 부과할 수 있습니다.
한편, 대법원은 "납세의무자가 프랜차이즈 가맹점을 모집하여 가맹점주들로부터 가맹비 명목의 금원을 교부받은 행위는 '재화 또는 용역의 거래는 거의 없이 사실상 금전거래만을 한 경우'에 해당하므로, 그 금전거래 부분에 대해서는 부가가치세를 부과할 수 없어 부가가치세 부과처분 중 금전거래에 해당하는 부분을 경정하여야 함에도 불구하고, 납세의무자의 감액경정청구를 전부 거부한 것은 위법하다"고 판단한 예가 있습니다.
그렇다면 이 사건의 경우에 甲회사의 대표자는 가맹점주들에게 재화와 용역을 공급하고 그 대가로 가맹비를 받은 것이 아니라 단지 가맹비만을 편취한 것일 뿐인바, 과세관청이 재화와 용역의 공급이 있었음을 전제로 甲회사에 대하여 부가가치세를 부과한 것은 위법하다고 할 것입니다.

■ 사업자등록명의인의 이름으로 한 부가가치세 부과처분에 대한 이의신청을 실지 경영자가 한 이의신청으로 볼 수 있는지요?

Q. 甲은 아내인 乙의 명의를 빌려 乙의 명의로 사업자등록을 한 후 플러그제조사를 운영하고 있으며, 丙세무서는 1982. 2. 1.자로 실질적인 사업자인 甲에 대하여 1981년도 2기분 부가가치세를 부과한 사실이 있습니다. 이에 대하여 甲은 1982. 2. 5. 이 사건 부가가치세의 부과처분을 고지받고, 같은 해 3. 18 처인 乙명의로 이의신청을 하여, 같은 해 4.3 기각되자, 같은 해 5. 27 甲명의로 심사청구를 하였으나 기각된 후 부가가치세 부과처분취소소송을 제기하였는 바, 이 경우 乙명의로 한 이의신청을 甲이 한 것으로 보아 구 국세기본법 제61조 제1항의 이의신청의 기간(60일)을 준수하였다고 볼 수 있는지요?

A. 구 국세기본법 (1989. 12. 30 법률 제4177호로 개정되기 전의 것) 제61조 제1항은 '심사청구는 당해 처분이 있은 것을 안 날(처분의 통지를 받은 때에는 그 받은 날)로부터 60일(납세자가 외국에 주소를 둔 경우에는 90일)내에 하여야 한다. 다만, 이의신청을 거친 후 심사청구를 하고자 할 때에는 제66조제5항의 규정에 의하여 이의신청에 대한 결정의 통지를 받은 날(결정의 통지를 받지 못한 경우에는 동조동항 단서에 규정하는 결정기간이 경과한 날)로부터 60일내에 하여야 한다'고 규정하고 있습니다.

사안의 경우 비록 이 사건 과세처분은 甲이 경영하는 플러그제조사의 거래에 관한 것이고 그 사업자등록이 乙 명의로 되어 있어서 丙세무서가 이 사건 과세처분의 결정결의를 함에 있어서 납세의무자를 甲(乙)으로 표시한 사실이 있다고 하더라도, 그 사실만으로는 위 乙 명의로 한 이의신청을 甲이 한 이의신청으로 볼 수는 없고, 이의 신청기간이 도과한 후 甲이 한 심사청구는 구 국세기본법 제61조 제1

항 이 정한 청구기간인 이 사건부과처분의 통지를 받은 날로부터 60일이 경과하여 부적법하다고 할 것입니다(대법원 1985. 1. 22. 선고 83누526 판결).

■ 회사의 체납국세를 충당하기 부족하다고 판단한 후 부족분에 대하여 부가가치세부과처분을 내릴 수 있는가요?

Q. 갑 유통 주식회사는 생필품 판매 및 판매위탁업 등을 목적으로 하는 회사로서, 서울에 20개의 지점을 두고 영업을 하여 오던 중 1994년 및 1995년도에 발생한 부가가치세 2억 원을 체납하였습니다. 갑 회사는 위와 같이 국세를 체납하고 있는 상태에서 1996. 1. 27. 을 회사와 사이에 위 20개 지점 중 14개 지점에 관하여 점포양도 및 상품시설매매계약을 체결하였습니다. 이에 대하여 관할세무서는 을이 사업양수인으로서 갑 회사의 2차 납세의무자에 해당한다는 이유로 갑 회사의 재산으로 갑 회사의 위 체납국세를 충당하기 부족하다고 판단한 후 부족분에 대하여 을 회사에 부가가치세부과처분을 내릴 수 있는가요?

A. 국세기본법 제41조 제1항은 사업의 양도·양수가 있는 경우에 양도일 이전에 양도인의 납세의무가 확정된 당해 사업에 관한 국세·가산금과 체납처분비를 양도인의 재산으로 충당하여도 부족이 있는 때에는 대통령령이 정하는 사업의 양수인은 그 부족액에 대하여 양수한 사업의 가액을 한도로 제2차 납세의무를 진다고 규정하고 있고, 같은 법 시행령 제22조는 법 제41조에서 "대통령령이 정하는 사업의 양수인"이라 함은 사업장별로 그 사업에 관한 모든 권리(미수금에 관한 것을 제외한다)와 모든 의무(미지급금에 관한 것을 제외한다)를 포괄적으로 승계한 자를 말한다고 규정하고 있으며, 같은 법 시행령 제23조 제1항 은 법 제41조 제1항 이 규정하는 사업의 양도인에게 2이상의 사업장이 있는 경우에 1사업장을 양수한 자의 제2차 납세의무는 양수한 사업장에 관계되는 국세·가산금과 체납처분비에 한한다고 규정하고 있습니다.

위 사안과 관련하여 을 회사는 첫째로 을은 갑 회사의 모든 자산을 인수한 것이 아닐 뿐더러 종업원도 일괄 인수한 바 없으며, 제세공과금은 과세기준일을 기준으로 갑 회사가 납부하도록 약정하였으며, 체납공과금은 양수 이후에 을이 납부하도록 한 것이므로 결국 을은 갑 회사의 사업을 포괄적으로 양수하지 않았음에도 불구하고 세무서는 이와 다른 전제에서 이 사건 부과처분을 하였으니 이 사건 부과처분은 위법하고, 둘째로 사업양수인의 제2차 납세의무는 양수인이 납부하여야 할 조세의 재원이 되는 경제적 이익을 양수한 사업에서 얻을 수 있을 때 정당화 될 수 있는데 을이 위와 같이 갑 회사의 자산을 일부 인수한 것은 을의 사업영역의 확대 또는 이익증대를 목적으로 한 것이 아니라 을의 갑 회사에 대한 외상매출채권의 확보를 위한 부득이 한 조치로서 을이 양수한 14개의 지점 중 9개의 지점은 이미 폐점되었으며 나머지 5개의 지점도 정리 작업 중이고 이 사건 각 지점의 양수와 관련하여 을은 금 1,196,453,000원의 결손을 보았으므로 을은 이 사건 각 지점에서 양수인이 납부하여야 할 조세의 재원이 되는 경제적 이익을 얻을 수 없었으므로 이 사건 부과처분은 위법하다고 주장하였습니다.

그러나 법원은 ① 을의 위 첫 번째 주장에 대하여 '사업의 양수인에게 제2차 납세의무를 지도록 규정한 국세기본법 제41조 및 같은 법 시행령 제22조 에서 사업에 관한 모든 권리와 의무를 포괄적으로 승계한다고 함은 양수인이 양도인으로부터 그의 모든 사업시설 뿐만 아니라 영업권과 그 사업에 관한 채권, 채무 등 일체의 인적, 물적 권리와 의무를 양수함으로써 양도인과 동일시되는 정도의 법률상의 지위를 그대로 승계한 것을 의미한다고 할 것이고(대법원 1995. 9. 15. 선고 94누 8304 판결, 대법원 1990. 8. 28.선고 90누1892 판결 등 참조), 여기에서 "모든 권리" 및 "모든 의무"란 사업의 이전에 있어서 그 동일성의 유지에 필요한 모든 권리와 의무를 말한다고 할 것이므로 그 범위 내에서 당사자의 특약에 의하여 일부의 자산이 배제될 수도 있으며, 한편 위 관련규정을 종합하면 포괄 양도하는 사업이란 사업장별로 판단되어야 하며 이는 단순히 장소적 구분만이 아니라 사업단위까지 포함하는 의미로서 하나의 사업자가 수개의 장소에서 동일한 영업을 영위하다가 그 중 하나의 장소에서의 사업을 포괄 양도한 경우뿐만 아니라 동일한 장소에서 각각 별개의 사업을 영위하다가 그 중 한 종류의 사업을 포괄 양도한 경우까지도 포함하며 이 경우 그 분할된 부분이 독립된 사업단위로서의 일체를 갖추면 되는 것'임을 전제로 을은 독립된 사업단위인 이 사건 각 지점에 관하여 사업장별로 사업의 이전에 있어서 동일성 유지에 필요한 영업에 관한 사업시설, 영업권 등 일체의 인적, 물적 권리와 의무를 양수함으로써 양도인인 갑 회사와 동일시되는 정도의 법률상의 지위를 그대로 승계하였다고 할 것이고, 을이 갑 회사의 자산 및 종업원 모두를 인수하지 않았다든지 제세공과금 및 체납공과금에 관하여 위에서 본 바와 같은 별도의 약정이 있었다고 하여 사정이 달라지는 것은 아니라는 이유로 배척을 하였고, ② 두 번째 주장에 대하여는 '을이 양도인인 갑 회사와 동일시되는 정도의 법률상의 지위를 그대로 승계하였다면 그로써 을은 양수인이 납부하여야 할 조세의 재원이 되는 경제적 이익을 양수한 사업에서 얻을 수 있는 지위를 승계하였다고 할 것이고 을이 이 사건 각 지점을 인수하게 된 동기가 외상매출채권의 확보를 위한 것이라든지 이 사건 각 지점이 폐점되거나 정리 작업 중이고 이 사건 각 지점의 인수와 관련하여 을이 결손을 보았다고 하여 사정이 달라지지는 않는다.'이유로 배척을 하였습니다.

따라서 관할세무서는 을이 사업양수인으로서 갑 회사의 2차 납세의무자에 해당한다는 이유로 갑 회사의 재산으로 갑 회사의 위 체납 국세를 충당하기 부족하다고 판단한 후 부족분에 대하여 을 회사에 부가가치세부과처분을 내릴 수 있습니다.

■ 부동산 양도행위에 대하여 양도소득세 이외에 부가가치세를 부과하는 것은 중복과세에 해당하는 것 아닌가요?

Q. 甲은 부동산매매업을 영위하는 자입니다. 甲은 얼마 전 자신 소유의 부동산을 乙에게 매도하였는데, 양도소득세 부과처분과는 별도로 부가가치세 부과처분까지 받았습니다. 甲의 부동산 양도행위에 대하여 양도소득세 이외에 부가가치세를 부과하는 것은 중복과세에 해당하는 것 아닌가요?

A. 대법원은 "부동산의 거래행위가 부가가치세의 과세요건인 부동산매 매업에 해당하는지 여부는 그 거래행위가 수익을 목적으로 하고, 그 규모, 횟수, 태양 등에 비추어 사업활동으로 볼 수 있는 정도의 계속성과 반복성이 있는지 여부 등을 고려하여 사회통념에 비추어 가려져야 할 것이고, 그 판단을 함에 있어서는 단지 당해 양도의 목적으로 된 부동산에 대한 것뿐만 아니라, 양도인이 보유하는 부동산 전반에 걸쳐 당해 양도가 행하여진 시기의 전후를 통한 모든 사정을 참작하여야 할 것이며, 건물 양도행위가 부가가치세의 과세대상인 부동산매매업을 영위한 경우에 해당하는 이상 그 양도로 인한소득에 대한 소득세와는 별도로 부가가치세를 납부할 의무가 있으므로, 피고가 원고의 이 사건 건물 양도행위에 대하여 당초 양도소득세 및 방위세 부과처분을 하였다 하더라도 이 사건 부가가치세 부과처분이 중복과세로 위법하다고 할 수는 없다(대법원 1997. 4. 25. 선고 96누18557 판결)."라고 판시하고 있습니다.

따라서 甲의 부동산 양도행위가 부동산매매업에 따른 거래행위라면, 부동산 거래에 따른 양도소득세 이외에 부가가치세가 함께 부과되어도 중복과세에는 해당하지 않는다고 할 것입니다.

■ 과세관청이 부가가치세신고 불성실가산세 부과처분을 하였는데 이 처분
  은 정당한 것인가요?

Q. 甲주식회사에서 회계업무를 담당하고 있는 乙은 甲주식회사의
   부가가치세 신고를 하면서 전산시스템 운영상 잘못으로 甲주식
   회사 소속 마케팅전략본부의 매출액 중 일부를 甲주식회사 소
   속 마케팅부문의 매출액으로 잘못 입력하여 마케팅전략본부의
   과세표준 중 매출액을 과소 신고하게 되었습니다. 이에 대하여
   과세관청이 부가가치세신고 불성실가산세 부과처분을 하였는데
   단순한 전산시스템 운영상 잘못을 가지고 부가가치세 신고 불성
   실이라고 하는 것은 과하다고 생각됩니다. 이러한 경우 과세관
   청의 처분은 정당한 것인가요?

A. 대법원은 세법상 가산세의 부과요건에 대하여 "세법상 가산세는 과
   세권의 행사 및 조세채권의 실현을 용이하게 하기 위하여 납세자가
   정당한 이유 없이 법에 규정된 신고, 납세 등 각종 의무를 위반한
   경우에 개별세법이 정하는 바에 따라 부과되는 행정상의 제재로서
   납세자의 고의, 과실은 고려되지 않는 반면, 이와 같은 제재는 납세
   의무자가 그 의무를 알지 못한 것이 무리가 아니었다고 할 수 있어
   서 그를 정당시할 수 있는 사정이 있거나 그 의무의 이행을 당사자
   에게 기대하는 것이 무리라고 하는 사정이 있을 때 등 그 의무해태
   를 탓할 수 없는 정당한 사유가 있는 경우가 아닌 한 세법상 의무
   의 불이행에 대하여 부과되어야 한다(대법원 2011. 4. 28. 선고
   2010두16622 판결)."고 판시하고 있습니다.
   따라서 甲주식회사의 전산시스템 운영상 잘못을 주의를 기울였다면
   충분히 예방할 수 있었다거나, 매출액이 정확한 것인지 확인할 기회
   가 있었다는 등의 과실이 있다면 정당한 사유가 있다고 볼 수 없어
   부가가치세신고 불성실가산세를 납부해야 합니다.

■ 포인트로 인해 공제된 대금까지도 부가가치세 신고를 하여야 할까요?

Q. 甲은 포인트 적립에 의한 대금 공제 제도를 운영하면서 고객과의 처음거래에서 고객에게 포인트를 적립해주고 그 후 고객과 차후 거래를 할 때에 적립된 포인트 상당의 가액을 대금에서 공제하여주는 영업을 해왔습니다. 그런데 甲은 포인트로 인해 공제되어 지급받지 못한 대금도 과세표준에 합하여 부가가치세 신고를 하여야 할지, 이를 제외하고 신고를 해야 할지 고민입니다. 포인트로 인해 공제된 대금까지도 부가가치세 신고를 하여야 할까요?

A. 대법원은 "부가가치세의 과세표준에 포함되기 위해서는 재화나 용역의 공급과 대가관계에 있는 것을 받아야 할 뿐만 아니라 그것이 금전 또는 금전적 가치가 있는 것이어야 한다. 그런데 에누리 액은 재화나 용역의 공급과 관련하여 그 품질·수량이나 인도·공급대가의 결제 등의 공급조건이 원인이 되어 통상의 공급가액에서 직접 공제·차감되는 것으로서 거래상대방으로부터 실제로 받은 금액이 아니므로 부가가치세의 과세표준에서 제외되며, 그 공제·차감의 방법에 특별한 제한은 없다. 따라서 고객이 재화를 구입하면서 사업자와 사이의 사전 약정에 따라 그 대가의 일부를 할인받은 경우에 이는 통상의 공급가액에서 직접 공제·차감되는 에누리 액에 해당하므로 그 할인액은 과세표준에 포함되지 아니한다(대법원 2016. 8. 26. 선고 2015두58959 전원합의체 판결)."고 판시하고 있는데, 이에 따르면 甲과 같은 포인트 적립에 의한 대금 공제 제동의 경우 甲의 고객들이 할인받은 금액은 에누리 액에 해당하여 부가가치세 과세표준에서 제외된다고 할 것입니다. 따라서 甲은 포인트로 인해 공제된 금액을 과세표준에서 제외하고 부가가치세 신고를 하면 될 것입니다.

■ 취소소송을 진행하는 도중 부가가치세에 대한 증(감)액경정처분을 받은 경우 부가가치세부과처분에 대하여 다투어야 하는지, 아니면 증(감)액경정처분에 대하여 다투어야 하는지요?

Q. 甲은 관할세무서장으로부터 부가가치세부과처분을 받고 이에 대하여 취소소송을 진행하는 도중 부가가치세에 대한 증(감)액경정처분을 받았습니다. 甲은 처음 받았던 부가가치세부과처분에 대하여 다투어야 하는지, 아니면 증(감)액경정처분에 대하여 다투어야 하는지요?

A. 당초의 과세처분 등에 대하여 경정처분이 있는 경우 증액경정처분인지, 아니면 감액경정처분인지에 따라서 소송의 대상이 달라질 수 있습니다. 증액경정처분은 당초 부과한 내용을 포함하여 전체의 과세표준과 세액을 결정하는 것입니다. 따라서 당초의 처분은 증액경정처분에 흡수되어 소멸하고 증액경정처분만이 소송의 대상이 되며, 당초의 처분에 대한 소송을 진행 중이라면 청구취지를 변경하여 증액경정처분을 소송의 대상으로 하여야 합니다(대법원 1993. 12. 21. 선고 92누 14441 판결).

반면 감액경정처분은 당초에 세금을 부과한 처분을 전부 취소한 다음 새로이 감액된 내용의 세금을 부과하는 것이 아니라, 당초의 처분 일부를 취소하는 효력을 갖습니다. 따라서 실질적으로 당초처분의 변경에 해당하여 소송의 대상은 감액경정처분이 아닌 처음 세금을 부과한 처분입니다.

■ 과세처분이 무효이거나 취소되어 과오납부액이 발생한 경우, 사업명의
  자 명의로 납부된 세액의 환급청구권자가 누구인지요?

Q. 갑은 신용불량자인 관계로 친구인 을의 명의로 오피스텔을 신축
   하여 분양 및 임대사업을 하기로 을과 협의하였습니다. 갑은 위
   협의에 따라 을 명의로 서울 ○○구에 오피스텔을 신축하여 분양
   및 임대사업을 시작하였습니다. 한편, 관할세무서는 실질과세의
   원칙에 따라 실제사업자인 갑에게 분양 및 임대사업으로 발생한
   종합소득세 및 부가가치세를 부과하여야 함에도 불구하고 실수
   로 등록명의상 사업자인 을에게 종합소득세와 부가가치세를 부
   과하였다가 위 과세처분을 취소하였습니다. 이 경우 과오납부액
   에 대한 환급은 갑과 을 둘 중 누가 어떠한 절차에 따라 청구
   할 수 있는가요?

A. 국세기본법 제51조 제1항에서는 "세무서장은 납세의무자가 국세·가
   산금 또는 체납처분비로서 납부한 금액 중 과오납부한 금액이 있거
   나 세법에 의하여 환급하여야 할 환급세액(세법에 의하여 환급세액
   에서 공제하여야 할 세액이 있는 때에는 공제한 후의 잔여액을 말
   한다)이 있는 때에는 즉시 그 오납액초과납부액 또는 환급세액을
   국세환급금으로 결정하여야 한다. 이 경우 착오납부·이중납부로 인
   한 환급청구는 대통령령이 정하는 바에 의한다."라고 규정하고 있습
   니다. 우선 국세환급금에 관한 국세기본법 제51조 제1항은 이미 부
   당이득으로서 그 존재와 범위가 확정되어 있는 과오납부액이 있는
   때에는 국가가 납세자의 환급신청을 기다리지 않고 이를 즉시 반환
   하는 것이 정의와 공평에 합당하다는 법리를 선언하고 있는 것이므
   로, 이미 그 존재와 범위가 확정되어 있는 과오납부액은 납세자가
   부당이득의 반환을 구하는 민사소송으로 그 환급을 청구할 수 있습
   니다(대법원 2009.4.23.선고 2008다29918판결 등 참조).

그리고 과세의 대상이 되는 소득·수익·재산·행위 또는 거래의 귀속이 명의일 뿐이고 사실상 귀속되는 사람이 따로 있는 때에는 사실상 귀속되는 사람을 납세의무자로 하여 세법을 적용하므로(국세기본법 제14조 제1항),과세관청과 실제사업자 사이에서는 실질과세의 원칙에 따라 실질적으로 당해 과세대상을 지배·관리하는 실제사업자가 종국적으로 납세의무를 부담하는 법률관계가 존재합니다(대법원 2014.5.16.선고 2011두9935판결 등 참조).

그런데 실제사업자가 따로 있음에도 과세관청이 사업명의자에게 과세처분을 한 경우에는, 사업명의자와 과세관청 사이에 과세처분에 따라 세액을 납부하는 법률관계가 성립됩니다. 이는 실제사업자와 과세관청 사이의 법률관계와는 별도의 법률관계로서, 사업명의자에 대한 과세처분에 대하여 실제사업자가 사업명의자 명의로 직접 납부행위를 하였거나 그 납부자금을 부담하였다고 하더라도 납부의 법률효과는 과세처분의 상대방인 사업명의자에게 귀속될 뿐이며, 실제사업자와 과세관청의 법률관계에서 실제사업자가 세액을 납부한 효과가 발생된다고 할 수 없으며 따라서 사업명의자에게 과세처분이 이루어져 사업명의자 명의로 세액이 납부되었으나 그 과세처분이 무효이거나 취소되어 과오납부액이 발생한 경우에, 사업명의자 명의로 납부된 세액의 환급청구권자는 사업명의자와 과세관청 사이의 법률관계에 관한 직접 당사자로서 세액 납부의 법률효과가 귀속되는 사업명의자로 보아야 합니다(대법원 2015. 8. 27. 선고 2013다212639 판결).

위와 같은 판례의 법리에 따르면 과오납부액의 환급청구권자인 명의상 사업자 을이 대한민국을 상대로 민사상 부당이득반환청구를 통해 환급을 받을 수 있습니다.

■ 부가가치세 부과처분에 대한 이의신청을 하자, 청구는 90일 이내에 제기되지 않은 것으로 부적법하다고 주장하는 경우 세무서장의 주장이 맞는 것인가요?

Q. 저는 2017. 6. 29. 세무서장에게 부가가치세 부과처분에 대한 이의신청을 하자, 세무서장은 재조사 후 부가가치세 부분을 유지한다는 내용의 후속 처분을 하고, 2017. 10. 24. 저에게 이를 통지하였습니다. 이에 저는 2017. 10. 28. 국세청장에게 이 사건 심사청구를 하였습니다. 세무서장은 저의 청구는 90일 이내에 제기되지 않은 것으로 부적법하다고 주장합니다. 세무서장의 주장이 맞는 것인가요?

A. 구 국세기본법 제65조 제1항, 제66조 제6항, 제81조는 이의신청 등에 대한 결정에 관하여 '이의신청 등이 신청기간 또는 청구기간이 경과한 후에 있었거나 보정기간 내에 필요한 보정을 하지 아니한 때에는 그 신청이나 청구를 각하하는 결정을, 이의신청 등이 이유 없다고 인정되는 때에는 그 신청이나 청구를 기각하는 결정을, 이의신청 등이 이유 있다고 인정되는 때에는 그 신청이나 청구의 대상이 된 처분의 취소·경정 또는 필요한 처분의 결정을 한다'고 규정하고 있습니다. 동법 제56조 제3항 본문, 제61조 제2항 본문, 제68조 제2항은 '이의신청을 거친 후 심사청구 또는 심판청구를 하고자 할 때에는 이의신청에 대한 결정의 통지를 받은 날부터 90일 이내에 제기하여야 하고, 행정소송은 행정소송법 제20조의 규정에 불구하고 심사청구 또는 심판청구에 대한 결정의 통지를 받은 날부터 90일 이내에 제기하여야 한다'고 규정하고 있습니다.

그런데 이의신청 등에 대한 결정의 한 유형으로 실무상 행해지고 있는 재조사결정은 처분청으로 하여금 하나의 과세단위의 전부 또는 일부에 관하여 당해 결정에서 지적된 사항을 재조사하여 그 결과에 따라 과세표준과 세액을 경정하거나 당초 처분을 유지하는 등의 후속 처분을 하도록 하는 형식을 취하고 있습니다.

이에 따라 재조사결정을 통지받은 이의신청인 등은 그에 따른 후속 처분의 통지를 받은 후에야 비로소 다음 단계의 쟁송절차에서 불복할 대상과 범위를 구체적으로 특정할 수 있게 됩니다. 위와 같은 사정 등을 감안하면, 재조사결정은 당해 결정에서 지적된 사항에 관해서는 처분청의 재조사결과를 기다려 그에 따른 후속 처분의 내용을 이의신청 등에 대한 결정의 일부분으로 삼겠다는 의사가 내포된 변형결정에 해당한다고 볼 수밖에 없습니다.

그렇다면 재조사결정은 처분청의 후속 처분에 의하여 그 내용이 보완됨으로써 이의신청 등에 대한 결정으로서의 효력이 발생한다고 할 것이고, 재조사결정에 따른 심사청구기간이나 심판청구기간 또는 행정소송의 제소기간은 이의신청인 등이 후속 처분의 통지를 받은 날부터 기산된다고 봄이 상당할 것인바, 질의자 분의 취소청구는 적법하다고 할 것입니다(대법원 2010. 6. 25. 선고 2007두12514 전원합의체 판결).

■ 국가에 가지는 부가가치세 환급세액의 국세환급금채권을 전부받은 전부채
권자가 부가가치세 확정신고가 잘못된 경우 경정청구를 할 수 있는지요?

Q. 甲은 채무자인 乙이 제3채무자인 국가에 가지는 부가가치세 환
급세액의 국세환급금채권을 전부받은 전부채권자입니다. 甲은
종전 乙이 한 부가가치세 확정신고가 잘못된 것으로 생각하여
이를 바로잡고자 하는바, 갑이 경정청구를 할 수 있는지요?

A. 국세기본법 제45조의2 규정에서 경정청구에 관하여 규율하고 있는
바, 구체적으로 제1항에서 "과세표준신고서를 법정신고기한까지 제
출한 자는 다음 각 호의 어느 하나에 해당할 때에는 최초신고 및
수정신고한 국세의 과세표준 및 세액의 결정 또는 경정을 법정신고
기한이 지난 후 5년 이내에 관할 세무서장에게 청구할 수 있다. 다
만, 결정 또는 경정으로 인하여 증가된 과세표준 및 세액에 대하여
는 해당 처분이 있음을 안 날(처분의 통지를 받은 때에는 그 받은
날)부터 90일 이내(법정신고기한이 지난 후 5년 이내로 한정)에
경정을 청구할 수 있다."고 규정하고, 경정청구가 가능한 경우로서,
"1. 과세표준신고서에 기재된 과세표준 및 세액(각 세법에 따라 결
정 또는 경정이 있는 경우에는 해당 결정 또는 경정 후의 과세표준
및 세액을 말한다)이 세법에 따라 신고하여야 할 과세표준 및 세액
을 초과할 때, 2. 과세표준신고서에 기재된 결손금액 또는 환급세액
(각 세법에 따라 결정 또는 경정이 있는 경우에는 해당 결정 또는
경정 후의 결손금액 또는 환급세액을 말한다)이 세법에 따라 신고
하여야 할 결손금액 또는 환급세액에 미치지 못할 때"를 규정하고
있습니다.
또한 제2항에서는 "과세표준신고서를 법정신고기한까지 제출한 자
또는 국세의 과세표준 및 세액의 결정을 받은 자는 다음 각 호의
어느 하나에 해당하는 사유가 발생하였을 때에는 제1항에서 규정하

는 기간에도 불구하고 그 사유가 발생한 것을 안 날부터 3개월 이내에 결정 또는 경정을 청구할 수 있다."고 규정하며, 이에 따른 경정청구가 가능한 경우로서, "1. 최초의 신고·결정 또는 경정에서 과세표준 및 세액의 계산 근거가 된 거래 또는 행위 등이 그에 관한 소송에 대한 판결(판결과 같은 효력을 가지는 화해나 그 밖의 행위를 포함한다)에 의하여 다른 것으로 확정되었을 때. 2. 소득이나 그 밖의 과세물건의 귀속을 제3자에게로 변경시키는 결정 또는 경정이 있을 때. 3. 조세조약에 따른 상호합의가 최초의 신고·결정 또는 경정의 내용과 다르게 이루어졌을 때. 4. 결정 또는 경정으로 인하여 그 결정 또는 경정의 대상이 되는 과세기간 외의 과세기간에 대하여 최초에 신고한 국세의 과세표준 및 세액이 세법에 따라 신고하여야 할 과세표준 및 세액을 초과할 때. 5. 제1호부터 제4호까지와 유사한 사유로서 대통령령으로 정하는 사유가 해당 국세의 법정신고기한이 지난 후에 발생하였을 때"를 규정하고 있습니다.

그런데 甲은 당해 부가가치세의 납세의무자로서 직접 부가가치세 확정신고 등을 한 사람이 아니고, 乙의 부가가치세 환급세액이라는 국세환급금채권을 전부받은 자로서, 甲이 경정청구권이 있는지가 문제될 수 있습니다.

이와 관련하여 판례는 "국세기본법 제45조의2 제1항이 '과세표준신고서를 법정신고기한까지 제출한 자'만 경정청구를 신청할 수 있다고 명시적으로 규정하고 있는 점, 국세환급금반환채권을 전부받은 전부채권자는 금전채권자로서의 지위를 승계받았을 뿐 채무자가 가지는 '과세표준신고서를 법정신고기한까지 제출한 자'의 지위까지 승계받은 것이 아닌 점, 피전부채권인 장래의 국세환급금반환채권은 과세관청의 증액경정에 의하여 소멸될 수도 있는 점 등에 비추어 보면, 국세기본법 제45조의2 제1항이 정한 경정청구권은 납세의무자만 행사할 수 있고 전부채권자가 직접 그 경정청구권을 행사할 수는 없다. 그리고 경정청구권의 성질 등에 비추어 볼 때, 납세의무자에 대하여 금전채권만 가지고 있는 자는 특별한 사정이 없는 한 납세의무자의 경정청구권을 대위하여 행사할 수도 없다고 보아야 한다."고 판시한바 있습니다(대법원 2014. 12. 11. 선고 2012두27183 판결).

따라서 甲은 직접 또는 乙을 대위하여 자신이 경정청구를 할 수는 없다고 할 것이고, 경정의 필요성이 있다면 乙이 해당 절차를 밟을 필요가 있을 것입니다.

11. 조세심판원 최근 심판결정례

■ 쟁점 호텔 등의 양도가 재화의 공급으로 보지 아니하는 사업의 포괄양도에 해당하는지 여부

[청구번호] 조심 2018중3810 (2019.01.07)
[결정요지] 청구인은 양도인이 고용하였던 호텔 직원 대부분을 고용하였고 시설장치 및 집기비품 등을 포함하여 쟁점 호텔 등을 양수한 점, 쟁점 호텔 등 매매계약서상 해당 계약이 '일체의 영업권을 포함한 상태에서의 매매계약'이라고 기재되어 있고, 사업양도의 경우 영업권 평가가 필수적인 것은 아닌 점, 신축호텔 예정 부지 등이 매매대상에서 제외되었다고 하더라도 청구인이 호텔숙박업을 영위하는데 지장이 없는 점, 청구인은 쟁점 호텔 등 양수 당시 양도인과 동일한 호텔숙박업을 영위하였고, 청구인의 부가가치세 대리납부도 이루어지지 않은 점 등에 비추어 처분청이 청구인이 사업을 포괄양수한 것으로 보아 쟁점 매입세액을 불공제하고 이 건 부가가치세를 과세한 처분은 잘못이 없음.

■ 쟁점 거래를 사업의 포괄적 양수도거래로 보아 쟁점 매입세액을 불공제하여 부가가치세를 과세한 처분의 당부 등

[청구번호] 조심 2018부3065 (2019.01.04)
[결정요지] 쟁점 사업의 핵심자산은 쟁점 사업 인·허가권 및 관련 사업부지로 보이고, 청구법인이 쟁점 거래를 통하여 케이블카 설치·운영업이라는 사업의 동질성을 유지하면서 동 사업의 핵심자산을 인수한 것으로 나타나는 점, 케이블카 설치공사가 착공 전이므로 단순 사무를 보조하던 종업원 등 인적자원 및 기타 물적시설의 인수 여부가 중요한 판단기준이 되지 못하는 점, 쟁점 계약에 쟁점 매입세액에 대한 언급이 없고 청구법인이 양도법인에게 쟁점 매입세액을 지급하지 아니한 것으로 나타나는 점 등에 비추어 청구주장을 받아들이기 어려움.

■ 무자료 매출 및 사실과 다른 세금계산서 수수에 대하여 부과제척기간 10년을 적용하여 과세한 처분의 당부 및 청구인을 실질사업자로 볼 수 없다는 청구주장의 당부

[청구번호] 조심 2018중4107 (2018.12.26)

[결정요지] 청구인이 ◎◎◎주유소의 사업자 명의로 등록되어 있고, 허위의 매입세금계산서의 공급받는 자 및 매출세금계산서의 공급자가 모두 청구인으로 기재된 점 등에 비추어 청구주장을 받아들이기 어려움. 또한, 처분청이 청구인에게 한 20○○년 제○기분 및 20○○년 제○기분 부가가치세 부과처분은 허위의 세금계산서 수수행위를 원인으로 한 과세처분이므로 동 행위를 사기 기타 부정한 행위로 보아 10년의 부과제척기간을 적용한 처분은 정당하다고 할 것이나, 20○○년 제○기분 및 20○○년 제○기분 부가가치세 부과처분은 무자료 매출(과소신고)을 과세원인으로 하는 것으로 동 행위에 대하여는 5년의 부과제척기간이 적용된다 할 것이므로 이 부분 과세처분은 부과제척기간을 도과한 잘못이 있다고 판단됨.

■ 건축물대장상 업무시설(오피스텔)로 되어 있는 쟁점 건물이 부가가치세 면제대상인 국민주택에 해당하는지 여부 및 오피스텔의 토지 및 건물가액 안분계산 시 건물 등의 기준가액 산정에 있어 사실상의 용도를 적용하는지 여부

[청구번호] 조심 2018중3955 (2018.12.26)

[결정요지] 쟁점 건물은 업무시설인 '오피스텔'로 건축허가 및 사용승인받은 사실이 쟁점 건물의 건축허가 신청서, 사용승인서 및 건축물대장 등에서 확인되고 동 건물 신축 이후 주거용으로 용도를 변경한 사실이 나타나지 아니하는바, 조특법 제106조 제1항 제4호에 따라 부가가치세가 면제되는 국민주택의 공급은 「주택법」 제2조 제3호에 따른 국민주택

규모(주거전용면적 85㎡ 이하)의 '주택'공급에 한하여 적용되는 것이므로, 위와 같이 「주택법」 제2조 제2호의2 및 「주택법 시행령」제2조의2 제4호에 따른 「건축법 시행령」상의 오피스텔(업무시설)에 해당하는 쟁점 건물을 「주택법」에 의한 주택으로 보아 부가가치세 면제 대상으로 보기는 어렵다 할 것이어서 이 건 처분은 달리 잘못이 없는 것으로 판단됨.

■선박부품 및 어구 등 선용품을 매입하여 합작선사에 공급한 거래당사자를 청구법인으로 볼 수 있는지 여부 및 사기나 기타 부정한 행위로 보아 10년의 부과제척기간을 적용한 처분의 당부

[청구번호] 조심 2018부3730 (2018.12.26)
[결정요지] 선박관리계약에 따라 합작선사로부터 선용품 등 공급업무를 위탁받은 ◎◎산업이 청구법인에게 이 건 선용품 공급업무를 재위탁받기로 한 계약서의 존재 및 선용품 공급업무의 재위탁에 따른 수수료 지급 사실 등이 달리 확인되지 아니하는 점, 청구법인은 결과적으로 실물거래 없이 사실과 다른 세금계산서를 교부받아 부가가치세를 부당하게 환급받았으므로 청구법인이 국가의 조세수입 감소를 가져오게 될 것이라는 인식이 있었다고 볼 수 있는 점 등에 비추어 쟁점 세금계산서를 실물거래 없는 사실과 다른 세금계산서로 보아 10년의 부과제척기간을 적용하여 부가가치세를 과세한 이 건 처분은 잘못이 없음.

■ 쟁점 건물 취득 관련 매입세액을 토지의 자본적 지출 관련 매입세액으로 보아 불공제하여 부가가치세를 부과한 처분의 당부

[청구번호] 조심 2018서1596 (2018.12.24)
[결정요지] ooo 개발사업의 경우 인허가에 상당한 기간이 소요될 것임이 분명하였는데, 청구법인이 총 매매가액이 ooo천억원이 넘는 쟁점 건물을

취득한 후 수익을 얻기 위하여 임대사업에 사용할 목적은 없었던 것으로 보거나 그러할 목적이 있었더라도 이를 인정하지 아니하여야 한다는 처분청의 의견은 설득력이 낮아 보이고, 실제 쟁점 건물을 취득한 후 상당한 기간 동안 부가가치세 과세사업에 공하여 거액의 수입금액이 발생하였으며, 이를 가장행위로 보거나 그 사실 자체를 부인할만한 객관적인 근거 내지 합당한 이유가 있다고 보기 어려우므로 처분청이 「부가가치세법」 제38조 제1항 제1호 및 제39조 제1항 제7호, 같은 법 시행령 제80조 제2호를 위배하여 쟁점 건물 취득 관련 매입세액을 불공제하여 청구법인에게 부가가치세를 부과한 이 건 처분은 잘못이 있음.

■ 심판청구가 적법한 청구인지

[청구번호] 조심 2018중4452 (2018.12.21)

[결정요지] 2013년 제2기 부가가치세의 과세표준과 세액은 청구인의 신고에 의하여 확정되었다 할 것이므로 처분청이 청구인에게 한 이 건 부가가치세 무납부고지는 청구인의 신고에 의하여 이미 확정된 세액을 징수하기 위한 절차일 뿐 불복청구의 대상이 되는 부과처분에 해당하지 아니하는바, 불복청구의 대상처분이 있음을 전제로 하여 제기한 이 건 심판청구는 부적법한 청구로 판단되고 국세청 전산자료 송달내역에 의하면 청구인은 2014년 제1기 예정 부가가치세 납세고지서를 2014.4.10. 직접 수령한 것으로 나타나고 2014년 제1기 확정 부가가치세 납세고지서는 주소지에 발송하였으나 3회 이상 반송되어 공시송달 된 것으로 나타나는바, 청구인은 납세고지를 수령 후 90일의 도과하여 이 건 심판청구를 제기하였으므로 부적법한 청구로 판단됨.

■ 쟁점 용역이 공익을 목적으로 하는 단체가 공급하는 재화 또는 용역으로 부가가치세 면제 대상에 해당하는지 여부 등

[청구번호] 조심 2018서1040 (2018.12.21)
[결정요지] 청구법인의 정관을 살펴보면 손익금의 처리와 관련하여 서울시 일반회계에 대한 납입을 이익배당으로 처리하도록 규정하고 있어 실질적으로 출자자에게 이익을 배분하는 영리법인으로 볼 수 있으므로 청구법인은 위 부가가치세법령에서 규정하는 "공익을 목적으로 하는 단체"로 보기 어려운 점, 청구법인은 20**.**.**. 이후 면세사업자로 등록되어 있는 것으로 확인되어 쟁점 용역 관련 매입세금계산서는 청구법인이 과세사업자 등록 전에 발급받은 것이므로 "등록 전 매입세액"에 해당하는 점 등에 비추어 청구주장을 받아들이기 어려우나, 청구법인은 쟁점 용역에 대한 처분청의 행정처분을 신뢰한 것으로 보아 사업자등록의무를 태만히 하였다고 볼 수 없고, 처분청은 청구법인에 대한 재정경제부장관의 유권해석이 있었음에도 적정한 행정지도나 과세사업자로의 직권등록조치가 없었던 점 등에 비추어 청구법인에게 가산세를 감면할 정당한 사유가 있다고 판단되므로 그 세액을 경정함이 타당함.

■ 청구법인이 부가가치세 매입자납부특례에 의하여 납부한 쟁점매입세액을 환급하여 달라는 청구주장의 당부

[청구번호] 조심 2018중3790 (2018.12.20)
[결정요지] 청구법인이 매입처들에게 지급한 구리 스크랩 등 매입대금은 매입처들의 스크랩 등 거래계좌에 입금되었고, 그 중 매입세액은 부가가치세 관리계정에 입금되어 지정금융회사에서 청구법인의 매출세액의 범위 내에서 청구법인이 지급한 매입세액은 이미 실시간으로 환급되었기 때문에 쟁점 매입세액을 과오납금이라 보기 어려운 점 등에 비추어 처분청이 쟁점 매입세액과 관련하여 청구법인에게 과오납한 세액이 없는 것으로 보아 부가가치세를 과세한 이 건 처분은 달리 잘못이 없는 것으로 판단됨.

■ 쟁점 사업장의 실제 사업자를 청구인이 아닌 ㅇㅇㅇ으로 볼 수 있는지 여부

[청구번호] 조심 2018서4002 (2018.12.20)

[결정요지] 청구인은 사업자등록 신청시 본인의 신분증 사본 및 청구인 이름이 수기로 서명되어 있는 사업자등록신청서를 제출하여 사업자 등록을 하고 본인 명의의 사업용계좌를 등록한 후 폐업 직전까지 부가가치세 등을 신고한 점, 청구인이 사업자등록신청시 쟁점 사업장 소재지로 기재한 청구인의 주소지로 쟁점 사업장 관련 우편물이 배달되는 등 자신의 명의로 쟁점 사업장이 운영되고 있다는 사실을 알고 있으면서도 폐업하기 전까지 별다른 조치를 취하지 않다가 체납이 발생하자 이 건 경정청구를 하면서 비로서 명의대여를 주장하고 있는 점 등에 비추어 청구인을 쟁점 사업장의 사업자로 보아 경정청구를 거부한 이 건 처분은 잘못이 없음.

■ 쟁점 부동산의 양도가 사업의 포괄적 양도에 해당하는지 여부

[청구번호] 조심 2018광3533 (2018.12.20)

[결정요지] 청구인은 쟁점 부동산 양도 당시 숙박업 사업자에게 쟁점 부동산을 임대하여 부동산임대업을 영위하였던 점, 쟁점 부동산의 양수자는 쟁점 부동산 양수일을 개업일로 하여 숙박업에 대한 사업자등록을 하였고, 같은 날 청구인과 임차인은 각각 부동산임대업 및 숙박업을 폐업하였으며, 양수인은 계약 당시부터 쟁점 부동산을 숙박업에 사용할 목적으로 매입하였을 뿐, 청구인의 부동산임대업을 포괄적으로 양수할 의사가 있었을 것으로 보이 어려운 점, 쟁점 매매계약서 상에 영업권 및 권리금 등 사업의 포괄적 양도·양수에 대한 명시적 합의가 있었음을 인정할 내용은 확인되지 아니하는 점 등에 비추어 청구주장을 받아들이기 어려움.

■ 쟁점 세금계산서를 실지거래 없이 수수한 가공세금계산서로 보아 부가
가치세를 과세한 처분의 당부

[청구번호] 조심 2018중4286 (2018.12.19)
[결정요지] 청구법인은 매입·매출거래처와의 실지거래를 입증할 만한 물
품거래계약서나 거래명세서, 운송장, 거래대금 지급 관련 금융증빙 등
객관적이고 구체적인 증빙자료를 제출하지 못하는 점 등에 비추어 처분
청이 쟁점 세금계산서상의 거래를 가공거래로 보아 과세한 이 건 처분은
잘못이 없음.

■ 병원 구내식당에서 의사 등 직원에게 제공한 음식용역 관련 수입금액이
부가가치세 면제대상인지 여부

[청구번호] 조심 2018중4262 (2018.12.19)
[결정요지] 청구법인이 쟁점 용역을 환자 등 의료보건용역을 공급받는
자에게 제공한 것이 아니므로 이를 면세되는 용역에 부수되는 것으로 볼
수 없는 점 등에 비추어 처분청이 청구법인의 경정청구를 거부한 이 건
처분은 잘못이 없음.

■ 청구인이 쟁점사업장의 실사업자가 아니라 명의상 사업자라는 청구주장
의 당부

[청구번호] 조심 2018서4531 (2018.12.19)
[결정요지] 20○○년 제○기 부가가치세 경정청구 거부처분에 대한 심판
청구에 대하여 법정신고기한이 지난 후 5년을 경과하여 제기한 경정청구
에 대한 거부로 이는 단순한 민원회신에 불과하여 부적법한 청구에 해당
함. 한편, 그 외 경정청구 거부처분에 대한 심판청구에 대하여는 쟁점

사업장에 대한 임대차계약서, 관광사업등록증의 명의가 청구인이고, 쟁점 사업장에서 청구인 명의의 금융계좌가 사용된 점, 청구인이 실제 대표자라고 주장하는 자는 여행업에 경험이 없어 쟁점 사업장을 전적으로 경영하였을 것으로 보기 어려운 점 등에 비추어 청구인을 쟁점 사업장의 실사업자로 보아 경정청구를 거부한 이 건 처분은 잘못이 없음.

■ **청구인이 쟁점 사업장의 실지 사업자인지 여부**

[청구번호] 조심 2018중4548 (2018.12.14)
[결정요지] 청구인 등 각 피의자신문조서에 의하면 청구인은 자동차 수출업 등을 영위하면서 ㅇㅇㅇ천만원을 차량매입 예치금 명목으로 투자하여 중고자동차 수출에 대한 마진과 환급받은 부가가치세의 일부를 지급받기로 약속하였다고 진술한 점, 청구인의 예금통장거래내역에 의하면 홍AA로부터 ㅇㅇㅇ백만원을 입금받은 것으로 확인되고 있는 점 등에 비추어 청구인을 쟁점사업장의 실지 사업자로 보아 부가가치세 및 종합소득세 등을 과세한 이 건 처분은 달리 잘못이 없다고 판단됨.

■ **청구인들을 쟁점 사업장의 공동사업자로 보아 연대납세의무자로 지정하고 부가가치세 등을 납부통지한 처분의 당부**

[청구번호] 조심 2018부3841 (2018.12.14)
[결정요지] 청구인 대표가 제출한 쟁점 사업장의 매월 결산보고서, 장부, 메모 및 관련 소장이나 수사기록 등에 따르면 투자지분에 따른 배당금액과 배분방식, 동업사실 등과 관련한 내용이 구체적으로 나타나는 점 등에 비추어 공동사업자가 아니라는 청구인들의 주장을 받아들이기 어려움.

■ 쟁점 신축오피스텔 관련 건설용역의 공급시기를 사용승인일로 보아 쟁점 매입세액을 불공제한 처분의 당부

[청구번호] 조심 2018광2063 (2018.12.14)

[결정요지] 청구법인이 제시한 건축공사일보(작업일지)의 구체성 및 청구법인의 세무대리인과 거래상대방인 삼보건설 대표이사의 진술이 민간건설공사 표준도급계약서(변경) 등에 의해 확인되어 진정한 것으로 보이는 점, 청구법인에게 건설용역을 제공한 삼보건설이 쟁점 세금계산서를 굳이 지연 발행하여야 할 하등의 이유가 없는 점 등에 비추어 2017.1.5. 비로소 쟁점 오피스텔에 대한 건설용역이 완료되었다고 봄이 타당하므로 처분청이 쟁점 세금계산서가 공급시기가 사실과 다른 것으로 보아 쟁점 매입세액을 불공제하여 부가가치세를 과세한 이 건 처분은 잘못이 있음.

■ 청구인들에게 가산세를 감면할 정당한 사유가 있다는 청구주장의 당부 등

[청구번호] 조심 2018서1906 (2018.12.13)

[결정요지] 신탁계약에 있어 부가가치세 납세의무자는 수탁자가 된다 할 것이므로 위탁자의 입장에서 발행된 쟁점 세금계산서는 사실과 다른 세금계산서에 해당하는 점, 처분청의 거래사실확인 통지를 공적 견해표명이라고 보기 어렵고, 청구인들을 선의의 거래당사자로 보기도 어려운 점, 다만, 쟁점 세금계산서를 수탁자로부터 적법하게 수취할 것을 기대하기는 어려운 사정이 있으므로 청구인들에게 가산세 면제의 정당한 사유가 인정된다고 할 것인 점 등에 비추어 이 건 처분은 일부 잘못이 있음.

■ 쟁점 도박사이트 관련 수익금액이 부가가치세 과세대상에 해당하지 아니한다는 청구주장의 당부 등

[청구번호] 조심 2018중1197 (2018.12.12)
[결정요지] 청구인들은 쟁점 도박사이트를 운영하는 동안 국내에서 고객유치활동을 통해 이용자를 모집하여 주로 내국인을 대상으로 서비스를 제공하였고, 이용자들은 국내에서 도박자금을 입금하여 게임머니를 구매함으로써 용역을 공급받는 등 쟁점 도박사이트 관련 용역이 국내에서 소비된 사실이 인정되는 점, 서버와 전산장비는 인터넷을 통하여 파일을 전송할 수 있도록 하는 것에 불과하여 그것만으로 용역의 본질적인 부분이 국외에서 수행된 것이라고 보기는 어려운 점 등에 비추어 청구주장을 받아들이기 어려움.

■ 타인의 건축면허를 대여받아 이행한 쟁점 공사의 매입세액을 불공제하여 과세한 처분의 당부 등

[청구번호] 조심 2018중0244 (2018.12.12)
[결정요지] 이미 사업을 영위하고 있는 ㅇㅇㅇㅇ의 명의로 쟁점공사를 이행한 청구인은 타인의 명의로 사업자등록을 하여 세금계산서를 수취한 것이 아니라 타인의 사업자등록번호로 세금계산서를 수취한 것이므로, '공급받는 자의 성명' 뿐 아니라 '공급받는 자의 등록번호'도 사실과 다르게 적힌 세금계산서에 해당하는 점, 처분청 역시 청구인에게 이 건 처분을 결정·고지할 때 사업자등록번호를 유지한채 사업자 성명만을 청구인으로 변경한 것이 아니라 청구인을 별도의 사업자로 보아 새로운 사업자등록번호를 직권으로 등록한 것으로 확인되는 점 등에 비추어 볼 때 청구주장을 받아들이기 어려움.

■ 쟁점 용역을 부가가치세 면세대상으로 볼 수 있는지 여부

[청구번호] 조심 2018서4306 (2018.12.12)
[결정요지] 쟁점 용역은 환자 등 청구법인들로부터 의료보건 용역을 공급받는 자에게 공급되는 것이 아니라 청구법인들의 직원들에게 제공되는 것이므로 의료보건 용역에 통상적으로 부수하여 공급되는 용역으로 볼 수 없는 점 등에 비추어 처분청이 청구법인들의 경정청구를 거부한 이건 처분은 잘못이 없음.

■ 쟁점 주택을 '사업을 위한 주거용'으로 사용하는 건물로 보아 임대소득에 대하여 부가가치세를 과세한 처분의 당부

[청구번호] 조심 2018서3409 (2018.12.12)
[결정요지] 청구인들이 임대료 뿐만 아니라 임대보증금도 학교재단으로부터 지급받았고, 학교재단은 이에 대하여 '임차보증금'계정으로 관리하였던 점, 학교재단의 인터넷 홈페이지 등에 쟁점 주택이 생활관(기숙사)으로 소개되어 있는 점 등에 비추어 학교재단이 쟁점 주택을 임차하여 「부가가치세법 시행령」 제34조 제1항 괄호안에서 규정하는 '사업을 위한 주거용'으로 사용한 것으로 보는 것이 타당함.

■ 청구법인의 여객운송용역 중 운행형태가 고속형인 용역이 부가가치세 과세대상인지 여부

[청구번호] 조심 2018중2096 (2018.12.11)
[결정요지] 청구법인은 ○○도지사로부터 운송사업 면허를 받은 점, 1998.6.24. 운수법 시행령 제3조를 개정하여 시외버스 운행형태를 고속형, 직행형, 일반형으로 구분하는 한편, 1998.8.20. 같은 법 시행규칙 제

7조 제4항 제1호가 개정되어 고속형은 운행거리가 100km이상이고, 운행 구간의 60% 이상을 고속국도로 운행하며, 기점과 종점간 무정차하는 운행형태로 규정하고 있는 점 등에 비추어 처분청이 청구법인에게 쟁점부가가치세를 부과한 이 건 처분은 잘못이 있음.

■ **쟁점 용역이 부가가치세 면제대상인 여객운송 용역에 해당한다는 청구주장의 당부 등**

[청구번호] 조심 2018서4430 (2018.12.11)

[결정요지] 부가가치세법 제26조 제1항 제7호 본문이 여객운송 용역을 부가가치세 면제대상으로 규정한 것은 그것이 일반 국민의 기초적 생활에 필수적으로 관련되는 용역이라는 데 그 취지가 있는 것인 점, 쟁점 용역은 관광객들에게 관광용역을 제공하는 것으로 이를 일반 국민의 기초적 생활에 필수적으로 관련되는 용역이라고 보기 어려운 점 등에 비추어 청구주장을 받아들이기 어려움.

■ **청구법인이 오피스텔 개발사업권을 매수함에 따라 발생된 매입세액을 공통매입세액으로 보아 면세사업분 매입세액을 불공제한 처분의 당부**

[청구번호] 조심 2018서3862 (2018.12.11)

[결정요지] 쟁점 사업은 토지를 개발하여 오피스텔을 신축한 후 분양하는 사업으로 청구법인은 쟁점 사업권을 매수하여 오피스텔을 분양하면서 면세되는 토지 및 과세되는 건물을 함께 공급하므로 과세 및 면세사업을 겸영하는 사업에 해당하는 점, 청구법인은 쟁점 사업과 관련하여 오피스텔을 분양하면서 수분양자에게 토지분 계산서와 건물분 세금계산서를 구분하여 발급한 점 등에 비추어 처분청이 쟁점 사업권을 공통매입세액으로 보아 안분계산하여 면세사업 관련 매입세액을 불공제한 처분은 잘못이 없음.

■ 쟁점 마케팅활동은 모두 국외에서 제공된 것이므로 부가가치세 대리납부 대상이 아니라는 청구주장의 당부

[청구번호] 조심 2017서2928 (2018.12.11)

[결정요지] 국외에서 용역이 수행되었다 하더라도 그 사용·소비(부가가치 발생지)가 국내에서 이루어지는 경우에는 대리납부 대상이라고 보는 것이 타당하다 할 것인데, 쟁점 마케팅활동을 통해 국내소비자가 반응하여 청구법인의 국내매출이 발생하였으므로 그 광고용역이 사용·소비되는 장소는 국내로 볼 수 있는 점, 광고용역은 본래 직접효과와 간접효과를 모두 감안하여 수행되는 것이므로 국내소비자에 대한 효과가 간접적이라는 이유만으로 국내에서 광고용역의 소비가 이루어지지 않았다고 단정하기 어려운 점, 쟁점 마케팅활동은 해외모회사에 의하여 국외에서 이루어진 용역이지만, 그 목적은 자회사들이 소재하는 각 국가에서의 매출증대를 위한 것이고 그 마케팅 효과는 자회사들이 소재하고 있는 각 국가에 영향을 미치게 되며, 쟁점 마케팅활동은 단순한 광고의 게재만이 아닌 사전조사·기획·실행 등 종합적인 활동의 포함하는 것인바, 자회사들은 그 종합적인 마케팅 활동의 결과물을 국내에서 제공받은 것이므로 쟁점 마케팅활동을 국내제공용역으로 보는 것이 타당한 점 등에 비추어 청구주장을 받아들이기 어려움.

■ 해외현지법인에 귀속된 구매대행수수료, 쟁점 운송료 차익 등은 청구법인의 부가가치세 과세대상에서 제외되어야 한다는 청구주장의 당부

[청구번호] 조심 2018서2490 (2018.12.10)

[결정요지] 구매대행수수료는 청구법인이 구매대행계약을 통하여 국내소비자들에게 공급하는 용역이고, 국내공급분과 국외공급분이 유기적으로 결합하여 실질적으로 하나의 용역으로 공급된 것으로서 그 중요하고도 본질적인 부분이 국내에서 이루어졌으므로 전체적으로 국내에서 공급된

용역으로 봄이 타당한 점, 쟁점 운송료 차익 등을 포함한 국제운송료는 「부가가치세법」 제22조 및 같은 법 시행령 제32조 제2항 제1호에 따라 영세율이 적용되는 국제운송용역의 대가로 보이는 점, 청구법인에게 신고 의무를 이행하지 아니한 데 대한 가산세 면제의 정당한 사유가 있다고 보기 어려운 점 등에 비추어 청구주장을 받아들이기 어려움.

■ **쟁점 세금계산서를 공급시기가 사실과 다른 세금계산서로 보아 매입세 액 불공제한 처분의 당부**

[청구번호] 조심 2018광2917 (2018.12.10)

[결정요지] 하도급계약 일반조건 제17조 및 특약조건 제1조에서 기성고 검사 및 기성금 지급에 관하여 규정하고 있고, 이 건 공사의 도급계약도 기성금 청구에 대하여 규정하면서 실제 청구법인이 기성고에 따라 *회에 걸쳐 공사대금의 각 부분을 받은 것으로 나타나므로, 이 건 하도급공사 역시 완성도기준지급 조건부거래에 해당한다고 볼 수 있는 점, 청구법인 은 실제로 공사가 중단된 이후 발주처와 타협하여 언제 공사가 재개될지 모르는 대기상황이 길어진 끝에 마무리 공사가 이루어지지 않고 상황이 종료된 것으로 보이므로, 쟁점 세금계산서와 관련하여 계약조건에 따라 청구법인이 기성고를 확인하고 공사대금 지급 여부가 확정된 날을 공급 시기로 봄이 타당하다고 할 것인 점 등에 비추어 쟁점 세금계산서를 공 급시기가 사실과 다른 세금계산서로 보아 관련 매입세액을 불공제하여 해당 과세기간의 부가가치세를 환급거부하거나 과세한 이 건 처분은 잘 못이 있음.

제5장

상속세는 누가 납부하나요?

제5장 상속세는 누가 납부하나요?

1. 납부의무자

① 상속세란 사망으로 그 재산이 가족이나 친족 등에게 무상으로 이전되는 경우에 당해 상속재산에 대하여 부과하는 세금을 말합니다. 상속세 납세의무가 있는 상속인 등은 신고서를 작성하여 신고기한까지 상속세를 신고·납부하여야 합니다.

② 구체적으로 상속세 신고·납부의무가 있는 납세의무자에는 상속을 원인으로 재산을 물려받는 "상속인"과 유언이나 증여계약 후 증여자의 사망으로 재산을 취득하는 "수유자"가 있습니다.

③ 상속인이란 혈족인 법정상속인과 대습상속인, 망인의 배우자 등을 말하며, 납세의무가 있는 상속포기자, 특별연고자도 포함됩니다.

④ 민법에서는 상속이 개시되면 유언 등에 의한 지정상속분을 제외하고 사망자(피상속인)의 유산은 그의 직계비속·직계존속·형제자매·4촌 이내의 방계혈족 및 배우자에게 상속권을 부여하고 있습니다.

⑤ 특별연고자나 수유자가 영리법인인 경우에는 당해 영리법인이 납부할 상속세는 면제됩니다. 다만, 2014년 1월 1일 이후 상속개시분부터는 그 영리법인의 주주 또는 출자자 중 상속인과 그 직계비속이 있는 경우에는 지분상당액을 그 상속인 및 직계비속이 납부하여야 합니다.

⑥ 피상속인이 거주자이면 국내·외 모든 상속재산에 대하여, 피상속인이 비거주자이면 국내에 있는 재산에 대하여만 상속세가 부과됩니다.

⑦ 거주자라 함은 국내에 주소를 두거나, 1년 이상 거소를 둔 자로서 가족 및 자산의 유무 등으로 보아 생활근거가 국내에 있는 것으로 보는 개인을 말합니다.

2. 상속세 연대납부 책임

① 상속인이나 수유자는 세법에 의하여 부과된 상속세에 대하여 각자가 받았거나 받을 재산(=상속으로 얻은 자산총액-부채총액-상속세)을 한도로 연대하여 납부할 의무가 있습니다.

② 각자가 받았거나 받을 재산에는 상속재산에 가산하는 증여재산이나 추정상속재산 중 상속인이나 수유자의 지분 상당액이 포함됩니다.

③ 따라서 상속세 납세의무자 중 일부가 상속세를 납부하지 아니한 경우에는 다른 상속세 납세의무자들이 미납된 상속세에 대하여 자기가 받았거나 받을 재산을 한도로 연대 납부할 책임이 있습니다.

3. 상속의 순위

제1순위	직계비속과 배우자	
제2순위	직계존속과 배우자	제1순위가 없는 경우
제3순위	형제자매	제1, 2순위가 없는 경우
제4순위	4촌 이내의 방계혈족	제1, 2, 3순위가 없는 경우

① 같은 순위의 상속인이 여러 명인 때에는 피상속인과 촌수가 가까운 자가 먼저 상속인이 되고, 촌수가 같은 상속인이 여러 명인 경우에는 공동 상속됩니다.

② 태아는 상속순위를 결정할 때는 이미 출생한 것으로 봅니다.

③ 배우자는 직계비속과 같은 순위로 공동상속인이 되며, 직계비속이 없는 경우에는 제2순위인 직계존속과 공동상속인이 됩니다. 직계비속과 직계존속이 없는 경우에는 단독 상속인이 됩니다(민법 제1003조).

④ 상속인이 될 직계비속 또는 형제자매가 상속개시 전에 사망하거나 결격자가 된 경우에 그 직계비속이 있는 때에는 그 직계비속이 사망하거나 결격된 자의 순위에 갈음하여 상속인이 됩니다(민법 제1001조).

4. 상속세 신고·납부기한

① 상속세 납부의무가 있는 자는 상속세 신고서를 상속개시일이 속하는 달의 말일부터 6월 이내에 관할세무서에 제출해야 합니다. 상속개시일이 속하는 달의 말일부터 6월이 되는 날이 공휴일·토요일·근로자의 날에 해당되면 그 공휴일 등의 다음날까지 신고·납부하면 됩니다.

② 피상속인이나 상속인 전원이 비거주자인 경우에는 상속개시일이 속하는 달의 말일부터 9월 이내에 신고·납부하면 됩니다.

③ 납부하여야 할 상속세는 자진납부서를 작성하여 위의 신고기한 이내에 가까운 은행(국고수납대리점)이나 우체국에 납부하면 됩니다.

5. 신고서 작성절차

① 신고서는 아래 순서대로 작성하는 것이 편리합니다.

  1. 상속개시전 1(2)년 이내 재산처분·채무부담 내역 및 사용처 소명 명세서
  2. 상속인별 상속재산 및 평가명세서
  3. 채무·공과금·장례비용 및 상속공제 명세서
  4. 상속세과세가액계산명세서
  5. 상속세 과세표준 신고 및 자진납부계산서

② 최종적으로 납부서를 작성합니다.

6. 상속세 신고서 제출처

① 상속세 신고서는 피상속인의 주소지를 관할하는 세무서에 제출해야 합니다. 다만, 상속개시지가 국외인 때에는 국내에 있는 주된 재산의 소재지를 관할하는 세무서에 신고·납부하여야 합니다.

② 실종선고 등으로 피상속인의 주소지가 불분명한 경우에는 주된 상속인의 주소지를 관할하는 세무서에 신고·납부하여야 합니다.

7. 가산세

① 상속세 신고기한 이내에 상속세 신고서를 제출하면 세액공제*를 받을 수 있습니다.

　* '8년 상속개시분 : 5%, '19년 이후 상속개시분 : 3%

② 그러나, 상속세 신고기한까지 상속세를 무신고(과소신고)하는 경우에는 7%의 세액공제 혜택을 받을 수 없을 뿐만 아니라 오히려 무(과소)신고가산세를 추가로 부담하게 됩니다.

　1. 무신고 가산세 : 법정신고기한 이내에 신고하지 아니한 경우 부과

$$일반무신고가산세 = 산출세액 \times \frac{일반무신고과세표준}{결정과세표준} \times 20\%$$

$$부정무신고가산세 = 산출세액 \times \frac{부정무신고과세표준}{결정과세표준} \times 40\%$$

　2. 과소신고 가산세 : 법정신고기한 내에 신고하였으나 세법에 따라 신고하여야 할 과세표준에 미달하게 신고한 경우 부과

$$일반과소신고가산세 = 산출세액 \times \frac{일반과소신고과세표준}{결정과세표준} \times 10\%$$

$$부정과소신고가산세 = 산출세액 \times \frac{부정과소신고과세표준}{결정과세표준} \times 40\%$$

③ 부정 무(과소)신고는 사기나 그 밖의 부정한 행위로 법정 신고기한까지 신고를 하지 않거나 과소신고한 경우를 말합니다.

④ 부정행위의 유형은 아래와 같습니다.

　1. 이중장부의 작성 등 장부의 거짓 기장

　2. 거짓 증빙 또는 거짓 문서의 작성 및 수취

　3. 장부와 기록의 파기

　4. 재산을 은닉하거나 소득·수익·행위·거래의 조작 또는 은폐

　5. 그 밖에 위계에 의한 행위 또는 부정한 행위

⑤ 납부기한 내에 국세를 납부하지 아니하거나 납부하여야할 세액에 미달하게 납부하면 납부불성실가산세를 추가로 부담하게 됩니다.

　- 납부불성실 가산세 = 미납부세액 × 미납일수 × 가산세율(1일 3/10,000)

* 미납일수 : 납부기한의 다음날부터 자진납부일이나 납세고지일까지의 기간

8. 상속세 과세범위

8-1. 상속재산가액

① 상속재산의 범위

상속재산은 피상속인에게 귀속되는 재산으로서 금전으로 환가할 수 있는 경제적 가치가 있는 모든 물건과 재산적 가치가 있는 법률상 또는 사실상의 모든 권리를 포함합니다.

② 상속재산으로 보는 보험금·신탁재산·퇴직금 등

상속개시일 현재 상속·유증·사인증여로 취득한 재산이 아니더라도 상속 등과 유사한 경제적 이익이 발생하는 보험금·신탁재산·퇴직금 등은 상속재산으로 보아 과세합니다.

- 보험금 : 피상속인의 사망으로 인하여 지급받는 생명보험 또는 손해보험의 보험금으로서 피상속인이 보험계약자가 되거나 피상속인이 실제 보험료를 불입한 경우
- 신탁재산 : 피상속인이 신탁한 재산과 피상속인이 신탁으로 인하여 신탁의 이익을 받을 권리를 소유한 경우 당해 이익
- 퇴직금 등 : 퇴직금, 퇴직수당, 공로금, 연금 또는 이와 유사한 것으로 피상속인의 사망으로 인하여 지급되는 금액

③ 국민연금법, 공무원연금법 등 각종 법령에 따라 지급되는 유족연금 등은 상속재산에 포함되지 않습니다.

8-2. 상속재산에 가산하는 추정상속재산

① 상속개시일 전 재산을 처분하여 받거나 인출한 재산가액 또는 부담한 채무가 아래에 해당되는 경우로서 용도가 객관적으로 명백하지 아니한 금액은 이를 상속인이 상속받은 것으로 추정하여 상속세 과세가액에 산입됩니다.

- 1년 이내 : 재산종류별로 2억원 이상인 경우
- 2년 이내 : 재산종류별로 5억원 이상인 경우

> ※ **재산종류별 이란**
> ① 현금·예금·유가증권   ② 부동산 및 부동산에 관한 권리
> ③ ①·② 외 그 밖의 재산

② 구체적으로 상속세 과세가액에 산입하는 금액은 사용처가 미소명된 용도불분명 금액이 처분재산가액 또는 부담채무액의 20% 상당하는 금액과 2억원 중 적은 금액 이상인 경우로서 그 차액을 산입합니다.

- 추정금액 = 사용처 불분명금액 - (처분재산가액 등×20%, 2억원 중 적은 금액)

> **예) 상속개시일 1년 이내 부동산 처분금액이 5억원이나 그 용도가 확인된 금액이 2억원일 때 상속세 과세가액에 가산하는 금액은?**
> 사용처 불분명금액(3억원) - (5억원×20%=1억원, 2억원 중 적은 금액) = 2억원

③ 다만, 피상속인이 국가·지방자치단체 및 금융기관이 아닌 자에 대하여 부담한 채무로서 상속인이 변제할 의무가 없는 것으로 추정되는 경우에는 사용처가 미입증된 금액을 과세가액에 산입합니다.

8-3. 비과세되는 상속재산

① 전사자 등에 대한 상속세 비과세

전사나 이에 준하는 사망, 전쟁이나 이에 준하는 공무의 수행 중 입은 부상 또는 질병으로 인한 사망으로 상속이 개시되는 경우에는 피

상속인이 소유한 모든 재산에 대하여 상속세를 부과하지 않습니다.

② 비과세되는 상속재산

- 국가·지방자치단체 또는 공공단체에 유증(사인증여 포함)한 재산
- 문화재보호법에 따른 국가지정문화재 및 시·도 지정문화재와 같은 법에 따른 보호구역 안의 토지로서 당해 문화재 등이 속한 토지
- 피상속인이 제사를 주재하고 있던 선조의 분묘에 속한 9,900㎡ 이내의 금양임야 및 분묘에 속하는 1,980㎡ 이내의 묘토인 농지(한도액 2억원)
- 족보 및 제구(한도액 1천만원)
- 정당법에 따른 정당에 유증 등을 한 재산
- 근로복지기본법에 따른 사내근로복지기금 또는 근로복기본법에 따른 우리사주조합 및 근로복지진흥기금에 유증 등을 한 재산
- 사회통념상 인정되는 이재구호금품, 치료비 그 밖의 불우한 자를 돕기 위하여 유증한 재산
- 상속재산 중 상속인이 신고기한 이내에 국가·지방자치단체나 공공단체에 증여한 재산

8-4. 과세가액 불산입재산

① 문화의 향상, 사회복지 및 공익의 증진을 목적으로 하는 공익법인 등이 출연받은 재산은 상속세 과세가액에 산입되지 않습니다. 그러나, 공익과 선행을 앞세워 변칙적으로 증여세 탈세수단으로 이용되는 사례를 방지하기 위하여 일정한 요건과 규제조항을 두어 당해 요건 위배 시 상속세를 추징하게 됩니다.

② 과세가액 불산입되는 상속재산

- 상속세 과세표준 신고기한 이내에 공익법인 등에게 출연한 재산
- 상속세 과세표준 신고기한 이내에 공익신탁을 통하여 공익법인 등에 출연하는 재산의 가액

8-5. 공과금 · 장례비용 · 채무 공제액

공과금·장례비용·채무는 총상속재산가액에서 차감합니다. 이 때, 공과금·

장례비용·채무의 합계액이 상속재산의 가액을 초과하는 경우 그 초과액은 없는 것으로 봅니다.

8-5-1. 공과금

① 상속개시일 현재 피상속인이나 상속재산에 관련된 공과금은 상속재산 가액에서 차감합니다. "공과금"이란 상속개시일 현재 피상속인이 납부할 의무가 있는 것으로서 상속인에게 승계된 조세·공공요금 등을 말합니다.

② 상속개시일 이후 상속인의 귀책사유로 납부하였거나 납부할 가산세·가산금·체납처분비·벌금·과료·과태료 등은 공제할 수 없습니다.

③ 피상속인이 비거주자인 경우에는 당해 상속재산에 관한 공과금만 상속재산가액에서 차감할 수 있습니다.

8-5-2. 장례비용(피상속인이 거주자인 경우 한해 공제함)

① 장례비용은 피상속인의 사망일부터 장례일까지 장례에 직접 소요된 금액과 봉안시설의 사용에 소요된 금액입니다.

② 장례에 직접 소요된 금액은 봉안시설의 사용에 소요된 금액을 제외하며, 그 금액이 5백만원 미만인 경우에는 5백만원을 공제하고 1천만원을 초과하는 경우에는 1천만원까지만 공제합니다.

③ 봉안시설, 자연장지에 사용된 금액은 별도로 5백만원을 한도로 공제합니다.

8-5-3. 채무

① 상속개시 당시 피상속인이 부담하여야 할 확정된 채무로서 상속인이 실제로 부담하는 사실이 입증되어야 합니다.

　- 국가·지방자치단체·금융기관의 채무 : 당해기관에 대한 채무임을 확인할 수 있는 서류

- 그 밖의 채무 : 채무부담계약서, 채권자확인서, 담보설정 및 이자지급에 관한 증빙 등에 의하여 그 사실을 확인할 수 있는 서류
② 피상속인이 비거주자인 경우에는 당해 상속재산을 목적으로 하는 임차권·저당권 등 담보채무, 국내사업장과 관련하여 장부로 확인된 사업상 공과금 및 채무 등에 한정하여 차감할 수 있습니다.

8-6. 과세가액에 합산하는 사망 전 증여재산
① 피상속인이 사망하기 전 일정 기간 내에 증여한 재산의 가액은 상속세과세가액에 가산합니다.
② 상속개시일 전 10년 이내에 피상속인이 상속인에게 증여한 재산가액과 상속개시일 전 5년 이내에 피상속인이 상속인이 아닌 자에게 증여한 재산가액은 상속세 과세가액에 가산합니다.
③ 조세특례제한법 제30조의5 또는 동법 제30조의6에서 규정하는 창업자금 또는 가업승계용 중소기업주식 등의 증여재산은 증여시기에 관계없이 상속세 과세가액에 가산합니다.
④ 비과세되는 증여재산·영농자녀가 증여받은 증여세 감면 농지·공익법인 등에 출연한 재산 등의 가액은 가산하지 않습니다.
⑤ 상속재산의 가액에 가산하는 사망 전 증여재산가액은 증여일 현재를 기준으로 평가된 가액으로 합니다.

8-7. 상속공제
8-7-1. 기초공제
① 거주자 또는 비거주자의 사망으로 상속이 개시되는 경우 2억원이 공제됩니다.
② 가업상속인 경우에는 가업상속 재산가액에 상당하는 금액(200억원~500억원 한도)을 추가로 공제합니다.
③ 가업이란 상속개시일이 속하는 과세연도의 직전 과세연도 말 현재 중

소기업 등으로서 피상속인이 10년 이상 계속하여 경영한 기업을 말하며, 법인가업인 경우 피상속인이 중소기업 등을 영위하는 법인의 최대주주 등으로서 그와 특수관계자의 주식 등을 합하여 해당법인의 발행주식총수 등의 100분의 50(상장법인은 30) 이상을 보유하는 경우에 한정합니다.

* 2016.2.5.이 속하는 사업연도 이전은 상속인 1명이 해당 가업의 전부를 상속받은 경우로 한정

④ 가업상속공제 한도액은 피상속인의 가업영위기간에 따라 다릅니다.

상속 개시일	가업상속 공제액	피상속인의 가업 계속영위기간	공제한도액
2018.1.1. 이후	- 가업상속 재산가액	10년 미만	가업상속공제 적용 안 됨
		10년 이상~20년 미만	200억원
		20년 이상~30년 미만	300억원
		30년 이상	500억원

⑤ 영농상속의 경우에는 피상속인이 영농(양축·영어 및 영림 포함)에 종사한 경우로서 상속재산 중 피상속인이 상속개시일 2년 전부터 영농에 사용한 영농상속재산의 전부를 상속인 중 영농에 종사하는 상속인(상속개시일 현재 18세 이상인 자로서 상속개시일 현재 2년 전부터 계속하여 직접 재촌하여 영농에 종사할 것)이 상속받은 농지, 초지, 산림지, 어선, 어업권 및 영농법인 주식 등에 대하여 15억원*을 한도로 하여 공제합니다.

⑥ 가업상속공제, 영농상속공제를 적용받은 후 상속개시일로부터 10년(영농상속은 5년) 이내에 정당한 사유 없이 공제받은 재산을 처분하거나 가업 또는 영농에 종사하지 않는 경우에는 당초 공제받은 금액을 상속개시당시의 과세가액에 산입하여 상속세를 부과받게 됩니다.

⑦ 피상속인이 거주자인 경우에만 가업상속공제 및 영농상속공제를 적용받을 수 있습니다.

8-7-2. 그 밖의 인적공제

① 거주자의 사망으로 상속이 개시되는 경우 자녀 및 동거가족에 대해 공제받을 수 있습니다.
   - 자녀공제 : 자녀 1인당 5천만원
   - 미성년자공제 : 상속인(배우자는 제외) 및 동거가족 중 미성년자에 대하여는 1천만원에 19세가 될 때까지의 연수를 곱하여 계산한 금액
   - 연로자공제 : 상속인(배우자는 제외) 및 동거가족 중 65세 이상인 자에 대하여 5천만원
   - 장애인공제 : 상속인 및 동거가족 중 장애인에 대하여는 1천만원에 통계청이 고시하는 통계표에 따른 성별·연령별 기대여명의 연수를 곱하여 계산한 금액

> ※ 동거가족 : 상속개시일 현재 피상속인이 사실상 부양하고 있는 직계존비속(배우자의 직계존속 포함) 및 형제자매

② 자녀공제는 미성년자공제와 중복 적용되며, 장애인공제는 자녀·미성년자·연로자공제 및 배우자공제와 중복 적용이 가능합니다.

8-7-3. 일괄공제

① 거주자의 사망으로 인하여 상속이 개시되는 경우 기초공제 2억원 및 그 밖의 인적공제액의 합계액과 5억원 중 큰 금액을 공제할 수 있습니다.
② 그러나 상속인이 배우자 단독인 때에는 일괄공제를 적용받을 수 없고, 기초공제(가업·영농상속공제 포함)와 그 밖의 인적공제를 적용받습니다.

> ※ 기초공제 2억원, 그 밖의 인적공제 1억 5천만원인 경우 일괄공제금액인 5억원을 공제받을 수 있습니다.

③ 상속세 과세표준 신고가 없는 경우에는 5억원(일괄공제)을 공제하며 배우자가 있는 경우 배우자공제를 추가로 적용받을 수 있습니다.

8-7-4. 배우자 상속공제

① 거주자의 사망으로 인하여 상속이 개시되는 경우로서 피상속인의 배우자가 생존해 있으면 배우자 상속공제를 적용받을 수 있습니다

② 배우자 상속공제액

- 배우자가 실제 상속받은 금액이 없거나 5억원 미만이면 5억원 공제

   배우자가 실제 상속받은 금액 : 배우자가 상속받은 상속재산가액(사전증여재산가액 및 추정상속재산가액 제외) - 배우자가 승계하기로 한 공과금 및 채무액 - 배우자 상속재산 중 비과세 재산가액

- 배우자가 실제 상속받은 금액이 5억원 이상이면 실제 상속받은 금액(아래 공제한도액 초과 시 공제한도액)을 공제합니다.

   배우자공제한도액 : 다음 ㉮, ㉯ 중 적은금액

   ㉮ (상속재산가액 + 추정상속재산 - 상속인 외의 자에게 유증·사인증여한 재산가액 + 10년이내 증여재산가액 중 상속인 수증분 - 비과세·과세가액불산입 재산가액 - 공과금·채무) × (배우자 법정상속지분) - (배우자의 사전증여재산에 대한 증여세 과세표준)

   ㉯ 30억원

③ 실제 상속받은 금액으로 배우자공제를 받기 위해서는 상속재산을 분할(등기·등록·명의개서 등을 요하는 경우에는 그 등기·등록·명의개서 등이 된 것에 한함)한 경우에만 적용합니다. 이 경우 상속인은 상속재산의 분할사실을 배우자 상속분할기한까지 납세지 관할세무서장에게 신고하여야 합니다.

④ 다만, 상속인 등이 상속재산에 대하여 부득이한 사유로 분할할 수 없는 경우로서 분할기한(부득이한 사유가 소의 제기나 심판청구로 인한 경우에는 소송 또는 심판청구가 종료된 날) 다음 날부터 6월이 되는 날까지 상속재산을 분할하여 신고하면 배우자 상속재산 분할기한 이내에 신고한 것으로 봅니다.

⑤ 이 경우 상속인은 그 부득이한 사유를 배우자 상속재산 분할기한까지 납세지 관할 세무서장에게 신고하여야 합니다.

8-7-5. 금융재산공제

① 거주자의 사망으로 인하여 상속이 개시된 경우 상속개시일 현재 상속재산가액 중 금융재산의 가액이 포함되어 있는 경우 그 금융재산가액에서 금융채무를 차감한 가액(이하 "순금융재산의 가액")을 공제합니다.

② 공제금액
 - 순금융재산의 가액이 2천만원 이하이면 당해 순금융재산가액 공제
 - 순금융재산의 가액이 2천만원 초과하는 경우 당해 순금융재산 가액의 20% 또는 2천만원 중 큰 금액 공제
 - 순금융재산의 가액의 20%가 2억원을 초과하면 2억원을 공제
 - 신고기한 내 미신고한 차명 금융재산은 공제배제

③ 공제대상이 되는 금융재산가액은 「금융 실명거래 및 비밀 보장에 관한 법률」 제2조 제1호에 규정된 금융기관이 취급하는 예금·적금·부금·주식 등이며, 최대주주 등이 보유하고 있는 주식 등은 포함되지 않습니다.

8-7-6. 동거주택 상속공제

① 다음의 요건을 모두 갖춘 경우에는(상속주택가액 - 해당자산에 담보된 채무)의 80%(5억원 한도)를 상속세 과세가액에서 공제합니다.
 - 2009.1.1. 이후 상속분부터 적용
 - 피상속인이 거주자일 것
 - 피상속인과 상속인(직계비속이며 미성년자인 기간 제외)이 상속개시일부터 소급하여 10년 이상 계속하여 하나의 주택에서 동거할 것
 - 상속개시일부터 소급하여 10년 이상 계속하여 1세대를 구성하면서 「소득세법」 제89조 제1항 제3호에 따른 1세대 1주택(같은 호에 따른 고가주택을 포함한다)일 것. 다만, 아래의 경우 1세대가 1주택을 소유한 것으로 봄
   ※ 피상속인의 일시적2주택, 혼인합가, 등록문화재 주택, 이농·귀농 주택, 직계존속 동거봉양
 - 상속개시일 현재 무주택자로서 피상속인과 동거한 상속인이 상속받은 주택일 것

- 4.를 적용할 때 피상속인과 상속인이 대통령령으로 정하는 사유(징집 등)에 해당하여 동거하지 못한 경우에는 계속하여 동거한 것으로 보되, 그 동거하지 못한 기간은 같은 항에 따른 동거 기간에 산입하지 아니함

8-7-7. 증여세액공제

① 상속세 과세가액에 가산한 증여재산에 대한 증여세액(증여 당시 증여세 산출세액)은 산출세액에서 공제됩니다.

② 상속세 과세가액에 가산하는 증여재산에 대하여 국세부과제척기간의 만료로 인하여 증여세가 부과되지 않는 경우에는 공제하지 않습니다.

③ 증여세액공제의 한도액은 수증자가 상속인·수유자인 경우와 상속인·수유자 외의 자로 구분하여 다음과 같이 계산합니다.

- 수증자가 상속인 또는 수유자인 경우

$$\text{상속인 등 각자가 납부할 상속세 산출세액} \times \frac{\text{상속인 등 각자의 증여재산에 대한 증여세 과세표준}}{\substack{\text{상속인 등 각자가 받았거나 받을 상속재산} \\ \text{(증여재산 포함)에 대한 상속세 과세표준 상당액}}}$$

- 수증자가 상속인 및 수유자가 아닌 경우

$$\text{상속세 산출세액} \times \frac{\text{가산한 증여재산에 대한 증여세 과세표준}}{\text{상속세 과세표준}}$$

8-7-8. 단기재상속 세액공제

상속개시 후 10년 이내에 상속인 또는 수유자의 사망으로 상속세가 부과된 상속재산이 재상속되는 경우

- 전의 상속세가 부과된 상속재산 중 재상속분에 대한 전의 상속세 상당액(재상속기간을 1년 이내에서 10년 이내로 10단계로 구분하여 공제율 100%에서 10%로 10단계로 차등 적용)을 산출세액에서 공제합니다.

- 공제세액

$$\text{전의 상속세 산출세액} \times \frac{\text{재상속분의 재산가액} \times \dfrac{\text{전의 상속세 과세가액}}{\text{전의 상속재산가액}}}{\text{전의 상속세 과세가액}} \times \text{공제율}$$

- 공제율 : 매년 10%씩 체감율 적용

재상속기간	1년내	2년내	3년내	4년내	5년내	6년내	7년내	8년내	9년내	10년내
공제율(%)	100	90	80	70	60	50	40	30	20	10

8-7-9. 신고세액공제

상속세 신고기한 이내에 상속세 신고서를 제출하면 세액공제*를 받을 수 있습니다.

  * '18년 상속개시분 : 5%, '19년 이후 상속개시분 : 3%

8-7-10. 문화재자료 등의 징수유예

상속재산 중 문화재자료 또는 박물관자료 등이 포함되어 있는 경우, 그 재산가액에 상당하는 상속세액의 징수를 유예합니다.

- 징수유예 세액

$$상속세\ 산출세액 \times \frac{(문화재자료\ 등\ +\ 박물관자료)의\ 가액}{상속재산가액(가산하는\ 증여재산\ 포함)}$$

8-7-11. 재해손실공제

거주자의 사망으로 인하여 상속이 개시된 경우에 상속세 신고기한 이내에 재난으로 인하여 상속받은 재산이 멸실·훼손된 경우에는 그 손실가액을 상속세과세가액에서 공제합니다.

8-7-12. 공제적용의 한도

① 거주자의 사망으로 인하여 상속이 개시되는 경우에 상속세 과세가액에서 기초공제·배우자공제·그 밖의 인적공제·일괄공제·금융재산 상속공제·재해손실공제·동거주택 상속공제를 공제하게 되는데

② 이들 공제금액의 총합계액은 아래의 산식에 의해 계산한 공제적용한

도액을 초과할 수 없으며, 공제한도액까지만 공제됩니다.

- 공제적용한도액 = 상속세과세가액 - 상속인이 아닌 자에게 유증·사인증여
  (증여채무 이행 중인 재산 포함)한 재산가액 - 상속인의 상속포기로 그 다
  음 순위의 상속인이 상속받은 재산의 가액 - 상속세 과세가액에 가산하는
  증여재산*의 과세표준

* 상속세 과세가액이 5억원 초과시 적용, 증여재산공제액과 재해손실공제액은
  차감하여 계산하며 창업자금 및 가업승계 주식 등은 포함하지 않습니다.

9. 세율

상속세 산출세액은 과세표준에 세율을 곱하여 계산하는 것이며 세율은 최
저 10%부터 최고 50%까지의 5단계 초과누진세율 구조로 되어 있습니다.

과 세 표 준	세 율	누 진 공 제
1억이하	10%	-
1억원 초과 ~ 5억원 이하	20%	1천만원
5억원 초과 ~ 10억원 이하	30%	6천만원
10억원 초과 ~ 30억원 이하	40%	1억 6천만원
30억원 초과	50%	4억 6천만원

> ※ **과세표준 7억원일 때 산출세액은?**
> 7억원 × 30% - 6천만원 = 1억 5천만원

10. 세액계산흐름도

■ 피상속인이 거주자인 경우

| 총 상 속 재 산 가 액 | ※ 본래의 상속재산(사망 또는 유증·사인증여로 취득한 재산)
※ 간주상속재산(보험금·신탁재산·퇴직금등)
※ 추정상속재산
   - 피상속인이 사망전 1년(2년)이내에 2억(5억) 이상 처분한 재산
    또는 부담한 채무로써 용도가 불분명한 금액 |

−

| 비 과 세 및 과 세 가 액
불   산   입   액 | ※ 비과세 재산(국가·지자체에 유증한 재산,금양임야·문화재 등)
  과세가액 불산입재산(공익법인 등의 출연재산, 공익신탁재산) |

−

| 공 과 금 · 장 례 비 용 · 채 무 |

+

| 사 전 증 여 재 산 가 액 | ※ 피상속인이 상속개시일 전 10년 이내에 상속인에게 증여한 재산가액
  및 5년 이내에 상속인이 아닌 자에게 증여한 재산가액(단, 증여세 특례
  세율 적용 대상인 창업자금 및 가업승계주식은 기간에 관계없이 합산) |

⇓

| 상 속 세 과 세 가 액 |

| 상   속   공   제 | ※ (기초공제+그 밖의 인적공제)와 일괄공제(5억) 중 큰 금액
※ 가업(영농)상속공제·배우자 상속공제·금융재산 상속공제·재해손실공제
  동거주택 상속공제
  - 단, 위 합계 중 공제적용 종합한도 내 금액만 공제 가능 |

−

| 감 정 평 가 수 수 료 | ※ 부동산감정평가법인의 수수료 등 |

⇓

| 상 속 세 과 세 표 준 |

×

세 율					
과세표준	1억원 이하	5억원 이하	10억원 이하	30억원 이하	30억원 초과
세율	10%	20%	30%	40%	50%
누진 공제액	없음	1천만원	6천만원	1억6천만	4억6천만

⇓

| 산   출   세   액 | ※ (상속세 과세표준 × 세율) - 누진공제액 |

+

| 세 대 생 략 할 증 과 세 액 | ※ 상속인이나 수유자가 피상속인의 직계비속이 아닌 상속인의직계비속이
  면 30% 할증(단, 미성년자가 20억 초과하여 상속받는 경우 40% 할증)
  - 직계비속 사망시 예외 |

−

| 세   액   공   제 | ※ 신고세액공제·증여세액공제·단기재상속세액공제·외국납부세액공제·문화재
  자료 징수유예세액 |

+

| 신고납부불성실 가산세 등 |

−

| 연 부 연 납 · 물 납 · 분 납 |

⇓

| 납 부 할 상 속 세 액 |

11. 상속세 관련 서식

[서식 예] 상속세과세표준신고 및 자진납부계산서

관리번호	-

상속세과세표준신고 및 자진납부계산서
[ ]기한 내 신고, [ ]수정신고, [ ]기한 후 신고

※ 뒤쪽의 작성방법을 읽고 작성하시기 바랍니다. (앞쪽)

신고인	① 성 명		② 주민등록번호		③ 전자우편 주소	
	④ 주 소				⑤ 피상속인과의 관계	
	⑥ 전화번호	(자 택)	(휴대전화)		사후관리위반신고	
피 상 속 인	⑦ 성 명		⑧ 주민등록번호		⑨ 거 주 구 분	[ ] 거주자 [ ] 비거주자
	⑩ 주 소					
	⑪ 상속원인 [ ] 사망 [ ] 실종 [ ] 인정사망 [ ] 기타				⑫ 상속개시일	
세 무 대 리 인	⑬ 성 명		⑭ 사업자등록번호		⑮ 관 리 번 호	
	⑯ 전화번호	(자 택)	(휴대전화)			

구 분	금 액	구 분	금 액
⑰ 상 속 세 과 세 가 액		영리법인면제 유증 등 재산가액	
⑱ 상 속 공 제 액		면 제 세 액 (「상속세 및 증여세법」 제3조의2)	
⑲ 감 정 평 가 수 수 료		면제분 납부세액(합계액)	
⑳ 과 세 표 준 (⑰ - ⑱ - ⑲)		㉟ 신 고 불 성 실 가 산 세	
㉑ 세 율		㊱ 납 부 불 성 실 가 산 세	
㉒ 산 출 세 액		㊲ 납 부 할 세 액(합계액) (㉔ + ㉕ - ㉖ - ㉗ + ㉟ + ㊱ + ㊲)	
㉓ 세 대 생 략 가 산 액 (「상속세 및 증여세법」 제27조)			
㉔ 산 출 세 액 (㉒ + ㉓)		납부방법	납부·신청 일자
㉕ 이 자 상 당 액		㊳ 연 부 연 납	
㉖ 문 화 재 등 징 수 유 예 세 액		㊴ 물 납	
㉗ 계 (㉘ + ㉚ + ㉛ + ㉜ + ㉝)		현금 ㊶ 분 납	
㉘ 증여세액공제	소 계(㉙ + ㉚)		㊷ 신고납부	
	㉙ 「상속세 및 증여세법」 제28조		
	㉚ 「조세특례제한법」 제30조의5 및 제30조의6		
㉛ 외 국 납 부 세 액 공 제 (「상속세 및 증여세법」 제29조)			
㉜ 단 기 세 액 공 제 (「상속세 및 증여세법」 제30조)			
㉝ 신 고 세 액 공 제 (「상속세 및 증여세법」 제69조)			
㉞ 그 밖 의 공 제			

「상속세 및 증여세법」 제67조 및 같은 법 시행령 제64조제1항에 따라 상속세의 과세가액 및 과세표준을 신고하며, 위 내용을 충분히 검토하였고 신고인이 알고 있는 사실을 그대로 적었음을 확인합니다.

년 월 일

신 고 인 (서명 또는 인)

세무대리인은 조세전문자격자로서 위 신고서를 성실하고 공정하게 작성하였음을 확인합니다.
세무대리인 (서명 또는 인)

세무서장 귀하

신청(신고)인 제출서류	1. 피상속인의 가족관계증명서 1부 2. 상속세과세가액계산명세서(부표 1) 1부 3. 상속인별 상속재산 및 평가명세서(부표 2) 1부 4. 채무·공과금·장례비용 및 상속공제명세서(부표 3) 1부 5. 상속개시 전 1(2)년 이내 재산처분·채무부담 내역 및 사용처소명명세서(부표 4) 1부 6. 영리법인 상속세 면제 및 납부 명세서(부표 5) 1부	수수료 없음
담당공무원 확인사항	상속인의 가족관계증명서	

행정정보 공동이용 동의서

본인은 이 건 업무처리와 관련하여 담당 공무원이 「전자정부법」 제36조제1항에 따른 행정정보의 공동이용을 통하여 위의 담당 공무원 확인 사항을 확인하는 것에 동의합니다. ＊동의하지 않는 경우에는 신청인이 직접 관련 서류를 제출하여야 합니다.

신청인 (서명 또는 인)

작성방법

1. "② 주민등록번호" 및 "⑧ 주민등록번호"란: 외국인은 외국인등록번호(외국인등록번호가 없는 경우 여권번호)를 적습니다.

2. "⑨ 거주구분"란: 거주자와 비거주자 중 ✔ 표시합니다.

   * "거주자" 및 "비거주자": 「상속세 및 증여세법」제2조제8호의 구분에 따릅니다.

3. "⑤ 피상속인과의 관계"란 : 상속인을 기준으로 작성합니다. 예를 들면, 아버지가 사망하여 아들이 상속받는 경우에는 '자'로 적습니다.

4. "⑪ 상속원인"란 : 사망, 실종, 인정사망, 기타 중 ✔ 표시합니다.

5. "⑫ 상속개시일"란 : "⑪ 상속원인"이 실종인 경우에는 실종선고일, 그 외의 경우에는 사망일을 적습니다.

6. "⑬ 성명"부터 "⑯ 전화번호"란 : 세무대리인이 기장한 경우 작성합니다.

7. "⑰ 상속세과세가액"란 : 상속세과세가액계산명세서(별지 제9호서식 부표 1)의 "㉒ 상속세과세가액"란의 금액을 옮겨 적습니다.

8. "⑱ 상속공제액"란 : 채무·공과금·장례비용 및 상속공제명세서(별지 제9호서식 부표 3)의 "㉓ 상속공제금액합계"란의 금액을 옮겨 적습니다.

9. "㉑ 세율", "㉒ 산출세액"란 : 상속세 세율표에 따라 세율을 적고 과세표준에 세율을 곱한 금액에서 누진공제액을 빼서 산출세액을 계산합니다. * 산출세액 = (과세표준 × 세율) - 누진공제액

<상속세 세율표>

과 세 표 준	세율	누진공제액
1 억 원 이 하	10%	0
1억원 초과 5억원이하	20%	1,000만원
5억원 초과 10억원 이하	30%	6,000만원
10억원 초과 30억원 이하	40%	16,000만원
3 0 억 원 초 과	50%	46,000만원

10. "㉓ 세대생략가산액"란 : 「상속세 및 증여세법」 제27조에 따라 계산한 금액을 적습니다.

11. "㉕ 이자상당액"란 : 「상속세 및 증여세법」 제18조제8항에 따라 계산한 금액을 적습니다.

12. "㉘ 증여세액공제"란 : 「상속세 및 증여세법」 제28조, 「조세특례제한법」 제30조의5 및 제30조의6에 따른 증여세액공제액을 구분하여 각각 적습니다.

13. "㉚ 면제분 납부세액"란 : 상속세 납부의무를 면제받은 영리법인의 상속인 및 직계비속이 납부할 상속세액을 적습니다.

   ▶ "유증 등 재산가액"란 : 영리법인이 유증받은 재산의 가액을 적습니다.

   ▶ "면제세액"란 : 「상속세 및 증여세법」 제3조의2에 따라 그 영리법인이 유증받은 가액에 대하여 면제받은 상속세액을 적습니다.

14. "㉟ 신고불성실가산세"란 및 "㊲ 납부불성실가산세"란 :「국세기본법」 제47조, 제47조의2부터 제47조의5까지 및 제48조에 따라 부담할 가산세를 각각 적습니다.

15. "㊴ 연부연납"란 : 「상속세 및 증여세법」제71조에 따라 납부세액이 2천만원을 초과하는 경우에 한해 연부연납을 신청할 수 있으며 연부연납 신청세액과 신청일자를 적습니다. 이 때, 상속세(증여세) 연부연납 허가신청서 (상속세 및 증여세법 시행규칙 서식11)를 제출하여야 합니다.

16. "㊵ 물납"란 : 「상속세 및 증여세법」제73조에 따라 물납을 신청하는 경우 물납 신청세액과 신청일자를 적습니다. 이 때, 상속세 물납(변경)신청서(별지 제13호서식)를 제출하여야 합니다.

17. "㊶ 분납"란 : 「상속세 및 증여세법」 제70조제2항에 따라 납부할 금액이 1천만원을 초과하는 경우 다음 구분에 따른 금액과 납부(예정)일자를 적습니다. 다만, 「상속세 및 증여세법」 제71조에 따라 연부연납을 허가받은 경우에는 분납을 신청할 수 없습니다.

   가. 납부할 세액이 2천만원 이하인 때 : 1천만원을 초과하는 금액

   나. 납부할 세액이 2천만원을 초과하는 때 : 그 세액의 100분의 50 이하의 금액

18. "㊷ 신고납부"란 : 「상속세 및 증여세법」 제67조에 따라 상속세과세표준신고를 할 때 납부할 세액을 적습니다.

[서식 예] 상속세 부과처분 취소청구의 소

소　　장

원　　고　○　○　○(주민등록번호)
　　　　　　　○○시 ○○구 ○○길 ○○
피　　고　△△세무서장
　　　　　　　○○시 ○○구·○○길 ○○

상속세부과처분 취소청구의 소

청 구 취 지

1. 피고가 20○○. ○. ○. 원고에 대하여 한 상속세 ○○○원의 부과처분 중 상속세 ○○○원을 초과하는 부분을 취소한다.
2. 소송비용은 피고의 부담으로 한다.
라는 판결을 구합니다.

청 구 원 인

1. 사실관계
 가. 상속개시
　　망 □□□는 19○○. ○. ○. 사망하자 원고가 상속인의 지위를 취득하였습니다.
 나. 상속세 신고
　　원고는 소정의 상속세신고기간 내에 과세표준 및 세액 신고를 이행하였습니다.
2. 부과처분
　　피고는 20○○. ○. ○. 과세표준 ○○○원 산출세액 ○○○원 공제세액 ○○○원, 신고납부세액 ○○○원, 가산세 ○○○원, 고지세액 ○○○원을 하여 납세고지를 하였습니다.
3. 부과처분의 위법성
 가. 비상장주식의 평가차이에 의한 가산세 부과부당

피고는 원고가 상속재산으로 신고한 비상장주식의 평가를 달리하고 금○○○원을 증액하고 이에 대한 가산세○○○원을 부과하였습니다. 그러나 평가를 과세관청과 달리 하였다하여 가산세 부과는 할 수가 없습니다. 상속세 및 증여세법 제78조 제2항에 의하면 평가가액이 차이로 인하여 납부하여야 할 세액에 미달한 금액을 가산세 부과 대상에서 제외하고 있기 때문입니다.

나. 신고세액공제

피고는 신고세액 공제를 함에 있어서는 평가차이로 발생하는 평가액을 기준으로 하지 않고 신고가액을 기준으로 하고 있습니다.

그러나 상속재산으로 신고한 이상 신고세액공제 역시 신고한 가액으로 할 것이 아니라 과세관청이 평가하여 과세하는 가액을 기준으로 하는 것이 타당합니다. 따라서 다음과 같이 신고세액공제을 추가로 금○○○원을 해 주어야 합니다.

다. 도로에 관한 평가

피고는 도로에 편입되어 사실상 재산권 행사를 못하고 있는 도로에 대하여 이를 금○○○원으로 평가하여 상속재산가액에 산입하고 있습니다.

그러나 국세청의 기본통칙에 의하더라도 0원으로 평가하도록 되어 있는데도 불구하고 사용수익권을 포기하여 보상을 받을 수도 없는 토지를 상속재산가액에 산입한 것은 위법합니다.

라. ○○종합금융과 ○○은행 주식

피고는 퇴출되어 재산적 가치가 없는 위 회사의 주식을 ○○○원을 상속가액에 산입하였으나 이는 수용할 수 없습니다.

구 분	증액평가차액	세 액	신고세액공제
근저당설정과 공시지가 적용차이	267,470,000	120,361,500	12,036,150
보상금액과 공시지가 적용차이	336,783,966	151,552,784	15,155,278
건물평가차이	5,955,626	2,698,031	269,803
비상장주식평가차이	455,066,256	204,779,818	20,477,981
합 계			47,939,212

마. ○○○ 회원권

피고는 19○○. ○. ○. 고시한 ○○○회원권 기준시가 ○○○원을 적용하는 것이 상당함에도 불구하고 오래 전에 고시한 ○○○원을 적용하였습니다.

19○○. ○. ○. 고시한 기준시가는 상속개시일 19○○. ○. ○. 근접한 무렵에 과세당국이 시가·조사하여 19○○. ○. ○. 고시하였으므로 19○○. ○. ○. 고시한 가액이 시가에 보다 근접합니다.

4. 전심절차

납세고지 - 19○○. ○. ○.

심사청구 - 19○○. ○. ○.

기 각 - 20○○. ○. ○.

심판청구 - 20○○. ○. ○.

기 각 - 20○○. ○. ○.

입 증 방 법

1. 갑제1호증의 1   납세고지서
1. 갑제1호증의 2   세액계산명세서
1. 갑제2호증의 1   심판결정통지
1. 갑제2호증의 2   결 정 서

첨 부 서 류

1. 위 입증방법   각 1통
1. 소장부본   1통
1. 납부서   1통

20○○년 ○월 ○일

원 고 ○ ○ ○ (서명 또는 날인)

○ ○ 행 정 법 원 귀중

[서식 예] (상속세) 가산세 부과처분 취소청구의 소

소 장

원 고   ○ ○ ○(주민등록번호)
         ○○시 ○○구 ○○길 ○○ (우편번호 ○○○ - ○○○)
피 고   △△세무서장
         ○○시 ○○구 ○○길 ○○ (우편번호 ○○○ - ○○○)

가산세부과처분취소 청구의 소

청 구 취 지

1. 피고가 20○○. ○. ○.자로 원고에게 한 가산세 부과처분은 이를 취소한다.
2. 소송비용은 피고의 부담으로 한다.
라는 판결을 구합니다.

청 구 원 인

1. 이 사건에 이르게 된 경위
   가. 원고는 소외 부 망 김□□이 20○○. ○. ○. 사망하여 단독으로 전 재산을 상속하게 되었고 20○○. ○. ○. 상속세법 제3조, 제13조, 제25조에 따라 총상속세액금 100,000,000원을 자진 신고함과 동시에 같은 법 제71조에 따라 상속세액중 일부인 금 40,000,000에 대하여 연부연납 신청을 하고 같은 해 3. 2. 위 연부연납 신청금액을 제외한 나머지 세액 금 60,000,000원을 자진납부 하였습니다.
   나. 그 후 원고는 상속받은 재산의 처분이 어렵고 또한 상속세를 납부할 만한 소득이 없어 같은 해 ○. ○ . 위 연부연납 신청을 철회하고 같은 법 제73조에 따라 같은 해 ○. ○.자로 상속세 물납 신청을 하여 같은 해 ○. ○. 피고로부터 상속세 물납허가를 받았습니다.

2. 피고의 부과처분

그런데 피고는 같은 해 ○. ○. 원고가 연부연납 신청을 철회함으로 써 당초부터 연부연납 신청이 없었던 것과 마찬가지가 되었으므로 미 납부 신고세액에 대하여 신고납부기한 다음 날로부터 위 납세고지일 인 같은 해 ○. ○.까지의 납부불성실 가산세 등을 합한 금액을 부과 하였습니다.

3. 전심절차

원고는 이건 부과처분에 불복하고 피고 및 국세청에 이건 부과처분 에 대하여 20○○. ○. ○. 이의신청을, 같은 해 ○. ○. 심사청구를 같은 해 ○. ○. 심판청구를 하였으나 청구를 기각한다는 결정을 받 았습니다.

4. 피고처분의 부당성

그러나 연부연납을 신청한 금액에 대하여는 같은 법 제70조 제1항 4 호의 규정에 의하여 신고기한 내의 자진납부 의무가 없다고 할 것이 므로 신고기한 내에 납부를 하지 않았더라도 납부불성실가산세를 부 과할 수 없다고 할 것이며 또한 비록 원고가 위 연부연납 신청을 철 회하였다고 하더라도 그 철회에 의하여 당초 담보제공의 의사표시와 함께 한 연부연납 신청이 소급하여 처음부터 없었던 것과 같이 되는 것은 아니므로 피고가 원고에게 한 가산세 부과처분은 위법한 처분 이라 할 것입니다.

5. 결론

그러므로 피고의 위 행정처분은 명백히 위법하다 할 것이므로 원고 는 그 취소를 구하고자 본소 청구에 이르게 되었습니다.

입 증 방 법

1. 갑 제1호증   가산세고지서
1. 갑 제2호증   연부연납신청서
1. 갑 제3호증   물납신청허가서

첨 부 서 류

1. 위 입증방법   각 1부
1. 소장부본   1부

1. 납부서   1부

20○○년   ○월   ○일
원   고   ○   ○   ○   (서명 또는 날인)

○ ○ 행 정 법 원   귀중

12. 상속세 상담사례

■ 상속재산가액의 시가평가는 어떻게 합니까?

Q. 상속재산가액의 시가평가는 어떻게 합니까?

A. 상속재산의 평가는 상속개시일(사망일 또는 실종선고일) 현재의 시가로 평가합니다. 다만, 시가를 산정하기 어려운 경우에는 당해 재산의 종류·규모·거래상황 등을 감안하여 규정된 방법(이하 '보충적 평가방법')에 따라 평가한 가액을 시가로 봅니다.

① 시가란

- 시가는 불특정 다수인 사이에 자유로이 거래가 이루어지는 경우에 통상 성립된다고 인정되는 가액을 말하는 것으로서, 상속개시일 전후 6월 이내의 기간(이하 '평가기간') 중 매매·감정·수용·경매 또는 공매가 있는 경우에는 그 확인되는 가액을 포함합니다.

- 다만, 평가기간에 해당하지 아니하는 기간으로서 상속개시일 전 2년 이내의 기간 중에 매매·감정·수용·경매 또는 공매가 있는 경우에도 주식발행회사의 경영상태, 시간의 경과 및 주위환경의 변화 등을 고려하여 가격변동의 특별한 사정이 없다고 보아 납세자, 세무서장 등이 재산평가심의위원회에 해당 매매 등의 가액에 대한 시가심의를 신청하는 때에는 위원회의 심의를 거쳐 인정된 해당 매매 등의 가액을 시가로 포함할 수 있습니다.

② 시가의 인정범위

- 당해 재산에 대해 매매사실이 있는 경우 : 그 거래가액. 다만, 특수관계자와의 거래 등 그 거래가액이 객관적으로 부당하다고 인정되는 경우 등에는 제외됩니다.

- 당해 재산(주식 및 출자지분은 제외함)에 대하여 2 이상의 공신력 있는 감정기관이 평가한 감정가액이 있는 경우 : 그 감정가액의 평

균액(단, 해당재산이 기준시가 10억 이하인 경우에는 1이상의 감정
기관의 감정가액도 가능)
- 당해 재산에 대하여 수용·경매 또는 공매 사실이 있는 경우 : 그 보
상가액·경매가액 또는 공매가액. 다만, 물납한 재산을 증여자 · 수증
자 또는 그와 특수관계 있는 자가 경매 또는 공매받은 경우 등에는
그 경매가액 또는 공매가액은 시가로 보지 아니합니다.
- 상속개시일 전 6개월부터 평가기간 내 상속세 신고일까지의 기간
중에 상속재산과 면적 · 위치 · 용도 · 종목 및 기준시가가 동일하거
나 유사한 다른 재산에 대한 매매가액 · 감정가액의 평균액 등이 있
는 경우 : 당해 가액
- 평가기간에 해당하지 아니하는 기간으로서 상속개시일 전 2년 이내
의 기간 중에 상속재산과 면적 · 위치 · 용도 · 종목 및 기준시가가
동일하거나 유사한 다른 재산에 대한 매매가액 · 감정가액 등이 있
는 경우로서 납세자, 세무서장 등이 재산평가심의위원회에 해당 매
매 등의 가액에 대한 시가 심의를 신청하고 위원회에서 시가로 인
정한 경우 : 당해 가액
③ 재산평가심의위원회를 통한 매매 등의 가액에 대한 시가인정
- 상속세 과세표준 신고기한 만료 4개월 전까지 납세지 관할 지방국
세청장(개인납세2과장)에게 아래 서류를 첨부하여 서면(방문·우편)
으로 신청하여야 합니다.
 1. 재산의 매매 등 가액의 시가인정 심의 신청서 : 재산평가심의위원회 운영
   규정 별지 제6호 서식
 2. 재산의 매매 등 가액의 시가인정 관련 검토서 : 재산평가심의위원회 운영
   규정 별지 제6호 서식 부표
 3. 제1호부터 제2호까지의 규정에 따른 서식의 기재내용을 증명할 수 있는
   증거서류
- 다만, 아래 사항에 해당하는 경우에는 심의 신청이 반려될 수 있습
니다.

1. 신청기한을 경과하여 신청한 경우
2. 심의대상(재산평가심의위원회 운영규정 제22조)에 해당되지 않는 경우
3. 보완요구일로부터 7일 이내에 보완자료를 제출하지 아니하거나 보완요구로 제출된 내용이 부실한 경우
4. 시가인정 심의신청시 제출된 서류의 기재내용이 허위인 것으로 확인되는 경우

- 상속세 과세표준 신고기한 만료 1개월전까지 심의결과를 서면으로 회신받을 수 있습니다. 다만, 제출된 서류의 기재내용이 허위인 것으로 확인되는 경우에는 심의결과 통지의 효력이 상실됩니다.

④ 시가적용 시 판단기준일
- 상속개시일 전후 6월 이내에 해당하는지 여부는 다음에 해당하는 날을 기준으로 하여 판단합니다.
  • 거래가액 : 매매계약일
  • 감정가액 : 감정평가서의 작성일
  • 보상가액 등 : 보상가액 등이 결정된 날
- 시가로 보는 가액이 2 이상인 경우에는 평가기준일로부터 가장 가까운 날에 해당하는 가액에 의합니다.

■ 부동산의 보충적 평가는 어떻게 합니까?

Q. 부동산의 보충적 평가는 어떻게 합니까?

A. ① 토지는 개별공시지가에 의하여 평가하고, ② 주택은 「부동산 가격공시 및 감정평가에 관한 법률」에 의한 개별주택가격 및 공동주택가격으로 평가합니다.

③ 일반건물은 신축가격기준액·구조·용도·위치·신축연도·개별건물의 특성 등을 참작하여 매년 1회 이상 국세청장이 산정·고시하는 가액으로 평가하고, ④ 오피스텔 및 상업용 건물 : 국세청장이 지정하는 지역에 소재하면서 국세청장이 토지와 건물에 대하여 일괄하여 산정·고시한 가액이 있는 경우 그 고시한 가액으로 평가하며, 국세청장이 일괄하여 산정·고시한 가액이 없는 경우에는 상기 내용과 같이 토지와 건물을 별도로 평가한 가액합니다.

④ 임대차 계약이 체결된 재산은 평가기준일 현재 시가에 해당하는 가액이 없는 경우로서, 사실상 임대차 계약이 체결되거나, 임차권이 등기된 부동산일 경우에는 토지의 개별공시지가 및 건물의 기준시가와 1년간 임대료를 환산율(12%)로 나눈 금액에 임대보증금을 합계한 금액(토지와 건물의 기준시가로 안분한 금액을 말함)을 토지와 건물별로 비교하여 큰 금액으로 평가한 가액합니다.

> ※ 임대차 계약이 체결된 재산의 평가액 = MAX(보충적 평가가액, 임대보증금 환산가액)
> - 보충적 평가가액 : 토지의 개별공시지가 및 건물의 기준시가
> - 임대보증금 환산가액 : (임대보증금) + (1년간 임대료 합계액 ÷ 0.12)
> ※ '1년간 임대료 합계액' 계산 : 평가기준일이 속하는 월의 임대료에 12월을 곱하여 계산

■ 상속세를 분할해서 납부할 수 있나요?

Q. 상속세를 분할해서 납부할 수 있나요?

A. 상속세는 일시에 납부하는 것이 원칙이나 일시납부에 따른 과중한 세부담을 분산시켜 상속재산을 보호하고 납세의무의 이행을 쉽게 이행하기 위하여, 일정요건이 성립되는 경우에 분할하여 납부할 수 있습니다. 이 경우 2회에 나누어 내는 것을 분납, 장기간에 나누어 내는 것을 연부연납이라고 합니다.

■ 상속세의 분납은 어떻게 하나요?

Q. 상속세의 분납은 어떻게 하나요?

A. 상속세의 경우 다음의 요건을 갖춘 경우에는 그 세액을 분납할 수 있습니다.
 - 상속세의 납부할 세액이 1천만원을 초과하는 때에는 다음의 금액을 납부기한 경과 후 2개월에 이자 부담없이 분납할 수 있습니다.
  • 납부할 세액이 2천만원 이하일 때 : 1천만원을 초과하는 금액
  • 납부할 세액이 2천만원을 초과하는 때 : 그 세액의 50% 이하의 금액

■ 상속세의 연부연납은 어떻게 하나요?

Q. 상속세의 연부연납은 어떻게 하나요?

A. ① 상속세의 경우 다음의 요건을 갖춘 경우에는 그 세액의 분할 납부를 허가신청할 수 있습니다.
- 상속세의 납부세액이 2천만원을 초과하고, 납세담보를 제공하여야 합니다.
· 신고 시에는 상속세 신고서와 함께 연부연납신청서를 함께 제출하여야 하고, 무신고·과소신고분은 고지서의 납부기한 내에 연부연납을 신청해야 합니다.
② 연부연납기간은 납세의무자가 신청한 기간으로 하되, 아래 기간 내에 가능합니다.
- 상속재산(사전증여재산·추정상속재산·상속인이 아닌 자에게 유증한 재산 제외) 중 가업상속 재산의 비율이 100분의 50 이상인 경우에는 연부연납 허가 후 3년이 되는 날부터 12년
- 상속재산(사전증여재산·추정상속재산·상속인이 아닌 자에게 유증한 재산 제외) 중 가업상속 재산의 비율이 100분의 50 미만인 경우에는 연부연납 허가 후 2년이 되는 날부터 5년
- 가업상속 외의 경우에는 연부연납 허가일로부터 5년
③ '09.1.1. 이후 연부연납 신청분부터 납세보증보험증권 등 납세담보가 확실한 경우 신청일에 세무서장의 허가를 받은 것으로 간주합니다.
④ 연부연납 중인 경우 물납은 첫 회분 분납세액에 한해서만 가능합니다(중소기업자는 5회분까지 가능).

■ 상속받은 재산으로 물납도 할 수 있나요?

Q. 상속받은 재산으로 물납도 할 수 있나요?

A. ① 세금은 현금납부를 원칙으로 하나, 상속세의 경우에는 현금으로 납부하기 곤란한 경우에는 일정요건을 갖추어 세무서장의 승인을 받으면 상속받은 재산으로 납부(물납)할 수 있습니다.

② 물납의 요건

- 상속재산 중 부동산과 유가증권의 가액(비상장주식 등 제외)이 2분의 1 초과

- 상속세 납부세액이 2천만원을 초과

- 상속세 납부세액이 상속재산가액 중 금융재산 가액을 초과

- 납세자가 신청한 물납재산에 대해 관할세무서장이 물납을 허가한 경우에 물납할 수 있습니다.

③ 물납의 신청

- 신고분은 신고기한까지, 무신고 또는 과소신고분은 고지서의 납부기한까지 물납신청을 하여야 합니다.

  * 비상장주식은 상속세 물납가능 재산에서 제외하되, 다른 상속재산이 없는 등 부득이한 경우에는 물납 가능합니다.

  * 상장주식은 다른 상속재산이 없거나 처분이 제한된 경우에만 물납 가능합니다.

■ 피상속인이 부담하는 연대보증채무 등이 상속재산가액에서 공제되는지요?

Q. 저의 아버지는 갑의 채무에 대하여 연대보증을 해 주었습니다. 그 후 얼마 지나지 않아 아버지께서 돌아가셔서 제가 아버지의 재산을 상속받게 되었습니다. 그런데 상속세가 위 연대보증채무에 해당하는 금원에 대하여도 부과되어있는 것입니다. 상속세법 제4조 제1항 제3호, 제10조 제2항 의 규정에 의하여 상속재산가액에서 피상속인의 채무는 공제한다고 규정하고 있는바, 위 아버지의 연대보증채무도 공제되어야 하지 않나요?

A. 상속세법 제4조 제1항 제3호, 제10조 제2항 의 규정에 의하여 상속재산가액에서 공제할 피상속인의 채무는 상속개시 당시 피상속인의 종국적인 부담으로 지급하여야 할 것이 확실시 되는 채무를 뜻하는 것이라고 풀이되므로 상속개시당시에 피상속인이 부담하고 있는 제3자를 위한 연대보증채무나 물상보증 채무가 있다 하더라도 주채무자가 변제불능의 무자력 상태에 있고 따라서 그 채무를 이행한 후에 구상권을 행사하여도 아무런 실효가 없으리라는 사정이 존재하지 않는 이상 그 채무액은 상속재산가액에서 공제할 수 없는 것입니다. 한편 이와 같은 사유는 상속세 과세가액결정에 예외적으로 영향을 미치는특별한 사유에 속하므로 그 존재사실에 관한 주장입증의 책임은 과세가액을다투는 납세의무자측에 있습니다(대법원 1983. 12. 13. 선고 83누410 판결).

이 사안의 경우 피상속인인 아버지가 연대보증채무를 갖고 있으나, 그 주채무자의 상태가 무자력이여서 피상속인의 연대보증채무를 이행한 우에 구상권을 행사하여도 아무런 실효가 없으리라는 사정을 입증하신다면 상속세에세 공제될 것입니다.

■ 장례비와 상속세가 유류분산정을 위한 기초재산에 포함되는지요?

Q. 공동상속인 중 1인이자 유류분 반환의무자인 甲이 자신이 부담한 피상속인 乙의 장례비와 상속세 등을 상속채무와 동일하게 보아 유류분 산정의 기초가되는 상속재산에서 차감하여야 한다고 주장하고 있습니다. 이 경우 위 장례비와 상속세는 기초재산에서 차감하여야 하는지요?

A. 민법 제1113조에 따라 유류분은 피상속인의 상속개시시에 있어서 가진 재산의 가액에 증여재산의 가액을 가산하고 채무의 전액을 공제하여 이를 산정합니다. 따라서 장례비와 상속세 등은 피상속인 사망 후 지출된 비용으로서 상속개시 당시의 재산에서 공제될 성질의 것이 아닙니다(서울고등법원 2012. 10. 24. 선고 2012나 3168 판결).

■ 상속인이 부인과 자녀 한 명인 경우 상속세로 1천5백만원이 나왔는데 각각 얼마씩 부담하게 되나요?

Q. 상속인이 부인과 자녀 한 명입니다. 상속세로 1천5백만원이 나왔는데 각각 얼마씩 부담하게 되나요?

A. 부인과 자녀는 각각 1.5:1의 비율로 피상속인을 상속합니다. 상속세액의 부담분 역시 이 비율로 정해집니다.
따라서 부인은 9백만원(1천5백만원 X 1.5/2.5), 자녀는 6백만원(1천5백만원 X 1/2.5)을 각각 부담해야 합니다.
다만, 공동상속인은 상속인 각자가 받았거나 받을 재산을 한도로 연대해서 납부할 의무를 지므로, 공동상속인 중 한 명이 상속세를 체납하는 경우에는 다른 공동상속인이 납세의무를 부담해야 합니다.

■ 상속세비과세 대상인 묘토인 농지에 해당하는지요?

Q. 망인 A의 상속인으로 甲, 乙이 있고, 상속재산으로 X토지가 있습니다. 그런데 X토지는 지목이 전으로 되어 있으나 도시계획상 일반 주거지에 편입되어 있고, 주변 일대가 완전히 도시화되어 있으며, 타인으로 하여금 콩이나 채소 등을 재배하게 하여 그 경작자가 경작대가로 단순히 1년에 한두 번 정도 분묘 벌초를 하여 온 것에 불과합니다. 이 경우에도 X토지가 상속세비과세 대상인 묘토인 농지에 해당하는지요?

A. 묘토인 농지의 의미에 관하여 대법원은 "묘토라 함은 분묘의 수호, 관리나 제사용 자원인 토지로서 특정의 분묘에 속한 것을 말하는바, 현행 민법이 그 소유권의 귀속주체를 제사를 주재하는 자로 규정하고 있는 점에 비추어 보면, 구 상속세법(1996. 12. 30. 법률 제5193호로 전문 개정되기 전의 것) 제8조의2 제2항 제2호에서 원용하고 있는 민법 제1008조의3 소정의 묘토인 농지는 그 경작하여 얻은 수확으로 분묘의 수호, 관리 비용이나 제사의 비용을 조달하는 자원인 농토이어야 하고, 그 중 제사의 비용을 조달하는 것이 중요한 것이 됨은 분명하나 반드시 이에 한정되는 것은 아니다(대법원 1997. 05. 30. 선고 97누4838 판결)."고 정의하는 한편, 위와 동일한 사실관계가 문제된 사안에서 "지목이 전으로 되어 있으나 도시계획상 일반 주거지에 편입되어 있고 주변 일대가 완전히 도시화되어 있으며, 타인으로 하여금 콩이나 채소 등을 재배하게 하여 그 경작자가 경작대가로 단순히 1년에 한두 번 정도 토지소유자의 조상의 분묘 등 분묘 3기의 벌초를 하여 온 것에 불과하다면, 그 토지를 분묘의 수호, 관리 비용을 조달하기 위한 묘토인 농지라고 볼 수는 없다는 이유로, 상속세비과세 대상에 해당하지 않는다(대법원 1997. 05. 30. 선고 97누4838 판결)."고 판시한 바 있습니다.

따라서 X토지는 묘토인 농지에 해당하지 않으므로, 상속세비과세 대상에 해당하지 않습니다.

■ 상속분상당가액지급청구의 경우, 상속세 및 그 가산금과 양도소득세가 공제되는지요?

Q. 민법 제1014조에 의한 상속분상당가액지급청구의 경우, 상속세 및 그 가산금과 양도소득세의 공제 여부가 궁금합니다.

A. 위 사안과 관련하여 대법원은 "민법 제1014조에 의한 상속분상당가액지급청구에 있어 그 대상재산의 가액산정시 공제되어야 할 상속세에 신고지연 등으로 인한 가산세가 포함되고(대법원 2007. 07. 26. 선고 2006므2757 판결), 상속재산의 처분에 수반되는 조세부담은 상속에 따른 비용이라고 할 수 없고, 민법 제1014조에 의한 가액의 지급청구는 상속재산이 분할되지 아니한 상태를 가정하여 피인지자의 상속분에 상당하는 가액을 보장하려는 것이므로, 다른 공동상속인들의 분할 기타의 처분에 의한 조세부담을 피인지자에게 지급할 가액에서 공제할 수 없고, 다른 상속인들이 피인지자에게 그 금액의 상환을 구할 수도 없다(대법원 1993. 08. 24. 선고 93다12 판결)."는 입장입니다.

따라서 피인지자에게 지급할 가액에서 상속세 및 그 가산금의 경우는 공제하여야 하고, 상속재산 처분에 대한 양도소득세는 공제할 수 없습니다.

■ 상속세 등의 문제로 인하여 상속포기를 신고한 경우 상속포기는 유효한
지요?

Q. 망인 A의 상속인으로 甲, 乙, 丙이 있고, 상속재산으로 X토지
가 있습니다. 공동상속인들은 X토지를 甲이 갖는 것으로 합의를
하였으나, 그 후 甲이 상속세 등의 문제로 인하여 상속포기를
신고를 하였습니다. 이 경우 甲이 한 상속포기는 유효한지요?

A. 민법 제1026조 제1호는 "상속인이 상속재산에 대한 처분행위를 한
때 에는 상속인이 단순승인을 한 것으로 본다."고 규정하고 있습니다.
그리고 상속재산 협의분할 후에 상속포기 신고가 수리된 경우 그 신
고의 효력과 관련하여 대법원은 "상속인중 1인이 다른 공동재산상속
인과 협의하여 상속재산을 분할한 때는 민법 제1026조 제1호에 규
정된 상속재산에 대한 처분행위를 한 때에 해당되어 단순승인을 한
것으로 보게 되어 이를 취소할 수 없는 것이므로 그 뒤 가정법원에
상속포기신고를 하여 수리되었다 하여도 포기의 효력이 생기지 않는
다(대법원 1983. 06. 28. 선고 82도2421 판결)."고 판시한 바 있
습니다.
따라서 사안의 경우 甲의 상속포기신고는 상속재산분할협의 이후에
이루어진 것이므로 그 효력이 없습니다.

■ 상속세비과세 대상인 묘토인 농지의 범위를 어떻게 결정해야 하는지요?

> Q. 묘토인 농지는 상속세비과세 대상으로 알고 있습니다. 이때 묘토인 농지의 범위를 어떻게 결정해야 하는지 그 기준이 궁금합니다.
>
> A. 민법 제1008조의3은 "분묘에 속한 1정보 이내의 금양임야와 600평 이내의 묘토인 농지, 족보와 제구의 소유권은 제사를 주재하는 자가 이를 승계한다."고 규정하고 있습니다. 이 때 600평 이내의 묘토인 농지의 범위와 관련하여 대법원은 "묘토의 범위는 호주상속인(개정 민법이 적용되는 경우에는 제사 주재자)을 기준으로 600평 이내의 농지를 의미하는 것이 아니라 봉사의 대상이 되는 분묘 매 1기당 600평 이내를 기준으로 정하여야 한다(대법원 1996. 03. 22. 선고 93누19269 판결)."고 판시한 바 있습니다.
>
> 따라서 분묘 매1기당 600평을 기준으로 묘토인 농지의 범위를 결정하시면 됩니다.

■ 상속세를 신용카드로도 납부할 수 있나요?

> Q. 상속세를 신용카드로도 납부할 수 있나요?
>
> A. ① 납세의무자가 신고하거나 과세관청이 결정 또는 경정하여 고지한 세액 중 1천만원 이하는 국세납부대행기관(금융결제원)의 인터넷 홈페이지 및 전국 세무관서에 설치된 신용카드 단말기로 납부할 수 있습니다.
>
> * 납부 가능한 신용카드
> - 비씨, 신한, 삼성, 현대, 롯데, 국민, 외환, 씨티, 전북은행, 광주은행, 제주은행, 수협, 하나비자, 농협(NH)카드
> ② 신용카드로 세금을 납부할 경우 세금 현금납부자와의 형평성을 유지하기 위하여 납부대행수수료(납부세액의 1.0%)는 납세자가 부담해야 합니다.

■ 상속재산의 기준시가가 상승되자 상속세부과처분을 내린 경우 신의성실
　의 원칙에 반하여 처분이 당연 무효인지요?

Q. 갑은 1985년경 부동산을 상속받은 후 상속세를 신고하려는데 해
　운대 세무서에서 갑에게는 상속세법상 공제액이 많기 때문에 상
　속세를 부과하지 않겠다는 답변을 듣고, 상속세를 신고하지 않
　았습니다. 그런데 1988년경 상속 받은 부동산의 지가가 상승하
　게 되어 과세대상인 위 부동산에 대한 평가액이 몇 배나 상승하
　자 해운대세무서가 상속세부과처분을 하였습니다. 갑은 위 상속
　세부과처분이 신의성실의 원칙에 반한다는 이유로 처분의 무효
　를 주장할 수 있나요?

A. 국세기본법 제15조에서는 "납세자가 그 의무를 이행함에 있어서는
　신의에 좇아 성실히 하여야 한다.
　세무공무원이 그 직무를 수행함에 있어서도 또한 같다."라고 규정하
　고 있고, 상속세법 제9조 제2항에서는 "상속세부과 당시의 가액을
　기초로 상속세를 부과한다."라고 규정하고 있습니다. 이 사안과 같은
　사실관계에 대하여 법원은 '① 설사 해운대세무서가 상속세 신고기
　간 경과 후에 과세권 행사를 지연시키면서 과세권 행사의 시점을 자
　의적으로 선택함으로써 갑의 조세부담이 과중하게 되었다 하여도 이
　는 갑 자신의 귀책사유로 소정기간내의 상속세 신고의무를 해태함으
　로써 상속재산 평가의 기준일이 확정되지 않고 있던 사이에 특정지
　역의 확대고시 라는 전혀 새로운 사정이 추가로 발생되어 상속재산
　에 대한 상속세부과당시의 평가액이 대폭 증가된 것이 주된 원인으
　로 되어 나타난 결과라 할 것이고, ② 상속세 신고의무를 해태한 갑
　으로서는 상속세법 제9조 제2항의 적용에 따라 상속세 신고기간 경
　과후의 어느 시점에서 평가한 과세가액이 그 후 조세부과권 제척기
　간 만료시까지의 시가상승 등에 의하여 증가됨으로써 상속세부담이

많아지게 되는 불이익한 경우를 당초부터 당연히 예상할 수 있었을 뿐만 아니라(물론 그 반대의 경우도 예상할 수 있다) ③ 후일 상속 재산 평가액의 증가로 인하여 이러한 불이익을 입게 될지도 모른다는 부담이 바로 과세처분을 위한 자료제출의 성격을 갖는 상속세신고를 순조롭게 하게 하는 하나의 요인으로 작용하고 있는 점 등에 비추어 보면, 해운대세무서가 상속재산이 고액으로 평가되는 시점을 기다려서 이 사건 과세처분을 하였다 하여도 그것이 바로 신의칙에 위반되는 것이라고 단정할 수는 없다 할 것이며, 더 나아가 이러한 사정 외에 위 세무서가 갑에게 대하여 향후 여하한 경우에도 위 상속에 기한 상속세를 부과하지 않겠다는 종전의 명백한 공적태도를 번복하여 새삼스럽게 이 사건 과세처분을 한 사정까지 있어서 이 점이 신의칙에 위배된다 하여도 이상과 같은 모든 사정 역시 위 과세처분에 관한 당연 무효의 사유에는 해당되지 않는다(부산고등법원 1990. 7. 25. 선고 89구2110 판결, 대법원 1991. 1. 29. 선고 90누7449 판결).'

위 법원의 태도에 따르면 갑은 해운대세무서의 상속세부과처분이 설사 신의성실의 원칙에 반한다고 하더라도 그 취소를 구할 수 있을 뿐 당연 무효를 주장할 수는 없습니다.

■ 상속재산의 총합이 마이너스인 경우 상속세의 과세가액은 얼마인가요?

Q. 저는 최근에 아버지가 사망하여 2억원 상당의 주택과 금 3억원의 채무를 상속받았습니다. 한편, 저의 아버지는 돌아가시기 3년 전에 저에게 금 3억원을 증여해주셨습니다. 이 경우 얼마에 대하여 상속세가 부과되는지요?

A. 상속세 및 증여세법 제13조 제1항은 "상속세과세가액은 상속재산의 가액에서 법 제14조의 규정에 의한 공과금, 장례비용, 채무를 차감한 후 피상속인이 상속개시일 전 10년 이내에 상속인에게 증여한 재산가액과 상속개시일 전 5년 이내에 상속인이 아닌 자에게 증여한 재산가액을 가산한 금액으로 한다."고 규정하고 있습니다.

이는 상속세의 부과대상이 될 재산을 미리 증여의 형태로 이전하여 상속재산을 분산·은닉시키는 방법으로 고율의 누진세율에 의한 상속세 부담을 회피하거나 감소시키는 행위를 방지하고 이를 통해 조세부담의 공평을 도모하고자 마련된 규정입니다(대법원 2006. 9. 22. 선고 2006두9207 판결).

그러므로 생전에 받은 3억 원이 상속세과세가액에 포함되는 것은 분명한데, 문제는 상속한 적극재산 보다 채무가 더 많으므로 이 부분이 어떻게 계산되는지 여부입니다.

상속세과세가액을 산정함에 있어 상속재산의 가액에서 채무 등을 차감한 가액이 부수(-)인 경우에, 판례는 "그 부(-)의 차감잔액을 기초로 생전 증여재산가액을 가산함이 상당하다."라고 하였습니다(대법원 2006. 9. 22. 선고 2006두9207 판결).

따라서 귀하의 상속세과세가액은 상속재산 금 2억 원에서 채무 금 3억 원을 차감한 후 생전증여 금 3억 원을 더한 것이므로 금 2억 원이 될 것으로 보입니다. 즉, 귀하에게는 금 2억 원에 대하여만 상속세가 부과될 것으로 보입니다.

■ 한정승인을 한 경우에도 상속세를 납부해야 하나요?

Q. 최근에 저희 아버지께서 돌아가셨습니다. 아버지께서는 생전에
   어머니와 이혼을 하여 상속인으로는 형과 누나 한 명, 그리고
   제가 있습니다. 아버지께서는 부동산을 하나 소유하고 계셨지
   만, 채무가 많아서 형과 누나는 상속을 포기하고 막내인 제가
   한정승인을 하기로 했습니다. 그런데 이 경우에 제가 상속세를
   납부해야 하나요?

A. 상속의 한정승인은 채무의 존재를 한정하는 것이 아니라 단순히 그
   책임의 범위를 한정하는 것에 불과할 뿐이고(대법원 2003. 11.
   14. 선고 2003다30968 판결 참조), 상속세 부과처분은 적극재산
   에서 소극재산을 공제한 상속재산에 대하여만 행해지는 것이므로,
   상속의 한정승인이 있다 하더라도 이를 이유로 상속세의 부과처분이
   위법하게 되는 것은 아니라고 할 것입니다(부산고등법원 2005. 5.
   13. 선고 2003누3369 판결 참조).
   한정승인자도 상속인에 해당하므로 상속세를 납부하여야 할 것으로
   보입니다. 상속재산에 부동산에 있다면 부동산의 취득세를 부담합니
   다(지방세법 제7조).
   지방세법에 있어서 부동산 취득세는 재화의 이전이라는 사실 자체를
   포착하여 거기에 담세력을 인정하고 부과하는 유통세의 일종으로서
   부동산의 취득자가 그 부동산의 사용, 수익, 처분함으로써 얻어질
   이익을 포착하여 부과하는 것이 아니므로, 지방세법에서의 '부동산
   의 취득'이란 부동산의 취득자가 실질적으로 완전한 내용의 소유권
   을 취득하는가의 여부에 관계없이 소유권 이전의 형식에 의한 부동
   산 취득의 모든 경우를 포함합니다(대법원 2002. 6. 28. 선고
   2000두7896 판결 참조).
   그러므로 상속의 한정승인으로 부동산을 취득한다 하더라도 상속세
   를 납부하여야 할 것으로 보입니다.

■ 보험금이 국세기본법에서 정한 '상속으로 받은 재산'에 포함되는지요?

Q. 저의 남편은 2억의 양도소득세를 체납한 채 최근에 사망하였습니다. 남편은 위 채무뿐만 아니라 거액의 채무가 있었고, 유일한 법정상속인인 저는 그 채무를 감당할 수 없어 법원에 상속포기 신고를 하여 상속포기가 수리되었습니다. 한편, 남편은 생전에 남편 자신을 피보험자로, 상속인을 보험수익자로 하여 생명보험을 가입한 것이 있어 제가 3억 정도 보험금을 받아 받은 보험금에 대해서는 상속세를 신고하였습니다. 그런데 세무서에서 저보고 남편의 양도소득세 납부의무를 승계하였다고 하여 소득세를 내라는 처분을 하였습니다. 저는 남편의 상속을 포기하였는데, 이러한 양도소득세의 부과 처분이 적법한 처분인가요?

A. 국세기본법 제24조 제1항은 "상속이 개시된 때에 그 상속인(수유자를 포함한다) 또는 민법 제1053조에 규정된 상속재산관리인은 피상속인에게 부과되거나 그 피상속인이 납부할 국세?가산금과 체납처분비를 상속으로 받은 재산의 한도에서 납부할 의무를 진다."라고 규정하고 있어, 상속포기자가 보험금으로 받은 돈을 '상속으로 받은 재산'으로 볼 수 있는지 문제됩니다.

대법원은 피상속인의 사망으로 상속인이 지급받는 보험금의 성격에 관하여, "피상속인의 사망으로 상속인이 지급받는 보험금은 피상속인의 재산에 일단 귀속된 다음에 상속 또는 유증 등에 의하여 상속인에게 승계 취득되는 상속재산이 아니라, 상속인이 보험계약의 효력에 따라 취득하는 상속인의 고유재산에 해당한다고 볼 것이다"라고 판시한 바 있습니다(대법원 2004. 7. 9. 선고 2003다29463판결, 대법원 2007. 11. 30. 선고 2005두5529 판결 등 참조).

대법원은 이와 같이 보험금이 상속인의 고유재산에 속한다는 점을 반영하여, "적법하게 상속을 포기한 자는 국세기본법 제24조 제1항이 피상속인의 국세 등 납세의무를 승계하는 자로 규정하고 있는 '상속인'에는 포함되지 않는다고 보아야 한다. 또한 상속세 및 증여세법(이하 상증세법이라 함) 제8조 제1항은 피상속인의 사망으로 인하여 지급받는 생명보험 또는 손해보험의 보험금으로서 피상속인이 보험계약자가 된 보험계약에 의하여 지급받는 보험금이 실질적으로 상속이나 유증 등에 의하여 재산을 취득한 것과 동일하다고 보아 상속세 과세대상으로 규정하고 있으나, 상증세법 제8조가 규정하는 보험금의 경우 보험수익자가 가지는 보험금지급청구권은 본래 상속재산이 아니라 상속인의 고유재산이므로, 상증세법 제8조 가 규정하는 보험금 역시 국세기본법 제24조 제1항 이 말하는 '상속으로 받은 재산'에는 포함되지 않는다고 보아야 한다."고 보아, 적법하게 상속을 포기한 자는 망인의 양도소득세 납부의무를 승계하지 않으므로 과세관청의 처분이 위법하다고 판시한 바 있습니다(대법원 2013. 5. 23. 선고 2013두1041 판결 참조).

따라서 위 사안에서, 귀하께서 적법하게 상속을 포기하였다면, 사망한 남편의 양도소득세를 승계하여 납부할 의무는 없으므로, 과세처분은 위법한 것으로 보입니다.

■ 상속을 포기한 자도 국세 등 납세의무를 승계하는 자로 보아 상속받은 재산에 대하여 상속세를 부담해야 하는지요?

Q. 갑은 양도소득세를 체납한 채 2010. 6. 12. 사망하였고, 갑의 처인 을은 2010. 6. 22. 보험수익자로서 갑의 사망으로 보험금 3억 원을 수령하고 2010. 8. 31. 그 중 갑이 보험계약자로서 부담한 보험료에 상당하는 2억 1,900만 원(이하 '이 사건 보험금'이라 합니다)에 대한 상속세를 신고하였습니다. 한편 을은 2010. 7. 7. 상속포기 신고를 하여 2010. 7. 15. 그 신고 수리의 심판을 받았습니다. 이에 대하여 관할 세무서는 이 사건 보험금이 상속세 및 증여세법 제8조에 따른 상속재산이고, 국세기본법 제24조 제1항에 의하여 그 한도에서 갑의 양도소득세 납세의무가 을을 비롯한 상속인들에게 승계되는 것으로 보아 2010. 12. 9. 을에게 2008년 귀속 양도소득세 2억 1,900만 원을 부과할 수 있나요?

A. 국세기본법 제24조 제1항은 "상속이 개시된 때에 그 상속인(수유자를 포함한다) 또는 민법 제1053조 에 규정된 상속재산관리인은 피상속인에게 부과되거나 그 피상속인이 납부할 국세·가산금과 체납처분비를 상속으로 받은 재산의 한도에서 납부할 의무를 진다."라고 규정하고 있습니다. 위 사안에 대하여 법원은 '① 원래 상속을 포기한 자는 상속포기의 소급효에 의하여 상속개시 당시부터 상속인이 아니었던 것과 같은 지위에 놓이게 되는 점(민법 제1042조), 상속세 및 증여세법(이하 '상증세법'이라 합니다) 제3조 제1항은 상속세에 관하여는 상속포기자도 상속인에 포함되도록 규정하고 있으나 이는 사전증여를 받은 자가 상속을 포기함으로써 상속세 납세의무를 면하는 것을 방지하기 위한 것으로서, ② 국세기본법 제24조 제1항에 의한 납세의무 승계자와 상증세법 제3조 제1항에 의한 상속세

납세의무자의 범위가 서로 일치하여야 할 이유는 없는 점, ③ 조세법률주의의 원칙상 과세요건은 법률로써 명확하게 규정하여야 하고 조세법규의 해석에 있어서도 특별한 사정이 없는 한 법문대로 해석하여야 하며 합리적 이유 없이 확장해석하거나 유추해석하는 것은 허용되지 않는 점 등을 근거로, 적법하게 상속을 포기한자는 국세기본법 제24조 제1항이 피상속인의 국세 등 납세의무를 승계하는 자로 규정하고 있는 '상속인'에는 포함되지 않는다고 보아야 한다.

또한 상증세법 제8조 제1항은 피상속인의 사망으로 인하여 지급받는 생명보험 또는 손해보험의 보험금으로서 피상속인이 보험계약자가 된 보험계약에 의하여 지급받는 보험금이 실질적으로 상속이나 유증 등에 의하여 재산을 취득한 것과 동일하다고 보아 상속세 과세대상으로 규정하고 있으나, 상증세법 제8조가 규정하는 보험금의 경우 보험수익자가 가지는 보험금지급청구권은 본래 상속재산이아니라 상속인의 고유재산이므로, 상증세법 제8조가 규정하는 보험금 역시 국세기본법 제24조 제1항이 말하는 '상속으로 받은 재산'에는 포함되지 않는다고 보아야 한다(대법원 2013. 5. 23. 선고 2013두1041 판결).'고 판시하였습니다.

위 판례의 법리에 따르면 을은 상속을 포기하였을 뿐만 아니라 보험금은 상속재산에 해당하지 않기 때문에 세무서는 을에게 양도소득세부과처분을 할 수 없습니다.

■ 상속인이 고의로 상속세 납부고지서의 수령을 회피하여 세입자에게 고지서를 교부한 것이 적법한 송달인지요?

Q. 甲은 2013. 4. 14. 어머니가 돌아가신 후 어머니의 재산을 상속받게 되었으며, 乙세무서는 甲에 대하여 2018. 10. 14. 상속세 부과경정을 하고, 이 경정에 따른 납세고지서를 甲에게 전달하지 못하다가 甲의 집 바로 옆에서 甲으로부터 점포를 임차하여 양복점을 경영하던 丙에게 교부하여 甲의 아내에게 전달하려 하였으나, 수령을 거부하자 丙은 다시 세무공무원에게 납세고지서를 돌려준 사실이 있습니다. 세무공무원이 甲의 임차인인 丙에게 전달한 것이 甲에 대한 적법한 송달이라고 볼 수 있는가요?

A. 교부에 의한 서류 송달은 해당 행정기관의 소속 공무원이 서류를 송달할 장소에서 송달받아야 할 납세의무자에게 서류를 교부하는 방법으로 해야 하고, 송달할 장소에서 서류를 송달받아야 할 자를 만나지 못하였을 때에는 그 사용인이나 그 밖의 종업원 또는 동거인으로서 사리를 판별할 수 있는 사람에게 서류를 송달할 수 있으며, 서류를 송달받아야 할 자 또는 그 사용인이나 그 밖의 종업원 또는 동거인으로서 사리를 판별할 수 있는 사람이 정당한 사유 없이 서류 수령을 거부할 때에는 송달할 장소에 서류를 둘 수 있습니다.

이 사안의 경우 甲의 세입자인 丙은 甲의 사용인, 기타 종업원 또는 동거인이라 할 수 없고, 위 고지서의 수령에 관하여 대리권이 있는 것도 아니므로 丙에 대한 송달은 적법한 송달이라 할 수 없습니다. 비록 그것이 甲이 상속세부과 제척기간이 임박한 사실을 알고 납세고지서의 수령을 회피하기 위하여 고지서 수령약속을 어기고 일부러 밤늦게까지 집을 비워두어서 부득이 세입자인 丙에게 고지서를 교부하였다고 하더라도 신의성실의 원칙을 들어 고지서가 송달되었다고 볼 수도 없다고 할 것입니다(대법원 1996. 9. 24. 선고 96다204 판결).

■ 상속세에 대한 증액경정처분에 대하여 불복하여 소송을 제기하려면 어떠한 부과처분을 소송의 대상으로 삼아야 하는지요?

Q. 과세관청이 2017년 4월 15일 저에게 4억원의 상속세 부과처분을 한 후 다시 같은 해 5월 15일 3,000만원을 추가로 납부하라는 고지를 하였습니다. 이러한 처분이 이중과세금지의 원칙에 위배되는 것은 아닌지, 또한 이에 불복하여 행정소송을 제기하려면 어떠한 부과처분을 행정소송의 대상으로 삼아야 하는지요?

A. 상속세 및 증여세법 제76조 제4항은 "세무서장등은 제1항이나 제2항에 따라 과세표준과 세액을 결정할 수 없거나 결정 후 그 과세표준과 세액에 탈루 또는 오류가 있는 것을 발견한 경우에는 즉시 그 과세표준과 세액을 조사하여 결정하거나 경정(更正)한다."라고 규정하고 있습니다.

경정처분에는 증액경정처분(과세표준과 세액을 증액하는 경정처분)과 감액경정처분이 있는데, 위 사안의 경우는 증액경정처분에 해당됩니다. 이와 같은 증액경정처분은 당초처분을 그대로 둔 채 당초처분에서의 과세표준과 세액을 초과하는 부분만을 추가·확정하려는 처분이 아니고, 재조사에 의하여 판명된 결과에 따라서 당초처분에서의 과세표준과 세액을 포함시켜 전체로서의 과세표준과 세액을 결정하는 것이므로, 증액경정처분이 있으면 당초처분은 증액경정처분에 흡수되어 당연히 소멸하는 것으로 보아야 합니다. 그런데 이러한 경정처분이 이중과세에 해당하거나 형평과세 내지 신의성실의 원칙에 위반되는지 문제될 수 있습니다.

이에 대하여 판례는 "구 상속세법 제34조의5(1988.12.26.법률 제4022호로 개정되기 전의 것), 제25조 제3항은 정부는 과세표준과 세액을 결정한 후 그 과세표준과 세액에 탈루 또는 오류가 있는 것을 발견한 때에는 즉시 그 과세표준과 세액을 경정하여야 한다고 규정하고 있고 이는 공정과세의 이념이나 국가과세권의 본질상 당연한 내용을 규정한 것으로서 위 규정에 따른 과세관청의 경정처분은 기존세액의 납부 여부나 세액 등의 탈루, 오류의 발생원인 등과는 무관한 것으로서 이를 가리켜 이중과세에 해당한다거나 형평과세 내지 신의성실의 원칙에 위배되는 것이라고 할 수 없다."라고 하였습니다 (대법원 1992. 7. 28. 선고 91누10732 판결).

따라서 귀하의 경우 증액경정처분만을 쟁송의 대상으로 삼을 수 있으므로 2007년 5월 15일자 과세처분을 행정소송의 대상으로 삼아야 하며, 청구취지는 "피고가 2007년 5월 15일 원고에 대하여 한 상속세 금 430,000,000원의 부과처분은 이를 취소한다."라는 식으로 기재하여야 합니다. 만약, 2007년 4월 15일자 상속세의 부과처분의 취소를 청구한다면 이는 대상이 없는 부적법한 소(訴)로 각하가 됩니다.

그리고 납세의무자는 증액부분만이 아니고 당초처분에서의 과세표준과 세액에 대하여도 그 처분의 하자를 주장할 수 있습니다(대법원 1984. 4. 10. 선고, 83누539 판결, 1999. 9. 3. 선고 97누2245 판결). 이는 당초처분이 제소기간경과 등으로 확정되어 불가변력이 생긴 경우에도 마찬가지라 할 것입니다(대법원 1984. 12. 11. 선고 84누225 판결, 1991. 10. 8. 선고 91누1547 판결, 1999. 5. 28. 선고 97누16329 판결).

■ 연대납부의무를 받은 다른 공동상속인에 대한 징수처분취소가 가능한지요?

Q. 상속세법 제3조의2 제3항에 의한 상속세 연대납부의무의 징수처
   분을 받은 공동상속인이 다른 공동상속인에 대한 과세처분의 하
   자를 이유로 징수처분의 취소를 구할 수 있는지요?

A. 상속세 납부의무에 관하여 「상속세 및 증여세법」제3조의2제3항은 "제
   1항에 따른 상속세는 상속인 또는 수유자 각자가 받았거나 받을 재산
   을 한도로 연대하여 납부할 의무를 진다."라고 규정하고 있습니다.
   그런데 위 규정에 의하여 연대납부의무의 징수처분을 받은 공동상속
   인이 다른 공동상속인에 대한 과세처분의 하자를 이유로 징수처분의
   취소를 구할 수 있는지에 관하여 판례는 "공동상속인들 중 1인에게
   한 다른 공동상속인들의 상속세에 대한 연대납부의무의 징수고지는
   다른 공동상속인들 각자에 대한 과세처분에 따르는 징수절차상의 처
   분으로서의 성격을 가지는 것이어서, 다른 공동상속인들에 대한 과세
   처분이 무효 또는 부존재가 아닌 한 그 과세처분에 있어서의 하자는
   그 징수처분에 당연히 승계 된다고 할 수 없으므로, 연대납부의무의
   징수처분을 받은 공동상속인들 중 1인은 다른 공동상속인들에 대한
   과세처분 자체에 취소사유가 있다는 이유만으로는 그 징수처분의 취
   소를 구할 수 없게 된다."라고 하였습니다(대법원 2001. 11. 27. 선
   고 98두9530 판결, 2002. 7. 12. 선고 2001두3570 판결).
   따라서 연대납부의무의 징수처분을 받은 공동상속인이 다른 공동상
   속인에 대한 과세처분의 하자를 이유로 징수처분의 취소를 구할 수
   는 없을 것으로 보입니다.

■ 평가방법의 차이로 상속세를 과소신고하게 된 경우에도 과소신고 가산
  세를 부담해야 하는지요?

Q. 甲의 어머니는 의상실을 운영하다가 주식회사를 설립하여 주식
   회사 주식의 50%를 취득한 후 의상실의 상표권을 포함한 영업
   권을 제3자 소외 회사에게 양도한 직후 돌아가셨는데, 상속인
   인 甲은 주식회사에 대한 영업권 등 양도대금채권을 상속재산
   인 미수금채권에 포함시켜 상속세를 신고하였습니다. 이에 대해
   과세관청은 의상실에 대한 상표권을 영업권과 별개로 평가해야
   했으나, 그와 같이 평가하지 않아 甲이 그에 관한 신고를 누락
   하였다며 과소신고 가산세를 부과한 사실이 있습니다. 甲에 대
   한 과세관청의 과소신고가산세가 적법한가요?

A. 대법원은 "세법상 과소신고가산세는 과세의 적정을 기하기 위하여
   납세의무자로 하여금 성실한 과세표준 등의 신고를 도모할 목적으로
   그 의무이행을 게을리 하였을 때 가해지는 일종의 행정상의 제재이
   므로 납세자의 고의·과실은 고려되지 아니하고, 법령의 부지 또는
   오인은 가산세를 면할 정당한 사유에 해당하지 않는다.
   그런데 이 사건 시행령 조항은 상속세 신고시점에서 평가방법의 차
   이나 어려움으로 인하여 상속재산 가액을 정확하게 확정하는 것이
   현실적으로 곤란한 점을 감안하여 그 예외사유를 허용하고 있는 만
   큼, 상속인이 일단 상속재산으로 신고를 하였다면 과세표준이 적게
   신고된 결과가 있더라도 이 사건 시행령 조항이 정한 예외사유에
   해당하지 않는다고 섣불리 단정하여서는 아니 된다"고 판시한바 있
   습니다.
   이 사건의 경우 甲은 영업권 등 양도대금채권을 상속재산에 포함시
   켜 신고함으로써 피상속인이 소외 회사에 이 사건 상표권을 양도한
   사실을 신고하였고, 이에 피고는 보충적 평가방법을 적용하여 이 사

건 상표권 가액을 평가한 다음 그 차액 상당을 사전증여한 것으로 보아 상속세 과세가액에 가산한 것이므로, 그로 인해 甲이 당초 신고한 상속세 과세표준이 상속세 및 증여세법에 따라 신고하여야 할 과세표준에 미치지 못하게 되었더라도, 이는 이 사건 시행령 조항에서 정한 바와 같이 평가방법의 차이로 인하여 상속세를 과소신고한 경우에 해당하는 바, 원고가 이 사건 상표권을 영업권과 구분하지 않고 신고하였다는 사정만으로 가산세를 부과한 행정관청의 처분은 위법하다고 할 것입니다.

■ 공동상속인 중 1인에게만 납세고지를 한 경우 나머지 상속인들에게 시효중단의 효력이 있는지요?

Q. 甲과 乙은 홀로계신 어머니가 2010. 12. 20.경 돌아가시면서 어머니의 아파트를 상속하게 되었습니다. 이때 丙세무서에서는 2016. 1. 10.경 공동상속인들 중 甲에게만 납세고지를 하였다가 乙에 대하여는 2018. 7. 16.경 납세고지를 하였습니다. 乙에 대한 상속세부과처분은 적법한 것인가요?

A. 국세기본법 제27조 제1항 (1984.8.7. 법률 제3746호로서 신설된 제26조의 2 국세부과권의 제척기간에 관한 규정은 그 부칙 제1조, 제4조 에 따라 이사건의 경우에 적용할 수 없다.)에는 "국세의 징수를 목적으로 하는 국가의 권리는 이를 행사할 수 있는 때로부터 5년간 행사하지 아니하면 소멸시효가 완성된다"고 규정되어 있는데, 국세의 징수를 목적으로 하는 국가의 권리속에는 국세징수권뿐만 아니라 국세부과권도 포함된다 할 것이고, 한편 상속세법(1981.12.31. 법률 제3474호로 개정되기 이전의 것) 제20조 제1항, 제25조 제1항의 규정에 의하면 상속인 또는 수유자는 상속개시를 안날로부터 3월 이내에 상속세를 부과할 상속재산의 종류, 수량, 가액, 재산가액에 가산할 증여의 가액 기타 대통령령으로 정하는 사항을 기재한 신고서와 공제된 금액의 명세서를 정부에 제출하여야 하고, 상속세의 과세표준과 세액은 원칙적으로 위 신고에 의하여 결정하도록 되어 있습니다. 이와 같이 상속세는 부과납세방식에 의하여 세액이 확정되는 국세이기는 하지만 상속인에게 과세표준신고서 제출의무가 있어 그 제출기간까지는 부과권을 행사할 수 없다고 할 것이므로 그 제출기간이 만료되는 다음날부터 소멸시효가 진행됩니다.

대법원은 "상속인이 2인 이상인 경우 상속세법 제25조의2 후단, 동법시행령 제19조 제2항의 규정에 의하여 그 중 1인에게 통지할 수 있는 경우가 아님에도 불구하고 과세관청이 공동상속인들 중의 1인에 대하여만 납세고지하였다면 나머지 상속인들에 대하여는 결국 납세고지 자체가 존재하지 않는다고 할 것이므로 시효중단의 효력은 납세고지를 받지 못한 나머지 상속인들에게는 미치지 않는다고 볼 것이다"고 판시한 바 있습니다.

따라서 사안의 경우, 丙세무서는 상속인이 2인 이상인 경우 상속인별로 상속지분에 따른 상속세액을 확정한 다음 상속세법 제25조의2 후단, 동법시행령 제19조 제2항의 규정에 의하여 그 중 1인에게 통지할 수 있는 경우가 아닌 이상 각 상속인들에 대하여 개별적으로 납세고지를 하였어야 하며, 甲에 대하여만 납세고지하였다면 乙에 대하여는 납세고지 자체가 존재하지 않는다고 할 것이므로 乙에 대한 관계에서는 소멸시효가 완성된 것으로 乙에 대한 상속세부과처분은 부적법하다고 할 것입니다.

13. 조세심판원 최근 심판결정례

■ 피상속인이 공사계약을 체결하고 동 공사를 완료하기 전에 지급한 계약금 및 중도금이 선급금으로서 상속재산에 포함되는지 여부

[청구번호] 조심 2018서4406 (2018.12.18)
[결정요지] 이 건 공사는 역무의 제공이 완료되는 때를 공급시기로 보아야 하므로 쟁점 금액을 선급금으로 봄이 타당한 점, 청구인도 상속세 신고시 처분청과 동일한 방법을 적용하여 쟁점 상가를 xxx백만원으로 평가한 것으로 나타나는 점 등에 비추어 쟁점 금액을 선급금으로서 상속재산에 포함하는 것이 타당하다고 할 것임.

■ 토양개량 및 복원사업 중인 쟁점 농지가 일시적 휴경에 해당하는지 여부

[청구번호] 조심 2018중4427 (2018.12.17)
[결정요지] 쟁점 농지의 휴경원인이 토양 개량 및 복원사업을 진행하기 위한 것임이 oo공단이 생산한 관련 문서 등으로 구체적으로 확인되는 점, 토양 개량 및 복원공사 후 소유자들이 농경지로 경작에 이용할 것임이 구체적으로 확인되는 점, 벼농사를 주업으로 하는 피상속인으로 하여금 전문기술이 필요한 화훼농업이나 묘목업을 하도록 강요할 수 없는 점 등에 비추어 쟁점 농지는 일시적 휴경지에 해당하여 영농상속공제대상 농지로 봄이 타당함.

■ 쟁점 ①금액이 피상속인의 상속재산가액에서 차감하여야할 상속채무인지 여부 등

[청구번호] 조심 2018서3879 (2018.12.11)

[결정요지] 친족간에 임의로 작성 가능한 차용증서 외에 채무부담계약서, 담보설정 및 이자지급에 관한 증빙 등 쟁점 ①금액이 피상속인이 부담하여야할 채무임을 인정할 수 있는 객관적인 입증자료가 없는 등 청구인을 연대납세의무자로 지정하여 증여세를 과세한 이 건 처분은 달리 잘못이 없음.

■ 쟁점 법인의 주식가액을 순자산가치로 평가하여야 한다는 청구주장의 당부

[청구번호] 조심 2018광3763 (2018.12.06)
[결정요지] 쟁점 법인은 사업자의 사망 등으로 인하여 사업의 계속이 곤란하여 폐업한 것이 아니라 ㅇㅇ테크에서 쟁점 법인의 거래처를 인수하여 운영하는 것이 사업상 유리하다고 보아 폐업한 것으로 보이는 점, 쟁점 법인은 상속세 신고기한 이내에 청산절차를 개시하지 아니한 점 등에 비추어 상증법 시행령 제54조 제4항에 따라 쟁점 주식을 순자산가치로만 평가하여야 한다는 청구주장을 받아들이기 어려움.

■ 쟁점 거래가액을 상증법 제60조 제2항에 따른 시가로 인정할 수 있는 지 여부 등

[청구번호] 조심 2017광4002 (2018.12.06)
[결정요지] 상증법상 보충적 평가방법으로 평가한 1주당가액이 ㅇㅇㅇ원으로 쟁점 거래가액의 약 ㅇ배에 이르는 점, 쟁점 법인의 주식이 19xx년 이후 친족 사이에만 거래되다가 상속재산 평가기간 종료 4일을 앞둔 20xx.x.x. 친족이 아닌 제3자와 xxx주가 거래된 점 등에 비추어 쟁점 거래가액을 시가로 보아야 한다는 청구주장을 받아들이기 어려우나, 처분청이 쟁점법인의 주식을 평가하면서 관련 서류 미비 등을 이유로 퇴직급

여추계액을 부채에 가산하지 아니한 것으로 나타나는 바, 부채에 가산할 퇴직급여추계액이 얼마인지를 재조사하여 그 결과에 따라 과세표준 및 세액을 경정하는 것이 타당함.

■ 지분법 적용 투자주식 및 매도가능증권으로 회계처리된 쟁점 주식 등이 사업무관자산에 해당한다고 보아 가업상속공제를 부인하고 상속세를 부과한 처분의 당부

[청구번호] 조심 2018서0335 (2018.12.05)
[결정요지] 상증법 시행령 제15조 제5항에 따른 가업상속재산 상당액을 계산함에 있어 가업에 해당하는 법인이 보유하고 있는 동일업종의 완전자회사 주식은 같은 항 제2호 마목에 따른 법인의 영업활동과 직접 관련이 없이 보유하고 있는 주식에 해당되는 것인데, 청구인이 승계한 가업인 ◎◎◎스타일은 쟁점 외국법인이 발행한 주식의 전부 또는 대부분을 투자하여 현재까지 계속 보유하고 있거나(쟁점 주식) 자금을 투입하면서(쟁점 투자금) 기업회계기준에 따라 쟁점 주식을 지분법 적용 투자주식, 쟁점 투자금을 매도가능증권으로 각각 계상하는 등 투자자산으로 회계처리하였고, 법인이 보유하고 있는 주식은 기업 본연의 영업활동을 위한 직접적인 자산에 해당하지 아니하는 점 등에 비추어 가업상속공제액을 재산정하여 상속세를 과세한 이 건 처분은 잘못이 없음.

■ 쟁점 아파트 상속개시일 현재의 시가를 같은 단지 내 면적이 동일한 비교대상아파트의 매매사례가액으로 하여 청구인에게 상속세를 과세한 처분의 당부

[청구번호] 조심 2018서3288 (2018.12.04)
[결정요지] 비교대상아파트는 쟁점 아파트와 같은 단지 내 1층에 위치한

동일 면적의 물건으로 직전 기준시가 대비 시세가액의 변동이 크지 아니하고 쟁점 아파트보다 오히려 기준시가가 낮은 것으로 나타나는 점, 평가기준일 전 2년 이내의 기간 중에 거래된 것으로 평가심의위원회의 심의를 거쳐 쟁점 아파트의 시가로 결정된 점 등에 비추어 처분청이 쟁점 아파트의 시가를 비교대상아파트의 거래가액으로 보아 상속세를 과세한 이 건 처분은 달리 잘못이 없다고 판단됨.

■ 상속세 연부연납가산금에 대한 가산율 적용시 신청 당시의 이자율을 이후 기간분에 그대로 적용하는 것이 타당한지 여부

[청구번호] 조심 2018중4000 (2018.12.03)
[결정요지] 연부연납가산금은 기한의 이익으로서의 본질을 갖기 때문에 그 기한을 유예하는 시점에 특정하는 것이 논리적으로 타당한 점 등에 비추어 처분청이 연부연납 신청 당시의 이자율을 적용하여 산정한 가산금을 가산하여 청구인에게 ■차 분납분 상속세 연부연납세액과 연부연납가산금을 각 고지한 처분은 달리 잘못이 없는 것으로 판단됨.

■ 쟁점 채무가 피상속인의 단독채무이므로 상속재산가액에서 제외하여야 한다는 청구주장의 당부

[청구번호] 조심 2018전4248 (2018.12.03)
[결정요지] ◇◇빌딩의 취득 당시 부동산 교환계약서상 총 교환가액이 기재되어 있지 아니한 점, 피상속인과 ◎◎◎은 ◇◇빌딩을 각 1/2씩 공동취득한 것으로 등기하였고, 부동산 교환계약서에는 승계한 채무는 매수인의 부담으로 한다고 되어 있으며, 비록 채무인수계약서상 주채무자는 피상속인으로 되어 있지만 담보제공자 및 연대보증인은 ◎◎◎으로 되어 있는 점 등에 비추어 쟁점 채무를 피상속인의 단독채무로 보아 상

속재산가액에서 차감하여야 한다는 청구주장을 받아들이기 어려움.

■ 쟁점 채무가 피상속인의 단독채무이므로 상속재산가액에서 제외하여야
  한다는 청구주장의 당부

[청구번호] 조심 2018전4247 (2018.12.03)
[결정요지] ◇◇빌딩의 취득 당시 부동산 교환계약서상 총 교환가액이
기재되어 있지 아니한 점, 피상속인과 ◎◎◎은 ◇◇빌딩을 각 1/2씩 공
동취득한 것으로 등기하였고, 부동산 교환계약서에는 승계한 채무는 매
수인의 부담으로 한다고 되어 있으며, 비록 채무인수계약서상 주채무자
는 피상속인으로 되어 있지만 담보제공자 및 연대보증인은 ◎◎◎으로
되어 있는 점 등에 비추어 쟁점 채무를 피상속인의 단독채무로 보아 상
속재산가액에서 차감하여야 한다는 청구주장을 받아들이기 어려움.

■ 쟁점 상속재산을 장남 단독명의로 소유권이전등기하면서 같은 날에 청
  구인을 포함한 나머지 상속인들이 쟁점 상속재산에 근저당권을 설정한
  것을 상속재산분할로 보아 청구인을 연대납세의무자로 지정한 처분의
  당부 등

[청구번호] 조심 2018중3387 (2018. 11. 30.)
[결정요지] 청구인이 쟁점 상속재산의 처분시 근저당권 설정액을 지급받
기로 약정하였다고 소명하였으므로 이는 사실상 상속재산을 협의분할한
것으로 볼 수 있는 점, 처분청은 피상속인을 조사대상자로 하여 세무조
사를 실시한 사실이 없는 점, 청구인이 이 건 상속세를 무신고한 것에
대하여 의무해태를 탓할 수 없는 정당한 사유가 있는 것으로 보기 어려
운 점 등에 비추어 청구주장을 받아들이기 어려움.

■ 쟁점 1개감정가액 또는 쟁점 소급감정가액을 상속개시일 현재 쟁점 부동산의 시가로 보아야 한다는 청구주장의 당부 등

[청구번호] 조심 2018중0965 (2018.11.27)

[결정요지] 쟁점 소급가액 중 2개 중 1개 감정가액의 감정가액평가서 작성일이 상속개시일로부터 평가기간을 벗어난 점, 상증법 제60조 제3항은 유가증권 중 비상장주식의 시가를 산정하기 어려운 경우 보충적 평가액을 시가로 본다고 규정하고 있는 점 등에 비추어 청구주장을 받아들이기 어려움.

■ 상속세 결정전 납부불성실가산세와 함께 납부고지한 행위가 심판청구대상인지 여부

[청구번호] 조심 2017서4399 (2018.11.27)

[결정요지] 이 건의 경우 심리일 현재까지도 처분청이 청구인들의 상속세 신고에 대하여 신고시인 또는 결정을 하여 청구인들에게 통지한 사실이 없어 조세채무를 확정하는 부과처분·부와 납부불성실가산세 과세에 대하여 불복을 제기한 것이 아니라 상속세 본세에 대하여 취소를 구하는 심판청구를 하였으므로 아직 결정·통지되지 아니한 상속세에 대하여 청구취지를 살펴볼 실익이 없는 점 등에 비추어 청구인들은 「국세기본법」상 '불복대상인 처분'을 받았거나 '필요한 처분을 받지 못한 경우'에 해당한다고 보기 어려워 이 건 심판청구는 부적법한 청구로 판단됨.

■ 상속개시 당시 피상속인의 채무인 쟁점 보증금을 상속재산의 가액에서 공제하여 달라는 청구주장의 당부

[청구번호] 조심 2018중3558 (2018.11.26)

[결정요지] 쟁점 ①보증금의 경우 해당 임대계약서상 보증금이 피상속인의 손자의 은행계좌로 입금된 것으로 나타나고, 새로 받은 보증금을 전 임차인에게 반환하였는지가 불분명하는 등 동 채무가 상속개시일 현재 피상속인이 계속하여 부담하여야 하는 채무인지 여부가 불분명한 점, 쟁점 ②보증금의 경우 청구인이 제시한 해당 임대차계약서가 상속개시 후 상속인 ◎◎◎ 명의로 체결된 것으로 나타나고 동 채무상당액이 그전부터 존재하는 것이어서 상속개시일 현재 피상속인이 부담하여야 하는 채무인지 여부가 불분명한 점 등에 비추어 청구주장을 받아들이기는 어렵다고 판단됨.

■ **연부연납 허가를 취소한 처분이 부당하다는 청구주장의 당부**

[청구번호] 조심 2018중2967 (2018.11.26)
[결정요지] 상증세법에 의하면 연부연납 세액을 지정된 납부기한까지 납부하지 아니한 경우 연부연납 허가를 취소하고 관련 세액을 일시에 징수하도록 규정하고 있을 뿐 정당한 사유의 유무에 따라 연부연납 허가를 취소하지 아니할 수 있는 예외규정이 없으므로 처분청이 연부연납 허가를 취소한 당초 처분은 잘못이 없음.

■ **유류분 반환 청구소송 결과, 반환된 유류분(현금)을 상속재산가액에 합산하여 상속세를 수정신고하는 경우 상속세 산출세액에서 동 유류분 상당의 신고세액공제액을 상속세 산출세액에서 공제할 수 있는지 여부 등**

[청구번호] 조심 2018서2278 (2018.11.26)
[결정요지] 상증세법 시행령 제65조의2의 '신고세액공제'는 상속세과세표준신고기한 이내에 신고한 과세표준에 대하여 적용하는 것으로 명시되어 있어 유류분 상당의 신고세액공제액을 재산정할 법적 근거가 없으므로,

처분청이 쟁점 유류분 상당의 상속세 신고세액공제를 적용하여 상속세의 환급을 구하는 경정청구를 거부한 이 건 처분은 잘못이 없는 것으로 판단됨.

■ 쟁점 토지에 대하여 시가가 불분명하다고 보아 쟁점 매매사례가액이 아닌 상증법상 보충적 평가방법에 따라 평가하여야 한다는 청구주장의 당부 등

[청구번호] 조심 2018부1664 (2018. 11. 20)
[결정요지] 쟁점 토지와 비교대상토지가 개발제한구역 내에 있는 자연녹지지역이고 위치·면적·용도 등의 요건이 서로 유사하고 개별공시지가도 동일한 점 등에 비추어 쟁점 매매사례가액을 시가로 보고 쟁점 토지를 재평가하여 상속세를 과세한 처분은 잘못이 없음.

■ 쟁점 부동산은 부부 공동으로 형성한 자금으로 배우자 명의로 취득한 공유재산이므로 쟁점 부동산의 양도대금의 일부인 쟁점 금액은 증여가 아니라 공유재산 지분을 반환받은 것이라는 청구주장의 당부

[청구번호] 조심 2018중2488 (2018.11.19)
[결정요지] 피상속인과 청구인이 공동의 자금을 원천으로 하여 쟁점 부동산을 취득하면서 피상속인 단독 명의로 소유권이전등기를 하였다는 청구주장이 신빙성이 있어 보이므로 피상속인 명의의 쟁점 부동산은 부부의 공유재산으로 보이므로 처분청이 쟁점 금액을 청구인이 피상속인으로부터 증여받은 것으로 보아 증여세 및 상속세를 과세한 처분은 부당한 것으로 판단됨.

■ 쟁점 금액을 금전무상대출에 따른 이익의 증여로 보아 과세한 처분의 당부

[청구번호] 조심 2018서2819 (2018. 11. 19.)
[결정요지] 청구인을 포함한 상속인들이 연명하여 쟁점금액을 포함한 ○억원을 피상속인이 청구인과 청구인의 남편에게 무상으로 대여한 사실이 있다는 확인서를 작성하여 제출한 점 등에 비추어 쟁점 금액을 피상속인의 임차보증금이라 하기 어려워 보이므로 처분청이 피상속인으로부터 청구인이 쟁점 금액을 무상으로 대여받은 것으로 보고 그 이자상당액을 증여받은 것으로 보아 이 건 증여세 등을 과세한 처분은 달리 잘못이 없음.

■ 상속개시일 현재 쟁점 토지의 시가를 쟁점 소급감정가액으로 보아야 한다는 청구주장의 당부

[청구번호] 조심 2018구3459 (2018.11.16)
[결정요지] 쟁점 소급감정가액은 상속개시일부터 약 11개월과 1년을 경과하여 쟁점 토지를 평가한 감정가액의 평균액이므로 이를 상속개시일 현재 쟁점 토지의 시가로 인정하기는 어려운 점 등에 비추어 상속개시일 현재 쟁점 토지의 시가를 쟁점소급감정가액으로 보아야 한다는 청구주장은 받아들이기 어려운 것으로 판단됨.

■ 피상속인이 쟁점 동거주택 외에 이전상속주택의 소수지분을 보유한 경우에도 상속개시일로부터 소급하여 10년 이상 계속하여 1세대 1주택에 해당한다고 보아 동거주택 상속공제를 적용할 수 있는지 여부

[청구번호] 조심 2018서3354 (2018. 11. 15.)

[결정요지] 동거주택 상속공제가 적용되는 1세대 1주택의 판정시 피상속인이 보유하고 있었던 이전상속주택의 소수지분은 주택으로 보지 않는 것이 타당한 점, 피상속인이 상속개시일로부터 소급하여 10년의 기간 동안에 본인의 의사와 상관없이 상속인으로서 이전상속주택의 소수지분을 상속받았다는 이유만으로 동거주택 상속공제의 적용을 배제할 경우 무주택자인 피상속인의 상속인들의 주거 안정이 우연한 사정에 의하여 박탈되는 결과가 초래되어 동거주택 상속공제 제도의 취지에 반하는 점 등에 비추어 처분청이 이 건 경정청구 거부처분은 잘못이 있음.

■ **쟁점 금액이 상속재산가액에서 차감할 채무에 해당한다는 청구주장의 당부**

[청구번호] 조심 2018중3185 (2018.11.15)
[결정요지] 청구인이 제출한 증빙서류에 비추어 청구인이 대부분의 상속재산을 상속 직후 매각 또는 경매처분하여 상당한 금액을 피상속인이 대표이사로 재직한 쟁점 법인의 채무를 대위변제하는 데 사용하였다는 주장에 신빙성이 있는 것으로 판단되는 점 등에 비추어 이 건 과세처분은 처분청이 상속개시일 현재 피상속인이 부담한 보증채무의 존부 등을 재조사하여 그 결과에 따라 과세표준과 세액을 경정함이 타당한 것으로 판단됨.

■ **비교대상아파트의 매매사례가액을 쟁점 아파트의 시가로 보아야 한다는 청구주장의 당부 등**

[청구번호] 조심 2018서2157 (2018. 11. 5.)
[결정요지] 처분청이 추정상속재산으로 본 금액 중 일부 금액은 피상속인의 간병비, 자문료 등으로 사용된 것으로 확인되는 점, 비교대상아파

트와 쟁점 아파트는 층, 면적, 기준시가, 조망권 등이 서로 달라 그 매매사례가액을 시가라고 보기 어려우므로 시가를 재조사할 필요가 있어 보이는 점 등에 비추어 처분청의 상속세 과세처분은 일부 잘못이 있음.

■ **청구인이 쟁점 법인 차명주식의 실소유자라는 청구주장의 당부 등**

[청구번호] 조심 2017부1112 (2018. 11. 5.)

[결정요지] 당초 세무조사시 쟁점 법인 차명주주들에 대한 실소유자 확인이 미흡한 측면이 있어 보이므로 처분청이 쟁점 법인 차명주주들에 대하여 청구인이 동 주식들의 명의신탁자인지 여부를 재조사하여 그 결과에 따라 과세표준 및 세액을 경정하는 것이 타당하다고 판단된다.

제6장

증여세는 누가 납부하나요?

제6장 증여세는 누가 납부하나요?

1. 납부의무자

① 증여세는 타인으로부터 재산을 무상으로 받은 사람, 즉 수증자가 신고·납부하여야 합니다. 다만, 특정한 경우에는 증여자도 수증자가 납부할 증여세에 대하여 연대하여 납부할 책임이 있습니다.

② 증여세 과세대상은 수증자에 따라 차이가 있습니다.
- 수증자가 거주자인 경우(본점이나 주된 사무소의 소재지가 국내에 있는 비영리법인 등 포함) : 국내·외 모든 증여재산
- 수증자가 비거주자인 경우(본점이나 주된 사무소의 소재지가 국내에 없는 비영리법인 등 포함) : 국내 소재 모든 재산, 거주자로부터 증여받은 해외 금융기관의 예금 등, 국내재산 과다보유 외국법인의 주식 및 출자지분
- 수증자가 영리법인인 경우 : 영리법인이 납부할 증여세는 면제

2. 증여자의 연대납부의무

① 증여세는 재산을 증여받은 수증자가 납부하는 것이 원칙이지만 수증자가 다음 중 어느 하나에 해당하는 경우에는 수증자가 납부할 증여세에 대하여 증여자가 연대하여 납부할 의무가 있습니다.
- 수증자의 주소 또는 거소가 분명하지 아니한 경우로서 조세채권의 확보가 곤란한 경우
- 수증자가 증여세를 납부할 능력이 없다고 인정되는 경우로서 체납처분을 하여도 조세채권의 확보가 곤란한 경우

② 그러나, 수증자가 증여일 현재 비거주자에 해당하거나 주식 등을 타인 명의로 명의신탁하여 증여세가 부과되는 경우는 위의 사유에 해당하지 않더라도 증여자가 연대하여 납부할 의무가 있습니다.

3. 신고·납부기한

① 증여세 납세의무가 있는 자는 재산을 증여받은 날이 속하는 달의 말일 부터 3월 이내에 증여세 신고서를 관할세무서에 제출하여야 합니다.

② 다만, 3월이 되는 날이 공휴일·토요일, 근로자의 날에 해당되면 그 공휴일 등의 다음날까지 합니다.

③ 납부하여야 할 증여세는 위의 신고기한 이내에 자진납부서를 작성하 여 가까운 은행 (국고수납대리점) 또는 우체국에 납부해야 합니다.

④ 증여재산의 증여일로 보는 시기

재산구분	증여재산의 취득시기
등기·등록을 요하는 재산	소유권의 이전 등기·등록 신청서 접수일
증여 목적으로 수증인 명의로 완성한 건물이나 취득한 분양권	사용승인서 교부일·사실상 사용일·임시사용 승인일 중 빠른 날
타인의 기여에 의하여 재산가치가 증가한 경우	재산가치 증가 사유 발생일
주식 및 출자지분	객관적으로 확인된 주식 등 인도일. 다만, 인도일이 불분명하거나 인도전 명의개서 시 명부 등의 명의개서일
무기명채권	이자지급 등으로 취득사실이 객관적으로 확인된 날. 다만, 불분명시 이자지급·채권상환을 청구한 날
위 외의 재산	인도한 날 또는 사실상의 사용일

4. 신고서 작성

4-1. 신고서 작성순서

① 신고서와 납부서는 아래 순서대로 작성하는 것이 편리합니다.
- 증여재산 및 평가명세서

- 증여세 과세표준신고 및 자진납부계산서
- 증여세 자진납부서
② 신고 시 제출할 서류
- 증여세 과세표준신고 및 자진납부계산서("증여세 신고서"라 함)
- 증여재산 및 그 평가명세서
- 채무사실 등 기타 입증서류
- 수증자와 증여자의 관계를 알 수 있는 가족관계증명서

4-2. 신고해야 할 세부서

① 증여세 신고서는 신고서 제출일 현재의 수증자의 주소지(주소지가 없거나 불분명하면 거소지)를 관할하는 세무서에 제출해야 합니다.
② 다만, 수증자가 비거주자이거나 주소 및 거소가 분명하지 아니한 경우에는 증여자의 주소지를 관할하는 세무서에 제출해야 합니다.
③ 그러나 수증자와 증여자 모두가 비거주자에 해당하거나 주소 및 거소가 분명하지 아니한 경우 등에는 증여재산의 소재지를 관할하는 세무서에 증여세 신고서를 제출해야 합니다.

4-3. 전자신고

① 국세청 홈택스(www.hometax.go.kr)를 통하여 증여세 전자신고를 할 수 있습니다.
   ※ 신고/납부 ⇒ 세금신고(증여세 선택)
      전자신고 설명서 : 증여세 전자신고 따라해 보기(홈택스 증여세 신고화면)
② 신고는 국세청 홈택스에 접속하여 로그인한 후 작성화면에서 직접 신고내용을 작성하고 전송하는 신고서 작성 전송방식과, 세무회계 관련 프로그램 등을 사용하여 신고서를 작성하고 전자신고가 가능한 파일형식으로 변환하여 전송하는 신고서 변환 전송방식을 선택할 수 있습니다.
③ 세무서 방문 필요없이 신고할 수 있을 뿐만 아니라, 세액이 자동 계산되고, 단순한 오류는 자동으로 검증되는 장점이 있습니다.

5. 가산세

① 증여세 신고기한까지 증여세 과세표준 신고서 및 자진납부 계산서를
관할 세무서에 제출하면 세액 공제*를 받을 수 있습니다.
 ※ '18년 증여분 5%, '19년 이후 증여분 3%

② 그러나, 증여세 신고기한까지 신고하지 않거나 과소신고하는 경우에는
세액공제 혜택을 받을 수 없으며 무(과소)신고가산세가 부과됩니다.
 - 무신고 가산세 : 법정신고기한 이내에 신고하지 아니한 경우부과

$$일반무신고가산세 = 산출세액 \times \frac{일반무신고과세표준}{결정과세표준} \times 20\%$$

$$부정무신고가산세 = 산출세액 \times \frac{부정무신고 과세표준}{결정 과세표준} \times 40\%$$

 - 과소신고 가산세 : 법정신고기한 내에 신고하였으나 세법에 따라 신고하여
야 할 과세표준에 미달하게 신고한 경우부과

$$일반과소신고가산세 = 산출세액 \times \frac{일반과소신고과세표준}{결정과세표준} \times 10\%$$

$$부정과소신고가산세 = 산출세액 \times \frac{부정과소신고 과세표준}{결정 과세표준} \times 40\%$$

③ 부정 무(과소)신고는 사기나 그 밖의 부정한 행위로 법정 신고기한까
지 신고를 하지 않거나 과소신고한 경우를 말하며 유형은 아래와 같
습니다.
 - 이중장부의 작성 등 장부의 거짓 기장
 - 거짓 증빙 또는 거짓 문서의 작성 및 수취
 - 장부와 기록의 파기
 - 재산을 은닉하거나 소득·수익·행위·거래의 조작 또는 은폐
 - 그 밖에 위계에 의한 행위 또는 부정한 행위

④ 납부기한 내에 국세를 납부하지 아니하거나 납부하여야할 세액에 미
달하게 납부하면 납부불성실가산세를 추가로 부담하게 됩니다.
 - 납부불성실 가산세 = 미납부세액 × 미납일수 × 가산세율(1일 3/10,000)
  ※ 미납일수 : 납부기한의 다음날부터 자진납부일이나 납세고지일까지의 기간

6. 증여재산가액

6-1. 증여재산의 범위

증여세 과세대상인 증여재산은 수증자에게 귀속되는 재산으로서 금전으로 환가할 수 있는 경제적 가치가 있는 모든 물건과 재산적 가치가 있는 법률상 또는 사실상의 모든 권리, 금전으로 환산할 수 있는 모든 경제적 이익을 포함합니다.

6-2. 증여세가 과세되지 않는 경우

① 증여받은 재산의 당초 증여자에게 반환하는 시기에 따라 증여세 과세방법이 달라집니다.
  - 신고기한 이내 반환 : 당초 증여 및 반환 모두에 대해 과세제외합니다.
  - 신고기한 경과 후 3월 이내 반환 : 당초 증여에 대해서는 과세하고, 반환하는 것에 대하여는 과세하지 않습니다.
  - 신고기한 경과 후 3월 경과 반환 : 당초 증여 및 반환 모두에 대해 과세합니다.

② 다만, 금전의 경우에는 그 시기에 관계없이 당초 증여·반환에 대해 모두 증여세를 과세합니다.

③ 증여세 과세대상 재산이 취득원인 무효의 판결에 의해 그 재산상의 권리가 말소되는 경우에는 증여세를 과세하지 아니하며 과세된 증여세는 취소합니다. 다만, 형식적인 재판절차만 경유한 사실이 확인되는 경우에는 그러하지 아니합니다.

④ 피상속인의 증여로 인하여 재산을 증여받은 자가 민법의 규정에 유류분 권리자에게 반환한 경우 반환한 재산의 가액은 당초부터 증여가 없었던 것으로 봅니다.

⑤ 증여자가 연대납부의무자로서 납부하는 증여세액은 수증자에 대한 증여로 보지 아니하는 것이나, 연대납세의무자에 해당하지 아니하는

경우 수증자를 대신하여 납부한 증여세액은 증여가액에 포함하여 증여세를 부과합니다.

7. 비과세되는 증여재산

다음에 해당하는 증여받은 재산의 가액에는 과세하지 않습니다.
① 국가 또는 지방자치단체로부터 증여받은 재산의 가액
② 정당법의 규정에 의한 정당이 증여받은 재산의 가액
③ 사회통념상 인정되는 이재구호금품·치료비·피부양자의 생활비·교육비, 기타 이와 유사한 것으로서 다음 중 어느 하나에 해당하는 가액
  1. 학자금 또는 장학금 기타 이와 유사한 금품
  2. 기념품·축하금·부의금 기타 이와 유사한 금품으로서 통상 필요하다고 인정되는 금품
  3. 혼수용품으로서 통상 필요하다고 인정되는 금품
④ 「장애인복지법」에 의해 등록한 장애인 및 「국가유공자등 예우 및 지원에 관한 법률」에 의하여 등록한 상이자를 수익자로 한 보험의 보험금으로서 연간 4천만원 이하의 보험금

8. 과세가액 불산입 재산

① 공익법인 등이 출연받은 재산 또는 공익신탁재산
   문화의 향상, 사회복지 및 공익의 증진을 목적으로 하는 공익법인 등이 출연받은 재산은 증여세 과세가액에 산입하지 않습니다. 그러나 공익과 선행을 앞세워 변칙적으로 증여세 탈세수단으로 이용되는 사례를 방지하기 위하여 일정한 요건과 규제조항을 두어 조건부로 과세가액에 불산입한 후 요건의 위배 시 증여세를 과세하게 됩니다.
② 장애인이 증여받은 재산

장애인이 그의 직계존비속과 친족으로부터 재산(신탁업법에 의한 신
탁이 가능한 재산으로 금전·유가증권·부동산을 말함)을 증여받은 경
우로서 증여세 신고기한 이내에 다음의 요건을 모두 갖춘 때에는 당
해 증여받은 재산가액(당해 장애인이 생존기간 동안 증여받은 재산
가액이 합계액으로서 5억원 한도)은 증여세 과세가액에 산입하지 않
습니다.
- 증여받은 재산의 전부를 신탁업법에 의한 신탁회사에 신탁할 것
- 그 장애인이 신탁의 이익의 전부를 받는 수익자일 것
- 신탁기간이 그 장애인이 사망할 때까지로 되어 있을 것

9. 채무부담액

① 증여세 과세가액은 증여 당시 증여재산가액의 합계액에서 그 증여재
산에 담보된 채무(증여재산 관련 임대보증금 포함)로서 수증자가 인
수한 금액을 차감하여 계산 합니다.
② 이 때, 수증자가 인수한 채무액 부분은 소득세법 규정에 의한 유상
양도에 해당하므로 증여자는 채무액에 상당하는 부분에 대하여 양도
소득세 납세의무가 있습니다.

10. 증여재산가산액

① 동일인으로부터 10년 이내에 받은 증여재산은 합산과세됩니다.
② 해당 증여일 전 10년 이내에 동일인(증여자가 직계존속인 경우에는 그
직계존속의 배우자를 포함)으로부터 받은 증여재산가액의 합계액이 1
천만원 이상인 경우에는 그 가액을 증여세 과세가액에 가산합니다.
③ 다만 합산배제 증여재산, 비과세되는 증여재산, 공익목적 출연재산 등
의 과세가액 불산입 재산, 영농자녀가 증여받는 농지 등, 과세특례 적

용 재산(창업자금, 가업승계 주식 등)의 경우에는 가산하지 않습니다.

11. 증여재산공제 등

11-1. 증여재산공제의 내용

① 거주자인 수증자가 친족으로부터 증여를 받은 때에는 다음의 구분에 따른 금액을 과세가액에서 공제합니다.

② 이 경우 그 증여 전 10년 이내에 공제받은 금액과 해당 증여가액에서 공제받을 금액의 합계액이 다음에 규정하는 금액을 초과하는 경우에는 그 초과하는 부분은 공제하지 아니합니다.

- 배우자로부터 증여받은 경우 : 6억원
- 직계존속(계부, 계모관계 포함)으로부터 증여받은 경우 : 5천만원(미성년자가 직계존속으로부터 증여받은 경우 2천만원)
- 직계비속으로부터 증여받은 경우 : 5천만원
- 배우자 및 직계존비속이 아닌 친족으로부터 증여를 받은 경우 : 1천만원
  (예) 외조부모와 외손자는 직계존비속, 시부모와 며느리는 기타 친족임
    * '12.1.1. 이후 기타친족은 6촌 이내의 혈족, 4촌 이내의 인척을 말합니다.
    * 증여재산이 조세특례제한법 제30조의5 또는 동법 제30조의6에서 규정하는 창업자금 또는 가업승계용 중소기업주식 등에 해당되는 경우 5억원을 공제합니다.
    * 창업자금과 가업승계 주식 등의 증여세 과세특례는 중복적용받을 수 없습니다.
    * 명의신탁재산으로 증여세를 부담하는 경우에는 증여재산공제 등을 적용하지 않습니다.

③ 2 이상의 증여가 있는 경우 증여재산공제 방법

- 2 이상의 증여가 그 증여시기를 달리 하는 경우에는 2 이상의 증여 중 최초의 증여세과세가액에서부터 순차로 공제합니다.
- 2 이상의 증여가 동시에 있는 경우에는 각각의 증여세 과세가액에 대하여

안분하여 공제합니다.

(예) 성년인 자가 '13년에 조부로부터 2억원을 증여받고, '18년에 부로부터 4억원을 증여받았다면

→ '13년 증여재산공제액은 3천만원이며, '18년도 증여재산공제액은 없습니다.

11-2. 재해손실공제

증여세 신고기한 이내에 재난으로 인하여 증여받은 재산이 멸실·훼손된 경우에는 그 손실가액을 증여세과세가액에서 공제합니다.

12. 세율

① 증여세 산출세액은 과세표준에 세율을 곱하여 계산하는 것이며 세율은 최저 10%부터 최고 50%까지의 5단계 초과누진세율 구조로 되어 있습니다.

과 세 표 준	세 율	누 진 공 제
1억 이하	10%	-
1억원 초과 ~ 5억원 이하	20%	1천만원
5억원 초과 ~ 10억원 이하	30%	6천만원
10억원 초과 ~ 30억원 이하	40%	1억 6천만원
30억원 초과	50%	4억 6천만원

② 다만, 조세특례제한법 제30조의5 또는 동법 제30조의6에서 규정하는 창업자금 또는 가업승계용 중소기업주식 등에 해당 시 30억원 한도 내에서 10% 특례세율이 적용됩니다.

③ 창업자금과 가업승계 주식 등의 증여세 과세특례는 중복적용되지 않습니다.

13. 증여세 세액계산 흐름도

〈기본세율〉 - 수증자가 거주자이고 일반 증여재산인 경우

| 증 여 재 산 가 액 | ※ 국내외 모든 증여재산으로 증여일 현재의 시가로 평가 |

−

| 비과세 및 과세가액
불 산 입 액 | ※ 비과세(사회통념상 인정되는 피부양자의 생활비, 교육비 등)
※ 과세가액 불산입재산(공익목적 출연재산 등) |

−

| 채 무 부 담 액 | ※ 증여재산에 담보된 채무인수액(임대보증금, 금융기관채무 등) |

+

| 증 여 재 산 가 산 액 | ※ 당해 증여일 전 동일인으로부터 10년 이내에 증여받은 증여재
산가액의 합계액이 1천만원 이상인 경우 그 과세가액
- 증여자가 직계존속인 경우 그 배우자 포함 |

⇓

| 증 여 세 과 세 가 액 |

−

증 여 재 산 공 제 등

※ 수증자가 **다음의 증여자**로부터 증여받는 경우 적용

증여자	배우자	직계존속	직계비속	기타친족*
공제 한도액	6억원	5천만원 (수증자가 미성년자인 경우 2천만원)	5천만원	1천만원

* 6촌이내 혈족 및 4촌이내 인척
- 위 증여재산공제 한도는 10년간의 누계한도액임

| 감 정 평 가 수 수 료 | ※ 부동산감정평가법인의 수수료 등 |

⇓

| 증 여 세 과 세 표 준 |

×

세 율

과세표준	1억원 이하	5억원 이하	10억원 이하	30억원 이하	30억원 초과
세율	10%	20%	30%	40%	50%
누진 공제액	없음	1천만원	6천만원	1억6천만	4억6천만

⇓

| 산 출 세 액 | ※ (증여세 과세표준 × 세율) - 누진공제액 |

+

| 세 대 생 략 할 증 과 세 액 | ※ 세대생략 증여시 30%할증(단, 미성년자가 20억원을 초과하여 수
증한 경우 40% 할증)　　　　- 직계비속 사망시 예외 |

−

| 세 액 공 제 등 | ※ 신고세액공제·납부세액공제·외국납부세액공제·박물관자료 징수
유예세액 |

+

| 신고납부불성실 가산세 등 |

⇓

| 연 부 연 납 · 분 납 | ※ 물납 불가 |

⇓

| 납 부 할 증 여 세 액 |

〈 특례세율 〉 - 창업자금 또는 가업승계 주식 등 과세특례 적용 재산

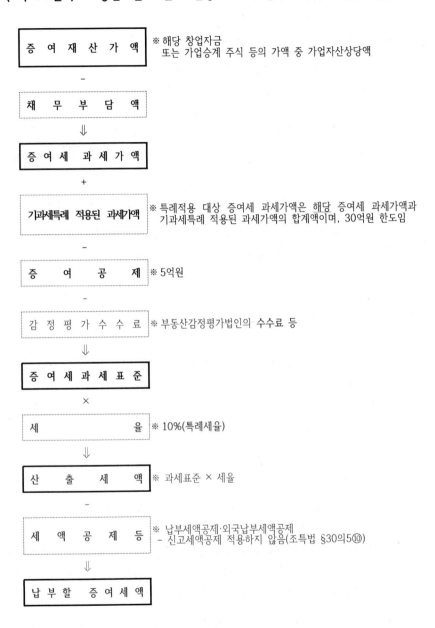

증 여 재 산 가 액
※ 해당 창업자금
　또는 가업승계 주식 등의 가액 중 가업자산상당액

−

채 무 부 담 액

⇓

증 여 세 과 세 가 액

+

기과세특례 적용된 과세가액
※ 특례적용 대상 증여세 과세가액은 해당 증여세 과세가액과
　기과세특례 적용된 과세가액의 합계액이며, 30억원 한도임

−

증 여 공 제　※ 5억원

−

감 정 평 가 수 수 료　※ 부동산감정평가법인의 수수료 등

⇓

증 여 세 과 세 표 준

×

세　　　　　율　※ 10%(특례세율)

⇓

산 　출 　세 　액　※ 과세표준 × 세율

−

세 액 공 제 등
※ 납부세액공제·외국납부세액공제
− 신고세액공제 적용하지 않음(조특법 §30의5⑩)

⇓

납 부 할 증 여 세 액

14. 세대생략 할증세액

○ **직계비속에 대한 증여세의 할증과세**
  - 수증자가 증여자의 자녀가 아닌 직계비속이며
  ① 미성년자로 증여재산가액이 20억원을 초과하는 경우

$$= 증여세산출세액 \times \frac{수증자의\ 부모를\ 제외한\ 직계존속으로부터\ 증여받은\ 재산가액}{총증여재산가액} \times 40\% - 기할증과세액$$

  ② '①' 외의 경우

$$= 증여세산출세액 \times \frac{수증자의\ 부모를\ 제외한\ 직계존속으로부터\ 증여받은\ 재산가액}{총증여재산가액} \times 30\% - 기할증과세액$$

  - 다만, 증여자의 최근친인 직계비속이 사망하여 그 사망자의 최근친인 직계비속이 증여받은 경우에는 그러하지 아니합니다.

15. 영농자녀가 증여받은 농지 등에 대한 증여세 감면

① 농지 등의 소재지에 거주하면서 직접 경작하는 거주자가 농지 등의 소재지에 거주하면서 직접 경작하는 직계비속에게 농지 등을 증여하는 경우 해당 농지 등의 가액에 대하여 증여세의 100%에 상당하는 세액을 감면합니다.

② 증여세를 감면받기 위해서는 증여자와 수증자 모두 아래 내용을 충족하여야만 합니다.
  - 증여자가 농지 등의 소재지에 거주하면서 증여일로부터 소급하여 3년 이상 직접 영농에 종사하고 있을 것
  - 수증자가 증여일 현재 만18세 이상인 직계비속으로서 농지 등의 소재지에 거주하면서 영농 및 임업 후계자이거나 증여일로부터 소급하여 3년 이상 계속하여 직접 영농에 종사하고 있을 것

③ 영농자녀가 증여받은 농지 등에 대한 증여세를 감면받기 위해서는

2017.12.31.까지 증여하여야 하며, 5년간 합하여 1억원 한도 내에서 감면됩니다.

16. 신고세액공제 및 납부세액공제

① 신고세액공제

산출세액(세대생략 할증세액 포함)에서 공제세액 등을 차감한 금액의 2018년 증여분 5%, 2019년 이후 증여분은 3%를 공제합니다.

② 납부세액공제

10년 이내에 동일인으로부터 증여받은 재산가액을 과세가액에 가산하는 경우 가산한 증여재산의 산출세액과 한도액을 비교하여 작은 금액을 공제합니다.

- 한도액

• 증여세 산출세액 $\times \dfrac{\text{가산한 증여재산에 대한 과세표준}}{\substack{\text{당해 증여재산과 가산한 증여재산가액의} \\ \text{합계액에 대한 과세표준}}}$

③ 박물관자료에 대한 징수유예

증여재산 중 박물관자료 또는 미술관자료로서 박물관 또는 미술관에 전시 중이거나 보존 중인 재산이 포함되어 있는 경우, 그 재산가액에 상당하는 증여세액의 징수를 유예합니다.

- 징수유예세액

• 증여세 산출세액 $\times \dfrac{\text{박물관자료 등의 가액}}{\text{증여재산가액(동일인 재차증여가산액 포함)}}$

17. 특수관계법인과의 거래를 통한 이익의 증여의제

① 2011년 12월 31일 특수관계법인과의 거래를 통한 이익의 증여의제 규정이 신설됨에 따라 2012년 1월 1일 이후 개시하는 사업연도의 거래분부터 특수관계법인간의 일감 몰아주기로 발생한 이익을 주주에 대한 증여로 의제하여 증여세가 부과됩니다(상속세 및 증여세법 제45조의3).

② 과세요건

- 수혜법인의 매출거래를 기준으로 지배주주와 특수관계있는 법인과의 거래비율이 정상거래비율(일반법인 30%, 중소기업50%·중견기업40%)을 초과. 다만, 중소기업인 수혜법인과 중소기업인 특수관계법인간의 거래 등은 제외
- 수혜법인의 지배주주와 그 친족의 주식보유비율이 한계보유비율(일반법인 3%, 중소·중견기업 10%)을 초과

③ 증여자, 수증자, 수혜법인, 지배주주 구분

- 증여자 : 수혜법인의 지배주주와 특수관계에 있는 법인으로서 일감을 몰아준 해당 법인
- 수증자 : 수혜법인의 사업연도 말 기준으로 지배주주와 그의 친족(배우자, 6촌 이내 혈족, 4촌 이내 인척) 중 직·간접 보유비율이 한계보유비율(3%, 10%)을 초과한 주주
- 수혜법인 : 법인의 사업연도 매출액 중에서 지배주주와 특수관계있는 법인과의 거래비율이 정상거래비율(30%, 중소50%·중견40%)을 초과하는 경우의 그 법인으로서 본점이나 주된사무소의 소재지가 국내에 있는 법인
- 지배주주 : 수혜법인의 최대주주 등 중 직·간접 지분율이 가장 많은 개인

④ 증여의제 이익은 세후 영업이익에 특수관계법인과의 정상거래비율 초과율과 한계보유비율 초과지분율을 곱하여 산정합니다.

- 수혜법인이 중소·중견기업이 아닌 경우
  = 세후영업이익 × [특수관계법인거래비율 - 15%]×[주식보유비율 - 3%] - 배당소득
- 수혜법인이 중소·중견기업인 경우
  = 세후영업이익 × [특수관계법인거래비율 - 50%(중견40%)]×[주식보유비율 - 10%] - 배당소득

⑤ 특수관계법인과의 거래를 통한 이익의 증여의제에 해당하는 경우 해당 수증자는 수혜법인의 해당 사업연도 종료일에 증여를 받은 것으로 보며, 수혜법인의 법인세 과세표준 신고기한이 속하는 달의 말일부터 3개월이 되는 날까지 증여세 신고를 하여야 합니다.

18. 특수관계법인으로부터 제공받은 사업기회로 발생한 이익의 증여의제

① 2015년 12월 15일 특수관계법인으로부터 제공받은 사업기회로 발생한 이익의 증여의제 규정이 신설됨에 따라 2016년 1월 1일 이후 개시하는 사업연도의 거래분부터 수혜법인이 특수관계법인으로부터 제공받은 사업기회로 발생한 이익(일감떼어주기)에 대해 그 법인의 주주에게 증여로 의제하여 증여세가 부과됩니다.(상속세 및 증여세법 제45조의4)

② 과세요건
  - 특수관계법인으로부터 사업기회를 제공받은 부문의 영업이익이 존재할 것
   (사업기회제공의 형태는 임대차계약, 입점계약, 대리점계약, 프랜차이즈 계약 등 명칭 여하를 불문한 약정)
  * 다만, 특수관계법인이 중소기업이거나, 수혜법인이 50%이상 출자한 법인과의 거래는 제외
  - 수혜법인의 지배주주와 그 친족의 수혜법인에 대한 주식보유비율의 합계가 30%이상 일 것

③ 증여자, 수증자, 수혜법인 구분
  - 증여자 : 수혜법인의 지배주주와 특수관계에 있는 법인으로서 사업기회를 제공한 법인
  - 수증자 : 수혜법인의 사업연도 말 기준으로 지배주주와 그의 친족으로서 주식을 보유하고 있는 주주
  - 수혜법인 : 법인의 사업연도 매출액 중에서 지배주주와 특수 관계있는 법인으로부터 사업 기회를 제공받은 법인

④ 증여의제 이익은 개시사업연도 종료일 기준으로 추계 계산, 정산 사업연도 기준으로 실제 발생한 증여이익에 대해 각각 증여이익을 계산합니다.

- 개시사업연도의 증여이익

= [{(제공받은 사업기회로 인하여 발생한 개시사업연도의 수혜법인의 이익 × 지배주주 등의 주식보유비율) - 개시 사업연도분의 법인세 납부세액 중 상당액} ÷ 개시사업연도의 월 수 × 12] × 3 - (수혜법인의 사업연도 종료일부터 증여세 신고기한까지 받은 배당소득)

- 정산사업연도의 증여이익

= [{(제공받은 사업기회로 인하여 개시 사업연도부터 정산 사업연도까지 발생한 수혜법인의 이익 합계액)× 지배주주등의 주식보유비율] - 개시사업연도분부터 정산사업연도분까지의 법인세 납부세액 상당액 - (수혜법인의 개시사업연도 종료일부터 정산사업연도 증여세 신고기한까지 받은 배당소득)

⑤ 특수관계법인과의 거래를 통한 이익의 증여의제에 해당하는 경우 해당 수증자는 수혜법인의 해당 사업연도 종료일에 증여를 받은 것으로 보며, 수혜법인의 법인세 과세표준 신고기한이 속하는 달의 말일부터 3개월이 되는 날까지 증여세 신고를 하여야 합니다.

19. 증여세 관련 서식

[서식 예] 증여세과세표준신고 및 자진납부계산서

증여세과세표준신고 및 자진납부계산서
(기본세율 적용 증여재산 신고용)
[　]기한 내 신고 [　]수정신고 [　]기한 후 신고

관리번호	-

※ 뒤쪽의 작성방법을 읽고 작성하시기 바랍니다.　　　　　　　　　　　　　　　　　　(앞쪽)

	① 성　명		② 주민등록번호		③ 거 주 구 분	[ ] 거주자 [ ]비거주자
수증자	④ 주　소				⑤ 전자우편주소	
	⑥ 전화번호	(자 택)	(휴대전화)		⑦ 증여자와의 관계	
증여자	⑧ 성　명		⑨ 주민등록번호		⑩ 증여일자	
	⑪ 주　소				⑫ 전화번호	(자 택) (휴대전화)
세무대리인	⑬ 성　명		⑭ 사업자등록번호		⑮ 관리번호	
	⑯ 전화번호	(사무실)	(휴대전화)			

증 여 재 산

⑰ 재산구분코드	⑱ 재산종류	⑲ 지목 또는 건물·재산종류	⑳ 소재지·법인명 등			㉑ 수량(면적)	㉒ 단가	㉓ 금액
			국외자산여부	국외재산국가명				
			[ ]여 [ ]부					
			[ ]여 [ ]부					
			[ ]여 [ ]부					
			계					

구　분	금　액		구　분	금　액
㉔ 증 여 재 산 가 액			㊽ 세 액 공 제 합 계 (㊺ + ㊻ + ㊼ + ㊽)	
㉕ 비 과 세 재 산 가 액		세액공제	㊺ 기 납 부 세 액 (「상속세 및 증여세법」 제58조)	
과세가액불산입	㉖ 공익법인 출연재산 가액 (「상속세 및 증여세법」 제48조)		㊻ 외 국 납 부 세 액 공 제 (「상속세 및 증여세법」 제59조)	
	㉗ 공 익 신 탁 재 산 가 액 (「상속세 및 증여세법」 제52조)		㊼ 신 고 세 액 공 제 (「상속세 및 증여세법」 제69조)	
	㉘ 장애인 신탁재산 가액 (「상속세 및 증여세법」 제52조의2)		㊽ 그 밖의 공 제·감 면 세 액	

㉙ 채　　　무　　　액		㊾ 신 고 불 성 실 가 산 세	
㉚ 증 여 재 산 가 산 액 (「상속세 및 증여세법」 제47조제2항)		㊿ 납 부 불 성 실 가 산 세	
㉛ 증 여 세 과 세 가 액 (㉔ - ㉕ - ㉖ - ㉗ - ㉘ - ㉙ + ㉚)		51 공 익 법 인 등 관 련 가산세 (「상속세 및 증여세법」 제78조)	
증여재산공제	㉜ 배　　우　　자	52 자 진 납 부 할 세 액 (합 계 액) (㊶ + ㊷ - ㊸ - ㊹ + ㊾ + ㊿ + 51)	
	㉝ 직 계 존 비 속	납부방법	납부및 신청일
	㉞ 그 밖 의 친 족	53 연 부 연 납	
㉟ 재 해 손 실 공 제 (「상속세 및 증여세법」 제54조)		현금	54 분　　　납	
㊱ 감 정 평 가 수 수 료			55 신 고 납 부	
㊲ 과세표준(㉛ - ㉜ - ㉝ - ㉞ - ㉟ - ㊱)		「상속세 및 증여세법」 제68조 및 같은 법 시행령 제65조제1항에 따라 증여세의 과세가액 및 과세표준을 신고하며, **위 내용을 충분히 검토하였고 신고인이 알고 있는 사실을 그대로 적었음을 확인합니다.**	
㊳ 세　　　　　　율			
㊴ 산　　출　　세　　액			
㊵ 세 대 생 략 가 산 액 (「상속세 및 증여세법」 제57조)		신 고 인　　　　　년　　월　　일 (서명 또는 인)	
㊶ 산 출 세 액 계(㊴ + ㊵)		세무대리인은 조세전문자격자로서 위 신고서를 성실하고 공정하게 작성하였음을 확인합니다.	
㊷ 이　자　상　당　액		세무대리인　　　　　　(서명 또는 인)	
㊸ 박 물 관 자 료 등 징 수 유 예 세 액		**세무서장** 귀하	

신청(신고)인 제출서류	1. 증여재산 및 평가명세서(부표) 1부 2. 채무사실 등 그 밖의 증명서류 1부 3. 증여자 및 수증자 관계를 알 수 있는 가족관계등록부 1부	수수료 없음
담당공무원 확인사항	주민등록표등본	

행정정보 공동이용 동의서

본인은 이 건 업무처리와 관련하여 담당 공무원이 「전자정부법」 제36조제1항에 따른 행정정보의 공동이용을 통하여 위의 담당 공무원 확인 사항을 확인하는 것에 동의합니다.
* 동의하지 않는 경우에는 신청인이 직접 관련 서류를 제출하여야 합니다.

신청인　　　　　　　　　　　　　　　　(서명 또는 인)

작성방법

※ 이 서식은 아래 증여세 세율표 다목의 세율이 적용되는 증여재산에 대하여 증여세신고를 하는 경우에 사용하며, 증여일자별로 각각 신고서를 작성하여야 합니다.

1. "② 주민등록번호" 및 "⑨ 주민등록번호"란: 외국인은 외국인등록번호(외국인등록번호가 없는 경우 여권번호)를 적습니다.

2. "③ 거주구분"란: 거주자와 비거주자 중 ✔ 표시합니다.
   * "거주자" 및 "비거주자" :「상속세 및 증여세법」제2조 8호에 해당하는 자를 말합니다.

3. "⑦ 증여자와의 관계코드"란 : 수증자 기준으로 적습니다. (예시 : 부모(증여자)가 자녀(수증자)에게 증여하는 경우 : 자)

4. "⑬ 성명"부터 "⑯ 전화번호"란 : 세무대리인이 기장한 경우 작성합니다.

5. "⑰ 재산구분코드"란 : 아래의 재산구분에 해당하는 코드를 적습니다.

재산구분	증여재산	증여재산 (영농농지)	증여재산가산	비과세재산 (금양임야)	비과세재산 (문화재 등)	비과세재산 (기타)	과세가 (공익법인
코드	A11	A14	A21	B11	B12	B13	B2

6. "⑱ 재산종류"란 : 토지, 건물, 유가증권 등 해당 재산의 종류를 적습니다.

7. "⑲ 지목 또는 건물·재산종류"란 : 재산종류가 토지인 경우에는 해당 물건의 등기부 등본상 지목(전, 답 등)을 기재하고, 주택, 건물인 경우에는 해당 물건의 등기부 등본상 건물내역의 명칭(아파트, 상업용건물, 오피스텔 등) 등을 적습니다. 그 외의 재산은 해당 재산의 세부종류명(유가증권인 경우 비상장주식, 상장주식 등)을 적습니다.

8. "⑳ 소재지·법인명 등"란 : 재산의 소재지 또는 법인명 등을 적습니다. 국외자산의 경우 국외자산여부에 ✔ 표시하고 해당 국가명을 별도 기재하고 소재지·법인명 등은 한글 또는 영문으로 적습니다. 부득이한 경우 해당 국가의 언어로 적습니다.
   가. 소재지를 기재할 경우 : 해당 물건의 소재지번(예시 : 세종특별자치시 나성동 457)을 적습니다.
   나. 법인명 등을 기재할 경우 : 유가증권인 경우에는 해당 주식을 발행한 법인의 법인명을 적습니다. 그 외의 경우에는 작품명 등 재산명(예시 : 보험금인 경우 □□생명 △△보험 / 유가증권인 경우 ㈜○○건설)을 적습니다.

9. "㉔ 증여재산가액"란 : 증여재산 및 평가명세서(상속세 및 증여세법 시행규칙 서식10 부표)의 "⑩ 증여재산가액"과 다음 각 목의 구분의 가액을 합한 금액을 적습니다.
   가.「조세특례제한법」제30조의5에 따른 창업자금에 대한 증여세 과세가액[창업자금 증여재산평가 및 과세가액 계산명세서(별지 제10호의2서식 부표 1) "⑬ 계"의 금액]이 30억원을 초과하는 경우 : 별지 제10호의2서식 부표 1의 "⑱ 증여재산가액"
   나.「조세특례제한법」제30조의6에 따른 가업승계 주식 등에 대한 증여세과세가액[가업승계 주식 등 증여재산평가 및 과세가액 계산명세서(별지 제10호의2서식 부표 2) "⑧ 합계액"]이 100억원을 초과하는 경우 : 별지 제10호의2서식 부표 2의 "⑬ 증여재산가액"

10. "㉙ 채무액"란 : 해당 증여재산에 담보된 채무액 중 수증자가 인수한 채무액과 「조세특례제한법」 제30조의5에 따른 창업자금에 대한 증여세 과세가액[창업자금 증여재산평가 및 과세가액 계산명세서(별지 제10호의2서식 부표 1) "⑬ 계"의 금액가 30억원을 초과하는 경우 : 별지 제10호의2서식 부표 1의 "⑲ 채무액"을 합한 금액을 적습니다.

11. "㉜ 배우자"란부터 "㉞ 그 밖의 친족"란 : 증여자와의 관계에 따라 다음 각 목의 구분에 따라 적습니다.

가 배 우 자 :	10년간 6억원	(2008.1.1. 이후 증여분부터)
나 직계존비속 :	직계존속이 직계비속에게 증여한 경우 10년간 5천만원 / 직계비속이 미성년자인 경우 2천만원	(2014.1.1. 이후 증여분부터)
다 그 밖의 친족* :	10년간 1천만원	(2016.1.1. 이후 증여분부터)

* 배우자와 직계존비속을 제외한 6촌 이내의 혈족, 4촌 이내의 인척

12. "㊳ 세율", "㊴ 산출세액"란 : 증여세 세율표에 따라 세율을 적고 과세표준에 세율을 곱한 금액에서 누진공제액을 빼서 산출세액을 계산합니다.

   * 산출세액 = (과세표준 × 세율) - 누진공제액

<증여세 세율표>

증여재산 구분	과세표준	세율	누진공제액
가. 창업자금(「조세특례제한법」 제30조의5)	25억원 이하*	10%	-
나. 가업승계 주식 등(「조세특례제한법」 제30조의6)	30억원 이하	10%	-
	30억원 초과 95억원 이하	20%	30,000만원
다. 가목 및 나목 외의 자산	1억원 이하	10%	-
	1억원 초과 5억원 이하	20%	1,000만원
	5억원 초과 10억원 이하	30%	6,000만원
	10억원 초과 30억원 이하	40%	16,000만원
	30억원 초과	50%	46,000만원

* 창업을 통하여 10명 이상을 신규 고용한 경우 : 45억원 이하

13. "㊷ 이자상당액"란 :「조세특례제한법」 제30조의5제6항 및 같은 법 제30조의6제1항에 따라 계산한 금액을 적습니다.

14. "㊾ 신고불성실가산세"란부터 "㉛ 공익법인 등 관련 가산세"란 :「국세기본법」 제47조, 제47조의2부터 제47조의5까지 및 제48조에 따라 부담할 가산세를 적고,「상속세 및 증여세법」78조에 따른 가산세를 각각 적습니다.

15. "㊿ 연부연납"란 :「상속세 및 증여세법」 제71조에 따라 납부세액이 2천만원을 초과하는 경우에 한해 연부연납을 신청할 수 있으며 연부연납 신청세액과 신청일자를 적습니다. 이 때, 상속세(증여세) 연부연납 허가신청서(별지 제11호서식)를 제출하여야 합니다.

16. "㊿ 분납"란 :「상속세 및 증여세법」 제70조제2항에 따라 납부할 금액이 1천만원을 초과하는 경우 다음 구분에 따른 금액과 납부(예정)일자를 적습니다. 다만,「상속세 및 증여세법」 제71조에 따라 연부연납을 허가받은 경우에는 분납을 신청할 수 없습니다.

   가. 납부할 세액이 2천만원 이하인 경우에는 1천만원을 초과하는 금액

   나. 납부할 세액이 2천만원을 초과하는 경우에는 그 세액의 100분의 50 이하의 금액

17. "㊿ 신고납부"란 :「상속세 및 증여세법」제68조에 따라 증여세과세표준 신고 할 때 납부할 세액을 적습니다.

[서식 예] 증여세 부과처분 취소청구의 소(존재치 않은 증여)

소 　 장

원 　 고 　 ○ 　 ○ 　 ○(주민등록번호)
　 　 　 　 　 ○○시 ○○구 ⊙○길 ○○
피 　 고 　 △△세무서장
　 　 　 　 　 ○○시 ○○구 ○○길 ○○

증여세부과처분 취소청구의 소

청 구 취 지

1. 피고가 20○○. ○. ○. 원고에 대하여 한 증여세 ○○○원 부과처분을 취소한다.
2. 소송비용은 피고가 부담한다.
라는 재판을 구합니다.

청 구 원 인

1. 피고는 20○○. ○. ○. 원고에 대하여 증여세 금○○○원을 부과하였습니다. 즉, 피고는 원고가 원고의 남편인 소외 □□□로부터 ○○시 ○○구 ○○길 ○○ ○○제곱미터를 증여 받았다는 이유로 위 증여세 부과처분을 하였습니다.
2. 그러나 원고는 위 부동산을 소외 □□□로부터 증여 받은 것이 아니라 원고가 ☆☆주식회사 경리사원으로 근무하고서 20○○. ○. ○. 퇴사 후 퇴직금을 모아 소외 □□□로부터 매수한 것입니다. 따라서 피고의 원고에 대한 과세처분은 존재하지 아니하는 증여에 대한 것으로서 위법한 부과처분이므로 취소되어야 합니다.

입 증 방 법

　 　 1. 갑 제1호증 　 　 　 　 매매계약서

1. 갑 제2호증   부동산중개인확인서서
1. 갑 제3호증   퇴직금내역서

첨 부 서 류

1. 위 입증방법   각 1통
1. 소장부본   1통
1. 납 부 서   1통

2000년   ○월   ○일
원   고   ○ ○ ○ (서명 또는 날인)

○ ○ 행 정 법 원 귀 중

[서식 예] 증여세 부과처분 취소청구의 소(잡종지 증여)

소 　　　 장

원　고　○　○　○(주민등록번호)
　　　　　○○시 ○○구 ○○길 ○○
피　고　　△△세무서장
　　　　　○○시 ○○구 ○○길 ○○

증여세부과처분 취소청구의 소

청 구 취 지

1. 피고가 20○○. ○. ○. 원고에게 증여세 ○○○원을 부과한 처분은 이
   를 취소한다.
2. 소송비용은 피고가 부담한다.
라는 판결을 구합니다.

청 구 원 인

1. 피고는 20○○. ○. ○. 원고에 대하여 증여세 ○○○원을 부과하였습
   니다. 즉, 피고는 원고가 원고의 아버지인 소외 김□□로부터 ○○시
   ○○구 ○○동 ○○ 잡종지 900㎡를 증여 받았다는 이유로 위 증여
   세 부과처분을 하였습니다.
2. 그러나 원고는 위 부동산을 위 김□□로부터 증여받은 것이 아니라
   원고가 ☆☆화학주식회사에 근무하면서 저축한 돈으로 동명 이인인
   ○○시 ○○구 ○○길 ○○에 거주하는 소외 김◎◎로부터 매수한
   것입니다.
3. 따라서 피고의 원고에 대한 위 과세처분은 존재하지 아니하는 증여
   에 대하여 한 것으로 내용상의 흠이 있는 위법한 처분으로 취소되어
   야 합니다.

입 증 방 법

1. 갑 제1호증   매매계약서
1. 갑 제2호증   주민등록등본
1. 갑 제3호증   영수증사본
1. 갑 제4호증   부동산등기사항전부증명서

첨 부 서 류

1. 위 입증방법   각 1통
1. 소장부본   1통
1. 납 부 서   1통

20○○년 ○월 ○일

원 고 ○ ○ ○ (서명 또는 날인)

○ ○ 행 정 법 원 귀중

[서식 예] 증여세 과세처분 취소청구의 소(의제증여 간주)

소 장

원 고 ○ ○ ○(주민등록번호)
         ○○시 ○○구 ○○길 ○○
피 고 △△세무서장
         ○○시 ○○구 ○○길 ○○

증여세부과처분취소 청구의 소

청 구 취 지

1. 피고가 원고에 대하여 한 20○○. ○. ○.자 증여세 ○○○원의 부과
   처분은 이를 취소한다.
2. 소송비용은 피고가 부담한다.
라는 판결을 구합니다.

청 구 원 인

1. 사건개요
   피고는 원고가 20○○. ○. ○. ○○시 ○○구 ○○동 ○○번지 대지
   ○○○평방미터를 대금 ○○○원에 매수하고 같은 해 ○. ○. 그 소
   유권이전등기를 필한데 대해 원고의 매수자금을 남편인 소외 □□□
   으로부터 증여 받은 것으로 인정하여 청구취지와 같은 증여세 부과
   처분을 하였습니다.
2. 불복사유
   그러나 위 매수자금은 원고가 19○○. ○.경부터 ○○동 소재 ○○시
   장에서 식당을 경영하며 얻은 수입금과 시장에서 계를 조직·운영하여
   얻은 계금을 적금으로 가입하여 얻은 수익금 등을 합하여 충당한 것
   으로 남편으로부터 증여받은 것이 아닙니다.
3. 결 어
   사안이 이와 같음에도 불구하고 피고는 원고와 소외 □□□이 남편

이라는 이유로 사실조사를 하지도 아니한 채, 위 매수대금에 대하여 상속세 및 증여세법 제32조의 의제증여로 간주하여 증여세부과처분을 하였기에 이에 원고는 피고의 부당한 증여세부과처분의 취소를 구하고자 이 건 소제기에 이른 것입니다.

입 증 방 법

1. 갑 제1호증　　　　　　납세고지서
1. 갑 제2호증　　　　　　세액계산명세표

첨 부 서 류

1. 위 입증방법　　　　　　각 1통
1. 소장부본　　　　　　　　1통
1. 납 부 서　　　　　　　　1통

20○○년　○월　○일

원　　고　○　○　○ (서명 또는 날인)

○ ○ 행 정 법 원　귀중

[서식 예] 증여세 부과처분 취소청구의 소(공동소유)

소 장

원 고　　○○○(주민등록번호)
　　　　　○○시 ○○구 ○○길 ○○(우편번호 ○○○-○○○)
　　　　　전화·휴대폰번호:
　　　　　팩스번호, 전자우편(e-mail)주소:
피 고　　◇◇세무서장
　　　　　○○시 ○○구 ○○길 ○○(우편번호 ○○○-○○○)

증여세부과처분 취소청구의 소

청 구 취 지

1. 피고가 원고에 대하여 한 20○○. ○. ○.자 증여세 988,000,000원의 부과처분은 이를 취소한다.
2. 소송비용은 피고의 부담으로 한다.
라는 판결을 구합니다.

청 구 이 유

1. 피고는 원고와 소외 ◎◎물산(주)이 각 2분지 1씩 공동소유인 부동산(이하 이사건 부동산이라고 만 함)에 대하여 원고가 지분 전체를 원고와 특수관계에 있는 ◆◆물산(주)에 고가로 양도하였다면서 20○○. ○. ○.자로 증여세 988,000,000원을 부과하여 고지한바 있습니다.
2. 이 사건 거래 경위
   1) 원고는 이 사건 부동산을 위 ◎◎물산(주)와 공동소유하고 있다가 위 원고 소유지분을 20○○. ○. ○.경 △△△종합금융(주)에 금 200억원에 매도하는 계약을 체결하고서, 계약금으로 금20억 원을 받았습니다.
   2) 그런데 공동지분권자인 ◎◎물산(주)에서 원고에게 이 사건 부동산을 자신과 상의도 없이 매도할 수 있느냐고 항의하면서 차라리 한

건물의 소유자를 단일화시키기 위해서는 자신에게 양도해 줄 것을 요청하였으며, 동 요청을 받아주는 조건으로 위 원고가 위 △△△ 종합금융과 계약해제로 배상하게 될 금40억 원중 계약금을 제한 금20억 원을 ◎◎물산(주)이 부담하고, 매매대금을 유예하는 대신에 이자부담금 3억 원을 추가하여 금223억 원에 매수하겠다고 하여, 원고는 대표이사와의 관계 등을 고려할 때 손해가 없다면 ◎◎물산(주)에게 매도하는 것이 좋을 것으로 판단하여 20○○. ○. ○○. 자로 위 ◎◎물산(주)에 위약금 40억 원을 배상한다는 전제 하에 금40억 원을 공탁하고서 계약해제를 통보하고 20○○. ○. ○. 자로 ◎◎물산(주)와 이 사건 부동산에 관하여 매매대금 223억 원의 매매계약을 체결한 바 있으며, 위 공탁금 40억 원은 위 △△△ 종합금융으로부터 받은 계약금 20억 원에, 위 ◎◎물산(주)으로부터 받은 매매대금 20억 원을 합하여 공탁한 사실이 있습니다.

3) 이에 따라 위 계약은 이행완료 되어 원고의 지분에 관하여 ◎◎물산(주) 명의로 소유권이전등기가 완료되었습니다.

3. 이 사건 증여세부과처분의 부당성

1) 사안이 위와 같음에도 불구하고, 피고는 원고와 ◎◎물산(주)가 특수관계인 이라는 이유를 내세워 아무런 근거 없이 사실조사를 하지도 아니한 채 위 거래 중 매매대금이 증액된 부분에 대하여 이를 상속세 및 증여세법 제35조 제1항의 의제증여로 의율하여 이 사건 증여세부과 처분을 하는 위법하고도 부당한 처분을 한 것입니다.

2) 또한 원고의 주장과 같은 거래가 있었음은 처음 계약자인 △△△ 종합금융의 내부문서인 통지서기재에 의해서도 명백하여, 실제 원고가 위 ◎◎물산(주)으로부터 증여 받은 가액이 전혀 없음에도 불구하고 부당하게 이 사건 증여세 부과처분을 고지한 것입니다.

4. 결론

이에 원고는 피고의 위법 부당한 증여세부과처분을 취소하여 재산권을 보호하고 손해를 회복하고자 이 사건 청구에 이릅니다.

입 증 방 법

1. 갑 제1호증   납세고지서
1. 갑 제2호증   세액계산명세표

1. 갑 제3호증   주민등록등본

첨 부 서 류

1. 위 입증방법   각 1통
1. 소장부본   1통
1. 송달료납부서   1통

20○○.   ○.   ○.

위 원고   ○○○ (서명 또는 날인)

○○행정법원 귀중

20. 증여세 상담사례

■ 증여세의 분납은 어떻게 하나요?

Q. 증여세의 분납은 어떻게 하나요?

A. 증여세의 경우 다음의 요건을 갖춘 경우에는 그 세액을 분납할 수 있습니다.

- 증여세의 납부할 세액이 1천만원을 초과하는 때에는 다음의 금액을 납부기한 경과 후 2개월에 이자 부담없이 분납할 수 있습니다.

  · 납부할 세액이 2천만원 이하일 때 : 1천만원을 초과하는 금액

  · 납부할 세액이 2천만원을 초과하는 때 : 그 세액의 50% 이하의 금액

■ 증여세의 연부연납은 어떻게 하나요?

Q. 증여세의 연부연납은 어떻게 하나요?

A. ① 증여세의 경우 다음의 요건을 갖춘 경우에는 그 세액의 연부연납을 허가할 수 있습니다.

- 증여세의 납부세액이 2천만원을 초과하고, 납세담보를 제공하여야 합니다.

· 신고 시에는 증여세 신고서와 함께 연부연납신청서를 함께 제출하여야 하고, 무신고·과소신고분은 고지서의 납부기한 내에 연부연납을 신청해야 합니다.

② 연부연납기간은 5년 이내로 납세의무자가 신청한 기간으로 합니다.

③ 2009년 1월 1일 이후 연부연납 신청분부터 납세보증보험증권 등 납세담보가 확실한 경우 신청일에 세무서장의 허가를 받은 것으로 간주합니다.

■ 증여세를 신용카드로도 납부할 수 있나요?

Q. 증여세를 신용카드로도 납부할 수 있나요?

A. ① 납세의무자가 신고하거나 과세관청이 결정 또는 경정하여 고지한 세액 중 1천만원 이하는 국세납부대행기관(금융결제원)의 인터넷 홈페이지(http://www.cardrotax.or.kr) 및 전국 세무관서에 설치된 신용카드 단말기로 납부할 수 있습니다.

② 신용카드로 세금을 납부할 경우 현금납부자와의 형평성을 유지하기 위하여 납부대행수수료는 납세자가 부담해야 합니다.

■ 증여재산가액의 시가평가는 어떻게 합니까?

Q. 증여재산가액의 시가평가는 어떻게 합니까?

A. ① 증여재산의 평가는 증여일 현재의 시가로 평가합니다. 다만, 시가를 산정하기 어려운 경우에는 당해 재산의 종류·규모·거래상황 등을 감안하여 규정된 방법(이하 '보충적 평가방법')에 따라 평가한 가액을 시가로 봅니다.

② 시가란

- 시가는 불특정 다수인 사이에 자유로이 거래가 이루어지는 경우에 통상 성립된다고 인정되는 가액을 말하는 것으로서, 증여일 전후 3월 이내의 기간 중 매매·감정·수용·경매 또는 공매가 있는 경우에는 그 확인되는 가액을 포함합니다.

- 다만, 평가기간에 해당하지 아니하는 기간으로서 증여일 전 2년 이내의 기간 중에 매매·감정·수용·경매 또는 공매가 있는 경우에도 주식발행회사의 경영상태, 시간의 경과 및 주위환경의 변화 등을 고려하여 가격변동의 특별한 사정이 없다고 보아 납세자, 세무서장 등이 재산평가심의위원회에 해당 매매 등의 가액에 대한 시가 심의

를 신청하는 때에는 위원회의 심의를 거쳐 인정된 해당 매매 등의
가액을 시가로 포함할 수 있습니다.

③ 시가의 인정범위

- 당해 재산에 대해 매매사실이 있는 경우 : 그 거래가액. 다만, 특수
관계자와의 거래 등 그 거래가액이 객관적으로 부당하다고 인정되는
경우 등에는 제외됩니다.

- 당해 재산(주식 및 출자지분은 제외함)에 대하여 2 이상의 공신력 있
는 감정기관이 평가한 감정가액이 있는 경우 : 그 감정가액의 평균액
(단, 해당재산이 기준시가 10억 이하인 경우에는 1이상의 감정기관
의 감정가액도 가능)

- 당해 재산에 대하여 수용·경매 또는 공매 사실이 있는 경우 : 그 보
상가액·경매가액 또는 공매가액. 다만, 물납한 재산을 증여자·수
증자 또는 그와 특수관계 있는 자가 경매 또는 공매 받은 경우 등
에는 그 경매가액 또는 공매가액은 시가로 보지 아니합니다.

- 증여일 전 3개월부터 평가기간내 증여세 신고일까지의 기간 중에
증여재산과 면적·위치·용도·종목 및 기준시가가 동일하거나 유
사한 다른 재산에 대한 매매가액·감정가액의 평균액 등이 있는 경
우 : 당해 가액

- 평가기간에 해당하지 아니하는 기간으로서 증여일 전 2년 이내의
기간 중에 증여재산과 면적·위치·용도·종목 및 기준시가가 동일
하거나 유사한 다른 재산에 대한 매매가액·감정가액 등이 있는 경
우로서 납세자, 세무서장 등이 재산평가심의위원회에 해당 매매 등
의 가액에 대한 시가 심의를 신청하고 위원회에서 시가로 인정한
경우 : 당해 가액

④ 재산평가심의위원회를 통한 매매 등의 가액에 대한 시가인정

- 증여세 과세표준 신고기한 만료 70일 전까지 납세지 관할 지방국세
청장(개인납세2과장)에게 아래 서류를 첨부하여 서면(방문·우편)으

로 신청하여야 합니다.

- 재산의 매매 등 가액의 시가인정 심의 신청서 : 재산평가심의위원회 운영규정 별지 제6호 서식
- 재산의 매매 등 가액의 시가인정 관련 검토서 : 재산평가심의위원회 운영규정 별지 제6호 서식 부표
- 제1호부터 제2호까지의 규정에 따른 서식의 기재내용을 증명할 수 있는 증거서류
- 다만, 아래 사항에 해당하는 경우에는 심의 신청이 반려될 수 있습니다.
  1. 신청기한을 경과하여 신청한 경우
  2. 심의대상(재산평가심의위원회 운영규정 제22조)에 해당되지 않는 경우
  3. 보완요구일로부터 7일 이내에 보완자료를 제출하지 아니하거나 보완요구로 제출된 내용이 부실한 경우
  4. 시가인정 심의신청시 제출된 서류의 기재내용이 허위인 것으로 확인되는 경우
- 증여세 과세표준 신고기한 만료 20일전까지 심의결과를 서면으로 회신받을 수 있습니다. 다만, 제출된 서류의 기재내용이 허위인 것으로 확인되는 경우에는 심의결과 통지의 효력이 상실됩니다.

⑤ 시가적용 시 판단기준일
- 증여일 전후 3월 이내에 해당하는지 여부는 다음에 해당하는 날을 기준으로 하여 판단합니다.
- 거래가액 : 매매계약일
- 감정가액 : 감정평가서의 작성일
- 보상가액 등 : 보상가액 등이 결정된 날
- 시가로 보는 가액이 2 이상인 경우에는 평가기준일로부터 가장 가까운 날에 해당하는 가액에 의합니다.

■ 부동산의 보충적 평가는 어떻게 합니까?

Q. 부동산의 보충적 평가는 어떻게 합니까?

A. ① 토지 : 개별공시지가에 의하여 평가

② 주택 : 「부동산 가격공시에 관한 법률」에 의한 개별주택가격 및 공동주택가격으로 평가

③ 일반건물 : 일반건물은 신축가격기준액·구조·용도·위치·신축연도·개별건물의 특성 등을 참작하여 매년 1회 이상 국세청장이 산정·고시하는 가액으로 평가

④ 오피스텔 및 상업용 건물 : 국세청장이 지정하는 지역에 소재하면서 국세청장이 토지와 건물에 대하여 일괄하여 산정·고시한 가액이 있는 경우 그 고시한 가액으로 평가하며, 국세청장이 일괄하여 산정·고시한 가액이 없는 경우에는 상기 내용과 같이 토지와 건물을 별도로 평가한 가액

⑤ 임대차 계약이 체결된 재산 : 평가기준일 현재 시가에 해당하는 가액이 없는 경우로서, 사실상 임대차 계약이 체결되거나, 임차권이 등기된 부동산일 경우

- 토지의 개별공시지가 및 건물의 기준시가와 1년간 임대료를 환산율(12%)로 나눈 금액에 임대보증금을 합계한 금액(토지와 건물의 기준시가로 안분한 금액을 말함)을 토지와 건물별로 비교하여 큰 금액으로 평가한 가액

> ※ **임대차 계약이 체결된 재산의 평가액 = MAX(보충적 평가가액, 임대보증금 환산가액)**
> - 보충적 평가가액 : 토지의 개별공시지가 및 건물의 기준시가
> - 임대보증금 환산가액 : (임대보증금) + (1년간 임대료 합계액 ÷ 0.12)
> '1년간 임대료 합계액' 계산 : 평가기준일이 속하는 월의 임대료에 12월을 곱하여 계산

■ 저당권 등이 설정된 재산의 평가는 어떻게 합니까?

Q. 저당권 등이 설정된 재산의 평가는 어떻게 합니까?

A. ① 평가특례재산의 범위
 - 저당권 또는 질권이 설정된 재산
 - 양도담보재산
 - 전세권이 등기된 재산(임대보증금을 받고 임대한 재산을 포함)
② 평가방법 : 위의 저당권 등이 설정된 재산의 평가는 시가 또는 보충
  적 평가방법에 따라 평가한 가액과 다음의 규정에 의한 평가액 중
  큰 금액으로 합니다.
 - 저당권(공동저당권 및 근저당권을 제외함)이 설정된 재산의 가액은
   당해 재산이 담보하는 채권액
 - 공동저당권이 설정된 재산의 가액은 당해 재산이 담보하는 채권액을
   공동저당된 재산의 평가기준일 현재의 가액으로 안분하여 계산한 가액
 - 근저당권이 설정된 재산의 가액은 평가기준일 현재 당해 재산이 담
   보하는 채권액
 - 질권이 설정된 재산 및 양도담보재산의 가액은 당해 재산이 담보하
   는 채권액
 - 전세권이 등기된 재산의 가액은 등기된 전세금(임대보증금을 받고
   임대한 경우에는 임대보증금)

■ 유가증권의 평가는 어떻게 합니까?

Q. 유가증권의 평가는 어떻게 합니까?

A. ① 상장주식 또는 코스닥상장주식의 평가

- 유가증권 시장 또는 코스닥 시장의 주식 또는 출자지분 : 증여일 이전·이후 각 2월간에 공표된 매일의 거래소 최종시세가액(거래실적의 유무를 불문함)의 평균액으로 평가합니다.

* 위의 규정을 적용함에 있어서 평가기준일 전후의 기간이 4월에 미달하는 경우에는 동 기간에 대한 최종시세가액의 평균액으로 합니다.

* 평가기준일이 공휴일, 매매거래정지일, 납회기간 등인 경우에는 그 전일을 기준으로 평균액을 계산합니다.

② 비상장주식의 시가평가

- 비상장주식은 증여일 전후 3월 이내에 불특정다수인 사이의 객관적 교환가치를 반영한 거래가액 또는 경매·공매가액이 확인되는 경우에는 이를 시가로 보아 평가합니다. 단, 가중평균한 가액이 1주당 순자산가치의 100분의80 보다 낮은 경우에는 1주당 순자산 가치에 100분의 80을 곱한 금액으로 합니다.

* 감정가액은 시가로 인정되지 아니합니다.

■ 부동산에 대한 그들의 상속지분을 증여받았다고 보아 증여세를 부과할
   수 있는지요?

Q. 망인 A의 상속인으로 甲, 乙, 丙이 있습니다. 공동상속인 중 1
   인인 甲은 A의 사망 전에 X부동산을 증여받았으나 사망 후 소
   유권이전등기를 경료하였습니다. 이 경우 甲이 다른 공동상속인
   들로부터 X부동산에 대한 그들의 상속지분을 증여받았다고 보
   아 증여세를 부과할 수 있는지요?

A. 부동산의 소유자이던 증여자가 소유권이전등기를 마치지 아니한 상
   태에서 사망한 경우, 그 부동산이 상속재산에 속하는지 여부와 관련
   하여 대법원은 "부동산 증여에 있어 그 부동산의 취득일은 증여에
   따른 소유권이전등기를 한 때이며 그 소유권이전등기를 마치지 아니
   한 이상 아직 그 부동산을 취득한 것으로 볼 수가 없고 따라서 그
   러한 상태에서 소유자이던 증여자가 사망한 경우에는 그 부동산은
   상속재산에 속한다고 봄이 상당하다(대법원 1994. 12. 09. 선고
   93누23985 판결)."고 판시한 바 있습니다.
   한편, 위 사안과 동일한 사실관계에 대하여 대법원은 "공동상속인
   중 1인이 피상속인의 사망 전에 부동산을 증여받았으나 소유권이전
   등기를 경료하고 있지 않다가 사망 후 소유권이전등기의 방편으로
   망인을 상대로 매매를 원인으로 하는 소유권이전등기소송을 제기하
   여 승소판결을 받고 소유권이전등기를 경료한 경우, 그 부동산의 공
   동상속인들은 부동산과 함께 피상속인의 수증자에 대한 부동산의 증
   여채무도 아울러 상속한 것으로 보아야 할 것이므로 그 부동산에
   대한 수증자 명의의 소유권이전등기 중 수증자의 고유의 상속지분을
   초과한 나머지 부분은 다른 공동상속인들의 수증자에 대한 그 증여
   채무를 이행한 것이라고 할 수 있고, 따라서 그 부동산에 대하여
   수증자가 다른 공동상속인들로부터 자신들의 상속지분을 증여받은

것이라고는 할 수 없을 것이므로 그 상속지분을 증여받았음을 전제
로 한 증여세 부과처분은 위법하여 취소를 면할 수 없다(대법원
1994. 12. 9. 선고 93누23985 판결)."고 판시한 바 있습니다.
따라서 甲이 다른 공동상속인들로부터 X부동산에 대한 그들의 상속
지분을 증여받았다고 보아 증여세를 부과할 수 없습니다.

■ 고유의 상속분을 초과하는 재산을 취득한 경우 이에 대하여 증여세가
부과될 수 있나요?

Q. 상속재산분할협의 결과 제 고유의 상속분을 초과하는 재산을 취
득하였는데, 이에 대하여 증여세가 부과될 수 있나요?

A. 공동상속인 상호간에 상속재산에 관하여 민법 제1013조 의 규정에
의한 협의분할이 이루어짐으로써 공동상속인중 1인이 고유의 상속
분을 초과하는 재산을 취득하게 되었다고 하여도 이는 상속개시 당
시에 피상속인으로부터 승계받은 것으로 보아야 하고 다른 공동상속
인으로부터 증여받은 것으로 볼 것이 아니다(대법원 1985. 10. 8.
선고 85누70 판결)라는 것이 판례의 입장인바, 초과상속분에 대한
증여세 부과는 되지 않습니다.

■ 상속재산분할협의가 불성립된 경우 증여세가 부과될 수 있나요?

Q. 저희 부친은 유산으로 몇 필지의 토지를 남기고 얼마 전 사망하셨습니다. 상속인으로는 저와 모친, 남동생 1명, 출가한 누이 3명으로 모두 6명이 있는데, 모친과 남동생은 제가 부모를 모시고 있었다는 이유로 자기들의 상속지분을 저에게 양보하겠다고 하지만, 누이 3명은 자기들의 법정상속지분보다도 더 요구하고 있어서 분할협의를 못하고 있습니다. 이 경우 모친과 남동생, 제 법정상속지분만이라도 상속등기를 할 수 없는지요?

A. 상속재산의 협의분할은 공동상속인 전원이 참여하여야 하므로, 일부 상속인만으로 한 협의 분할은 무효가 됩니다(대법원 1995. 4. 7. 선고 93다54736 판결).

또한, 법원의 등기실무에서도 재산상속으로 인한 소유권이전등기신청 시 상속을 증명하는 서면의 일부로서 공동상속인 연명으로 작성한 상속재산분할협의서를 첨부서류로 요구하고 있습니다.

따라서 귀하의 경우에도 모친과 동생의 지분을 장남이 상속받으려면 나머지 상속인 전원이 함께 모여 이에 동의하는 협의분할서를 작성하여야 하고, 작성하지 못한다면 그 지분만의 등기를 할 수는 없고, 만약 귀하의 모친과 남동생 그리고 귀하의 법정상속지분만에 관하여 상속으로 인한 소유권이전등기신청을 한다면 이는 사건이 등기할 것이 아닌 때에 해당하므로 위 신청은 부동산등기법 제55조 제2호에 의하여 각하되게 됩니다(1984. 7. 24 등기선례 1-227, 307). 판례도 등기관의 결정에 대한 이의의 제기에서 "공동상속인 중 일부 상속인의 상속등기만은 경료할 수 없다."라고 결정한 바 있습니다(대법원 1995. 2. 22.자 94마2116 결정).

그러므로 공동상속인 간의 협의가 이루어지지 않을 때에는 공동상속인 중 1인이 법정상속지분으로 공동상속등기를 신청하시고, 이와 같이 법정상속분의 상속등기를 필한 후 모친과 동생의 소정 법정지분을 귀하에게 이전하는 절차(증여계약에 의한 소유권이전등기절차 등)를 밟아야 할 것입니다. 다만, 이 경우 이전 등에 따른 양도소득세 혹은 증여세 등이 부과될 수도 있습니다.

■ 주식의 명의신탁을 증여로 의제하고 있는 상속세 및 증여세법이 위헌이
아닌지요?

Q. 甲주식회사 대표이사 乙은 甲주식회사의 주식 20만주를 丙명의
로 주식대금 10억원을 납부한 다음 甲주식회사의 주주명부에
丙을 주주로 등재하였습니다. 이에 관할세무서장은 乙이 丙에
게 위 주식을 명의신탁하였다고 인정하고 상속세 및 증여세법에
의하여 丙에게 증여세 6억원을 부과하였습니다. 주식의 명의신
탁을 증여로 추정하고 있는 상속세 및 증여세법의 조항은 위헌
이 아닌지요?

A. 명의신탁재산의 증여의제와 관련하여 「상속세 및 증여세법」 제45조
의2 제1항 본문은 "권리의 이전이나 그 행사에 등기등이 필요한 재
산(토지와 건물은 제외한다. 이하 이 조에서 같다)의 실제소유자와
명의자가 다른 경우에는 「국세기본법」 제14조에도 불구하고 그 명
의자로 등기등을 한 날(그 재산이 명의개서를 하여야 하는 재산인
경우에는 소유권취득일이 속하는 해의 다음 해 말일의 다음 날을
말한다)에 그 재산의 가액을 명의자가 실제소유자로부터 증여받은
것으로 본다."라고 규정하고 있고, 같은 항 제1호에 의해 "조세 회
피의 목적 없이 타인의 명의로 재산의 등기 등을 하거나 소유권을
취득한 실제소유자 명의로 명의개서를 하지 아니한 경우"에는 본문
의 적용을 배제하고 있습니다.
판례는 이른바 명의신탁을 인정하여 왔는데, 현실적으로 명의신탁을
이용한 각종 조세의 탈루가 빈번하게 발생하였습니다. 위 규정은 그
러한 조세의 탈루를 방지하기 위하여 등기등을 요하는 재산을 타인
의 명의로 한 경우 증여를 한 것으로 의제하여 증여세를 과세하고
있습니다. 그러나 명의신탁 한 것에 대하여 증여한 것이라고 의제를
하여 조세회피의 목적을 납세자측에 밝히도록 하고 있는 것은 위헌

이 아닌지 논란의 여지가 있습니다.

이에 대하여 판례는 "심판대상조항(증여의제규정)들은 명의신탁을 내세워 증여세를 회피하는 것을 방지하여 조세정의와 조세평등을 관철하고 실질과세의 원칙이 형식에 흐르지 않고 진정한 실질과세가 이루어지도록 이를 보완하려는 목적을 가진 것이어서 입법목적의 정당성이 인정되며, 증여세회피의 목적을 가진 명의신탁에 대하여 증여세를 부과하는 것은 증여세의 회피를 방지하고자 하는 증여추정조항의 목적을 달성하는 데 적합한 수단이고, 명의신탁을 이용한 조세회피행위를 방지하는 데 있어서 적합한 다른 대체수단으로는 명의신탁을 아예 금지하면서 그 사법적 효력을 부인하고 위반자에 대하여 형사처벌을 가하는 방법과 증여세 회피목적이 있는 명의신탁에 대하여 증여세 대신 과징금을 부과하는 방법이 있으나, 증여세를 회피하는 명의신탁의 제재방법으로 증여세를 부과하는 것이 다른 대체수단보다 납세의무자에게 더 많은 피해를 준다고 볼 수 없으므로 최소침해의 원칙에 어긋나지 않음과 동시에, 명의신탁을 이용한 증여세 회피행위에 대하여 증여세 부과를 통하여 명의수탁자가 입는 불이익은 그 책임을 고려할 때 크게 부당하지 않는데 반하여, 명의신탁에 대한 증여세 부과가 명의신탁이 증여세를 회피하는 수단으로 이용되는 것을 방지하는 데 기여함으로써 조세정의와 조세공평이라는 공익을 실현하는 것은 다대하여 법익비례의 원칙에도 위배되지 않으므로, 결국 심판대상조항들은 비례의 원칙에 위배되지 않는다. 증여를 받지 아니한 사람에게 증여세를 부과하는 것은 실질과세의 원칙에 어긋날 수 있으나 증여를 은폐하는 수단으로 명의신탁을 이용한 경우에 이를 제재하는 방법으로 증여세를 부과하는 것은 조세정의와 조세의 공평을 실현하기 위한 적절한 방법으로서 그 합리성이 인정되므로 실질과세의 원칙에 대한 예외로서 허용되며, 명의신탁에 동조함으로써 명의신탁자의 증여세 회피행위를 가능하게 한 명의수탁자의 책임을 고려할 때 명의신탁자와 명의수탁자 두 사람 중 누구에게 일차적인 납세의무를 부과할 것인지의 문제는 입법 재량에 속하고, 명의신탁에 이르게 된 경위나 유형, 그에 내재된 반사회성의 정도 등을 참작할 것인지 여부 및 그 참작의 방법이나 정도 등도 역시 입법의 재량에 속하므로, 명의수탁자와 일반 수증자가 서로 동일하지 않음에도 불구하고 동일하게 평가하여 동일한 세율의 증여세를 부과하는 차별취급은 합리적인 이유가 있으므로 평등 원칙에 어긋나지 않는다"라고 하였습니다(헌법재판소 2004. 11. 25. 선고 2002헌바66 결정).

따라서 주식의 명의신탁을 증여로 의제하고 있는「상속세 및 증여세법 」의 관련 조항은 위헌이라고 보기는 어렵습니다.

■ 헌법소원심판을 통하여 증여세부과처분의 취소를 구할 수 있는지요?

Q. 저는 저에 대한 증여세부과처분을 다투어 법원에 행정소송을 제기하였으나 패소 당하고 그 판결이 확정되었습니다. 이에 저는 인권의 최후보루인 헌법재판소에 헌법소원을 제기하여 권리를 구제 받고자 합니다. 과연 헌법소원심판을 통하여 증여세부과처분의 취소를 구할 수 있는지요?

A. 귀하께서 헌법소원심판을 청구하여 권리구제를 받을 수 있는 방법으로는 첫째, 패소확정판결을 대상으로 직접 헌법소원을 제기하는 것과 둘째, 원행정처분인 증여세부과처분을 대상으로 헌법소원심판을 제기하는 것을 검토해볼 수 있습니다.

첫째 방법에 관하여 보면, 「헌법재판소법」 제68조 제1항은 "공권력의 행사 또는 불행사로 인하여 헌법상 보장된 기본권을 침해받은 자는 법원의 재판을 제외하고는 헌법재판소에 헌법소원심판을 청구할 수 있다."라고 규정하고 있어 현행법상 법원의 재판을 헌법소원의 대상에서 제외하고 있고, 헌법재판소도 '헌법재판소가 위헌으로 결정하여 그 효력을 상실한 법률을 적용함으로써 국민의 기본권을 침해하는 재판'에 대해서만 예외적으로 헌법소원을 인정하고 있습니다.

그러므로 귀하도 위헌으로 결정되어 그 효력을 상실한 법률을 적용한 재판이 아니라면 패소확정판결을 대상으로 직접 헌법소원심판을 청구할 수는 없을 것입니다.

둘째 방법에 관하여 보면, 헌법재판소는 "행정처분의 취소를 구하는 행정소송이 확정된 경우에 그 원행정처분의 취소를 구하는 헌법소원심판 청구를 받아들여 이를 취소하는 것은, 원행정처분을 심판의 대상으로 삼았던 법원의 재판이 예외적으로 헌법소원심판의 대상이 되어 그 재판 자체가 취소되는 경우에 한하여 국민의 기본권을 신속하고 효율적으로 구제하기 위하여 가능한 것이고, 이와는 달리 법원의 재판이 취소되지 아니하는 경우에는 확정판결의 기판력으로 인하여 원행정처분은 헌법소원심판의 대상이 되지 아니하며(헌법재판소 2002. 5. 30. 자 2001헌마781 결정), 뿐만 아니라 원행정처분에 대한 헌법소원심판청구를 허용하는 것은 '명령·규칙 또는 처분이 헌법이나 법률에 위반되는 여부가 재판의 전제가 된 경우에는 대법원은 이를 최종적으로 심사할 권한을 가진다.'고 규정한 헌법 제107조 제2항이나, 원칙적으로 헌법소원심판의 대상에서 법원의 재판을 제외하고 있는 헌법재판소법 제68조 제1항의 취지에도 어긋난다."라고 하였습니다(헌법재판소 2001. 2. 22. 선고 99헌마409 결정).

결국 귀하의 경우 귀하에 대한 증여세부과처분에 대한 법원의 재판이 헌법소원심판의 대상이 되어 그 재판 자체가 취소되는 경우가 아니라면 헌법소원심판청구를 통한 권리구제가 어려울 것으로 보입니다.

Q. 저는 중학교 3학년에 재학중인 학생입니다. 작년에 아버지께서 돌아가셔서 너무나 슬프고 힘들었지만 열심히 학교 생활을 하며 지냈습니다. 그런데 최근에 세무서에서 저에게 증여세를 내라는 통지를 받았습니다. 깜짝 놀라서 알고 보니, 아버지께서 땅을 가지고 계셨고, 그 땅이 엄마 3/7, 누나 2/7, 저 2/7 지분을 상속받았다가, 저의 2/7 지분과 누나의 2/7 지분의 소유권이 이모에게 이전되었다가 다시 2/7 지분의 소유권은 엄마에게 이전되었고, 나머지 2/7 지분의 소유권은 누나에게 이전된 상황이었습니다. 그런데 왜 저에게 세금을 내라고 하는지 모르겠습니다. 저에게 세금을 내라는 것이 적법한 것인가요?

A. 상속세 및 증여세법(이하 '상증세법'이라 합니다) 제4조의2 제5항 제2호에서는 수증자가 증여세를 납부할 능력이 없다고 인정되는 경우로서 체납처분을 하여도 증여세에 대한 조세채권을 확보하기 곤란한 경우에 증여자에 대하여 증여세 연대납부의무를 부과하고 있습니다. 과세관청에서는 실질적으로 귀하가 본인 소유의 2/7 지분을 어머니에게 증여한 것으로 보고, 증여자로 보이는 귀하에게 증여세연대납부의무자로 지정통지처분을 한 것으로 보입니다.

다만, 민법 제921조 제1항에서 "법정대리인인 친권자와 그 자 사이에 이해상반되는 행위를 함에는 친권자는 법원에 그 자의 특별대리인의 선임을 청구하여야 한다"고 규정하고 있으며, 이를 위반한 행위의 효력에 관하여 판례는 무효라고 보고 있습니다(대법원 1964. 8. 31. 선고 63다547 판결 등 참조).

그런데, 귀하의 2/7 지분에 관하여 경료된 어머니 명의의 등기는 귀하의 어머니가 귀하의 법정대리인으로서 귀하의 이모를 상대로 귀하가 가지는 진정명의회복을 원인으로 한 소유권이전등기청구권에 기한 것으로서, 진정명의회복을 원인으로 한 소유권이전등기청구권을 행사하여 2/7 지분을 귀하 앞으로 이전등기하여야 할 의무가 있는 원고의 어머니가 그 지분을 어머니 자신의 명의로 이전한 행위는 미성년자의 법정대리인이 그 미성년자의 재산을 자신에게 처분한 행위에 해당하므로, 이는 민법 제921조 제1항에서 정하는 이해상반행위라고 할 것이서, 특별대리인에 의하여 행하지 아니한 이상 무효라 할 것입니다.

또한 증여를 원인으로 한 소유권이전등기가 경료되었더라도 그 등기원인이 된 증여행위가 부존재하거나 무효인 경우라면 그로 인한 소유권이전의 효력이 처음부터 발생하지 아니하므로 소유권이전등기의 말소를 명하는 판결의 유무와 관계없이 증여세의 과세대상이 될 수 없다 할 것입니다(대법원 2013. 1. 24. 선고 2010두27189 판결 참조).

그러므로 이 사건에서는 증여행위가 무효라고 보아야 할 것이므로 증여세 과세 대상이 될 수 없어 귀하에 대한 과세관청의 증여세연대납부의무자 지정통지처분은 위법한 처분으로 보입니다.

■ 증여세를 증여자가 대신 납부한 것을 새로운 증여를 한 것으로 보아 증여세 과세대상이 될 수 있는지요?

Q. 갑은 1991. 6. 27. 조부인 을로부터 서울 영등포구 여의도동 소재 토지 1필지를 증여받았고, 1991. 12. 21.경 증여세 4천만 원을 자진 신고 후 납부하였습니다. 그런데 실제로는 을이 갑을 대신하여 위 증여세를 납부한 것입니다. 이에 대해 영등포세무서는 갑이 1991. 6. 27. 위 토지를 증여받은 후 1991. 12. 21. 재차 위 증여세 납부액에 해당하는 4천만 원도 증여받은 것으로 인정하여 합산과세를 하여 갑에게 증여세 부과 처분을 하였습니다. 이에 대해 갑은 위 증여세 부과 처분이 부당함을 이유로 그 취소를 구할 수 있는가요?

A. 갑은 영등포세무서를 상대로 한 증여세부과처분취소소송 과정에서 첫째, 갑이 위 토지를 증여받을 당시인 1991. 6. 27.경에는 만 12세 정도의 미성년자로서 별다른 수입이 없었고, 위 토지는 폭 35m로 개설될 도로의 일부로 예정된 도시계획대상이어서 이를 담보로 제공하여 자금을 차용할 수 없는 등 위 토지에 대한 증여세를 부담할 자력이 없었으므로, 갑의 조부인 을이 갑의 증여세납부의무에 대한 연대채무자로서 상속세법 제29조의 2 제2항 의 규정에 의하여 그 연대채무의 이행으로서 이 사건 부동산에 대한 증여세를 대신 납부한 것인데도 이를 증여로 본 것은 위법하고, 둘째, 가사, 이를 증여세의 부과대상이 된다고 하더라도 상속세법 기본통칙 8829의 2는 증여자가 법 제29조의2 제2항 의 규정에 의한 연대납부책임자로서 납부하는 증여세액은 수증자에 대한 증여로 보지 아니한다고, 국세청장 예규통첩 재산 01254-3165(1988. 11. 3. 자)와 같은 통첩 재산 01254-1104(1990. 6. 12.자)는 수증자가 납부할 증여세를 납부기한 내 대신 납부해 준 경우 당해 세액 상당액은 증여

에 해당하지 아니하는 것이라고 규정하고 있는바, 이 사건 증여 당시 위 통칙과 통첩에 따른 해석과 관행이 납세자들에게 일반적으로 받아들여져 왔던 것을 1991. 1. 1. 이후부터 이러한 경우 증여세를 부과할 수 있다는 새로운 해석으로 이 사건 처분을 한 것은 세법의 해석 또는 국세행정의 관행이 일반적으로 납세자에게 받아들여진 후에는 그 해석 또는 관행에 의한 행위 또는 계산은 정당한 것으로 보며, 새로운 관행에 의하여 소급하여 과세되지 아니한다는 국세기본법 제18조 제3항 에 어긋나는 것으로서 위법하다고 주장하였습니다.

갑의 위와 같은 주장에 대하여 법원은 ① 위 을이 1991. 12. 21. 갑에 대한 증여세 위 금 4천만 원을 대신 납부할 당시 비록 갑이 13세 남짓한 어린 미성년자로서 수입이 없고 이 사건 부동산 외에 다른 재산도 없으며 이 사건 부동산이 도시계획시설인 폭 35m 도로 내에 포함되어 있어 담보가치가 별반 없다고 하더라도 그것만으로 갑의 납세 자력이 상실되었다고 단정할 수 없고 달리 위 법 시행령 제38조 소정의 사유가 있다고 인정할 아무런 증거가 없어 위 을이 이 사건 부동산에 대한 증여세를 대납한 것을 그 연대채무의 이행이라고 볼 수 없으며, ② 소급과세금지의 원칙은 조세법령의 제정 또는 개정이나 과세청의 법령에 대한 해석 또는 처리지침 등의 변경이 있은 경우 그 효력발생 전에 종결한 과세요건사실에 대하여 당해 법령 등을 적용할 수 없다는 것이지 이전부터 계속되어오던 사실이나 그 이후에 발생한 과세요건사실에 대하여 새로운 법령 등을 적용하는 것을 제한하는 것은 아니라 할 것인바(대법원 1996. 10. 29. 선고 96누9423 판결 참조),

이 사건 처분은 위 을이 1991. 12. 21. 갑을 대신하여 증여세 금 4천만 원을 납부함으로써 갑이 위 을로부터 위 금액 상당을 증여받은 것으로 보아 이루어진 것임은 위에서 본 바와 같으므로, 위 증여세의 대납행위가 증여에 해당되는지의 여부에 대하여는 위 1991. 12. 21. 당시의 법령 등에 의하여 결정하여야 할 것이고, 이와 달리 그 이전의 국세청의 위 통칙 및 예규의 해석이나 관행에 따라 증여세의 부과여부를 결정할 것은 아니라 할 것인데(위 통칙에 의하더라도 증여자가 법 제29조의 2 제2항의 규정에 의한 연대납부 책임자로서 납부하는 증여세액에 한하여 수증자에 대한 증여로 보지 아니한다),

이 사건 처분 당시에는 국세청에서 증여자가 수증자가 납부할 증여세를 대신 납부해 준 경우 당해 세액 상당액은 증여에 해당한다고 해석하고 있었으므로 이 사건 처분이 위 해석과 상반된 종전의 비과세관행등에 반하여 위법하다는 취지의 위 주장은 이유 없다 할 것이라고 판시하여 원고의 주장을 모두 배척하였습니다(서울고등법원 1997. 4. 30. 선고 96구45377 판결, 대법원 1997. 9. 5. 선고 97누7493 판결).

즉 종전에는 관행상 증여자가 수증자를 대신하여 증여세를 납부하더라도 이는 증여자와 수증자의 증여세 연대납부의무의 일환으로 이루어진 것으로 별도로 증여세 부과 대상이 아니라고 보았으나, 1991. 1. 1.부터는 상속세법이 위와 같은 경우에도 증여세 부과 대상인 것으로 개정을 하였고, 을은 위 상속세법 개정 이후인 1991. 12. 21.에 갑을 대신하여 증여세를 납부하였으므로 영등포세무서가 개정된 상속세법에 근거하여 갑에게 증여세 부과처분을 한 것은 국세기본법상 소급효금지의 원칙에 반하지 않는다는 것입니다.

따라서 갑은 영등포세무서의 증여세 합산 부과 처분이 부당하다고 하여 그 취소를 구할 수는 없습니다.

■ 증여자가 수증자에게 이전한 보험계약상 지위에 대하여 증여세를 과세하는 경우 이에 대해서 다툴 수 있을까요?

Q. 저의 아버지인 甲은 2012.6.14. △△보험 주식회사와 일시납 보험료 600,000,000원짜리 즉시연금보험계약 1건을, △▼생명보험 주식회사와 일시납 보험료 300,000,000 원짜리 즉시연금보험계약 1건을 각 체결하면서, 계약자, 피보험자, 수익자를 본인으로, 계약기간을 10년으로 모두 동일하게 정하고 계약체결 즉시 보험료 합계 900,000000원을 납부하였습니다(약관에 의하면 보험계약자는 계약이 소멸하기 전에 언제든지 계약을 해지하고 미리 정해진 산출방법에 따라 계산한 해지환급금을 지급받을 수 있도록 되어 있습니다. 또한, 연금보험을 유지한 채 매월 생존연금 지급받을 수 있는데 '피보험자가 매년 계약해 당일에 살아 있을 것'을 요건으로 하고 그 액수는 매년 계약해당일을 기준으로 변동되는 공시이율에 연동됩니다). 그 이후 아버지는 청약철회기간이 경과한 2012.7.3. 자녀인 저에게 이 사건 즉시연금보험을 각 증여하면서, 그에 맞추어 각 해당 보험의 계약자, 연금수익자 및 만기수익자를 저로 변경하였습니다(연금보험을 유지한 채 매월 생존연금을 받을 수 있는 지위도 취득하였습니다).
이에 저는 2012.9.7. 이 사건 즉시연금보험이 상증세법 제65조 제1항 및 구 상속세 및 증여세법 시행령(2016.2.5. 대통령령 제26960호로 개정되기 전의 것, 이하 '상증세법 시행령'이라 한다)제62조에 정한 정기금을 받을 권리에 해당한다고 보아 증여재산가액을 평가하여 증여세를 신고·납부하였습니다. 그런데 ○○세무서는 제가 아버지로부터 연금지급이 개시되지 않은 상태에서 이 사건 즉시연금보험을 증여받은 것은 그 실질이 납부보험료를 곧바로 증여받은 것과 동일하다고 보아, 원고들에게 각

납입보험료 900,000,000원과 위 평가된 증여재산가액의 차액에 관하여 산정한 증여세를 결정·고지하는 처분을 하였습니다. 제가 이에 대해서 다툴 수 있을까요?

A. 대법원은 수증자에게 귀속되는 재산으로서 금전으로 환산할 수 있는 재산적 가치가있는 권리는 증여재산에 포함되고,가액의 산정은 증여일 현재의 시가에 따라야 하지만, 어떠한 증여재산이 불특정 다수인 사이에 자유롭게 거래가 이루어지는 것이 아니고 달리 가액을 평가하는 규정도 없어서 그 자체의 시가를 곧바로 산정할 수 없는 때에는 증여재산의 재산적 가치에 가장 부합하는 금액을 기준으로 과세할 수밖에 없으며 증여자가 수증자에게 이전한 보험계약상 지위가 증여재산에 해당하는 경우에, 보험계약상 지위 자체의 시가를 곧바로 산정할 수 있는 적절한 방법이 없는 반면, 증여 시점에 보험계약을 해지하거나 청약을 철회하여 지급받을 수 있는 환급금 또는 보험계약을 그대로 유지하였을 때 받을 수 있는 각종 보험금 등 보험계약상의 지위에서 인정되는 여러 권리의 금전적 가치를 산정할 수 있고,그와 같은 권리들이 서로 양립할 수 없는 관계에 있다면, 특별한 사정이 없는 한 그러한 권리들의 가액 중 가장 높은 것이 증여재산의 재산적 가치에 가장 부합하므로 이를 기준으로 증여세를 과세할 수 있다고 판시한바 있습니다(대법원 2016. 9. 28. 선고 2015두53046 판결 참조).

즉시연금보험의 계약자, 연금수익자 및 만기수익자 지위는 불특정 다수인 사이에 자유롭게 거래가 이루어지는 것이 아니고 달리 그 가액을 평가하는 규정도 없으므로 그 자체의 시가를 곧바로 산정할 적절한 방법이 없으며, 귀하는 이 사건 즉시연금보험의 계약자, 연금수익자 및 만기수익자가 됨으로써 이 사건 즉시연금보험을 즉시 해지하고 보험료를 환급받을 수 있는 권리를 취득하였다고 할 것입니다.

귀하께서 위 즉시연금보험을 유지한 채 매월 생존연금을 받을 수 있는 지위도 아울러 취득하였으나, 증여일 당시에는 앞으로 생존연금을 받을 수 있는지 여부 및 그 정확한 액수를 알 수가 없으므로 따라서 증여 당시 시가를 바로 산정할만한 적절한 방법이 없는 경우에 해당하고 증여일이 속하는 해에 받을 수 있는 생존연금 액수를 바탕으로 상증세법 시행령 제62조를 적용하여 가액을 추산하여 보더라도 그와 양립할 수 없는 이 사건 즉시연금보험을 해지하여 보험료를 환급받을 수 있는 권리의 가액보다 적은 점 등을 근거로 즉시연금보험의 약관에 의하여 산출되는 해지환급금 상당액이 원고들이 증여받은 이 사건 즉시연금보험의 계약자, 연금수익자 및 만기수익자 지위의 재산적 가치에 가장 부합하는 금액이라는 점을 근거로 취소처분을 구할 수 있을 것으로 보입니다.

■ 증여이전등기로 인해 부과된 증여세가 국세기본법상 당해세인지요?

Q. 저는 甲의 부동산에 근저당권을 설정하였는데, 그 부동산은 甲이 그의 아버지 乙로부터 증여를 받아 증여를 원인으로 한 소유권이전 등기된 부동산이었습니다. 그런데 甲이 제 근저당권부 채권을 변제하지 않아 제가 위 부동산에 대한 담보권실행을 위한 경매를 신청하였는바, 이 경매절차에서 위 증여로 인한 증여세가 당해세로서 제 근저당권보다 우선하여 변제 받게 되는지요?

A. 국세기본법 제35조 제1항 제3호에는 법정기일 전에 전세권·질권 또는 저당권의 설정을 등기 또는 등록한 사실이 대통령령이 정하는 바에 의하여 증명되는 재산의 매각에 있어서 그 매각금액 중에서 국세 또는 가산금을 징수하는 경우의 그 전세권·질권 또는 저당권에 의하여 담보된 채권에 대하여는 국세가 우선하지 않지만, 그 재산에 대하여 부과된 국세와 가산금(당해세)은 제외한다고 규정하고 있습니다.

그런데 근저당권설정 당시 이미 등기부상 증여를 원인으로 하여 근저당설정자명의로 소유권이전등기가 마쳐져 있었던 경우, 이에 대하여 부과된 증여세가 같은 법 제35조 제1항 제3호 단서에서 말하는 '그 재산에 대하여 부과된 국세' 즉, 이른바 당해세에 해당하는지에 관하여 판례는 "국세기본법 제35조 제1항 제3호는 공시를 수반하는 담보물권과 관련하여 거래의 안전을 보장하려는 사법적(私法的) 요청과 조세채권의 실현을 확보하려는 공익적 요청을 적절하게 조화시키려는데 그 입법의 취지가 있으므로, 당해세가 담보물권에 의하여 담보되는 채권에 우선한다고 하더라도 이로써 담보물권의 본질적 내용까지 침해되어서는 아니 되고, 따라서 국세기본법 제35조 제1항 제3호 단서에서 말하는 '그 재산에 대하여 부과된 국세'라 함은 담보물권을 취득하는 사람이 장래 그 재산에 대하여 부과될 것을 상당한 정도로 예측할 수 있는 것으로서 오로지 당해 재산을 소유하고 있는 것 자체에 담세력을 인정하여 부과되는 국세만을 의미하는 것으로 보아야 한다."라고 하였습니다.

또한, 위 판례는 "부동산에 대하여 근저당권설정 이전에 이루어진 증여를 원인으로 하여 부과된 증여세는 위 부동산 자체에 관하여 부과된 것이고, 근저당권설정 당시 이미 등기부상 증여를 원인으로 하여 근저당설정자 명의로 소유권이전등기가 마쳐져 있었으므로, 근저당권자로서는 장래 이 증여를 과세원인으로 하여 증여세가 부과될 것을 상당한 정도로 예측할 수 있다고 봄이 상당할 것이고, 따라서 위 증여세는 국세기본법 제35조 제1항 제3호 단서에서 말하는 '그 재산에 대하여 부과된 국세' 즉, 이른바 당해세에 해당한다."라고 하였습니다(대법원 2001. 1. 30. 선고 2000다47972 판결, 2002. 6. 14. 선고 2000다49534 판결).

따라서 위 사안의 경우에 있어서도 귀하가 근저당권을 설정하기 이전에 채무자 甲에게로 증여로 인한 소유권이전등기가 되어 있었으므로 그 증여에 대한 증여세는 당해세로 인정되어 귀하의 근저당권보다 우선할 것으로 보입니다.

■ 판결에 따라 급부의무를 이행한 경우 증여세가 부과되는지요?

Q. 乙은 丙과의 사이에 甲을 낳았지만 혼인하지 않고 있다가 저와 10여년간 동거하던 중 갑자기 사망하였습니다.

저는 망 乙의 상속인인 甲을 상대로 저에 대한 재산분할금지급 채무를 상속하였음을 이유로 이를 구하는 소송을 제기하였고, 임의조정이 성립되어 甲은 조정조서에 따라 저에게 1억원을 지급하였습니다. 이 경우 저는 甲이 의무의 이행으로 지급한 돈을 받은 것인데도 저에게 증여세가 부과될 수 있는지요?

A. 상속세 및 증여세법 제2조 제7호는 '증여재산'이란 증여로 인하여 수증자에게 귀속되는 모든 재산 또는 이익을 말하며, 다음 각 목의 물건, 권리 및 이익을 포함한다.

가. 금전으로 환산할 수 있는 경제적 가치가 있는 모든 물건, 나. 재산적 가치가 있는 법률상 또는 사실상의 모든 권리, 다. 금전으로 환산할 수 있는 모든 경제적 이익"라고 규정하고 있습니다.

그리고 재산이 수수된 경우에 있어 그것이 「상속세 및 증여세법」소정의 증여에 해당하는지 여부에 관하여 판례는 "법원의 확정판결이나 조정조서에 의하여 당사자에게 일정한 이행의무가 부과된 경우 이러한 이행의무에 법적 구속력이 있는 것은 분명하지만, 이러한 사정만으로 법원의 확정판결 내지 조정조서에 따른 급부행위의 경우 원칙적으로 증여세 부과대상이 아니라고 볼 수는 없고, 이러한 사안에서 과세관청으로서는 실질과세의 원칙에 따라서 법원의 확정판결 내지 조정조서에 규정된 이행의무의 실질적인 성격을 파악한 다음 증여세 부과 여부를 결정해야 한다."라고 하였습니다(대법원 2006. 3. 24. 선고 2005두15595 판결).

그러므로 甲이 귀하에게 돈을 줄 원인 즉, 채무가 있다면 증여가 아니므로 증여세가 부과되지 않겠지만, 甲이 귀하에게 돈을 주어야 할 아무런 의무가 없다면 비록 조정조서에 따라 주었다고 하더라도 증여에 해당하여 증여세가 부과될 것입니다. 그런데 재산분할은 살아있는 부부가 이혼할 때 일방이 다른 일방에 대하여 청구할 수 있는 것으로, 혼인관계 혹은 사실혼관계가 일방 당사자의 사망으로 인하여 종료된 경우에는 그 상대방에게 재산분할청구권이 인정되지 않습니다(민법 제839조의2 제1항, 대법원 1994. 10. 28. 선고 94므246,94므253 판결).

위 사안에서 귀하가 乙과 이혼한 것이 아니라 乙이 갑자기 사망하였으므로 이러한 경우 법률적으로는 甲은 귀하에게 재산분할금을 지급할 의무가 없습니다. 따라서, 비록 형식적으로는 甲이 법원의 조정조서에 의한 의무의 이행으로 귀하에게 돈을 준 것이지만, 실질적으로는 원인관계 없이 무상으로 귀하에게 돈을 준 것이어서 이에 대하여는 증여세가 부과될 수 있다고 보입니다.

■ 주식을 명의신탁받은 경우 증여세가 부과되는지요?

Q. 미국 영주권자인 甲은 乙회사의 주식 30%를 매수하였는데 자신의 명의로 주식을 취득하여 乙회사의 공동대표이사로 취임할 경우 회사업무처리가 번거로울 것 같아 이를 피하기 위하여 저의 명의로 주식을 취득하였습니다. 즉, 甲은 저에게 주식을 명의신탁하였는데, 이러한 경우 저에게 증여세가 부과되는지요?

A. 상속세 및 증여세법 제45조의2 제1항은 "권리의 이전이나 그 행사에 등기등을 요하는 재산(토지와 건물을 제외한다. 이하 이 조에서 같다)에 있어서 실제소유자와 명의자가 다른 경우에는 국세기본법 제14조의 규정에 불구하고 그 명의자로 등기등을 한 날에 그 재산의 가액을 명의자가 실제소유자로부터 증여받은 것으로 본다."라고 규정하고 있습니다. 하지만, 같은 항 단서에서는 예외를 두어 "조세회피의 목적없이 타인의 명의로 재산의 등기 등을 하거나 소유권을 취득한 실제소유자 명의로 명의개서를 하지 아니한 경우"에는 증여세를 부과하지 않고 있습니다.

조세회피목적의 인정범위와 입증책임에 관하여 판례는 "(명의신탁재산을 증여의제하는 규정의) 입법 취지는 명의신탁제도를 이용한 조세회피행위를 효과적으로 방지하여 조세정의를 실현한다는 취지에서 실질과세원칙에 대한 예외를 인정한 데에 있으므로, 명의신탁이 조세회피목적이 아닌 다른 이유에서 이루어졌음이 인정되고 그 명의신탁에 부수하여 사소한 조세경감이 생기는 것에 불과하다면 그와 같은 명의신탁에 같은 조항 단서 소정의 '조세회피목적'이 있었다고 볼 수는 없고, 명의신탁에 있어서 조세회피의 목적이 없었다는 점에 관한 입증책임은 이를 주장하는 명의자에게 있다."라고 하였습니다(대법원 2006. 5. 12. 선고 2004두7733 판결, 대법원 2006.5.25.선고 2004두13936 판결).

따라서 甲이 귀하에게 주식을 명의신탁한 이유를 설명하고, 거기에 조세회피 목적이 없었음을 입증한다면 귀하는 증여세를 면할 수 있을 것으로 보입니다.

■ 고유재산 상속분을 초과하는 협의분할 시 증여로 볼 수 있는지요?

Q. 甲은 아버지 乙이 사망한 후 협의분할에 의하여 다른 상속인 丙·丁의 상속분까지 취득하였습니다. 이 경우 甲은 고유의 상속분을 초과하는 상속재산을 취득하였는바, 고유상속분을 초과하는 부분의 재산취득에 관하여 丙·丁으로부터 그들의 상속분을 증여받은 것으로 보아 증여세를 부과받을 수 있는지요?

A. 증여세의 과세대상인 증여재산의 범위와 관련하여, 「상속세 및 증여세법」제4조 제3항은 "상속개시 후 상속재산에 대하여 등기·등록·명의개서 등에 의하여 각 상속인의 상속분이 확정되어 등기 등이 된 후 그 상속재산에 대하여 공동상속인 사이의 협의에 의하여 특정상속인이 당초 상속분을 초과하여 취득하는 재산가액은 당해 분할에 의하여 상속분이 감소된 상속인으로부터 증여받은 재산에 포함한다. 다만, 제67조 규정에 의한 상속세과세표준신고기한 이내에 재분할에 의하여 당초 상속분을 초과하여 취득한 경우와 당초 상속재산의 재분할에 대하여 무효 또는 취소 등 대통령령이 정하는 정당한 사유가 있는 경우에는 그러하지 아니하다."라고 규정하고 있습니다.

그런데 협의분할에 의하여 고유상속분을 초과하는 재산을 취득한 경우 이를 다른 공동상속인으로부터 증여받은 것으로 볼 수 있는지에 관하여 판례는 "공동상속인 상호간에 상속재산에 관하여 협의분할이 이루어짐으로써 공동상속인 중 일부가 고유의 상속분을 초과하는 재산을 취득하게 되었다고 하여도 이는 상속개시 당시에 소급하여 피상속인으로부터 승계받은 것으로 보아야 하고 다른 공동상속인으로부터 증여받은 것으로 볼 수 없으며, 그러한 상속재산분할협의는 상속인 전원이 참여하여야 하나 반드시 한 자리에서 이루어질 필요는 없고, 순차적으로 이루어질 수도 있다."라고 하였으며(대법원 1996. 2. 9. 선고 95누15087 판결, 2001. 11. 27. 선고 2000

두9731 판결), 또한, "상속세 및 증여세법 제31조 제3항의 규정은 각 상속인의 상속분이 확정되어 등기 등이 된 후 상속인들 사이의 별도 협의에 의하여 상속재산을 재분할하는 경우에 적용된다."라고 하였습니다(대법원 2002. 7. 12. 선고 2001두441 판결).

따라서 위 사안에 있어서도 甲이 협의분할로 인하여 고유의 상속분을 초과하여 丙·丁의 상속분을 상속받게 되었다고 하여도, 이를 丙·丁으로부터 증여받은 것으로 보아 증여세가 부과되지는 않을 것으로 보입니다.

■ 타인의 명의를 빌려 소유권이전등기를 한 경우, 증여세부과처분취소소
송을 제기할 조세회피목적인 없었다는 점을 입증해야하나요?

Q. 甲은 친구의 명의를 빌려 A토지에 관한 소유권을 친구의 명의
로 이전등기하였으나 과세관청은 조세회피목적으로 명의신탁을
한 것으로 보아 甲에게 증여세를 부과한 사실이 있습니다. 甲
이 증여세부과처분취소소송을 제기할 경우 조세회피목적인 없었
다는 점을 甲이 입증해야하나요? 아니면 과세관청이 조세회피목
적으로 명의신탁한 것이라는 점을 입증해야 하나요?

A. 상속세법 제45조의2 제1항은 "권리의 이전이나 그 행사에 등기, 등
록, 명의개서 등(이하 등기 등이라 한다)을 요하는 재산에 있어서
실질소유자와 명의자가 다른 경우에는 국세기본법 제14조 의 규정
에 불구하고, 그 명의자로 등기 등을 한 날에 실질소유자가 그 명
의자에게 증여한 것으로 본다고 규정하고 있습니다. 다만 타인의 명
의를 빌려 소유권이전등기를 한 것 중 부동산등기특별조치법 제7조
제2항의 규정에 의한 명의신탁에 해당하는 경우 및 조세회피 목적
없이 타인의 명의를 빌려 등기 등을 한 경우로서 대통령령이 정하
는 때에는 그러하지 아니하다"고 규정하고 있습니다.

부동산등기특별조치법 제7조 제2항의 규정에 의하지 아니한 명의신
탁약정의 사법적 법률행위의 효력이 부인되지 아니하는 이상(당원
1993. 8. 13. 선고 92다42651 판결 참조), 그 명의자로의 등기
에 있어서 조세회피 목적이 없는 경우에도 이를 증여로 보아 증여
세를 부과하는 것은 조세법률주의 또는 조세평등주의의 헌법정신에
위반됩니다.

다만, 대법원은 부동산등기특별조치법 제7조 제2항의 규정에 의하
지 아니하고 타인의 명의를 빌려 소유권이전등기를 한 부동산은 그
명의자로 등기를 한 날에 실질소유자가 그 명의자에게 증여한 것으

로 보되, 다만 그 명의자로의 등기에 있어서 조세회피 목적이 없는 경우에는 그러하지 아니한 것으로 보아야 하고, 이때 그 명의자로의 등기에 있어서 조세회피 목적이 없었다는 점에 관한 입증책임은 이를 주장하는 명의자에게 있다고 판시한 바 있습니다(대법원 1994. 8. 18. 선고 94누11729).

따라서 명의신탁재산의 증여의제규정에 따라 甲은 조세회피목적이 없었다는 점을 적극적으로 입증해야하고, 甲이 조세회피할 목적이 없었다는 점을 스스로 입증하지 못하는 이상 과세관청의 증여세부과처분은 적법하다고 결론이 내려질 가능성이 많습니다.

■ 전심절차를 거치지 않고 증여세 과세처분취소청구소송을 제기할 수 있나요?

Q. 저는 증여세부과처분에 불복하여 조세심판원에 심판청구를 하였습니다. 조세심판원의 심판결정이 난 후, 다시 그 결정에 대하여 불복할지 여부를 고민하고 있던 중에 세무서로부터 위 세액을 증액하는 내용의 증액경정처분을 받았습니다. 증액경정처분의 취소를 구하는 행정소송을 하기 위해서는 다시 국세심판원의 심판청구를 거쳐야 하는지요?

A. 「국세기본법」제56조 제2항은 "제55조에 규정된 위법한 처분에 대한 행정소송은 「행정소송법」제18조제1항 본문·제2항 및 제3항의 규정에 불구하고 이 법에 의한 심사청구 또는 심판청구와 그에 대한 결정을 거치지 아니하면 이를 제기할 수 없다."라고 규정하여 조세에 관하여는 소송에 앞서 전심절차를 거치도록 하고 있습니다.

하지만, 「행정소송법」제18조 제3항은 "행정심판을 거쳐야 행정소송을 제기할 수 있는 경우에도 "1. 동종사건에 관하여 이미 행정심판의 기각재결이 있은 때, 2. 서로 내용상 관련되는 처분 또는 같은 목적을 위하여 단계적으로 진행되는 처분중 어느 하나가 이미 행정심판의 재결을 거친 때, 3. 행정청이 사실심의 변론종결후 소송의 대상인 처분을 변경하여 당해 변경된 처분에 관하여 소를 제기하는 때, 4. 처분을 행한 행정청이 행정심판을 거칠 필요가 없다고 잘못 알린 때"에는 예외적으로 행정심판을 제기함이 없이 취소소송을 제기할 수 있다."고 규정하고 있습니다.

위와 유사한 사안에서 판례는 "조세행정에 있어서 2개 이상의 같은 목적의 행정처분이 단계적·발전적 과정에서 이루어진 것으로서 서로 내용상 관련이 있다든지, 세무소송 계속중에 그 대상인 과세처분을 과세관청이 변경하였는데 위법사유가 공통된다든지, 동일한 행정처분에 의하여 수인이 동일한 의무를 부담하게 되는 경우에 선행처분에 대하여 또는 그 납세의무자들 중 1인이 적법한 전심절차를 거친 때와 같이, 국세청장과 국세심판원으로 하여금 기본적 사실관계와 법률문제에 대하여 다시 판단할 수 있는 기회를 부여하였을 뿐더러 납세의무자로 하여금 굳이 또 전심절차를 거치게 하는 것이 가혹하다고 보이는 등 정당한 사유가 있는 때에는 납세의무자가 전심절차를 거치지 아니하고도 과세처분의 취소를 청구하는 행정소송을 제기할 수 있다고 보아야 할 것이다."라고 하였습니다(대법원 2000. 9. 26. 선고 99두1557 판결, 대법원 2006. 4. 14. 선고 2005두10170 판결). 따라서 귀하가 애초에 증여세부과처분에 대하여 심판청구를 하면서 주장했던 위법사유와 지금 행정소송을 통하여 취소를 구하고자 하는 증액경정처분에 대하여 주장하는 위법사유가 공통된 것이라면, 조세심판원의 전심절차를 거치지 아니하고 바로 증액경정처분의 취소를 구하는 행정소송을 제기하여도 무방할 것으로 보입니다.

■ 납세의무자가 전심절차를 거치지 않고 곧 바로 과세처분의 취소소송을 제기하는 경우 제소기간은 어떻게 적용하나요?

Q. ○○세무서는 2013. 2. 6. 제가 甲에게 이 사건 주식을 명의신탁하였다고 보아 甲에게 구 상속세 및 증여세법(2007. 12. 31. 법률 제8828호로 개정되기 전의 것, 이하 '구 상증세법'이라 한다) 제45조의2 제1항에 따라 증여세를 부과하는 한편, 같은 날 저에게 명의신탁 증여의제에 따른 증여자로서 연대납세의무가 있다는 이유로 구 상증세법 제4조 제5항에 따라 같은 액수의 증여세를 부과하는 이 사건 처분을 하였습니다.

이때 甲은 2013. 4. 12. 조세심판원에 심판청구를 제기하였으나, 저는 조세심판원에 심판청구를 하지 않았다가, 甲이 2014. 2. 18. 조세심판원으로부터 일부 인용결정을 받은 후 2014. 5. 19.에 이르러서야 이 사건 처분 중 조세심판원에서 甲의 심판청구가 인용되지 않은 나머지 부분의 취소를 구하는 소를 법원에 제기하였습니다. 저는 국세기본법에 의한 전심절차를 거치지는 않았지만, 저와 동일한 의무를 부담하는 甲이 전심절차를 거쳤고, 인용되지 않은 부분에 대하여 그 결정통지를 받은 날부터 90일 이내에 소를 제기하였는데 적법하지 않은가요?

A. 국세기본법 제56조는 제2항에서 "제55조에 규정된 위법한 처분에 대한 행정소송은 행정소송법 제18조 제1항 본문, 제2항 및 제3항에도 불구하고 이 법에 따른 심사청구 또는 심판청구와 그에 대한 결정을 거치지 아니하면 제기할 수 없다."고 규정하고 있고, 제3항 본문에서 "제2항에 따른 행정소송은 행정소송법 제20조에도 불구하고 심사청구 또는 심판청구에 대한 결정의 통지를 받은 날부터 90일 이내에 제기하여야 한다."고 규정하고 있습니다.

한편, 조세행정에 있어서 2개 이상의 같은 목적의 처분이 단계적·

발전적 과정에서 이루어진 것으로서 서로 내용상 관련이 있거나, 조세소송의 계속 중에 그 대상인 과세처분을 과세관청이 변경하였는데 위법사유가 공통되거나, 또는 동일한 처분에 의하여 수인이 동일한 의무를 부담하게 되는 경우에, 선행처분에 대하여 전심절차를 거치거나 또는 동일한 의무를 부담하게 된 납세의무자들 중 1인이 적법한 전심절차를 거친 때와 같이 국세청장과 조세심판원으로 하여금 기본적 사실관계와 법률문제에 대하여 다시 판단할 수 있는 기회를 부여하였을 뿐더러 납세의무자로 하여금 굳이 또 전심절차를 거치게 하는 것이 가혹하다고 보이는 등 정당한 사유가 있는 때에는, 납세의무자가 전심절차를 거치지 않고도 과세처분의 취소를 구하는 행정소송을 제기할 수 있다고 할 것입니다(대법원 2006. 4. 14. 선고 2005두10170 판결 등 참조).

다만, 국세기본법 제56조 제3항 본문이 행정소송법 제20조 의 적용을 배제하고 있는 것은 국세기본법 제56조 제2항 에서 행정소송법 제18조 제1항 본문의 적용을 배제하고 국세기본법에 따른 전심절차를 거치지 않으면 위법한 처분에 대한 행정소송을 제기할 수 없다고 규정한 데에 따른 것이므로, 납세의무자가 전심절차를 거치지 않고도 과세처분의 취소소송을 제기할 수 있는 경우에는 특별한 사정이 없는 한 행정소송법 제20조 제1항에서 정한 바에 따라 처분 등이 있음을 안 날로부터 90일 이내에 그 취소소송을 제기하여야 하고, 이는 동일한 의무를 부담하게 된 납세의무자들 중 1인이 적법한 전심절차를 거침으로써 다른 납세의무자가 전심절차를 거치지 않고 곧바로 과세처분의 취소소송을 제기하는 경우에도 마찬가지라고 할 것입니다(대법원 2015. 12. 23. 선고 2015두47607 판결 참조)

그렇다면, 세무서에서 2013. 2. 6. 귀하에게 이 사건 처분을 하였고 귀하와 동일한 의무를 부담하게 된 甲이 적법한 전심절차를 거쳤으므로 이 부분에 대해서는 부적법하다고 할 수는 없으나, 다만, 그때에도 해당 처분 등이 있음을 안날로부터 90일 이내에는 소 제기를 하여야 하는데 귀하는 그 무렵 납세고지서를 송달받고도 2014. 5. 19.에야 이 사건 소를 제기하였으므로, 이 사건 소는 처분이 있음을 안 날부터 90일이 도과한 후에 제기된 것으로서 제소기간을 준수하지 못하여 부적법하다고 할 것입니다.

■ 남편 급여가 이체된 경우 이것이 저에게 증여된 것으로 보아 증여세부
과처분을 하였는데, 위 처분에 관하여 다툴 수 있을까요?

Q. 저는 남편으로부터 2016.3.9.부터 2018.10.31.까지 총 35회
에 걸쳐 남편의 급여 합계 1,338,511,690원(이하 '이 사건 금
전'이라 한다)을 자기앞수표 입금이나 계좌이체의 방법으로 제
명의의 계좌로 입금받았습니다. 그런데 ○○세무서는 위 금전
들이 저에게 증여된 것으로 보아 증여세부과처분을 하였습니다.
위 처분에 관하여 다툴 수 있을까요?

A. 조세부과처분 취소소송의 구체적인 소송과정에서 경험칙에 비추어
과세요건사실이 추정되는 사실이 밝혀진 경우에는 과세처분의 위법
성을 다투는 납세의무자가 문제 된 사실이 경험칙을 적용하기에
적절하지 아니하다거나 해당 사건에서 그와 같은 경 험칙의 적용
을 배제하여야 할 만한 특별한 사정이 있다는 점 등을 증명하여야
하지만, 그와 같은 경험칙이 인정되지 아니하는 경우에는 원칙으로
돌아가 과세요건사실에 관하여 과세관청이 증명하여야 합니다(대법
원 2015. 9. 10. 선고 2015두41937 판결 참조)

대법원은 부부 사이에서 일방 배우자 명의의 예금이 인출되어 타방
배우자 명의의 예금계좌로 입금되는 경우에는 증여 외에도 단순한
공동생활의 편의, 일방 배우자 자금의 위탁관리, 가족을 위한 생활
비 지급 등 여러 원인이 있을 수 있으므로, 그와 같은 예금의 인출
및 입금 사실이 밝혀졌다는 사정만으로는 경험칙에 비추어 해당 예
금이 타방 배우자에게 증여되었다는 과세요건사실이 추정된다고 할
수 없다고 판시한바 있습니다.

이에 근거한다면, 귀하께서 위 처분이 위법함을 다툴 수 있을 것으
로 보이며, 위 ○○세무서 측에서 배우자의 금전이 귀하의 계좌에
입금된 것이 증여를 원인으로 한 것이라는 점에 대한 입증책임을
부담한다고 할 것입니다.

■ 증여세 처분의 하자를 이유로 하여 부당이득 반환을 청구할 수 있는지요?

Q. 甲은 기업 및 대주주 또는 그 친족 등 소유의 비업무용 부동산을
매각하여 기업의 재무구조를 개선하라는 정부당국의 1990.9.27.
조치(이른바 9.27. 조치임)로 인한 매각대상부동산에서 이 사건
부동산을 제외시킬 목적으로 1981.12.31. 甲으로부터 乙 앞으로
같은 달 30.자 증여를 원인으로 한 소유권이전등기를 경료하였습
니다. 이에 대한민국 산하 A 세무서는 乙이 위 甲로부터 이 사건
부동산을 증여받은 것으로 보고서 乙에 대하여 증여세를 부과하
는 처분을 하였고, 乙은 1982.8.31. 위 증여세를 위 A 세무서에
납부하였습니다. 乙은 이 처분의 하자를 이유로 하여 대한민국을
상대로 부당이득 반환을 청구할 수 있는지요?

A. 법률상 원인없이 타인의 재산 또는 노무로 인하여 이익을 얻고 이
로 인하여 타인에게 손해를 가한 자는 그 이익을 반환하여야 합니
다 (민법 제741조).

판례는 조세의 과오납이 부당이득이 되기 위하여는 납세 또는 조세
의 징수가 실체법적으로나 절차법적으로 전혀 법률상의 근거가 없거
나 과세처분의 하자가 중대하고 명백하여 당연무효이어야 하고, 과
세처분의 하자가 단지 취소할 수 있는 정도에 불과할 때에는 과세
관청이 이를 스스로 취소하거나 항고소송절차에 의하여 취소되지 않
는 한 그로 인한 조세의 납부가 부당이득이 된다고 할 수 없다고
판시하였습니다 (대법원 1987.7.7.선고 87다카54 판결 참조).

원래 행정처분이 아무리 위법하다고 하여도 그 하자가 중대하고 명
백하여 당연무효라고 보아야 할 사유가 있는 경우를 제외하고는 아
무도 그 하자를 이유로 무단히 그 효과를 부정하지 못하는 것으로,
이러한 행정행위의 공정력은 판결의 기판력과 같은 효력은 아니지만
그 공정력의 객관적 범위에 속하는 행정행위의 하자가 취소사유에

불과한 때에는 그 처분이 취소되지 않는 한 처분의 효력을 부정하여 그로 인한 이득을 법률상 원인 없는 이득이라고 말할 수 없게 하는 것입니다. 따라서 국세의 과오납이 취소할 수 있는 위법한 과세처분에 의한 것이라도 그 처분이 취소되지 않는 한 그로 인한 납세액을 곧바로 부당이득이라고 하여 반환을 구할 수 있는 것이 아니라는 것이 판례의 태도입니다 (대법원 1994. 11. 11. 선고 94다28000 판결).

결국 과세처분 당시 이 사건 부동산에 관하여 위 甲으로부터 乙 앞으로 증여를 원인으로 한 소유권이전등기가 경료되어 있었던 이 사건에 있어서는 과세관청이 乙이 위 甲으로부터 이 사건 부동산을 증여받은 것으로 오인할 만한 객관적인 사정이 존재하고 있었다 할 것이고 乙이 실제로는 이 사건 부동산의 소유자 명의를 신탁받은 것에 지나지 아니한다고 하는 점은 과세관청이 그 사실관계를 자세히 조사하여야 비로소 밝혀질 수 있는 것이므로 이와 같이 과세요건사실을 오인한 이 사건 과세처분은 그 하자가 중대하나 외관상 명백하다고는 할 수 없어 이를 당연무효의 처분이라고 볼 수는 없고 단지 이를 취소할 수 있는 정도의 위법이 있는 것에 불과하다고 할 것입니다.

따라서 乙은 이 처분의 하자를 이유로 하여 대한민국을 상대로 부당이득 반환을 청구할 수 없다고 할 것입니다.

21. 조세심판원 최근 심판결정례

■ 청구인들이 피상속인으로부터 현금을 사전증여받았다고 보아 과세한 처분의 당부 등

[청구번호] 조심 2018소4353 (2019.01.04)
[결정요지] 청구인들은 피상속인이 차명계좌를 사용할 수밖에 없는 특별한 사정을 밝히지 못하고 있으며 피상속인이 해당 계좌의 자금을 자신을 위하여 사용하였다는 사정도 나타나지 아니하는 점, 상속세 신고 전에 청구인들 명의의 계좌가 해약되어 청구인들은 동 계좌의 존재를 알고 있었을 것임에도 불구하고 그 계좌잔액을 상속재산으로 신고하지 아니한 점 등에 비추어 청구인들 명의의 계좌를 피상속인의 차명계좌로 보기 어렵다 할 것이므로 청구주장을 받아들이기 어려움.

■ 쟁점 증여재산을 국세청 기준시가로 평가한 신고내용을 부인하고 매매사례가액으로 평가하여 과세한 처분의 당부

[청구번호] 조심 2018소4425 (2019.01.04)
[결정요지] 비교대상건물의 쟁점 거래가액은 평가기간 이내의 거래가액이며, 쟁점 증여재산과 비교대상건물은 같은 건물에 위치한 오피스텔이고, 층수는 ◎층과 ■■층, 전용면적은 동일하며, 국세청 기준시가가 20◇◇년 기준으로 거의 차이가 없는 점 등을 고려할 때 쟁점 거래가액은 「상속세 및 증여세법 시행령」 제49조 제4항 및 같은 법 시행규칙 제15조 제3항에 따른 유사매매사례가액으로서 쟁점 증여재산의 증여일 현재 시가로 보는 가액에 해당하는 것으로 보이므로 이 건 처분은 잘못이 없는 것으로 판단됨.

■ 청구인들이 피상속인으로부터 현금을 사전증여받았다고 보아 과세한 처분의 당부 등

[청구번호] 조심 2018소4600 (2019.01.04)

[결정요지] 청구인들은 피상속인이 차명계좌를 사용할 수밖에 없는 특별한 사정을 밝히지 못하고 있으며 피상속인이 해당 계좌의 자금을 자신을 위하여 사용하였다는 사정도 나타나지 아니하는 점, 상속세 신고 전에 청구인들 명의의 계좌가 해약되어 청구인들은 동 계좌의 존재를 알고 있었을 것임에도 불구하고 그 계좌잔액을 상속재산으로 신고하지 아니한 점 등에 비추어 청구인들 명의의 계좌를 피상속인의 차명계좌로 보기 어렵다 할 것이므로 청구주장을 받아들이기 어려움

■ 쟁점 지분을 명의신탁한 것으로 보아 증여세를 과세한 처분의 당부

[청구번호] 조심 2018부4734 (2019.01.04)

[결정요지] 조사청 조사 당시 청구인들이 과점주주로 인한 제2차 납세의무 등을 회피할 목적으로 쟁점 지분을 명의신탁한 사실을 확인서 등을 작성하여 확인한 점, 달리 조세회피 목적 이외에 다른 합리적인 이유가 있었다고 인정할 만한 객관적인 증빙을 제시하지 못하고 있는 점 등에 비추어 쟁점 지분에 대하여 상증법 제45조의2 제1항의 명의신탁재산의 증여의제를 적용하여 증여세를 과세한 이 건 처분은 잘못이 없음.

■ 신주인수권부사채 발행법인 등과 특수관계가 없는 청구인이 쟁점 신주
인수권증권을 취득한 후 신주인수권 행사에 따라 얻은 이익에 대하여
상증세법 제40조의 경우와 경제적 실질이 유사한 경우로 보아 쟁점조
항을 적용하여 증여세를 부과한 처분의 당부

[청구번호] 조심 2018서4650 (2018.12.19)

[결정요지] 전환사채 등의 주식전환에 따른 이익 증여에 대한 증여세를
부과하는 취지는 거래당사자가 비정상적인 방법으로 거래상대방에게 신
주인수권의 취득과 행사로 인한 이익을 사실상 무상으로 이전하는 경우
에 그 거래상대방이 얻은 이익에 대하여 증여세를 부과하여 변칙적인 증
여행위에 대처하고 과세의 공평을 도모하려는 데에 있는 점, 쟁점 규정
의 입법취지는 증여세 완전포괄주의 원칙에 따라 열거된 개별예시 규정에
해당하지 아니하더라도 해당 규정을 준용하여 증여재산의 가액을 계산
할 수 있는 경우에는 증여세를 부과할 수 있도록 하는 등 과세대상 증
여재산의 범위를 명확히 하여 증여세 완전포괄주의의 운영상 나타난 일
부 미비점을 개선·보완하려는데 있는 것으로 보이는 점 등에 비추어 청
구주장을 받아들이기 어려움.

■ 청구인이 피상속인으로부터 현금을 사전 증여받은 것으로 보아 청구인
에게 증여세를 과세한 처분의 당부

[청구번호] 조심 2018소3361 (2018.12.11)

[결정요지] 쟁점 금액이 피상속인 명의 계좌에서 청구인 명의 계좌로 입
금되었고, 쟁점 금액 입금내역서 적요란에 일부금액이 청구인이 운영하던
음식점 상호로 기재되어 있어 해당금액은 사실상 청구인의 사업장 운영
자금으로 사용된 것으로 보이는 점, 달리 청구인이 쟁점 금액이 피상속
인의 요양비 등으로 사용하였다는 객관적인 증빙을 제시하지 못하고 있
는 점 등에 비추어 볼 때 처분청이 쟁점 금액을 피상속인이 청구인에게
사전증여한 것으로 보아 증여세를 과세한 처분은 잘못이 없다고 판단됨.

■ 청구인이 쟁점 교회로부터 쟁점 토지 취득자금 부족액을 증여받은 것으로 보아 증여세를 과세한 처분의 당부

[청구번호] 조심 2018중2793 (2018.12.10)

[결정요지] 쟁점 토지 취득자금 대부분이 쟁점 교회를 채무자로 하고 쟁점 토지를 담보로 하여 차입한 자금으로 실제 지급된 것으로 나타나는 점, 쟁점 토지의 지목이 농지라서 부득이하게 청구인 명의로 취득할 수밖에 없었다는 청구주장에 신빙성이 있는 점 등에 비추어 쟁점교회 소유의 쟁점 토지를 청구인 명의로 등기하였다고 봄이 타당하므로 청구인에게 증여세를 과세한 이 건 처분은 잘못이 있는 것으로 판단됨.

■ 당초 수증한 주식에 기초하지 않고, 자기 자금을 재원으로 취득한 신주가 쟁점 제6항에 포함되어 증여세 과세대상에 해당하는지 여부

[청구번호] 조심 2018서1219 (2018.12.21)

[결정요지] 신주에는 최대주주 등으로부터 증여받거나 유상으로 취득한 주식에 기초하지 아니하고, 또한 증여받은 재산과도 관계없이 인수하거나 배정받은 신주는 포함되지 아니하므로, 이러한 신주에 의하여 합병에 따른 상장이익을 얻었다 하더라도 쟁점 제1항에서 정한 증여재산가액에 해당한다고 보기 어려운 점 등에 비추어 청구인의 이 건 신주취득 및 상장차익은 「상속세 및 증여세법」 제41조의5 제1항 및 제3항이 정한 요건을 충족하지 아니하는 것으로 판단되므로, 처분청이 청구인의 증여세 환급에 관한 경정청구를 거부한 처분에는 잘못이 있는 것으로 판단됨.

■ 쟁점 주식의 실제소유자는 청구인이므로 청구인이 장인으로부터 쟁점 주식을 명의신탁 받은 것이 아니라는 청구주장의 당부

[청구번호] 조심 2018중4261 (2018.12.20)
[결정요지] 인천세무서장의 조사결과, 쟁점 주식을 포함한 xxxxxx 주식 전량이 ooo의 주식으로 확인되었고 ooo는 관련 양도소득세를 추징 받아 전액 납부한 점, 검찰수사결과 쟁점주식 취득 당시 청구인이 형식상 xxxxxx의 대표이사로 등재되어 있었을 뿐 실질적인 대표이사의 권한을 행사한 사실이 없고 ooo가 xxxxxx을 실질적으로 지배하면서 업무상 횡령 등을 한 혐의로 처벌받은 점 등에 비추어 청구인이 쟁점 주식의 실제 소유자라는 청구주장을 받아들이기 어려움.

■ 쟁점 연금보험의 계약자 및 수익자를 청구인으로 변경한 날을 증여시기로 하고, 이전 계약자가 납입한 쟁점 보험료를 증여재산가액으로 하여 증여세를 부과한 처분의 당부

[청구번호] 조심 2018서3068 (2018.12.20)
[결정요지] 쟁점 연금보험의 경우 계약자 및 수익자의 명의가 청구인의 부 ooo에서 청구인으로 변경된 사실이 확인되어 청구인의 부 ooo이 청구인 대신 보험료를 납입한 것으로 보아 청구인이 쟁점 연금보험의 납입보험료 xx억원을 증여받은 것으로 볼 수 있는 점, 청구인은 ooo이 쟁점 연금보험의 보험료 납입의무를 이행한 상태에서 쟁점 연금보험의 일체의 재산상 권리를 향유하게 된 것이므로, 쟁점 연금보험의 계약변경일을 증여시기로 봄이 타당한 점 등에 비추어 청구인이 ooo으로부터 쟁점 연금보험의 납입보험료를 증여받은 것으로 보는 것이 타당함.

■ 쟁점 세무조사가 중복조사 금지원칙에 반하는 위법한 세무조사에 해당
하는지 여부

[청구번호] 조심 2018중3651 (2018.12.19)
[결정요지] 1차조사와 쟁점 세무조사 결과 청구인에게 과세된 세목은 증
여세로서 동일 세목에 해당하지만 1차조사와는 조사 목적과 과세기간 등
세부내용을 달리하고 있어 이를 중복조사로 보기 어려운 점, 설령 중복조
사에 해당한다 하더라도 쟁점세무조사를 통해 확보한 ◎◎◎의 금융거래
내역은 조세탈루의 혐의를 인정할 만한 명백한 자료에 해당하는 것으로
보이는 점 등에 비추어 증여세를 과세한 이 건 처분은 잘못이 없음.

■ 쟁점 아파트의 증여재산가액을 비교대상아파트②의 매매사례가액으로
평가하여 증여세를 부과한 처분의 당부

[청구번호] 조심 2018서3996 (2018.12.13)
[결정요지] 비교대상아파트②는 쟁점 아파트의 증여일로부터 가장 가까
운 날인 그 전날에 매매계약이 체결되었고, 그 면적·위치·용도 등이 동일
또는 유사하며, 쟁점 아파트와 비교대상아파트②의 공동주택가격 차이가
쟁점 아파트의 공동주택가격의 5% 이내로써 상증세법 시행규칙 제15조
제3항 제1호 다목에 따른 유사재산의 요건을 충족하는 점 등에 비추어
청구주장을 받아들이기 어려움.

■ 쟁점 신주인수권 양도로 얻은 이익에 대하여 청구인에게 상증세법 제
40조 제1항 제2호 나목을 적용하여 과세한 처분의 당부

[청구번호] 조심 2018광2030 (2018.12.13.)
[결정요지] 청구인은 쟁점 BW 발행 당시 xxx의 최대주주에 해당하는 점,

쟁점 BW 발행시 ooo와 xxx는 '쟁점 BW 인수계약'을 체결하고, 이에 대한 수수료 약정을 체결하는 등 ooo는 「자본시장과 금융투자업에 관한 법률」 제9조에서 규정하고 있는 인수업무를 xxx로부터 위임받은 인수인에 해당하는 점, 청구인은 쟁점 신주인수권을 지분에 양도하여 상증세법 시행령 제30조 제5항에서 규정하는 일정규모 이상의 이익을 얻은 점 등에 비추어 쟁점 신주인수권증권의 양도에 따른 이익에 대하여 이 건 증여세를 과세한 처분이 부당하다는 청구인의 주장은 받아들이기 어려움.

■ 청구인이 쟁점 주식을 명의수탁한 것으로 보아 명의신탁 증여의제를 적용하여 과세한 처분의 당부 등

[청구번호] 조심 2018중3718 (2018.12.11)

[결정요지] 쟁점 주식 명의신탁 당시 청구인은 발행법인의 대표이사로서 이사회 회의에서 유상증자 결의안에 대하여 찬성한 것으로 나타나는 점, 청구인이 제시하고 있는 법원 판결 등은 쟁점 주식의 취득원천인 사채의 실제 채무자를 청구인으로 볼 수 없다는 것으로 명의신탁 여부와 무관한 사안으로 보이는 점 등에 비추어 배우자관계인 청구인과 xxx 사이에 명의신탁 합의가 있었던 것으로 보이므로 처분청이 쟁점 주식에 대하여 명의신탁 증여의제를 적용하여 과세한 처분은 잘못이 없음.

■ 신고불성실가산세의 부과가 위법하다는 청구주장의 당부

[청구번호] 조심 2018서3958 (2018.12.11)

[결정요지] 신고불성실가산세 부과처분과 관련하여는 청구인이 쟁점주식 증여 등에 대한 증여사실을 시인한 것으로 확인되고, 기한후신고 산출세액에 대하여 무신고가산세 20%를 적용함이 타당해 보이며, 달리 그 의무 위반을 탓할 수 없는 정당한 사유가 있는 것으로 보이지 아니하는 점 등에 비추어 청구주장을 받아들이기 어려움.

■ 쟁점 부동산 취득자금을 부모로부터 증여받은 것으로 보아 증여세를 과세한 처분의 당부

[청구번호] 조심 2018서4237 (2018.12.07)
[결정요지] 쟁점 부동산 취득자금은 모두 청구인의 부모 명의의 금융계좌 또는 은행대출금 등을 통해 지급된 것으로 확인되고, 청구인은 쟁점 부동산 취득 당시 일정한 직업이나 소득이 없는 상태로 쟁점 부동산 취득자금 부족액에 관하여 자금출처를 객관적으로 소명하지 못하였으며, 자금의 무상차입 사실 및 현금증여 사실을 인정하는 내용의 확인서를 처분청에 제출한 점 등에 비추어 청구주장을 받아들이기 어려운 것으로 판단됨.

■ 청구인이 동생에게 쟁점 금액을 증여한 것이 아니라는 청구주장의 당부 등

[청구번호] 조심 2018서3162 (2018.12.07)
[결정요지] 증여자의 연대납세의무는 상속인의 납세의무와 별개의 것으로 근거법률이 다르고, 「상속세 및 증여세법」 및 「국세기본법」에 '증여자가 수증자의 상속인이 상속으로 받은 재산의 한도에서 국세를 납부할 의무를 진다'는 별도의 규정이 없는 점, 과세처분은 과세표준의 존재를 근거로 하여 되는 것이기 때문에 그 적부는 원칙적으로 객관적인 과세요건의 존부에 의해 결정되어야 하는 것인 점, 쟁점 금액중 **억원을 제외한 금액에 대하여 청구인은 쟁점 금액에 대한 금전소비대차계약서나 이자지급 사실을 입증할 수 있는 객관적인 자료 등을 제시하지 못하고 있는 점 등에 비추어 청구주장을 받아들이기 어려움. 다만, **억원의 경우 이자 및 변제기일 등이 기재된 차용증이 확인되고, 차용증은 등기소로부터 확정일자인을 받아 공증력이 있는 것으로 보이므로 이를 증여재산가액에서 제외하여 이와 관련된 증여세의 과세표준 및 세액을 경정함이 타당함.

■ 청구인이 ㅇㅇㅇ로부터 쟁점 금액을 무상으로 차입하였다가 면제받은 것으로 보아 증여세를 과세한 처분의 당부

[청구번호] 조심 2018서0856 (2018.12.06)
[결정요지] 청구인은 이 건 심판청구에 이르러 검찰수사과정에서 쟁점 금액의 자금출처로 소명한 'ㅇㅇㅇ 명의의 xx은행 정기적금 xxx원'의 존재를 부인하며 청구인의 급여 등이 입금된 ㅇㅇㅇ 명의 계좌를 제시하고 있음에도 조사청은 구체적인 금융조사 없이 이를 ㅇㅇㅇ의 자금인 것으로 단정한 것으로 보이는 점 등에 비추어 청구인이 제시한 금융증빙 등을 토대로 쟁점금액의 출처를 재조사하여 그 결과에 따라 과세표준 및 세액을 경정하는 것이 타당하다고 판단됨.

■ 과세처분이 중복세무조사에 근거하여 위법·부당한 처분에 해당하는지 여부 등

[청구번호] 조심 2018광2781 (2018.12.05)
[결정요지] ▣▣세무서장의 소명 요청 및 ◎◎세무서장의 '주식 등 변동에 대한 해명자료 제출 안내'는 서면확인 형식으로 이루어져 납세자의 영업의 자유 등에 큰 영향이 없는 것으로 보이는 점 등에 비추어 청구인이 주장하는 ▣▣·◎◎세무서장의 질문조사는 납세자 등의 사무실·사업장 또는 주소지 등에서 납세자 등을 직접 접촉하여 상당 기간 질문하거나 장부·서류 등을 검사·조사하는 것 등을 요건으로 하는 세무조사가 아닌 그 전단계에 해당하는 것으로 보이는바, 쟁점 세무조사는「국세기본법」제81조의4 제2항에서 금하는 재조사(중복세무조사)에 해당하지 않는 것으로 보이므로 이에 근거한 이 건 과세처분은 달리 잘못이 없는 것으로 판단됨.

■ 쟁점 부동산의 소유권이전이 재판상 이혼에 따른 재산분할에 해당하므로 증여세 과세대상이 아니라는 청구주장의 당부

[청구번호] 조심 2018서2956 (2018.12.03)

[결정요지] 2005년 작성된 1차 각서에 기재된 합의이혼이라는 문구와는 달리 당사자 간에 협의상 이혼이 성립되지 아니하였으므로 1차 각서의 내용을 이혼을 전제로 한 재산분할협의로 보기 어려울 뿐만 아니라 설령 1차 각서를 협의이혼 약정에 따른 재산분할 협의로 본다 하더라도 그 약정대로 이행되지 않아 재산분할 협의의 효력이 발생하였다고 볼 수 없는 점 등에 비추어 쟁점 부동산의 소유권이전이 재판상 이혼에 따른 재산분할에 해당하므로 증여세 과세대상이 아니라는 청구인의 주장을 받아들이기 어려우므로 처분청이 청구인의 경정청구를 거부한 이 건 처분은 잘못이 없는 것으로 판단된다.

■ 직계존속에게 쟁점 주식을 양도한 것이 아니라 증여한 것으로 보아 증여세를 과세한 처분의 당부 등

[청구번호] 조심 2018소3944 (2018.12.04)

[결정요지] 청구인은 20◎◎년 ◎월 쟁점 주식을 양수받은 것으로 신고하였음에도 20◇◇년 ◇월까지 매매대금을 지급하지 않고 있다가, 처분청이 쟁점 주식의 매매대금에 대한 소명자료를 요청하자 20■■년 ○월 매매대금을 지급한 점 등에 비추어 쟁점 주식 거래가 증여가 아닌 양도라는 사실이 명백히 입증되었다고 보기 어려우므로 청구인이 쟁점 주식을 증여받은 것으로 보아 증여세를 부과한 처분은 달리 잘못이 없는 것으로 판단됨.

■ 청구인이 승계한 가업을 거래처의 부도 등으로 7년 이내에 폐업한 것이 증여세를 추징하지 아니하는 '부득이한 사유'에 해당하는지 여부

[청구번호] 조심 2018전2864 (2018.12.10)

[결정요지] 조특법 제30조의6 제1항에서 18세 이상인 거주자가 부모로부터 가업승계를 목적으로 주식 등을 증여받은 경우에는 증여세 과세특례를 적용하도록 규정하면서 같은 조 제2항 및 같은 법 시행령 제27조의6 등에서 가업을 승계한 수증자가 사망한 경우, 수증자가 증여받은 주식 등을 국가 또는 지방자치단체에 증여하는 경우, 법률에 따른 병역의무의 이행, 질병의 요양, 취학상 형편 등으로 가업에 직접 종사할 수 없는 사유 등을 제외하고는 증여세를 추징하도록 규정하고 있는바, 이 건의 경우 쟁점 법인의 경영악화 및 채무 누적 등에 따른 폐업을 위에 준하는 사유로 해석하는 것은 지나친 확장해석이라 할 것이므로 처분청이 청구인에게 증여세를 과세한 처분은 잘못이 없음.

■ 쟁점 지분을 명의신탁한 것으로 보아 증여세를 과세한 처분의 당부

[청구번호] 조심 2018부4755 (2018.12.19)

[결정요지] 조사청 조사당시 청구인들이 과점주주로 인한 제2차 납세의무 등을 회피할 목적으로 쟁점 지분을 명의신탁한 사실을 확인서 등을 작성하여 확인한 점, 발행법인은 ㅇㅇㅇ백만원의 체납이력이 있고 체납된 세액이 존재하며 배당가능한 사내유보된 금액도 있어 조세회피목적을 부인하기 어려운 반면, 달리 조세회피 목적 이외에 다른 합리적인 이유가 있었다고 인정할만한 객관적인 증빙을 제시하지 못하고 있는 점 등에 비추어 쟁점 지분에 대하여 상증법 제45조의2 제1하의 명의신탁재산의 증여 의제를 적용하여 증여세를 과세한 이 건 처분은 달리 잘못이 없다고 판단됨.

■ 청구인이 쟁점 오피스텔 및 쟁점 아파트 취득자금 일부를 아버지로부터 증여받은 것으로 보아 증여세를 과세한 처분의 당부

[청구번호] 조심 2018중4343 (2018.12.13)

[결정요지] 이 건 전세계약서는 청구인의 부동산 취득자금의 출처를 소명하기 위하여 부모자식 간에 임의로 작성한 것으로 보이는 점, 청구인이 쟁점 금액을 ㅇㅇㅇ로부터 쟁점 주택의 전세보증금 명목으로 지급받았음을 객관적으로 입증할 수 있는 증빙의 제시가 없는 점 등에 비추어 청구인이 쟁점 오피스텔 및 쟁점 아파트 취득자금 일부를 아버지로부터 증여받은 것으로 보아 증여세를 과세한 이 건 처분은 달리 잘못이 없음.

■ 청구인은 배우자에게 쟁점 아파트 일부를 명의신탁한 후 이를 반환받은 것이므로 쟁점 아파트 전체를 증여받은 것으로 보아 증여세를 과세한 처분은 부당하다는 청구주장의 당부

[청구번호] 조심 2018서3962 (2018.12.10)

[결정요지] 청구인은 배우자가 쟁점 아파트를 취득하는데 있어 본인이 부담한 ㅇㅇㅇ백만원은 19xx.xx.xx. 양도된 xx동 아파트의 양도대가라 주장하나, 처분청에 따르면 청구인이 제출한 xx동 아파트 양도대금을 수령한 예금계좌는 19xx.x.xx. 개설된 것인바, 이러한 증빙만으로 xx동 아파트의 양도대가가 쟁점 아파트 취득자금으로 사용되었다고 보기는 어려운 점 등에 비추어 청구인이 배우자로부터 쟁점 아파트 전체를 증여받은 것으로 보아 증여세를 과세한 이 건 처분은 달리 잘못이 없음.

■ 당초 수증한 주식에 기초하지 않고, 자기 자금을 재원으로 취득한 신주가 쟁점 제6항에 포함되어 증여세 과세대상에 해당하는지 여부

[청구번호] 조심 2018서1219 (2018.12.21)

[결정요지] 신주에는 최대주주 등으로부터 증여받거나 유상으로 취득한 주식에 기초하지 아니하고, 또한 증여받은 재산과도 관계없이 인수하거나 배정받은 신주는 포함되지 아니하므로, 이러한 신주에 의하여 합병에 따른 상장이익을 얻었다 하더라도 쟁점 제1항에서 정한 증여재산가액에 해당한다고 보기 어려운 점 등에 비추어 청구인의 이 건 신주취득 및 상장차익은 「상속세 및 증여세법」 제41조의5 제1항 및 제3항이 정한 요건을 충족하지 아니하는 것으로 판단되므로, 처분청이 청구인의 증여세 환급에 관한 경정청구를 거부한 처분에는 잘못이 있는 것으로 판단됨.

■ 쟁점 부동산 취득자금을 부모로부터 증여받은 것으로 보아 증여세를 과세한 처분의 당부

[청구번호] 조심 2018서4237(2018.12.07)

[결정요지] 쟁점 부동산 취득자금은 모두 청구인의 부모 명의의 금융계좌 또는 은행대출금 등을 통해 지급된 것으로 확인되고, 청구인은 쟁점 부동산 취득 당시 일정한 직업이나 소득이 없는 상태로 쟁점 부동산 취득자금 부족액에 관하여 자금출처를 객관적으로 소명하지 못하였으며, 자금의 무상차입 사실 및 현금증여 사실을 인정하는 내용의 확인서를 처분청에 제출한 점 등에 비추어 청구주장을 받아들이기 어려운 것으로 판단됨.

■ 사전증여받은 금액을 피상속인의 부채를 상환하는데 사용한 경우 이를 상속재산가액에서 차감하여야 한다는 청구주장의 당부

[청구번호] 조심 2018소4008 (2018.12.27)

[결정요지] 청구인이 당초 쟁점 금액에 대해 증여세 신고를 하였으므로 20■■.■.■■. 피상속인이 청구인에게 현금을 증여한 것과, 20◎◎.◎.◎◎. 청구인이 피상속인의 채무를 대신 변제한 것은 존비속간 금전소비대차 거래가 아닌 별개의 거래에 해당하는 것으로 보이고, 쟁점 변제금액과 관련하여 청구인은 위의 증빙자료를 제출하지 못하고 있고, 상속재산분할 협의서에서 상속인들이 쟁점 변제금액에 대해 별도의 협의를 하지 아니하여 상속인들도 쟁점 변제금액을 채무로 인식하지 않았던 것으로 보여 쟁점 변제금액이 상속재산에서 차감하여야 할 채무에 해당한다는 청구인의 주장은 받아들이기 어려우므로 이 건 거부처분은 달리 잘못이 없는 것으로 판단됨.

■ 청구인들이 쟁점 상가의 임대보증금을 증여받았는지 여부 등

[청구번호] 조심 2018서2220 (2018.12.26)

[결정요지] 이의신청결정서 등에 따르면 OOO는 2010.12.7.까지 브라질에서 국내예금계좌에 입금을 하였고, 2011년 이후로는 해외로부터 입금된 내역이 없어 배우자 XXX의 명의의 예금계좌에 브라질에서 발생한 사업소득을 입금하였다는 주장이 신빙성이 있어 보이는 점, AAA의 부친인 XXX의 예금계좌가 청구인들과 가족들이 공동으로 소유하고 있는 상가의 사업용계좌이므로 쟁점 금액② 가운데 AAA의 동 빌딩의 지분(1/6)비율만큼은 청구인 본인자금으로 볼 수 있는 점 등에 비추어 처분청이 쟁점 금액② 중 AAA의 지분 상당액과 쟁점 금액①을 증여재산가액으로 보아 청구인들에게 증여세를 과세한 처분은 잘못이 있는 것으로 판단됨.

■ 청구인이 ○○○로부터 수취한 쟁점 ①금액이 증여가 아닌 전속용역계약에 따른 대가라는 청구주장의 당부

[청구번호] 조심 2018서3423 (2018.12.19)
[결정요지] 청구인은 쟁점 ①금액은 ○○○의 수행비서 역할 등 전속용역을 제공한 대가라고 주장하나, 이를 입증할 구체적이고 객관적인 증빙이 나타나지 아니하고, 사회통념상 쟁점①금액을 수행비서의 대가로 보기엔 지나치게 과다한 것으로 보이므로 처분청이 쟁점 ①금액을 청구인의 수증액으로 보아 이 건 증여세를 과세한 처분은 달리 잘못이 없음.

■ 연부연납기한까지 납세고지서를 발부받지 못한 것은 가산세를 감면할 정당한 사유에 해당한다는 청구주장의 당부

[청구번호] 조심 2018서3678 (2018.12.17)
[결정요지] 청구인은 증여세 신고와 동시에 연부연납허가 절차가 진행되었으므로 청구인은 연부연납허가통지 내용을 숙지하여 납부기한 내에 연납세액을 자진납부 하여야 하는 점, 연부연납이 허가된 증여세 등에 대하여 납세고지를 하는 것은 특정 연부연납세액에 관하여 납부하여야할 세액과 그 납부기한을 알려주고 그 조세채무의 이행을 명하는 징수행위에 불과한 점 등에 비추어 청구주장을 받아들이기 어려움.

■ 청구인이 배우자로부터 현금을 증여받은 것으로 보고, 10년 이내에 동일인으로부터 증여받은 금액과 합산하여 증여재산가액을 산정한 처분의 당부

[청구번호] 조심 2018서3910 (2018.12.10)
[결정요지] 청구인은 스스로 쟁점 금액에 대한 증여세 신고서를 자필로

기재하여 제출하였고 증여세 신고서에 청구인의 명의계좌에 쟁점 금액이 입금된 계좌내역 사본이 첨부되어 있는 점, 청구인은 쟁점 금액을 배우자로부터 증여받은 것이 아니라 은행에 대한 이자를 절감할 목적으로 쟁점 금액을 대여 받고 착오로 쟁점 금액에 대한 증여세를 신고한 것이라는 주장하나, 이에 대하여 합리적인 증빙을 제시하지 못하고 있으므로 청구주장을 받아들이기 어려움.

(종합소득세, 양도소득세, 종합부동산세, 부가가치세, 상속세, 증여세 등)

세금 해결법

정가 24,000원

2019年 3月 15日 인쇄	
2019年 3月 20日 발행	
편 저 : 대한세금자료편찬회	
발행인 : 김 현 호	
발행처 : 법문 북스	
공급처 : 법률미디어	

서울 구로구 경인로 54길4(우편번호 : 08278)
TEL : 2636-2911~2, FAX : 2636~3012
등록 : 1979년 8월 27일 제5-22호
Home : www.lawb.co.kr

▌ISBN 978-89-7535-723-7 (13360)
▌이 도서의 국립중앙도서관 출판예정도서목록(CIP)은 서지정보유통지
원시스템 홈페이지(http://seoji.nl.go.kr)와 국가자료종합목록시스템
(http://www.nl.go.kr/kolisnet)에서 이용하실 수 있습니다. (CIP제
어번호 : CIP2019008993)
▌파본은 교환해 드립니다.
▌이 책의 내용을 무단으로 전재 또는 복제할 경우 저작권법 제136조
에 의해 5년 이하의 징역 또는 5,000만원 이하의 벌금에 처하거나
이를 병과할 수 있습니다.